D1753277

# Kleine Schriftenreihe zur Militär- und Marinegeschichte

herausgegeben von Jens Graul, Jörg Hillmann und Stephan Huck
im Auftrag der Stiftung Deutsches Marinemuseum in Wilhelmshaven und des Freundeskreises der Marineschule Mürwik, Wehrgeschichtliches Ausbildungszentrum e.V. in Flensburg

Band 7:   Hartmut Klüver (Hg.): Auslandseinsätze deutscher Kriegsschiffe im Frieden
Band 6:   Jens Graul und Michael Kämpf (Hg.): Dieter Hartwig – Marinegeschichte und Sicherheitspolitik
Band 5:   Jörg Hillmann und Eckardt Opitz (Hg.): 1789-1989. 200 Jahre Revolutionen in Europa
Band 4:   Stephan Huck (Hg.): Ringelnatz als Mariner im Krieg 1914-1918
Band 3:   Kurt Graf von Schweinitz (Hg.): Das Kriegstagebuch eines kaiserlichen Seeoffiziers (1914-1918) – Kapitänleutnant Hermann Graf von Schweinitz
Band 2:   Thomas Scheerer: Die Marineoffiziere der Kaiserlichen Marine – Sozialisation und Konflikte
Band 1:   Jörg Hillmann (Hg.): „DER FALL WEISS". Der Weg in das Jahr 1939

Titelbild:   Destroyer-Exercise (DESEX) 2000. Zerstörer LÜTJENS feuert einen SM-1 Flugkörper
(Bildnachweis: PIZM, T. Schmitt, Archivnummer DESEX 00/64896/31)

Rückseite:   Eine deutsch-südafrikanische Taskgroup während des Manövers DESEX 2000
(Bildnachweis: PIZM, S. Glowik, Archivnummer DESEX 00/64911/26)

Verladung eines Schnellbootes auf das Spezialschiff CONDOCK III für den Transport an das Horn von Afrika im Rahmen der Operation „Enduring Freedom" am 2. Januar 2001
(Bildnachweis: PIZM, J. Claret, Archivnummer 020102_30028_2)

# Auslandseinsätze deutscher Kriegsschiffe im Frieden

Ergebnisse des 3. Forums Wilhelmshaven
zur Marine- und Schiffahrtsgeschichte
(15. bis 16. November 2001)

herausgegeben von Hartmut Klüver

Mit 91 Fotografien und einem Lageplan

Mit Beiträgen von
Stephan Apel, Birgit Aschmann, Cord Eberspächer,
Jörg Hillmann, Friedrich Jacobi, Hartmut Nöldeke,
Jörg Owen, Wolfgang Petter, Robert Rosentreter,
Hans-Joachim Rutz, Ingo Sommer und Gerhard Wiechmann

© Bochum 2003

**Bibliografische Information der Deutschen Bibliothek**
Die Deutsche Bibliothek verzeichnet diese Publikation in der Deutschen Nationalbibliografie; detaillierte bibliografische Daten sind im Internet über http://dnb.ddb.de abrufbar.

**Bibliographic information published by Die Deutsche Bibliothek**
Die Deutsche Bibliothek lists this publication in the Deutsche Nationalbibliografie; detailed bibliographic data is available in the internet at http://dnb.ddb.de

(Kleine Schriftenreihe zur Militär- und Marinegeschichte ; Bd. 7, zugleich Beiträge zur Schiffahrtsgeschichte; Bd. 7)

ISBN 3-89911-007-2 kart
ISBN 3-89911-017-X Gb

ISSN 1617-3074

© by Verlag Dr. Dieter Winkler, Bochum 2003
Dieses Werk ist urheberrechtlich geschützt. Die dadurch begründeten Rechte, insbesondere die des Nachdrucks, der Funksendung, der Wiedergabe auf photomechanischem Wege oder der Speicherung in Datenverarbeitungsanlagen bleiben, auch bei nur auszugsweiser Verwertung, vorbehalten.
Printed in Germany

# Inhaltsverzeichnis

Geleitwort zur Schriftenreihe ................................................................. 7
Vorwort des Herausgebers ....................................................................... 9

CORD EBERSPÄCHER
Deutsche Kanonenbootpolitik in Ostasien ............................................ 13

GERHARD WIECHMANN
Ein deutscher Krieg in Nicaragua? Die kaiserliche Marine in der Eisenstuck-
Affäre 1876-78 ........................................................................................ 31

WOLFGANG PETTER
S.M.S. BUSSARD 1905 und die Verteidigung Deutsch-Ostafrikas gegen Schwarz
und Weiß ................................................................................................. 61

INGO SOMMER
Tsingtau, eine deutsche Marinestadt in China 1897-1914 ..................... 71

HARTMUT NÖLDEKE
Die Ausbildungsreise der deutschen Flotte im Frühjahr 1927 unter
medizinischen Aspekten ......................................................................... 125

BIRGIT ASCHMANN
„Die beste Visitenkarte Deutschlands" – Die ersten Fahrten der Bundesmarine
nach Spanien ........................................................................................... 135

JÖRG HILLMANN
Ausbildung und Erziehung an Bord von Schulschiffen der Bundesmarine im
Rahmen der Offizierausbildung von 1956 bis 1989 ............................... 147

ROBERT ROSENTRETER
Auslandseinsätze von Schiffen der DDR-Volksmarine ......................... 193

FRIEDRICH JACOBI
10 Jahre danach. Minenabwehrverband „Südflanke" im Persischen Golf – ein
sehr persönlicher Erfahrungsbericht – .................................................. 205

HANS-JOACHIM RUTZ
Der Beitrag der Deutschen Marine zur Embargo-Operation in der Adria von
1992 bis 1996 .......................................................................................... 217

STEPHAN APEL
Joint-Einsätze der Marine. Erfahrungen während >SOUTHERN CROSS 1994<
in Somalia .................................................................................................... 225

JÖRG OWEN
Die Deutsche Flotte im neuen Aufgabenspektrum ................................. 235

Autorenverzeichnis ........................................................................................ 243

# Geleitwort zur Schriftenreihe

Die Kleine Schriftenreihe zur Militär- und Marinegeschichte will ein Forum für neue und kontroverse Forschungsergebnisse zu ausgewählten Themenkreisen der Militärgeschichte und für marinespezifische bzw. marineberührende Fragen bieten. Damit öffnet sich diese Reihe einem weiten inhaltlichen Spektrum und dem Interessentenkreis aktiver und ehemaliger Angehöriger des deutschen Militärs und insbesondere der deutschen Seestreitkräfte sowie militär- oder maritim-historisch interessierter Leser. Die Veröffentlichungspalette soll von der Schriftfassung von Vortragsreihen über wissenschaftliche Qualifikationsarbeiten bis zur Publikation unbekannter oder seltener Dokumente reichen.

Ein besonderes Augenmerk möchten die Herausgeber auf Publikationen richten, welche sich der kommentierenden Bearbeitung von Selbstzeugnissen widmen. Steht zwar das erzählende Ich im Mittelpunkt und muß gebührend zu Wort kommen, so soll doch eine umfassende Kommentierung den erklärenden Rahmen bieten. Auf diese Weise soll versucht werden, Ereignisse und Strukturen – vielleicht auch nur die Normalität – vergangener Zeiten aus der personalen Perspektive heraus sichtbar zu machen, wissenschaftlich begründet einzufassen und insgesamt für weitergehende Forschungen zu öffnen.

Die Kleine Schriftenreihe zur Militär- und Marinegeschichte wird vom Freundeskreis der Marineschule Mürwik, Wehrgeschichtliches Ausbildungszentrum e.V. und von der Stiftung Deutsches Marinemuseum gemeinsam herausgegeben. Beide Einrichtungen wollen mit der Schriftenreihe Kenntnis und Verständnis der politischen, militärstrategischen, technischen, sozialen und kulturellen Aspekte deutscher Militär- und Marinegeschichte erweitern und vertiefen.

Wilhelmshaven und Flensburg, im März 2001

Jens Graul
Jörg Hillmann

# Vorwort des Herausgebers

Das seit November 1999 von der Regionalgruppe Wilhelmshaven der Deutschen Gesellschaft für Schiffahrts- und Marinegeschichte e.V. jährlich veranstaltete „Forum Wilhelmshaven zur Marine- und Schiffahrtsgeschichte" hat sich in wenigen Jahren zu einem festen Bestandteil der Wilhelmshavener Kulturszene wie auch der maritimhistorisch ausgerichteten *„wissenschaftlichen Community"* entwickelt. Die Tagungsreihe ergänzt wirkungsvoll andere Tagungen unserer Gesellschaft, die wir in Hamburg, Rostock und Dortmund/Düsseldorf durchführen.

Bewußt haben wir uns im größten deutschen Marinestützpunkt Wilhelmshaven auch für eine Veranstaltungsreihe mit dem Untertitel „Stationen deutscher Marinegeschichte" entschieden. Kaum eine Hafenstadt in Deutschland ist so eng mit der deutschen Marinegeschichte verbunden wie Wilhelmshaven, und das große Interesse der Öffentlichkeit und die Teilnehmerzahlen unserer Veranstaltungen zeigen, dass diese Ausrichtung richtig ist. Dies schließt natürlich nicht aus, künftig wieder auch mehr zivile Schiffahrtsfragen zu behandeln.

Nach den ersten Veranstaltungen „Stationen deutscher Marinegeschichte" (1999) und „Deutsche Marinen 1945-1956" (2000) widmete sich das Forum Wilhelmshaven des Jahres 2001 dem Thema „Auslandseinsätze deutscher Kriegsschiffe im Frieden". Dieses Thema bekam vor dem Hintergrund der Auslandseinsätze der Bundeswehr eine geradezu beklemmende Aktualität, die durch die zeitlich parallel laufenden Debatten im Deutschen Bundestag und die Vorbereitungen im Marinestützpunkt für den Einsatz am Horn von Afrika auch in der Veranstaltung spürbar war.

Auslandseinsätze in Friedenszeiten sind ein fester Bestandteil des *„täglichen Marinelebens"*, seit es deutsche Marinen gibt. Die Anlässe für solche Reisen, die oftmals um die halbe Erde führen, waren und sind vielfältig, und die Reise endet(e) nicht immer glücklich und mit dem erstrebten Ergebnis. Entsprechend spannt sich der Bogen der vorgetragenen Fahrten und Ereignisse über fast zwei Jahrhunderte von der Gründungs- und Kolonialphase des deutschen Kaiserreiches bis hin zur Marine des wiedervereinigten Deutschlands der Gegenwart.

Cord Eberspächer berichtet aus bislang weitgehend unbearbeiteten Akten über die „Deutsche Kanonenbootpolitik in Ostasien", die erst nach der Einrichtung der ostasiatischen Station 1869, und lange nach der aller anderen seefahrenden (Kolonial-) Nationen, begann. Sein Beitrag zeigt deutlich auf, daß dieser Politik – auch mangels Schiffen und Durchsetzungsvermögens – zunächst die klare Linie fehlte und sie mehr im kleinlichen Interesse der Kaufleute und Kapitäne als zum Nutzen des Reiches betrieben wurde.

Ähnliche Probleme schildert Gerhard Wiechmann für Südamerika in seinem Beitrag „Ein deutscher Krieg in Nicaragua?", der sich mit den Vorgängen der Eisenstuck-Affäre 1876-78 befaßt. Diese, aus einer Familienangelegenheit zu einer internationalen Affäre mutierten Streitigkeiten waren Anlaß zum ersten großen Einsatz der kaiserlich-deutschen Marine in Übersee und in Südamerika. Von einigen Teilnehmern schon als Krieg apostrophiert, zeigte dieser Großeinsatz der Marine aber auch die Grenzen ihrer personellen und vor allem materiellen Möglichkeiten auf.

Den Ereignissen auf dem schwarzen Kontinent widmet sich Wolfgang Petter mit seinem Beitrag über „S.M.S. BUSSARD 1905 und die Verteidigung Deutsch-Ostafrikas gegen Schwarz und Weiß". Er schildert mit der Niederschlagung des Maji-Maji-Aufstandes ein Stück Kolonialgeschichte, wie es typisch für jene Zeit war.

Ingo Sommer schließt den Reigen über weltweite deutsche Marine-Aktivitäten vor dem Ersten Weltkrieg mit seinem Beitrag über „Tsingtau, eine deutsche Marinestadt in China 1897 bis 1914". Hier geht es einmal nicht um kriegerische Aspekte, er schildert vielmehr die technischen und baulichen Aktivitäten der Marine und ihre Aufgeschlossenheit für Neuerungen beim Ausbau ihres Stützpunktes zu einer als vorbildlich empfundenen Stadt.

Auslandsreisen in Friedenszeiten dienen überwiegend der Ausbildung, seltener den zuvor geschilderten militärischen und wirtschaftlichen Interessen. Mit den dabei entstehenden Fragen befassen sich mehrere Autoren aus unterschiedlicher Sicht.

Hartmut Nöldeke schildert in seinem Beitrag „Die Ausbildungsreise der deutschen Flotte im Frühjahr 1927" die dabei entstehenden Probleme aus der Sicht des Marinearztes, dem an Bord eines Schiffes während einer Auslandsreise immer besondere Bedeutung zukommt.

Birgit Aschmann befaßt sich mit den ersten Fahrten der jungen Bundesmarine nach Spanien. Damit wurde eine Tradition fortgesetzt, die unter gänzlich anderen politischen Bedingungen und vor allem internationaler Beobachtung stattfand.

Jörg Hillmann untersucht die Offizierausbildung und -erziehung an Bord von Schulschiffen der Bundesmarine. Der Autor macht deutlich, dass sie ein im steten Wandel begriffener Prozess ist, aber trotz unterschiedlicher Ansätze und Versuche der Begriff in der praktischen Umsetzung eher nebulöser als klarer wird.

Für *„die andere deutsche Marine"* beschreibt Robert Rosentreter die „Auslandseinsätze von Schiffen der DDR-Volksmarine". Obwohl die Volksmarine nur über relativ wenige und deutlich kleinere Schiffe als die Bundesmarine verfügte, gelang ihr die Durchführung nicht weniger Fahrten in die Bruderländer des Mittelmeerraumes und der Ostsee. In diesem Beitrag werden schwerpunktmäßig die Schulschiffreisen und Navigationsbelehrungsfahrten vorgestellt, aber auch die Einsatzfahrten im Rahmen des Gemeinsamen Geschwaders der sozialistischen Ostseeflotte. An militärischen Operationen außerhalb der eigenen Operationszone war die Volksmarine nur einmal – 1981 im Rahmen der Aktion *Sojus 81* vor Polen – beteiligt.

Der letzte Block der Vorträge befaßt sich mit den aktuellen Einsätzen der Deutschen Marine. Friedrich Jacobi berichtet sehr persönlich von seinen Erfahrungen als ehemaliger Kommandeur über den Einsatz des *Minenabwehrverbandes Südflanke* im Persischen Golf und zeigt Stärken und Schwächen dieser Operation auf. Den Beitrag der Deutschen Marine zur Embargo-Operation in der Adria 1992-96 beschreibt Hans-Joachim Rutz. Stephan Apel beleuchtet aus der Sicht des Flottenarztes die Joint-Einsätze der Marine und stellt seine Erfahrungen aus der Operation *Southern Cross 1994* in Somalia vor.

Den Reigen der Darstellungen beschließt ein Beitrag von Jörg Owen über „Die deutsche Flotte im neuen Aufgabenspektrum". Kern des Beitrages ist die Darstellung der neuen Aufgaben und Einsätze der Deutschen Flotte und die Frage nach der Rolle von Marinestreitkräften in der Gegenwart und nahen Zukunft sowie nach ihren Fähigkeiten und Defiziten auf der Grundlage der bisherigen praktischen Erfahrungen.

Insgesamt schlagen die in diesem Tagungsband abgedruckten Vorträge einen weiten Bogen von den ersten Auslandseinsätzen deutscher Marinen der Vergangenheit bis hin zu den spannenden Ereignissen der Gegenwart.

Zum Schluß habe ich noch die angenehme Pflicht, meinem Mitstreiter und -Organisator, Herrn Kapitän zur See a.D. Hans-Georg Nippe, für die jahrelange enge Zusammenarbeit und den Autoren und Vortragenden für ihre Arbeit und ihren Einsatz zu danken. Dank schulden wir aber auch den folgenden Personen und Institutionen, ohne deren Mitarbeit dieser Band nie fertig geworden wäre:
- Frau Kirsten Neumann, Universität der Bundeswehr Hamburg, für die Bearbeitung der Manuskripte;
- Frau Ulrike Schröder, Universität der Bundeswehr Hamburg, für die Bearbeitung der Bilder;
- Frau Ingeborg Eggert Sander für die umfangreiche Arbeit des Korrekturlesens;
- dem Verlag Dr. Dieter Winkler, Bochum, für seine sorgfältige Arbeit

sowie der Stiftung Deutsches Marinemuseum Wilhelmshaven und dem Freundeskreis der Marineschule Mürwik e.V. (Wehrgeschichtliches Ausbildungszentrum), insbesondere Herrn Dr. Jens Graul und Herrn Dr. Jörg Hillmann, für die Aufnahme dieses Bandes in die Schriftenreihe sowie die gute und vertrauensvolle Zusammenarbeit.

Amöneburg, im Sommer 2003

Hartmut Klüver

# Deutsche Kanonenbootpolitik in Ostasien

von

### Cord Eberspächer

*„Mitten auf der breiten Fläche des Jangtse dampften die beiden deutschen Kanonenboote heran und nahmen [...] die Chinesenstadt unter ein sehr wirksames Feuer. Unter dem Eindruck der nahenden Hilfe machten jetzt alle Europäer aus dem Yamen einen Ausfall und es gelang ihnen, da die Chinesen in wilder Flucht davonjagten, die Gefangenen zu befreien. Ergreifende Szenen spielten sich dann am Uferkai ab, als eine kleine Abteilung deutscher Matrosen an Land stieg und in das Yamen einrückte."*[1]

Diese Szenerie ist Fiktion. Aber die Faktoren dieser Szene waren sowohl dem Autor als auch seinen Lesern wohlbekannt. Als Ferdinand Grauthoff seinen utopischen Roman „1906" schrieb, lagen die blutigen Ereignisse um den sogenannten Boxeraufstand noch nicht lange zurück und die Anwesenheit deutscher Kanonenboote auf dem Yangtse wie auch in anderen chinesischen Gewässern war eine Selbstverständlichkeit. Mußten deutscher Handel und deutsches Leben in China nicht auch durch deutsche Waffen geschützt werden? Auf diese Frage konnte es im Zeitalter der Kanonenbootpolitik nur eine Antwort geben: *Send a gunboat!*

Deutsche Kriegsschiffe erschienen in Ostasien erst nach dem zweiten Opiumkrieg – von einer deutschen Kanonenbootpolitik kann nicht vor der Einrichtung der Ostasiatischen Station 1869 gesprochen werden. Die deutschen Handelsverbindungen nach Ostasien hatten nach sporadischen Anfängen während des 18. Jahrhunderts in der ersten Hälfte des 19. Jahrhunderts einen deutlichen Aufschwung genommen. Auch wenn der Chinahandel im Rahmen des deutschen Handelsvolumens weiterhin nur geringe Bedeutung hatte, sorgten die steigenden Erträge im Überseehandel sowie die immer wieder am Leben gehaltene Hoffnung auf den geradezu märchenhaft erscheinenden Markt China für ein wachsendes Interesse an der Absicherung des Handels. Bis zum Abschluß von Verträgen mit Japan, China und Siam durch die Eulenburg-Expedition 1860-62 blieb es bei der Einrichtung von Konsulaten durch deutsche Einzelstaaten wie die Hansestädte, Preußen und Oldenburg. Umgekehrt verlangten die deutschen Chinakaufleute nach offizieller Vertretung. In einem Appell in der hamburgischen ‚Börsen-Halle', der von 19 Deutschen aus Kanton und Hongkong unterzeichnet war, wurde 1846 konstatiert, daß die anderen Nationen bereits offizielle Vertretungen unterhielten, dagegen *„sind die Deutschen noch bisher allen Schutzes, durch ein von den Chinesen anerkanntes Organ, beraubt gewesen, und sind ganz auf sich selbst angewiesen"*, durch die *„dem großen Haufen der Chinesischen Bevölkerung so zu sagen eingeimpfte Abneigung gegen alles Fremde"* bestünde Gefahr für Leib und Leben, bei Strandung oder Piraterie gäbe es erhebliche Schwierigkeiten, Entschädigung zu erlangen.[2]

In Deutschland war man sich durchaus der Problematik bewußt. Bereits die Bildung der Bundesflotte von 1848 war in verschiedenen Denkschriften auch auf den

Einsatz deutscher Kriegsschiffe in Übersee ausgerichtet gewesen. Die Hamburger Marinekommission sah in ihrem Bericht die *„Stationirung von Kriegsfahrzeugen in solchen Gegenden"* vor, *„wo deutscher Handel oder deutsche Einwohner des Schutzes bedürfen, oder wo neue Handelsbeziehungen zu begründen sind."*[3] Auch Prinz Adalbert äußerte sich in einer Denkschrift über die Bildung einer deutschen Kriegsflotte zu der Bedeutung der Marinepräsenz im Ausland: *„Ebenso würden wir unserer jungen Flagge in den chinesischen Gewässern diejenige Achtung nöthigenfalls erzwingen können, deren dort die anderen seefahrenden Nationen bereits genießen."*[4] Aber erst Ende der 1850er Jahre kam die Frage der Entsendung von Kriegsschiffen nach Ostasien in Gang. Die österreichischungarische Fregatte NOVARA hatte auf ihrer Weltumseglung 1857-59 auch in China Station gemacht und war von den deutschen Residenten begeistert empfangen worden. Karl v. Scherzer, wissenschaftlicher Begleiter der NOVARA-Expedition, betonte in seinem Expeditionsbericht, wie wichtig die Stationierung eines Kriegsschiffes sei:

> *„Viele schreiende Ungerechtigkeiten, welche dermalen ungestraft an hülflosen deutschen Kaufleuten und Capitäns in den chinesischen Häfen begangen werden, würden nicht geschehen noch geschehen können, wenn auch nur Ein deutsches Kriegsschiff in den chinesischen Gewässern stationirt wäre."*[5]

Preußen sah sich durch das Unternehmen unter Zugzwang gesetzt und ergriff gleichzeitig die Gelegenheit, sich mit der Entsendung einer eigenen Expedition als deutsche Alleinvertretung in Übersee zu präsentieren. Außerdem schien der Zeitpunkt günstig, sich den erfolgreichen Vertragsabschlüssen der Briten und Franzosen anzuschließen und ohne größere Schwierigkeiten einen Vertrag mit China zu erreichen. Dabei spielte auch eine Rolle, daß nach dem ersten Opiumkrieg und der Öffnung Japans die Qualität einer Großmacht nicht mehr nur an europäischen Maßstäben gemessen wurde, sondern auch an der Fähigkeit, *„sich im Fernen Osten zur Geltung zu bringen."*[6] Preußen faßte 1859 nach langem Zögern den Entschluß, selbst in Ostasien aktiv zu werden, und entsandte eine Expedition unter der Leitung von Friedrich zu Eulenburg.[7] Der Entschluß fand bei den Staaten des Zollvereins allgemeine Zustimmung, und nachdem auch die Hansestädte und Mecklenburg darum ersucht hatten, an dem Unternehmen beteiligt zu sein, konnte Preußen zum ersten Mal alle deutschen Staaten außer Österreich außenpolitisch vertreten[8] – die Eulenburg-Expedition war gewissermaßen eine erste Vorwegnahme der kleindeutschen Reichsgründung von 1871.

Mit der Kabinettsorder vom 15. August 1859 wurde der Abschluß von Handels- und Schiffahrtsverträgen mit China, Japan und Siam zum Hauptzweck des Unternehmens bestimmt, aber der offizielle Expeditionsbericht führte unter den Zielen neben der Einrichtung einer diplomatischen Vertretung auch ausdrücklich das Zeigen der Flagge auf.[9] Preußen sollte eben als Großmacht vertreten werden, Eulenburgs Instruktionen sahen bei Widerständen die Anwendung von Waffengewalt vor.[10] Die Möglichkeiten waren gleichwohl begrenzt, das Geschwader bestand aus vier Schiffen, von denen nur das Flaggschiff, die Dampfkorvette S.M.S. ARCONA, und die Segelfregatte THETIS als Kriegsschiffe anzusehen sind, der Schoner FRAUENLOB und das Segel-

Abbildung 1:
Friedrich Albert Graf zu Eulenburg, Leiter der Expedition nach Ostasien 1860-1862
(Stahlstich, Sammlung Eberspächer)

Abbildung 2:
Die Schiffe des Ostasiatischen Geschwaders, von links nach rechts das Flaggschiff
ARKONA, die Fregatte THETIS und der Schoner FRAUENLOB
(Sammlung Eberspächer)

transportschiff ELBE waren ausschließlich zum Transport von Vorräten und Waren bestimmt. Weiterhin sollte die Expedition neben den Vertragsabschlüssen ein möglichst hohes Maß an Informationen über die Verhältnisse in Ostasien liefern. Außer den diplomatischen Vertretern fuhren drei Kaufleute, ein Vertreter der sächsischen Handelskammer, ein Botaniker, ein Zoologe, ein Geologe, ein landwirtschaftlicher Sachverständiger, ein Gärtner sowie ein Maler, ein Zeichner und ein Photograph mit. Außerdem hatten fast alle beteiligten Staaten Warenmuster zur Mitnahme geschickt, und selbst die beiden Kriegsschiffe waren dermaßen vollgestopft, daß sie überladen und nur eingeschränkt manövrierfähig waren.

Die preußische Marine war mit diesem Großunternehmen, an dem fast die Hälfte der gesamten Marine teilnahm, im Grunde genommen überfordert. Allein die Hälfte der ausgebildeten Offiziere fuhr mit nach Ostasien, die Schiffsbesatzungen mußten extra ausgehoben werden und wiesen einen entsprechend geringen Ausbildungsstand auf. Das Geschwader traf zwar zum richtigen Zeitpunkt in China ein, als das Invasionskorps der Briten und Franzosen im Sommer 1860 gegen Peking marschierte, um sich „aktiv den dort kriegführenden Europäischen Mächten anzuschließen", wie es Eulenburgs Instruktionen vorgesehen hatten. Eine Beteiligung erwies sich aber als illusorisch: die beiden Kriegsschiffe hatten zu großen Tiefgang, um in Küstennähe operieren zu können, und ein nennenswertes Truppenkontingent konnte das Geschwader ebenfalls nicht stellen.

Da in China während der Kampfhandlungen keine Vertragsverhandlungen möglich waren, fuhr Eulenburg zunächst nach Japan. Auch dieses Unternehmen stand unter keinem guten Stern, auf der Reise ging die FRAUENLOB in einem Taifun mit Mann und Maus unter, und es gelang Eulenburg lediglich, einen Vertrag zwischen Preußen und Japan abzuschließen, der sich nicht auf den Zollverein und die Hansestädte erstreckte. Danach standen die anstehenden Verhandlungen in China noch unter gewachsenem Erfolgsdruck, ein Scheitern hätte einen herben Rückschlag für sämtliche preußisch-deutschen Großmachtansprüche in Ostasien bedeutet. Die Verhandlungen zogen sich im Sommer 1861 in Tianjin zäh dahin. Militärischer Druck war nach dem gerade erzielten Friedensschluß Chinas mit England und Frankreich und schlicht mangels ernsthafter Möglichkeiten ausgeschlossen, obwohl Eulenburg angesichts der massiven Schwierigkeiten durchaus dazu bereit gewesen wäre. Er beklagte sich, „wie ungeheuer schwer es ist, hier ohne Drohungen und Gewaltthätigkeiten Etwas durchzusetzen"[11], gleichzeitig war er bemüht, die militärische Schwäche Preußens in Ostasien zu kaschieren, und stellte die Nichtbeteiligung an den Kriegshandlungen als „noble Geste" heraus.[12] Der Vertrag kam schließlich am 2. September 1861 zustande. Mit dem Abschluß fiel ein enormer Druck von Eulenburg und der Expedition. Preußen, die Zollvereinsstaaten und die Hansestädte hatten die gleichen Zugeständnisse erreicht wie die bisherigen Vertragsmächte. Vor dem Hintergrund dieses Erfolges verblaßten die vorangegangenen Schwierigkeiten ebenso wie andere Aufträge, zu denen auch der Erwerb eines Stützpunktes gehört hatte.

Die Stützpunktdebatte gehörte zu den Konstanten der deutschen Chinapolitik bis zur Besetzung Kiautschous 1897. Eulenburg hatte neben den Vertragsabschlüssen auch den Auftrag erhalten, auf der Reise nach einem geeigneten Stützpunkt Ausschau zu halten, der Geschwaderchef hatte seinen Weisungen bei einer eventuellen Besetzung Folge zu leisten.[13] Das Hauptaugenmerk in China galt Taiwan, darüber hinaus waren auch die Fidschi-Inseln, die Salomonen und Ostpatagonien im Gespräch gewesen. Eulenburg machte allerdings keinerlei Anstalten, einen Stützpunkt zu erwerben. Er hatte Anweisung, nichts zu unternehmen, was den Vertragsabschluß zwischen Preußen und China gefährden konnte, darüber hinaus verwies er zu Recht darauf, daß eine Erwerbung außerhalb der Möglichkeiten der Expedition lag, nicht zuletzt aufgrund der Erschöpfung und der hohen Verlustquote der Mannschaften. In Preußen wurde sein Urteil akzeptiert, man war zunächst mit den erreichten Ergebnissen zufrieden.[14] Die Eulenburg-Expedition war der Startpunkt der preußisch-deutschen Chinapolitik, und viele ihrer Teilnehmer spielten auch in den folgenden Jahrzehnten eine wichtige Rolle in den deutsch-chinesischen Beziehungen. Aus den Schiffsbesatzungen stiegen vier zu Kommandierenden Admiralen und 16 in den Konter- oder Vizeadmiralsrang auf. Unter den zivilen Teilnehmern ist besonders Max v. Brandt zu erwähnen, der 1863 den Gesandtschaftsposten in Japan übernahm, 1875 nach Peking wechselte und diesen Posten bis 1893 innehatte. Auch danach übte er als Publizist und Ostasienexperte noch einen erheblichen Einfluß auf die deutsche Chinapolitik aus.[15]

Die Eulenburg-Expedition konnte aber für das staatliche und militärische Engagement nur ein Anfang sein. Der Kapitän der ELBE, Leutnant z.S. Reinhold Werner[16], betonte in seinem Bericht über die Expedition 1863, der Abschluß der Verträge sei nur ein erster Schritt, der zweite *„ist die Aufstellung eines preußischen oder deutschen Kriegsgeschwaders in den östlichen Gewässern"*.[17] Werner bemühte sich zu zeigen, daß es für Deutschland ohne größere Anstrengungen möglich sei, in Ostasien als Großmacht aufzutreten, nicht nur durch die Einrichtung einer Flottenstation, sondern auch durch den Erwerb einer Kolonie – Deutschland solle nur nicht versäumen zuzugreifen.[18] Die offiziellen Ansichten wurden von einer regen Stützpunktpropaganda begleitet, noch in den 1860ern erschienen allein 30 kleinere Schriften und zahlreiche Zeitungsartikel über Taiwan[19], darüber hinaus schwemmten viele private Protagonisten *„zahllose Namen exotischer Landstriche"* nach Berlin.[20] Für Stützpunktpropagandisten wie den Gerichtsassessor Ernst Friedel erschien die Erwerbung denkbar einfach:

> *„Das nächste preußische Kriegsschiff, welches die ostasiatischen Gewässer berührt, kann den Act der Besitzergreifung durch Einpflanzen eines Flaggenstocks und Aufheißen der preußischen Flagge leicht bewirken."[21]*

Autoren wie Friedel erlangten meistens nur geringes öffentliches Interesse, aber ihre Argumentationen fanden sich in den späteren Kolonialdebatten wieder. Konkretere Formen nahm die Stützpunktpolitik noch einmal 1868 mit einem Gutachten an, das Ferdinand v. Richthofen[22] im Auftrag des deutschen Generalkonsuls in Shanghai über die Zhoushan-Inseln erstellt hatte. Richthofen empfahl die Annexion dieser vor der Mündung des Yangtse gelegenen Inselgruppe, die als Marinestation und Hafenkolonie geeignet erschien und ein deutsches Shanghai und Hongkong in einem werden könne.[23] Auch hier klang die Erwerbung nicht weiter schwierig: Unbeeindruckt von der Tatsache, daß England bereits 1845 mit China vereinbart hatte, daß die Inseln nie an eine andere Macht abgetreten werden dürften,[24] genügte nach Richthofen und dem Generalkonsul ein Diplomat mit genügenden Bestechungsgeldern und ausreichenden militärischen Machtmitteln auf der Hinterhand, um die Zhoushan-Inseln zu bekommen.[25] Die Vorschläge wurden im Oberkommando der preußischen Marine aufmerksam gelesen, und Prinz Adalbert gab dem Kapitän der nach Ostasien auslaufenden S.M.S. MEDUSA die Anweisung, die Lösung der Stützpunktfrage als Hauptaufgabe zu betrachten.[26] Die Marineführung überzeugte sogar Bismarck soweit von ihren Stützpunktplänen, daß dieser den Gesandten in Peking anwies, mit der chinesischen Regierung über einen Stützpunkt zu verhandeln.[27] Diese Initiative war gleichzeitig der Schlußpunkt der ersten Stützpunktdebatte. Die beiden deutschen Kriegsschiffe S.M.S. HERTHA und MEDUSA zogen sich während des Krieges zwischen Deutschland und Frankreich vor den überlegenen französischen Kräften nach Japan zurück, wo sie den gesamten Krieg über blieben. Der Gesandte Rehfues versuchte gar nicht erst, mit dem Zongli Yamen, dem chinesischen Auswärtigen Amt, über einen Stützpunkt zu verhandeln, und Bismarck erteilte nach der Reichsgründung den Kolonial- und Stützpunktbestrebungen eine deutliche Absage.[28] Damit war die erste deutsche Stützpunktdebatte beendet, erst in den 1890er Jahren wurde wieder ernsthaft über einen Stützpunkt in China nachgedacht.

Gleichwohl sollte der Handel in Übersee selbstverständlich durch die Einrichtung von Flottenstationen geschützt werden. Dazu hielt Bismarck allerdings begrenzte Streitkräfte für ausreichend:

> *„Den barbarischen Völkerschaften gegenüber genügen zweckmäßig zusammengesetzte kleinere Flottenabtheilungen in den geeigneten Meeren, mit der Weisung, jeden zu Boden zu schlagen, der einem Deutschen ein Haar krümmt; Landerwerb ist dazu nicht erforderlich."*[29]

Nach der Eulenburg-Expedition hatten mit der S.M.S. GAZELLE 1863/64 und der VINETA 1866 zweimal Kriegsschiffe in den chinesischen Gewässern Flagge gezeigt. Beide Einsätze standen unter keinem guten Stern. Die GAZELLE hatte während des deutsch-dänischen Krieges im April, Mai und Juni 1864 drei dänische Handelsschiffe nahe der chinesischen Küste gekapert. Die chinesischen Behörden protestierten mit Erfolg gegen die Wegnahme dieser Schiffe in ihren Hoheitsgewässern, und die GAZELLE hatte damit dem für die chinesische Außenpolitik verantwortlichen Prinzen Gong Gelegenheit gegeben, das westliche Völkerrecht zum ersten Mal anzuwenden, um die Fremden bei allzu dreistem Auftreten mit ihren eigenen Methoden zu zügeln.[30] Die VINETA sollte sich an Operationen gegen das *„Piratenunwesen"* beteiligen, was angesichts ihres Tiefgangs illusorisch war, und beschränkte sich auf das Zeigen der Flagge. Eine regelmäßige Präsenz preußisch-deutscher Kriegsschiffe kam erst 1869 mit der Entsendung der Korvette S.M.S. MEDUSA zustande, die Einrichtung der Ostasiatischen Station wurde ein Jahr später mit der Entsendung der S.M.S. HERTHA vervollständigt. Hier ist der Beginn eines konstanten militärmaritimen Engagements in China und damit der Beginn deutscher Kanonenbootpolitik in China zu sehen.

Zunächst blieb die Station ständig durch zwei Schiffe besetzt. Ab 1875 wurde die Station verstärkt und bestand Anfang 1876 aus sechs Schiffen, den gedeckten Korvetten S.M.S. HERTHA und VINETA, den Glattdeckskorvetten ARIADNE und LUISE sowie den Kanonenbooten CYCLOP und NAUTILUS.[31] Als Anlaß diente die Meuterei der chinesischen Besatzung des deutschen Schoners ANNA im Herbst 1875, bei der Kapitän und Steuermann getötet wurden und die Fracht teilweise geplündert wurde. Hintergrund dieser Verstärkungen war aber nicht nur die weiterhin bestehende Bedrohung des Handelsverkehrs durch chinesische Piraten, sondern in erster Linie eine Revision des Vertragssystems.[32] Zur Unterstützung der diplomatischen Bemühungen wurde das gesamte deutsche Geschwader unter Kapitän Graf v. Monts[33] vor Zhifu im Rahmen einer internationalen Flottendemonstration zusammengezogen, an der außerdem englische, französische und amerikanische Schiffe beteiligt waren. England nahm seinerseits die Margary-Affäre – der britische Konsularbeamte Augustus Margary war 1875 im Grenzgebiet zwischen Yunnan und Birma von Einheimischen erschlagen worden[34] – zum Anlaß, um weitere Zugeständnisse von China zu erzwingen. Die Flottendemonstration vor Zhifu und verbales Säbelrasseln reichten als Druckmittel aus, um am 13. September 1876 die Konvention von Zhifu durchzusetzen.[35]

Die Flottendemonstration vor Zhifu gehörte bereits in die Phase klassischer Kanonenbootpolitik in China. Für neue Zugeständnisse mußte kein Krieg mehr geführt werden, Kriegsschiffe dienten als Mittel der Diplomatie oder übten Polizeifunktionen im kolonialen Stil aus. Bei diesen Aktionen ging es selten um Klärung eines Falles, sondern um die Zahlung einer Entschädigung, die nach Gutdünken festgesetzt wurde, eine diplomatische Entschuldigung, Bestrafung der zuständigen Beamten und einer zufriedenstellenden Zahl von *„Schuldigen"*.[36] Bei erfolgreicher Kanonenbootdiplomatie reichte im Normalfall die Androhung von Gewalt oder im Idealfall die bloße Anwesenheit eines Kriegsschiffs aus. Seit der Zusammenstellung des Geschwaders 1875 war die Ostasiatische Station auch entsprechend besetzt, um im Stationsgebiet Präsenz zu zeigen. Die Stärke blieb mit drei bis vier Korvetten und zwei bis drei Kanonenbooten bis 1884 weitgehend konstant.

In den Jahren 1882/83 wurde die kaiserliche Marine bei mehreren Zwischenfällen aktiv, die zeigen, daß Deutschland zwar bei internationalen Gemeinschaftsaktionen noch eher die Rolle eines *„Juniorpartners"* spielte, aber in kleineren Fällen auch selbst die Initiative ergriff. Im Oktober 1882 strandete die Apenrader Brigg AUGUST bei den Pescadoren und wurde von den Inselbewohnern geplündert, die Besatzung blieb unversehrt. Der Schaden hielt sich in Grenzen, die Ladung bestand aus braunem Zucker und Papier, darüber hinaus wurden Matten, Säcke und die Segel entwendet sowie den Besatzungsmitgliedern *„mehrere Effecten"* weggenommen.[37] Drei Wochen später erschien das Kanonenboot S.M.S. ILTIS mit dem Kapitän der AUGUST und dem deutschen Konsul aus Amoy vor den Pescadoren. In Begleitung eines chinesischen Oberst wurden die um den Tatort liegenden Dörfer untersucht und ein Teil der Ladung wiedergefunden. Damit sah der chinesische Offizier den Strandraub als bestätigt an, man einigte sich auf einen Schadensersatz von 2.400 Dollar, von denen noch 300 nachgelassen wurden.[38] Der Fall war damit *„befriedigend erledigt worden"*, nachdem die *„Bestrafung von 38 bei der Plünderung betheiligten Insulanern ... den Gesetzen und Gebräuchen China's gemäß erfolgt"* sei.[39] Ein zu dieser Zeit in Ostasien eingesetzter Marinepfarrer stellte in seinen Erinnerungen im Zusammenhang mit diesem Zwischenfall fest, *„daß Deutschland nicht lange fackelt und alles kräftig schützt, was sein ist."*[40] Diese Reaktion macht deutlich, in welchem Maße selbst unbedeutende Zwischenfälle – die ILTIS hatte wenig mehr getan, als den Kapitän und den Konsul zu transportieren – im

Sinne eigenen Geltungsbedürfnisses aufgewertet wurden. Wenn schon bei marginalen Vorkommnissen die Ehre der Nation auf dem Spiel stand, konnte dies leicht dazu führen, daß deutsche Vertreter nur allzu schnell bereit waren, den Schutz des Reiches in Anspruch zu nehmen und ein Kanonenboot anzufordern.

Dies gilt sowohl für den Grundstücksstreit in Swatau 1882 wie auch für den „*Pfannenkrieg*" von Amoy im gleichen Jahr. In Swatau hatten die örtlichen Behörden ein Grundstück der bankrott gegangenen Firma Dircks & Co., auf das auch chinesische Geschäftpartner Anspruch erhoben, bis zur Klärung des Falles beschlagnahmt und diesen Rechtszustand durch aufgestellte Pfähle kenntlich gemacht. Der deutsche Kaufmann Bernhard Schaar, Mitinhaber der Firma und gleichzeitig deutscher Konsul, bat die Fregatte S.M.S. ELISABETH um Hilfe – offensichtlich mit Zustimmung des deutschen Gesandten Max v. Brandt. Ende November 1882 erreichte die ELISABETH Swatau und setzte einen Landungstrupp aus. Die Marinesoldaten marschierten zum strittigen Grundstück, rissen die Pfähle um, errichteten einen Flaggenmast und hißten die deutsche Flagge. Danach blieb die ELISABETH noch 24 Stunden vor der Stadt, um gegenenfalls das Niederholen der Flagge zu verhindern.[41] Der Vorfall löste heftige Proteste des Zongli Yamen, des chinesischen Auswärtigen Amtes, aus, und der chinesische Gesandte in Berlin legte Protest ein. Das Auswärtige Amt wies die Beschwerde zunächst zurück, man war aber äußerst besorgt, das Landungsunternehmen hätte einen bewaffneten Konflikt auslösen können. Nach weiteren Informationen erklärte sich das Auswärtige Amt allerdings gegen die Landung und teilte Brandt diese Haltung auch mit, Schaar wurde seines Postens enthoben.[42]

Abbildung 3:
Die Gedeckte Korvette ELISABETH war 1882 bei dem Zwischenfall in Swatau und mit S.M.S. STOSCH im „Pfannenkrieg von Amoy" im Einsatz
(Illustrirte Zeitung vom 6.11.1869)

Zur gleichen Zeit trafen aber bereits Meldungen über den nächsten Zwischenfall ein: In Amoy hatten die chinesischen Behörden Zuckersiedepfannen eines deutschen Kaufmanns beschlagnahmt. Brandt verhandelte mit dem Zongli Yamen über die Herausgabe, aber als keine schnelle Einigung erzielt werden konnte, forderte er den Kommandeur des Ostasiatischen Geschwaders, Kapitän z.S. v. Blanc[43], auf, einzugreifen.[44] Die deutsche Firma Kopp betrieb in Amoy eine Eisengießerei und stellte Pfannen für Zuckersiedebetriebe auf Taiwan her.[45] Der chinesische Daotai hatte bereits früher gegen die Produktion Protest erhoben, da die Herstellung von Zuckersiedepfannen unter ein chinesisches Monopol fiel. Der deutsche Konsul, v. Aichberger, und der deutsche Gesandte in Peking, Max v. Brandt, hatten allerdings Kopp unterstützt und so waren bereits mehrere Ladungen Pfannen nach Taiwan exportiert worden. Am 20. November 1882 war dann eine Ladung von 49 Zuckersiedepfannen auf Befehl des Daotai beschlagnahmt worden. Sie wurden im Likin Yamen, dem Gebäude für den chinesischen Binnenzoll, untergebracht. Der Protest durch Konsul v. Aichberger blieb ebenso erfolglos wie eine offizielle Weisung des Zongli Yamen die Max v. Brandt erreicht hatte. Brandt bat nun das Ostasiatische Kreuzergeschwader um Hilfe, und am Heiligabend 1882 trafen S.M.S. STOSCH und S.M.S. ELISABETH vor Amoy ein. Am 28. Dezember wies v. Brandt v. Aichberger an, noch einmal die Herausgabe der Pfannen zu fordern, und bei erneuter Weigerung der chinesischen Behörden den deutschen Kommodore um Unterstützung zu bitten. Aichberger stellte dem Daotai nunmehr ein

Abbildung 4:
Admiral Louis v. Blanc (1832-1903) kommandierte vom Juli 1881
bis zum August 1883 das Ostasiatische Geschwader
(Aus: Hans Hildebrand, Albert Röhr, Hans-Otto Steinmetz: Die Deutschen Kriegsschiffe, Bd. 5, 2. überarb. Auflage, Herford 1988, S. 135)

Ultimatum, die Pfannen bis Mitternacht herauszurücken. Gleichzeitig hatte er bereits mit dem Chef des Ostasiatischen Kreuzergeschwaders, Kapitän z.S. Louis v. Blanc, vereinbart, bei Ablehnung *„militärische Maßregeln zu ergreifen, um die Herausgabe der Pfannen zu erzwingen."* Die Pfannen sollten aus dem Zollgebäude geholt und in das Konsulat gebracht werden; falls die Pfannen nicht im Zollhaus seien, sollte das Gebäude als Pfand vorläufig besetzt werden.

Der Daotai dachte überhaupt nicht daran, die Pfannen auszuliefern, und lehnte das Ultimatum bereits weit vor der gesetzten Frist ab. Blanc gab daraufhin noch am Abend des 28. Dezember 1882 die Anweisungen für den nächsten Morgen: Um 7 Uhr sollten zwei Züge Infanterie unter Führung mit insgesamt 48 Mann, ohne Offiziere und Unteroffiziere, an Land gehen, dazu eine Arbeiterabteilung von 49 Mann und eine Pioniersektion mit Beilen, Brechstangen und Sägen. Die ganze Operation stand unter dem Befehl des Kapitäns des Flaggschiffs STOSCH, Kapitän z.S. Eugen v. Glomsda zu Buchholz. Das Landungskorps sollte zu gleichen Teilen von S.M.S. STOSCH und ELISABETH gestellt werden, die Pioniere kamen von der STOSCH. Dazu befahl v. Blanc blauen Anzug, als Ausrüstung Brotbeutel mit zwei Portionen Schiffszwieback, und zehn scharfen Patronen pro Mann. Das Arbeiterdetachment sollte nur mit Seitengewehren bewaffnet werden.

Das Landungsdetachment sollte auf direktem Weg zum Zollamt marschieren und über den begleitenden Dolmetscher die Herausgabe der Pfannen fordern. Sollten sie herausgegeben werden, sollte das Arbeitskommando die Pfannen in Empfang nehmen und zum deutschen Konsulat bringen. Würden die Pfannen aber nicht gutwillig herausgegeben oder gar ihr Vorhandensein geleugnet, hatte der Landungstrupp Befehl, das gesamte Haus zu durchsuchen. Wenn die Pfannen nicht aufzufinden seien, *„so wird das ganze Etablissement des Likin-Yamen als Pfand mit Beschlag belegt, die sämmtlichen Beamten arretiert, etwaige Bewaffnete entwaffnet und sonst im Etablissement vorgefundene Waffen confisciert und in Sicherheit gebracht und durch Aussetzen von Posten sowie Anbringung etwaiger Vertheidigungsmaßregeln das Etablissement gegen einen Kampf vorbereitet"*. Vor allem sollte das Eingangstor scharf bewacht werden, nur Frauen und Kindern war das Verlassen zu gestatten. Gleichzeitig war v. Blanc offensichtlich daran interessiert, die ganze Affäre nicht eskalieren zu lassen: Auf den Booten wurden die Landungsgeschütze entfernt, außerdem untersagte er bei dem Unternehmen jeglichen Waffengebrauch außer für den Fall, daß der Landungstrupp auf gewaltsamen Widerstand stoßen sollte. Selbst dann sollte *„zunächst von dem aufgepflanzten Seitengewehr energisch Gebrauch gemacht werden und erst im äußersten Nothfalle von der Schußwaffe."*

So sorgfältig v. Blanc in seinen Anweisungen verschiedene Möglichkeiten bedacht hatte, so banal verlief letztendlich der „Pfannenkrieg von Amoy". Am Morgen des 29. Dezember 1882 gingen die Abteilungen an Land und marschierten geradewegs zum Zollamt.[46] Die Mannschaften der Pinassen sperrten die Straßen ab und der Marsch verlief ohne Zwischenfälle. Der Kommandant des Landungsdetachments, Leutnant z.S. Landfermann, fand zwar bei seiner Ankunft am Zollgebäude das Tor verschlossen, aber nach einmaligem kräftigen Klopfen wurde geöffnet. Nun besetzte das Landungskorps das Tor und sämtliche Eingänge. Es war kein einziger höherer Beamter anzutreffen, aber die anwesenden chinesischen Bediensteten zeigten dem deutschen Dolmetscher bereitwillig den Raum, in dem die Zuckersiedepfannen lagerten. Der Fabrikant Kopp identifizierte die Pfannen als sein Eigentum und das Arbeitskommando übernahm ihren Abtransport zum Konsulat. Die Aktion hatte auf der Straße zahlreiche Neugierige angelockt, es kam aber zu keinerlei Zwischenfällen.

Abbildung 5:
Matrose der NIOBE auf Wachtposten. Dieser Angehörige der 1. Matrosendivision in Kiel trägt den üblichen Landungsanzug der Kaiserlichen Marine bis hin zum umgehängten Brotbeutel. Ebenso sahen die Angehörigen der Landungskorps der STOSCH und der ELISABETH in Swatau und Amoy aus.
(Zeichnung aus der Mappe „Unsere Marine" von C. W. Allers. Neuerlich: Alltag in der Kaiserlichen Marine um 1890. Die Bildmappe „Unsere Marine" von C. W. Allers, hrsg. von Ulrich Beckmann und Klaus-Ulrich Kreubke, Berlin 1993, S. 43)

Es kam danach noch zu einer kleineren Requisition des Konsuls, das Koppsche Anwesen zu schützen, da dieser sich von herumstreifenden chinesischen Soldaten bedroht fühlte und fürchtete, daß man es wieder auf seine Pfannenvorräte abgesehen hatte. v. Blanc schickte einen Offizier und 20 Mann zu Kopp und wies die STOSCH an, einen Trupp zur Verstärkung in Bereitschaft zu halten. Als am Nachmittag des 29. Dezember schließlich ein Schreiben des Daotai eintraf, in dem er nun die Pfannen freigab, um gleichzeitig gegen deren gewaltsame Wegnahme zu protestieren, war die Angelegenheit zunächst für die Marine erledigt; v. Blanc zog jetzt auch das letzte Landungskorps zurück. Die Marine hatte ihren Teil getan, der Rest blieb Sache der Diplomaten, wie v.

Blanc etwas säuerlich bemerkte: „*Die Angelegenheit tritt nun in das Stadium voraussichtlich sehr langwieriger Verhandlungen und habe ich mich entschlossen, bis auf Weiteres mit S.M.S. STOSCH hier zu bleiben*".[47] Ende Januar 1883 war v. Blanc mit der STOSCH immer noch vor Amoy, da sich die Verhandlungen über das weitere Schicksal der Zuckersiedepfannenproduktion unendlich hinzogen.[48] Leicht resigniert bemerkte der Geschwaderchef in seinem Bericht an die Admiralität: „*Da die Entscheidung in Peking liegt, die bisher von dem Tsungli-Yamen an den Taotai ergangenen Befehle und Instructionen sehr verschiedene Auslegungen erlaubten, so besteht zwischen dem diesseitigen Consulat und dem Taotai noch dieselbe Meinungsverschiedenheit wie vor 9 Monaten.*" Der „Pfannenkrieg von Amoy" fand ebenfalls nicht die Billigung der Reichsbehörden, und Bismarck beorderte Brandt nach Berlin, womit gleichzeitig die Wogen im deutsch-chinesischen Verhältnis geglättet wurden.

Abbildung 6:
ILTIS-Denkmal am Bund in Shanghai, um 1905. Das erste Kanonenboot mit dem Namen ILTIS lief 1878 vom Stapel und verbrachte den größten Teil seiner Dienstzeit in Ostasien. Im Juli 1896 erlitt es auf einer Erkundungsfahrt an der chinesischen Küste Schiffbruch. Zur Erinnerung wurden an der Unglücksstelle und in Shanghai Denkmäler in Form eines abgebrochenen Schiffsmastes errichtet. Das Denkmal in Shanghai wurde während des Ersten Weltkrieges von britischen Zivilisten umgestürzt.
(Sammlung Eberspächer)

Die Stärke des Ostasiatischen Geschwaders erreichte vor dem Hintergrund des Kriegs zwischen Frankreich und China um Tongking 1884/85 mit vier Korvetten und drei

Kanonenbooten ihren Höhepunkt. Im folgenden Jahr änderte sich die Konzeption, das Ostasiatische Geschwader wurde am 22. Dezember 1885 aufgelöst. Auf der Ostasiatischen Station verblieben nur ein Kreuzer und ein Kanonenboot, ab 1887 war die Station ständig nur noch mit zwei Kanonenbooten besetzt. Die Präsenz sollte nun durch ein Kreuzergeschwader gesichert werden, das für einen weitaus größeren Einsatzbereich zuständig war (1886 zunächst in Ostafrika, ab dem Frühjahr auf der australischen Station) und je nach Bedarf zu den jeweiligen Einsatzorten verlegt werden sollte. Damit reagierte die Marine auf die veränderten Anforderungen, die mit dem Erwerb der Kolonien in Afrika und der Südsee an sie gestellt wurden. Obwohl Ostasien seit der Einrichtung der Station das wichtigste Einsatzgebiet der deutschen Marine in Übersee war, orientierte sich die Stärke der Präsenz bzw. die Bildung oder Entsendung eines Geschwaders jeweils nach dem Bedarf, erst 1894 wurde mit der Kreuzerdivision wieder eine permanent stationierte Einheit eingerichtet.[49] Die verringerte ständige Marinepräsenz wurde allerdings als deutliches Manko empfunden, und Georg Wislicenus sprach im Rückblick sogar von der deutschen *„Kreuzernot in Ostasien"*.[50]

In den 1890er Jahren änderte sich die deutsche Chinapolitik grundlegend. Zum einen war durch den Regierungsantritt Wilhelms II. und die Entlassung Bismarcks eine neue Konstellation im Deutschen Reich entstanden, die zunehmend Auswirkungen auf die Außenpolitik hatte. Parallel zum ökonomischen Übergang vom Agrar- zum Industriestaat wurde im letzten Jahrzehnt des 19. Jahrhunderts auch der Schritt von Konzeptionen vollzogen, die noch eher *„großpreußisch"* anmuten, zu einem auf die Zukunft gerichteten Programm, das als *„Weltpolitik"* formuliert wurde.[51] Die Begeisterung des jungen Kaisers für die Marine spielte für die Ausgestaltung dieses Übergangs keine geringe Rolle. So sehr die Weltpolitik in manche bombastischen Aktionen umschlug und die Neigung potenzierte, bei jeder Aktion in Übersee die deutsche Weltgeltung auf dem Spiel zu sehen, bedeutete Weltpolitik vor dem Hintergrund der internationalen Machtpolitik und den Zwängen, die Politiker in der Ära nach Bismarck vor neue Probleme stellte, auch ein Stück Normalisierung.

Der Ausbruch des chinesisch-japanischen Krieges 1894/95 änderte auch die Situation in Ostasien. Hatten schon der wirtschaftliche Aufschwung Deutschlands und die entsprechende Suche nach neuen Märkten Ostasien in den 1890ern stärker ins Blickfeld rücken lassen, führte die vernichtende Niederlage Chinas gegen Japan dazu, daß alle westlichen Mächte nach und nach die bisherige Vorsicht im Umgang mit dem Riesenreich fallen ließen. Japan legte China harte Friedensbedingungen auf: Die Anerkennung völliger Unabhängigkeit Koreas, die Abtretung Taiwans, der Pescadoren und der Liaodong-Halbinsel (hier entstand später Port Arthur), die Zahlung einer beachtlichen Entschädigung, die Gewährung der Meistbegünstigung und die Öffnung weiterer fünf Vertragshäfen.[52] Japan stieg damit in Ostasien zu einer regionalen Großmacht auf. Gleichwohl wurde eine Bedingung schnell wieder aufgehoben. Auf Druck von Frankreich, Rußland und Deutschland, dem *Einspruch von Shimonoseki*, mußte Japan seine Ansprüche auf die Liaodong-Halbinsel wieder fallen lassen. China avancierte mit der Niederlage 1895 zum *„Kranken Mann"* Nr. 1, und analog zur orientalischen Frage in Bezug auf den Zerfall des Osmanischen Reiches kann ab 1895 von einer ostasiatischen Frage gesprochen werden.[53] Ostasien wurde zwischen 1895 und 1905 Brennpunkt der Interessen der Großmächte, nicht zuletzt, da in dieser Phase *„bis auf China alle größeren Machtvakuen mehr oder weniger angefüllt"*[54] waren. Der *Einspruch von Shimonoseki* wurde für Deutschland zum Auslöser für eine neue Stützpunktdiskussion. Vorausgegangen war eine Verstärkung der deutschen Marinepräsenz, die dieses Mal von Dauer sein sollte. Nach Kriegsausbruch wurden trotz heftiger Proteste der deutschen Kaufmannschaft in Peru sofort drei Kriegsschiffe von der peruanischen Küste nach China verlegt. Die Hamburger Handelskammer forderte sogar noch eine weitere Verstärkung des Handelsschutzes, die auch bereitwillig gewährt wurde: Bis Ende 1894 befanden sich insgesamt sieben deutsche Kriegsschiffe in den ostasiatischen Gewässern.[55] Mit dieser neugebildeten Kreuzerdivision im Rücken stellte Deutschland nun Ansprüche an eine Kompensation für sein Eintreten für China im *Einspruch von Shimonoseki*. Neben Überlegungen über eine exklusive Anleihe bei Deutschland zur Zahlung der zweiten Rate der Kriegskostenentschädigung an Japan und Verhandlungen über eventuelle Konzessionen für den Eisenbahnbau war das wichtigste Ergebnis die Einrichtung von deutschen Niederlassungen in Tianjin und Hankou. Bereits in den 1880er Jahren hatten deutsche Kaufleute eigene Niederlassungen angestrebt und sowohl Tianjin wie Hankou gehörten zu den wichtigsten deutschen Handelszentren in China, Hankou wurde sogar als *„nächst Shanghai zweifellos der bedeutendste Platz Chinas"* eingeschätzt.[56] Die Ostasiatische Station wurde nun wieder zum wesentlichsten Operationsfeld der deutschen Marine in Übersee. Der Chef des Kreuzergeschwaders war ein wichtiger – und weitgehend unabhängiger – Faktor der deutschen Politik in Ostasien. Das wurde nach der Neuformierung der Marinebehörden 1899 noch dadurch unterstrichen, daß er fortan formell direkt dem Kaiser unterstand. Diese herausgehobene Position hatte sich bereits bei der Suche nach einem Marinestützpunkt und der Besetzung der Bucht von Kiautschou 1897 gezeigt, bei der die diplomatischen Stellen kaum mehr als eine begleitende Rolle spielten.

Einen Höhepunkt für das Engagement der deutschen Marine in Ostasien bildete der Einsatz während des Boxeraufstands. Obwohl die deutschen Landungstruppen bei der Seymour-Expedition zum Entsatz der Gesandtschaften in Peking im Juni 1900 eigentlich an einem Fehlschlag teilnahmen, wurde der Einsatz unter dem Titel *„Germans to the front"* zur Legende, wie auch die Teilnahme des Kanonenboots ILTIS am Gefecht um die Taku-Forts. Durch die Entsendung zahlreicher weiterer Kriegsschiffe, darunter mit der 1. Division des I. Geschwaders allein vier Linienschiffen, wuchs sich die deutsche Marinepräsenz zum Herbst 1900 zur größten Flottenansammlung der deutschen Geschichte in Übersee aus. Nach dem Boxeraufstand wandte sich die deutsche Aufmerksamkeit vor allem dem Yangtsetal zu. Nicht einmal das Schutzgebiet um Tsingtau wurde mit so großen Hoffnungen auf geradezu märchenhafte Aussichten für den deutschen Handel verbunden. Im Yangtsetal sahen Zeitgenossen ein Gebiet für deutsche Weltpolitik par excellence, wie ein zeitgenössischer Journalist schrieb: *„Hier sind wir endlich nicht zu spät, hier geht die Flagge dem Handel voran."*[57] Deutsche Kaufleute hatten damals eine herausragende Position im Yangtsehandel und kontrollierten sogar den Löwenanteil des Exports von Hankou. Nach der Zusammenarbeit zwischen deutschem Handel, Diplomatie und Marine kann man beinahe von einem deutschen

„*Yangtse-Projekt*" sprechen. Deutsche Kanonenboote spielten dabei nicht nur für das Prestige der deutschen Residenten, sondern auch für die Erkundung des Yangtse und seiner Nebenflüsse eine wichtige Rolle. Es kann daher kaum überraschen, daß 1902 die Organisation der deutschen Flottenvereine im Ausland dem Reichsmarineamt 300.000 Mark für den Bau eines Flußkanonenboots für den Yangtse spendete.

Gleichwohl waren die Jahre nach dem Boxeraufstand in erster Linie von friedlicher Routine geprägt. Abgesehen von einigen kleineren Einsätzen bei den bis 1911 immer häufiger werdenden Unruhen, hatten die Kommandanten sich mehr Gedanken über den Ausbildungsgang oder die Gesundheit ihrer Mannschaft zu machen als über eine „*Gelbe Gefahr*". Zwischenfälle wie die Unruhen in Shanghai im Dezember 1905 erzeugten vor allem lautstarke Klagen über angeblich mangelnden Schutz der Deutschen durch das Kreuzergeschwader. Ähnlich gelagert war die Auseinandersetzung des Kommandos des Kreuzergeschwaders mit dem Gemeinderat in Hankou um die permanente Stationierung eines Kriegsschiffs, bei der es den deutschen Residenten wohl eher um das Prestige gegenüber den anderen Nationen wie der Shanghaier Konkurrenz ging, da die Kommandanten der Kanonenboote wiederholt klagten, daß die Lage nach alarmierenden Meldungen mit schöner Regelmäßigkeit völlig ruhig war. Den letzten größeren Einsatz vor dem Ersten Weltkrieg hatten die Schiffe des Kreuzergeschwaders während der chinesischen Revolution ab 1911, spektakulärster Zwischenfall war ein Feuergefecht der EMDEN mit einem der Yangtseforts während der sogenannten Zweiten Revolution 1913.

Der Ausbruch des Ersten Weltkriegs beendete abrupt die deutsche Marinepräsenz in Ostasien. Während das Kreuzergeschwader nach dem Kriegseintritt Japans Kurs in den Pazifik setzte und nach dem Sieg vor Coronel sein Ende bei den Falklandinseln fand und die EMDEN als Kaperkreuzer Geschichte schrieb, endeten die eigentlichen Protagonisten der Kanonenbootpolitik weniger eindrucksvoll. Sämtliche Kanonenboote der ILTIS-Klasse wurden in der Bucht von Tsingtau versenkt oder gesprengt. Die Flußkanonenboote OTTER, TSINGTAU und VATERLAND, die den Weg über See nach Tsingtau nicht hatten zurücklegen können, wurden in Nanjing bzw. Kanton aufgelegt und durch Scheinverkäufe an eigens gegründete Tarnfirmen zunächst in Sicherheit gebracht. Nach dem Kriegseintritt Chinas beschlagnahmte die chinesische Regierung OTTER und VATERLAND, die TSINGTAU war von ihrer verbliebenen Restbesatzung so gründlich versenkt worden, daß sie nicht mehr zu heben war. Die beiden deutschen Flußkanonenboote legten in den folgenden Jahren ein eindrucksvolles Zeugnis von der hohen Qualität deutscher Ingenieurskunst ab. Die VATERLAND blieb bis 1942 im Einsatz erst der chinesischen Marine auf dem Amur, später für den japanischen Marionettenstaat Mandschukuo, und wurde nach Ende des Zweiten Weltkriegs sogar noch kurze Zeit in sowjetischen Diensten verwendet. Das letzte Symbol deutscher Marinepräsenz waren Ende 1915 die beiden chinesischen Lotsen für die Yangtsestromschnellen, die der deutsche Konsul in Hankou zu einem Symbol für die baldige Wiederkehr der Kanonenboote aufbauen wollte. Sie wurden im Frühjahr 1916 entlassen.

Abbildung 7:
Das Flußkanonenboot VATERLAND vor Hankou um 1908. Im Hintergrund rechts das deutsche Konsulat, in der Mitte das Gebäude der Deutsch-Asiatischen Bank. Die VATERLAND wurde aus der Spende des Verbandes der deutschen Flottenvereine im Ausland gebaut. Sie lief 1903 vom Stapel, wurde für den Transport nach China auseinandergenommen und in Shanghai wieder zusammengesetzt. Sie war bis zum Ausbruch des Ersten Weltkrieges im Patrouillendienst auf dem Yangtsekiang eingesetzt.
(Sammlung Eberspächer)

## Anmerkungen

1  Ferdinand Grauthoff (Seestern): „1906" Der Zusammenbruch der alten Welt; Leipzig 1905, S. 194/195.
2  Hamburgische Börsen-Halle, 31.10.1846.
3  Zit. n. Wolfgang Petter: Programmierter Untergang. Die Fehlrüstung der deutschen Flotte von 1848, in: Militärgeschichte. Probleme-Thesen-Wege, hrsg. vom Militärgeschichtlichen Forschungsamt, Stuttgart 1982, S. 150-170, hier S. 154f.
4  Adalbert, Prinz von Preußen: Denkschrift über die Bildung einer deutschen Kriegsflotte, Potsdam 1848, S. 20.
5  Karl von Scherzer: Reise der Österreichischen Fregatte NOVARA um die Erde, Wien 1866, Bd. 2, S. 103.
6  Wolfgang Petter: Deutsche Flottenrüstung von Wallenstein bis Tirpitz, in: Deutsche Militärgeschichte 1648-1939, Bd. 5, München 1983, S. 13-262, hier S. 70.
7  Friedrich Albrecht Graf zu Eulenburg (1815-1881), 1862-1878 preußischer Innenminister.
8  Vgl. Helmuth Stoecker: Deutschland und China im 19. Jahrhundert, Berlin 1958, S. 54.
9  Die preußische Expedition nach Ostasien nach amtlichen Quellen, Bd. 1, Berlin 1864, S. XII.
10  Instruktion des Regenten Prinz Wilhelm an Graf Eulenburg vom 11. 5. 1860; in: Stoecker, S. 269.
11  Ostasien in den Briefen des Grafen Fritz zu Eulenburg, hrsg. von Graf Philipp zu Eulenburg-Hertefeld, Berlin 1900, S. 251.

12 Bernd Martin: Die peußische Ostasienexpedition in China, in: Kuo Hengyü/Mechthild Leutner (Hg.): Deutsch-chinesische Beziehungen vom 19. Jahrhundert bis zur Gegenwart, München 1991, S. 231.
13 Instruktion des Regenten Prinz Wilhelm an Graf Eulenburg vom 11.05.1860; in: Stoecker, S. 269.
14 Wolfgang Petter: Die überseeische Stützpunktpolitik der preußischen Kriegsmarine 1859-1883, Freiburg i. Br. 1975, S. 70ff.
15 Zu Max v. Brandt vgl. Richard Frederick Szipple: Max von Brandt and German Imperialism in East Asia, Ph.D., University of Notre Dame 1989.
16 Reinhold (von) Werner (1825-1909, 1901 erblicher Adel), später bekannt als Verfasser von „Das Buch von der Deutschen Flotte".
17 Reinhold Werner: Die preußische Expedition nach China, Japan und Siam, Teil 1, Leipzig 1863, S. IX. (im Original gesperrt)
18 Werner, Teil 2, S. 16.
19 Stoecker, S. 70.
20 Petter, Stützpunktpolitik, S. 160.
21 Ernst Friedel: Die Gründung preußisch-deutscher Colonien im Indischen und Großen Ocean, Berlin 1867, S. 182. (Sperrung im Original)
22 Ferdinand v. Richthofen (1833-1905) hatte an der Eulenburg-Expedition teilgenommen. Er wurde später als Geograph und Chinaforscher bekannt und spielte eine Schlüsselrolle in der Stützpunktdebatte. Auch die spätere Entscheidung für Jiaozhou geht auf ihn zurück.
23 Stoecker, S. 72.
24 John E. Schrecker: Imperialism and Chinese Nationalism. Germany in Shantung, Cambridge, Mass. 1971, S. 6.
25 Petter, Stützpunktpolitik, S. 189.
26 Ebd., S. 190.
27 Erlaß über die Erwerbung eines Marinestützpunktes vom 02.04.1870, in: Stoecker, S. 272-4.
28 Der Friede und die preußische Marine, in: Preußische Jahrbücher Bd. 27 (1871), S. 338-346. Der Autor wurde nicht genannt, aber Bismarck ist als Verfasser zu identifizieren. Siehe Hans-Otto Steinmetz: Bismarck und die deutsche Marine, Herford 1974, S. 42f.
29 Der Friede und die preußische Marine, S. 345.
30 Corinna Hana: Das Vertragshafensystem – Chinesische Tradition unter westlichem Diktat, in: Vierteljahreshefte für Sozial- und Wirtschaftsgeschichte, Vol. 77, Heft 2 (1990), S. 175-211, hier S. 188f. – Jonathan D. Spence: Chinas Weg in die Moderne, Frankfurt/M./Wien 1995, S. 250f. Die dänischen Schiffe mußten freigegeben werden, und China erhielt eine Entschädigung.
31 Zur Planung und Erwägungen zur Zusammenarbeit mit England siehe Jörg Duppler: Der Juniorpartner. England und die Entwicklung der deutschen Marine 1848-1890, Herford 1985, S. 233ff.
32 Stoecker, S. 101ff.
33 Alexander Graf v. Monts (1832-1889). Monts war ebenfalls Teilnehmer der Eulenburg-Expedition.
34 Cambridge History of China, Vol. 11, Late Ch'ing, 1800-1911, Part 2, hrsg. von John K. Fairbank und Kwang-Ching Lu, Cambridge 1980, S. 82f.
35 Jürgen Osterhammel: China und die Weltgesellschaft. Vom 18. Jahrhundert bis in unsere Zeit, München 1989, S. 156.
36 Ebd.
37 Hamburgischer Correspondent vom 20.02.1883, Morgenausgabe.
38 Duppler, Juniorpartner, S. 275f.
39 Hamburgischer Correspondent von 12.08.1883, Morgenausgabe.
40 P. G. Heims: Unter der Kriegsflagge des Deutschen Reichs, Leipzig 1885, S. 231.
41 Stoecker, S. 130f.
42 Hamburgischer Correspondent vom 14.03.1883, Nachmittagsausgabe.
43 Louis v. Blanc (1832-1903).
44 Willi A. Boelcke: So kam das Meer zu uns, Frankfurt/M. 1981, S. 239.
45 Bericht v. Blanc, 03.01.1883, Bundesarchiv-Militärarchiv (= BAMA), RM 1/2413.
46 Glomsda zu Bochholz an Blanc, 29.12.1882, BAMA, RM 1/2413.

47 Bericht v. Blanc, 03.01.1883, BAMA, RM 1/2413.
48 v. Blanc an Admiralität, 25.01.1883, BAMA, RM 1/2710.
49 A. Harding Ganz: The German Navy in the Far East and Pacific, in: Germany in the Pacific and Far East, 1870-1914, ed. by John A. Moses/Paul M. Kennedy, St. Lucia, Queensland 1977, S. 115-136, hier S. 115.
50 Georg Wislicenus: Deutschlands Seemacht sonst und jetzt, 3. Aufl., Leipzig 1909, S. 154f.
51 Petter, Flottenrüstung, S. 164.
52 Spence, Chinas Weg, S. 278.
53 Osterhammel, Weltgesellschaft, S. 202.
54 Imanuel Geiss: Der lange Weg in die Katastrophe, 2. Aufl., München 1991, S. 199.
55 Ekkehard Böhm: Überseehandel und Flottenbau, Düsseldorf 1972, S. 55f.
56 Bericht ARCONA, 27.04.1896, BAMA, RM 3/4353.
57 Die wirtschaftliche Lage im Yangtsetal, in: Ostasiatischer Lloyd, Nr. 36, 08.09.1905, S. 445.

# Ein deutscher Krieg in Nicaragua?
# Die kaiserliche Marine in der
# Eisenstuck-Affäre 1876-78

von

**Gerhard Wiechmann**

Am 17. März 1878 erschien vor dem kleinen nicaraguanischen Hafen San Juan del Norte (Greytown) an der karibischen Küste zur völligen Überraschung der Hafenbehörden das deutsche Schulschiff S.M.S. MEDUSA, eine Glattdeckskorvette von gut 1.200 t und 190 Mann Besatzung. Umgehend setzte Korvettenkapitän Friedrich Hollmann (1842-1913) ein Landungskommando von 150 Mann aus, ließ Stellungen ausheben und die strategisch wichtigen Punkte der Kleinstadt besetzen. Hollmann wußte, warum: Angeblich waren 800 Mann nicaraguanische Regierungstruppen auf dem Rio San Juan im Anmarsch, um die deutschen Eindringlinge zu vertreiben.

Die MEDUSA war nicht das einzige Schiff der Kaiserlichen Marine vor Nicaragua. Auf der anderen Seite des Isthmus, gut 300 km westlich, tauchte am nächsten Tag, dem 18. März 1878, das sogenannte *Centralamerikanische Geschwader* vor dem Hauptausfuhrhafen Corinto auf. Kommandos von S.M.S. LEIPZIG, ARIADNE und ELISABETH besetzten den Hafen und gingen in Stellung. Geschwaderkommodore Kapitän z.S. Wilhelm v. Wickede und seine gut 1.100 Offiziere und Mannschaften waren auf dem Kriegspfad. Seine Order aus Berlin, abgezeichnet von Reichskanzler Otto v. Bismarck, war eindeutig. Entweder die nicaraguanische Regierung unter Präsident Joaquím Chamorro akzeptiert ein deutsches Ultimatum, oder es wird einen Krieg geben – den ersten tropischen Krieg, den das Deutsche Reich führen würde. Nicaragua war abgeriegelt. Denn Corinto und San Juan del Norte waren die einzigen Ausfuhrhäfen des Landes und der Grenzverkehr zu Lande mit den nördlichen Nachbarn Honduras und El Salvador und dem südlichen Costa Rica war völlig marginal.

Was wie für einen Plot eines Karl-May-Romans à la „Am Rio de la Plata" (Freiburg i.Br. 1894) klingt, ist historische Realität: Die sogenannte Eisenstuck-Affäre in Nicaragua 1876-78 ist wohl das bizarrste Stück deutscher Überseepolitik und bestens in deutschen und nicaraguanischen Akten dokumentiert. Um aber die Hintergründe dieser Opera buffa zu verstehen, ist es notwendig, zunächst einen Blick auf die exotisch scheinenden Umstände des zentralamerikanischen Staates Nicaragua in der Mitte des 19. Jahrhunderts zu werfen.

Über die Verhältnisse in Nicaragua um 1870 gibt das Werk des französischen Geographen Paul (Pablo) Levy[1] einen ausgezeichneten Überblick.[2] Levy hatte seine Studie zwar für die nicaraguanische Regierung erstellt, war aber auch von einem französischen Konsortium unterstützt worden, das Pläne zum Bau eines Nicaraguakanals verfolgte. Diese Pläne tauchten periodisch ab den 1840er Jahren auf, da die

Nicaraguaroute aufgrund der schmalen Landenge von nur 30km gegenüber der Panamaroute von 80km bautechnisch attraktiver erschien.

Schon die Bevölkerungstatistik zeigt, daß es sich bei diesem „Freistaat" nicht um ein Staatswesen im damaligen europäischen Sinn handelte: Es wurde noch zwischen einem *„zivilisierten"* und einem *„unzivilisierten"* Landesteil unterschieden, der mit 24.000 Quadratmeilen[3] die 16.000 der besiedelten Zone weit übertraf.[4] Die Bevölkerungszahl insgesamt lag bei 236.000 Einwohnern. Über die Mosquitia (Moskitoküste), die ab 1860 als Reservat zu Nicaragua gehörte, übte die Regierung in Managua bis 1894 keinerlei Regierungsgewalt aus.

Abbildung 8:
Admiral Wilhelm v. Wickede, 1830-1895
(Marineschule Mürwik, Wehrgeschichtliches Ausbildungszentrum, Archiv)

Das ökonomische und politische Leben spielte sich in den beiden 1524 gegründeten Städten Leon und Granada ab, obwohl Managua 1854 als Regierungssitz eingerichtet worden war, um allein geographisch einen Streitpunkt zwischen den Parteien der Liberalen in Leon und den Konservativen in Granada zu entschärfen. In den zahlreichen Bürgerkriegen seit dem Zerfall der spanischen Kolonialherrschaft zwischen 1821 und 1854 befand sich die Hauptstadt jeweils dort, wo die militärisch erfolgreiche Partei die Oberhand gewann.

Die politischen Bedingungen in Nicaragua zu diesem Zeitpunkt können nicht isoliert von der Gesamtlage in Zentralamerika gesehen werden: Die fünf Staaten Guatemala, El Salvador, Honduras, Nicaragua und Costa Rica hatten bis 1821 verwaltungstechnisch zum Generalkapitanat Guatemala gehört und schlossen sich 1822 dem mexikanischen Kaiserreich unter Iturbide an. Sie erklärten sich jedoch bereits am 1. Juli 1823 für unabhängig und bildeten die Föderation der Vereinigten Provinzen von Zentralamerika, die 1838/39 zerbrach. Die Gründe lagen nicht nur in der Isolierung der einzelnen Mitglieder, den schlechten Verkehrsverbindungen und der ungleichen Bevölkerungsverteilung (50% der 1824 ca. 1,3 Mill. Einwohner lebten allein in Guatemala, während in Costa Rica in den 1820er Jahren unter 100.000 Menschen lebten), sondern in der unterschiedlichen ethnischen Gliederung in Indianer, Mestizen und Weiße. Es bildeten sich zwei Parteien heraus, die Konservativen (auch Servile genannt) und die Liberalen (Demokraten). Die Zugehörigkeit zu diesen Gruppierungen verlief nicht nur nach Klassenzugehörigkeit, sondern auch nach ethnischen Kategorien. Die Konservativen, deren Schwerpunkt in Guatemala lag, setzten sich aus der ehemaligen (weißen) Kolonialbürokratie zusammen, die mit der Kirche bzw. dem Jesuitenorden die indigenen Massen im guatemaltekischen Hochland kontrollierten,[5] während die Liberalen sich eher aus der Mittelschicht bzw. oberen Mittelschicht rekrutierten, denen in der Kolonialzeit der Zugang zu den Ämtern der Kolonialbürokratie verwehrt gewesen war. Während die Konservative Partei einen starken Zentralstaat propagierte und die bisherigen sozialen Strukturen aufrechterhalten wollte, bevorzugten die Liberalen das föderale Prinzip, die wirtschaftliche Öffnung und die Einwanderung zwecks Kapitalvermehrung. Beide Parteien existierten in allen Staaten der Föderation, und zusammen mit lokalen Rivalitäten ergab dies eine explosive Mischung, die von 1826-29 und ab 1837 zu Bürgerkriegen führte, die die Föderation zerbrechen ließen. Damit waren aber Streitigkeiten der Parteien, die auch in jedem Einzelstaat existierten, längst nicht beseitigt. So beschreibt der deutsche Reisende Carl Scherzer die Situation Anfang der 1850er Jahre in Nicaragua:

> *„Allein keiner dieser zwei Parteien ist es wirklich um den Schutz der Freiheit, um die Herstellung von Ordnung und Gesetzlichkeit, sondern einzig nur um Macht und Einfluß zu tun ... Persönliche, pekuniäre Vorteile gehen ihm (dem Neuspanier, d. Verf.) höher als das Wohl und Gedeihen des Gesamtstaates, die unausweichliche Beeinträchtigung einzelner Privatinteressen scheint ihm empfindlicher und unverschmerzbarer als der Ruin des ganzen Vaterlands!*
> *... In keinem der fünf Staaten hat aber dieser Haß einen so unversöhnlichen, offenfeindlichen Charakter angenommen, wie in Nicaragua. Seine streitlustige, leidenschaftliche, arbeitsscheue Mischbevölkerung scheint sich gewöhnt zu haben, an der Aufregung, Unordnung und Gesetzlosigkeit, welche solche Zerwürfnisse immer mit sich im Gefolge haben, Geschmack und Gefallen zu finden. Der Indolente und Denkfaule liebt den Wirrwarr, der ihn verhindert, sich mit sich selbst und seinem Zustande zu beschäftigen ..."*[6]

Ganz abgesehen von den dem Zeitgeist entsprechenden rassistischen Äußerungen verharmlost Scherzer hier die ökonomischen Interessen der beiden Parteien: Ziel der Liberalen war immer die Kontrolle über den kirchlichen Besitz, das indianische Gemeindeland und die indianische Arbeitskraft, was besonders für Guatemala galt. Solange die Kirche und vor allem der Jesuitenorden noch ihren, wenn auch patriarchalischen, Schutz über die Indianer ausübten, war diese Kontrolle nicht gegeben und die

Ausweitung des Exportsektors, hauptsächlich Kaffee, behindert.[7] Bis 1871 hatten die Liberalen durch Revolutionen die Macht in allen zentralamerikanischen Staaten übernommen, nur in Nicaragua nicht, wo die Liberalen Leons seit ihrer Liaison mit dem Filibuster William Walker von 1855-57 für Jahrzehnte diskreditiert waren.[8]

Somit waren die Konservativen Granadas innerhalb Zentralamerikas von feindlichen Nachbarn eingekreist; außerdem saß der Gegner im eigenen Land. Kompliziert wurden diese Verhältnisse noch dadurch, daß die beiden liberalen Präsidenten Guatemalas und Costa Ricas aufgrund persönlicher Rivalitäten die Gefahr eines zentralamerikanischen Krieges heraufbeschworen hatten. Somit war die Gesamtlage sowohl in Nicaragua als auch in ganz Mittelamerika um 1876 recht gespannt.

Die Ökonomie Nicaraguas bewegte sich größtenteils auf der Ebene der Subsistenzwirtschaft. Hauptexportgut war Indigo, danach folgten Rohgummi, *caoba* (Mahagoni), Gold und Rinderhäute und erst in einem geringen Umfang Kaffee.[9] Importiert wurden sämtliche technischen Artikel, moderne Bekleidung, Medizin sowie Weine und Spirituosen, größtenteils aus England, dessen Waren Levy noch als „Manchesterartikel" kennzeichnet.[10] An vierter Stelle hinter Frankreich und den USA rangierte Deutschland mit dem Import von Spielzeug, Musikinstrumenten, Kristallglas, Nippes und Leinen.[11] Der Transport sowohl der französischen als auch der deutschen Waren wurde durch britische Reedereien abgewickelt.[12] Von den 28 Schiffen, die 1871 den Hafen San Juan del Norte (Greytown) anliefen, waren nur drei deutscher Herkunft.[13] Der deutsche Anteil an der Schiffahrt nach Zentralamerika scheint sich bis 1878 nicht verändert zu haben: Die costaricanischen Hafenbehörden beispielsweise registrierten vom 1. April 1878 bis zum 31. März 1879 in Puntarenas (Pazifikküste) von 128 eingelaufenen Schiffen sechs deutsche, die in der Tonnage alle zwischen 300 und 500t lagen, also kleinere Segelschiffe, von denen drei beim Auslaufen als Bestimmungshafen Hamburg angaben. Für Puerto Limon an der Atlantikküste wurden von 155 Eingängen drei deutsche Schiffe aufgeführt, von denen eines wieder nach Hamburg auslief.[14]

Das Verkehrswesen Nicaraguas war völlig unterentwickelt. Es gab praktisch nur eine befestigte Landstraße, die von Leon über Managua und Masaya nach Granada führte.[15] Der Rest waren Feldwege bzw. Maultierpfade, die in der Regenzeit (Mai bis November) kaum passierbar waren. Mit dem Trassenbau zur Eisenbahn wurde 1878 begonnen. Hauptverkehrsmittel war der einachsige Ochsenkarrren mit Scheibenrädern, die *carretas*. Während der Präsidentschaft Pedro J. Chamorros seit 1875 waren die ersten Telegrafenleitungen verlegt worden, so daß zur Zeit der deutschen Anlandung in Corinto mit der Regierung in Managua telegrafisch verhandelt werden konnte. Allerdings gab es keine Kabelverbindung zu den Nachbarländern. Die wichtigste Informationsquelle des gesamten Isthmus, vor allem, was Nachrichten aus Europa und den USA betraf, war die Zeitung „The Panama Star and Herald"/„La Estrella de Panama". Obwohl Levy von einem völlig unterentwickelten Zeitungswesen um 1871 im Land berichtet, scheint sich dieses innerhalb weniger Jahre zügig entwickelt zu haben, denn sogar im konservativen Granada existierte seit 1876 eine liberale Oppositionspresse, „El Canal de Nicaragua", und weitere Zeitungen außerhalb der regierungsamtlichen „La Gaceta Oficial", die in Managua verlegt wurde, mit „El Porvenir" in Leon und „La Tertulia" in Masaya, während im Nachbarland Costa Rica 1878 lediglich die regierungsamtliche „La Gaceta – Diario Oficial" existierte.

Levy beschrieb ausführlich die Verfassung und die Gesetze der Republik, kam aber zu dem skeptischen Schluß:

> „Wie man sieht, ist die Verfassung Nicaraguas vom besten republikanischen Geist inspiriert. Unglücklicherweise krankt sie an dem gleichen Fehler wie der größte Teil der Gesetze und Verordnungen, die im Land herrschen: Alle sind hervorragend konzipiert und von den besten Absichten getragen, aber sie werden niemals vollständig in die Praxis umgesetzt, sei es, daß schon die Gesetzgeber bei der Herausgabe eines Gesetzes vergessen, der Regierung die Mittel zur Verfügung zu stellen, um es einzurichten und zu überwachen, oder sei es, daß die Anwendung der Mittel unter den topographischen Bedingungen des Innern unmöglich ist, oder wegen der fehlenden Kommunikationsmöglichkeit, oder dem Geist der Bevölkerung, etc. Mit einem Wort, Nicaragua ist ein Land, wo man glaubt, alles in einer Angelegenheit getan zu haben, wenn man eine angemessene Maßnahme angeordnet hat."[16]

Levy führt hier als Beispiel, was ihm als Geographen besonders aufgefallen sein muß, die Tatsache an, daß der Erlaß von 1861 zur Herstellung einer Landeskarte 1869 immer noch nicht umgesetzt worden war. Das galt aber auch für andere Institutionen:

> „Das öffentliche Erziehungswesen, die Straßen, sind das Objekt von zahlreichen Dekreten und Verordnungen gewesen, und trotzdem bleiben sie einfach Projekte... das Heer existiert fast nur auf dem Papier; mit einem Wort, in allen Verwaltungszweigen zeigt sich ein enormer Unterschied zwischen Theorie und Praxis... Das Verwaltungssystem ist von einer biblischen Einfachheit. Der Regierungspalast umfaßt einzig die Gebäude des zentralen Dienstes und dient als Residenz des Präsidenten. Die Regierung hat nicht einmal eine Bibliothek und kennt die Nachrichten der zivilisierten Welt nur durch die Zeitschriften des Isthmus."[17]

Obwohl die Armee nach Levys Angaben fast nur auf dem Papier bestand, nahm sie bei den Ausgaben des Staatshaushalts 1870 in Höhe von 713.601 Pesos mit ca. 220.000 Pesos einen deutlichen Vorsprung vor dem zweitgrößten Posten, der Finanzverwaltung mit ca. 190.000 Pesos, ein.[18] Offiziell bestand das Heer aus 6.000 Mann einschließlich des Stabes, aber Levy kam zu der Überzeugung, daß niemals mehr als tausend Mann unter Waffen standen; dafür gab es jedoch 25 bis 30 Generale, die ihre Posten für besondere Dienste zur Belohnung erhalten hatten.[19] Einzig eine Art Präsidentengarde war mit dem modernen französischen Chassepot-Gewehr bewaffnet.[20]

Von besonderem Interesse für die Eisenstuck-Affäre war das Justizwesen des Landes. Laut Verfassung war der Oberste Gerichtshof örtlich getrennt und residierte in Granada und Leon. Im Mai 1871 wurde sowohl ein Bürgerliches Gesetzbuch als auch die Zivilgerichtsbarkeit eingeführt. Obwohl die Regierung eine Art Gesetzblatt herausgab, in dem alle Gesetze, Verordnungen etc. veröffentlicht wurden, existierte dafür jedoch kein Register, so daß eine systematische Suche beinahe ausgeschlossen war. Außerdem enthielten die Gesetze nach Levy *„viele dunkle Passagen"*, die sich teilweise widersprachen.[21] Ein einheitlicher Gesetzkörper existierte nicht, da bis zu diesem Zeitpunkt niemals eine Sammlung und Revision der Gesetze stattgefunden hatte. In Gebrauch waren auch noch spanische Gesetze aus der Kolonialzeit und Veröffentlichungen des Indienrates. Das geläufigste moderne juristische Wörterbuch war der Escriche, welcher in dieser Affäre von Seiten der Regierung des öfteren zitiert wurde.[22] Von großer Bedeutung vor allem in Kriminalprozessen war die Zeugenaussage, was in der Affäre auch deutlich wurde.[23]

Angesichts der verwickelten Rechtslage ist es nicht verwunderlich, wenn sich die Zivilprozesse endlos in die Länge zogen.[24]

Das Strafsystem war, wenn es denn zur Anwendung kam,[25] drakonisch: Neben der Todesstrafe, die durch Füsilierung erfolgte, gab es die Prügelstrafe (bis zu 500 Hiebe über den Rücken) und den Schließstock. Gefängnisstrafen scheinen nur für Schmuggler vorgesehen gewesen zu sein, allerdings spricht Levy auch von der Möglichkeit der „Kette", erwähnt aber außer dem Gefängnis für Schmuggler keine Strafanstalt im Land. Geldbußen und Zwangsarbeit waren ebenfalls in Gebrauch; verurteilte Frauen mußten ihre Strafen in den Spitälern bei der Krankenpflege verbüßen.[26]

Außenpolitische Beziehungen wurden nur mit England, den USA, Frankreich, Italien und Spanien unterhalten, mit denen in den 1850er Jahren Handels- und Freundschaftsverträge abgeschlossen worden waren. Generalkonsulate bestanden in diesen Ländern ebenfalls. 1870 existierte offenbar mit einem Eduardo (verm. Eduard) Levy ein Generalkonsul in Hamburg,[27] ob dieser jedoch noch sechs Jahre später lebte bzw. den Posten innehatte, ist fraglich, denn sämtliche Vermittlungsversuche der nicaraguanischen Regierung in der Affäre wurden über die Konsuln in London und Paris angestrengt. Umgekehrt existierten in Nicaragua Konsulate der erwähnten Staaten. Konsul des Reiches war seit 1871 Paul Eisenstuck. Er hatte diesen Posten jedoch schon vorher für den Norddeutschen Bund besetzt.

Bezeichnend für die wenig ausgeprägten Beziehungen zu Deutschland ist, daß erst am 4. Februar 1896 ein Handels- und Freundschaftsvertrag zwischen der Republik und dem Reich abgeschlossen wurde, der 1906 um weitere zehn Jahre verlängert wurde.[28] Im Gegensatz dazu war schon 1842 zwischen Guatemala und den Hansestädten Bremen, Hamburg und, ab 1843, Lübeck ein Handelsabkommen geschlossen worden, und 1845 wurde der hanseatische Konsul Karl Klee auch Generalkonsul für die Königreiche Hannover und Preußen.[29] Das lag an dem großen ökonomischen Interesse an Guatemala und später an der nicht unbeträchtlichen Einwanderung, die in Nicaragua weitaus geringer erfolgte. Eine systematische Einwanderung von Deutschen, wie sie in Guatemala und Costa Rica betrieben wurde, fand in Nicaragua, El Salvador und Honduras nie statt.

Nicaragua erschien Ende der 1840er, Anfang der 1850er nicht nur aufgrund seiner politischen Unruhen, sondern auch wegen der klimatischen Bedingungen im Vergleich zum Nachbarstaat Costa Rica wesentlich ungeeigneter als Auswanderungsziel: Während dort dünnbesiedelte Hochlandflächen mit gesundem Klima vorhanden waren, liegt der Westteil Nicaraguas in der Pazifikebene, wo das ganze Jahr über hohe tropische Temperaturen herrschen.[30] Ende der 1840er Jahre waren mehrere deutsche Auswandererexpeditionen in die Mosquitia aufgrund schlechter Organisation und des feucht-heißen Klimas kläglich gescheitert, aber dieses Gebiet gehörte damals nicht zum nicaraguanischen Einflußbereich, sondern stellte eine Art britisches Protektorat dar. Schottelius erwähnt Deutsche in Nicaragua nur im Kontext der Filibuster-Expedition William Walkers, da sie dort sowohl auf Seiten des Freibeuters als auch des costaricanischen Heeres kämpften.[31]

Die erste nennenswerte Anzahl von Deutschen in Nicaragua waren Reisende auf dem Weg nach Kalifornien, die sich aus unterschiedlichen Gründen während des Transits durch Nicaragua entschieden hatten, dort zu bleiben.[32] Aufgrund des starken Transitverkehrs wurde schon 1851 ein Vizekonsulat der Hansestädte in San Juan del Norte eingerichtet, später von Preußen. Entlang der Transitroute ließen sich Deutsche als Kaufleute, Händler, Hotelwirte, Bootsleute oder Arbeiter nieder. Wie Reichardt 1852 vermerkte, lebten vor allem in San Juan del Norte noch einige Gestrandete der gescheiterten Mosquitiaansiedlungen, die jedoch bald Krankheiten oder der Alkoholsucht erlagen.[33] In der Region Chontales wurden in den 1860er Jahren ca. 50 deutsche Bergleute aus Clausthal-Zellerfeld angeheuert, die aber dort offensichtlich aufgrund persönlicher Verträge arbeiteten.[34] In den 1860ern hatte sich endgültig gezeigt, daß Nicaragua für die Ansiedlung von deutschen Kleinbauern weniger geeignet war als für die von Technikern, Kaufleuten oder Angehörigen freier Berufe. Eine Ausnahme bildete eine deutsche Kaffeepflanzerkolonie, die sich um Matagalpa und Jinotega herausbildete, wo die Höhenlage (ca. 800 m) die Anlage von Pflanzungen erlaubte. Pionier der Kaffeekultur scheint in den 1870er Jahren Wilhelm Jericho gewesen zu sein, der eine der größten Eisenwarenhandlungen des Landes in Managua betrieb und mit der Familie des Konsuls Eisenstuck gut befreundet war, wie aus den Akten hervorgeht. Dies muß um 1877 herum geschehen sein, denn Houwald nennt in diesem Kontext aus diesem Jahr ein Gesetz zum Kaffeeanbau, nachdem jeder, der sich zur Anlage von Kulturen verpflichtete, Brachland zugesprochen bekam.[35] Was Houwald als Brachland bezeichnet, war offensichtlich indianisches Gemeindeland, wie überhaupt durch verschiedene Gesetze die Indianer zur Arbeit auf den Plantagen gezwungen wurden, sowie zum Straßenbau und der Anlegung von Telegrafenlinien. Diese Maßnahmen führten 1881 zu einem der größten Indioaufstände des Landes (*guerra de las comunidades* oder auch *guerra olvidada*, der „vergessene Krieg", genannt). Während des sieben Monate währenden Aufstands besetzten die Rebellen auch kurzfristig Matagalpa selbst, wurden aber mit überlegenen militärischen Mitteln geschlagen.[36] In der Folgezeit bildete sich in der Region eine ausländische Kolonie, die auf die Bemühungen Wilhelm Jerichos zurückzuführen ist. Von den 200 Ansiedlern waren 60 Deutsche, die aber nicht nur im Kaffeeanbau, sondern auch in der Viehzucht und speziell in der Pferde- und Maultierzucht tätig waren, die zum Transport der Ernte nach Matagalpa benötigt wurden.[37] Kurzum, zum Zeitpunkt der Eisenstuck-Affäre existierte keine geschlossene deutsche Kolonie in Nicaragua. Vermutlich überschritt die Zahl der (männlichen) deutschen Residenten im Land 1876 nicht die Hundert.

Die Deutschen Zentralamerikas wurden seit dem 15. April 1876 durch den Generalkonsul und Kaiserlichen Geschäftsträger Ludwig Friedrich Wilhelm von Bergen mit Amtssitz in Ciudad Guatemala vertreten. Bergen hatte bereits den Posten des Generalkonsuls des Norddeutschen Bundes in Caracas und in Saigon bekleidet.[38] Er war ein Diplomat, der vor der Anwendung von militärischem Druck nicht zurückschreckte: Als 1869 in Maracaibo die Schoner FRANZ und MARIE SOPHIE besetzt wurden, forderte von Bergen drei Kriegsschiffe an, deren Erscheinen für die Durchsetzung der Reklamation incl. Flaggensaluts sorgte.[39] 1883 wurde von Bergen in den Rang eines Ministerresidenten erhoben und übte dieses Amt, abgesehen von kurzen Unterbrechungen, bis 1897 aus. Die Nachfolger trugen schon den Titel eines bevollmächtigten Gesandten.[40]

Die nachgeordneten Honorarkonsuln in Nicaragua waren die Gebrüder Eisenstuck, deren diplomatischer Status trotz des privaten Hintergrunds der Affäre für eine Eskalation in dem Konflikt zwischen Nicaragua und dem Reich sorgte.

Paul Eisenstuck, nach dem die Affäre benannt wurde, arbeitete bis 1854 in Puntarenas/Costa Rica und zog anschließend ins nicaraguanische Chinandega. Hier trat er als Sozius in das Geschäft eines Julius Bahlke ein. Als Bahlke 1860 starb, heiratete Eisenstuck dessen Witwe Ida, die zwei Töchter aus einer früheren Ehe mitbrachte. Eine dieser Töchter, Fransziska, wurde später zum *casus belli* zwischen Nicaragua und dem Deutschen Reich. Paul Eisenstucks Bruder, Dr. (Christian) Moritz Eisenstuck, zog ebenfalls nach Nicaragua und wurde Miteigentümer.[41] Paul Eisenstuck wurde am 7. Mai 1870 Honorarkonsul des Norddeutschen Bundes in Leon und am 20. November 1871, nach der Reichsgründung, deutscher Honorarkonsul. Von 1876 bis 1885 übernahm Moritz Eisenstuck das Amt. Bei Abwesenheit übte sein Bruder die Funktion aus.

1871 hatte die damals 17jährige Franziska Hedemann (Bahlke) den Leoneser Zahnarzt Francisco Leal geehelicht – nach Angaben der Eltern ohne ihr Einverständnis. Wie auch immer die Ehe verlaufen sein mag: Um 1875/76 herum verließ Franziska mit ihrer kleinen Tochter Ida das Haus ihres Ehemanns wegen nicht näher beschriebener Mißhandlungen und zog wieder in das Haus ihrer Eltern ein.

Am 23. Oktober 1876, gegen 22 Uhr, kehrten Ida und Paul Eisenstuck, Franziska Bahlke de Leal und der deutsche Resident Adolph Willkomm von einem Essen bei dem deutschen Residenten Wilhelm Zeyss zurück. Das Zeyss'sche Haus lag nur hundert Meter von dem Wohngebäude der Eisenstucks entfernt. Ida Eisenstuck bemerkte, daß sie von zwei Männern verfolgt wurden. Einen von ihnen erkannte sie als Isidoro Infante, Sohn einer Familie, mit der die Eisenstucks gute Beziehungen unterhielten. Völlig unerwartet feuerte der Begleiter Infantes aus einer Entfernung von zehn Schritten drei Pistolenschüsse ab – einen auf Ida, zwei in die Luft. Ida verdächtigte ihren Schwiegersohn der Tat und fügte hinzu, daß offenbar auch Herr Infante beim Knall der Schüsse erschrocken gewesen sei. Paul Eisenstuck meinte ebenfalls, beim Aufleuchten der Schüsse Infante erkannt zu haben. Der Vorfall wurde sowohl beim örtlichen Kriminalgericht als auch am nächsten Tag bei Außenminister Rivas in Managua angezeigt.[42]

Bereits zehn Tage später wandte sich Eisenstuck an das AA und bat um Unterstützung durch seinen Vorgesetzten in Zentralamerika, Ministerresident Bergen in Guatemala. Er begründete sein Ersuchen mit einer Verschleppung der Ermittlungen, da Infante keine Angaben über seinen tatverdächtigen Begleiter gemacht hatte. Außenminister Rivas hatte zunächst zügig reagiert und über Kriegsminister Lopez den 2. Chef der Armee in Leon mit der Untersuchung beauftragt, da über Leon gerade der Ausnahmezustand verhängt worden war und daher Teile der Gerichtsbarkeit den Militärbehörden unterstanden. Über den familiären Hintergrund war Rivas zunächst nicht informiert. Bergen sah hierin die Ursache für den schleppenden Gang der Ermittlungen:

> *„Das allgemeine Rechtsbewußtsein scheint in Nicaragua noch wenig entwickelt, wenn man in jenem Anfalle mit einer Schußwaffe nur den Versuch erblickt, den Schwiegervater einzuschüchtern, um ihn zu zwingen, die Tochter wieder herauszugeben."*[43]

Der Minister konsultierte während einer Dienstreise in Leon einen *„führenden Advokaten"*, nach dessen Auskunft der Täter selbst im günstigsten Fall mit einer mehrjährigen Haftstrafe rechnen mußte. Bergen gab sich zwar zuversichtlich, daß ein Befehl Präsident Chamorros ausreichen würde, den Gang der Ermittlungen zu beschleunigen, hielt aber schon jetzt die Anwesenheit eines deutschen Kriegsschiffes für wünschenswert, zumal die deutschen Konsuln in Guatemala und Costa Rica bereits gebeten hatten, einmal *„Flagge zu zeigen"*. Er verwies dabei auf die positiven Erfahrungen Italiens mit El Salvador und Frankreichs mit Nicaragua.[44] Hätte ein deutsches Kriegsschiff im Hafen von Corinto gelegen, wäre der Täter längst verhaftet und bestraft worden – *„ohne irgendwelche Drohung"*.[45] Der Minister setzte offenbar auf die psychologische Wirkung der physischen Anwesenheit der Marine, wobei ihm die Erfahrungen mit S.M.S. METEOR während seiner Amtszeit in Venezuela vermutlich als Beispiel dienten. Bis zu diesem Tag, ungefähr fünf Wochen nach dem Überfall, war noch keine gerichtliche Untersuchung eingeleitet worden.

Vier Tage später, am 29. November 1876, fand ein zweiter Überfall statt, diesmal mit drastischeren Mitteln. Während der Ablauf des ersten Überfalls in den Fakten auch von der nicaraguanischen Seite nicht bestritten wurde, existieren von dem zweiten Überfall zwei stark voneinander abweichende Versionen. In diesem Fall waren nicaraguanische Behörden involviert.

Nach Darstellung der Geschädigten verließen die Ehepaare Moritz und Meta sowie Paul und Ida Eisenstuck zusammen mit Frau Bahlke de Leal, dem Kind Ida und einem Herrn Jericho am 29. November 1876 gegen 22 Uhr wiederum das Zeyss'sche Haus. Am Morgen dieses Tages hatte Frau Leal durch einen Bevollmächtigten die Scheidungsklage beim Geistlichen Gerichtshof in Leon einreichen lassen. Moritz Eisenstuck beobachtete einen dunkel gekleideten Mann, der plötzlich ein Zeichen machte, woraufhin sich 15 bis 20 Polizeisoldaten auf die Gruppe der Deutschen stürzten. Der Zeichengeber entpuppte sich als Francisco Leal, der nun mit Moritz Eisenstuck rang und mit diesem zu Boden stürzte. Die Soldaten versetzten ihm genauso wie seiner Frau Meta mit ihren Gewehren Kolbenstöße. Danach griff Leal Paul Eisenstuck an. Franziska Leal und das Kind wurden entführt, die Eisenstucks verhaftet. Auf dem Weg zur Akaldia (Rathaus) trafen sie jedoch auf einen Herrn Guizado, der die Soldaten auf den diplomatischen Status der Eisenstucks hinwies und sie zur Freilassung bewegen konnte.[46]

Die beiden Eisenstucks, Guizado und ein Victoriano Portocarrero begaben sich noch in dieser Nacht zu dem zufällig in Leon anwesenden Präsidenten der Republik, Pedro J. Chamorro. Der Empfang sei jedoch *„kalt"* und *„recht unfreundlich"* gewesen. Er erklärte sich lediglich bereit, den Polizeichef zu veranlassen, tätig zu werden. Dieser erschien auch, kommentierte den Vorfall jedoch mit keinem Wort.[47]

Der nicaraguanische Außenminister Rivas scheint den diplomatischen Charakter der Überfälle nicht erkannt zu haben und hielt die ganze Angelegenheit für eine *„Familiensache"*. Seiner Meinung nach hätten die Gerichte sogar die Aufgabe zu prüfen, ob Leal nicht das Recht besessen hätte, seine Ehefrau zurückzufordern und suggerierte, daß die Eltern ihre Tochter von der Rückkehr zu ihrem Mann abhielten.[48]

Der Konsul wies in seinem Brief an das AA vom 22. Januar 1877 jedoch darauf hin, daß sein Bruder ihm Bescheinigungen von kirchlichen und behördlichen Vermittlungskommissionen vorgelegt habe, nach denen Vermittlungsgesuche von Herrn Leal fehlgeschlagen seien. Die Kommissionen stellten fest, daß Frau Leal an ihrem Entschluß zur Scheidung festhielt und in keiner Weise von ihrer Familie beeinflußt worden war. In Briefen vom 22. Januar und 23. Februar 1877 meldeten die Konsuln nach Berlin, daß weder die Geschädigten noch die Zeugen eine Vorladung zum Gericht bekommen hätten. Daraufhin beschloß der Staatssekretär des AA, Bernhard Ernst v. Bülow[49], eine Wiedergutmachung von der nicaraguanischen Regierung zu fordern und gleichzeitig in London und Washington die dortige Rechtsauffassung zu den Vorfällen zu sondieren. Die Wiedergutmachung formulierte Bülow in einem Schreiben vom 1. April 1877 an Bergen in Guatemala:

1. Strenge Bestrafung der Privatpersonen, die an den beiden Attentaten beteiligt waren
2. Bestrafung der Beamten, die für die Verzögerung der Angelegenheit verantwortlich waren, v.a. aber derjenigen, die die Abteilung Soldaten für den zweiten Überfall zur Verfügung stellten
3. Zahlung einer Summe v. 30.000 Dollar an v. Bergen wegen Beleidigung des Konsuls (präzise: der Person Moritz Eisenstucks als deutscher Konsul, nicht als Privatmann), der diese Summe dem Konsul zur freien Verfügung stellt
4. Salut der deutschen Flagge durch eine Abteilung Soldaten. Auszahlung der Summe am Saluttag.

Bülow begründete die Forderungen mit dem offiziellen Charakter der Überfälle. Die völlige Passivität der Gerichte und Behörden in der Angelegenheit sah er als Rechtsverweigerung an.[50]

Gleichzeitig forderte der Staatssekretär Bergen auf, *„erneut und eindringlich"* die nicaraguanische Regierung darauf hinzuweisen, daß die Erfüllung der ersten beiden Punkte Vorbedingung für die dritte und vierte Forderung seien. Falls diese nicht erfüllt würden, müßten erheblich höhere Forderungen nach Genugtuung gestellt werden. Er hoffe aber, daß bis zum Eintreffen des Erlasses die Gerichtsverfahren schon erledigt seien. Falls der Flaggensalut nicht in der vorgesehenen Weise geleistet werde, sei die Entsendung von Kriegsschiffen nach Nicaragua unumgänglich. Die Entschädigungssumme müsse dann erhöht, und der Flaggensalut in Gegenwart von Marinesoldaten erfüllt werden. Bergen habe die Möglichkeit, sich an die Korvette S.M.S. VICTORIA auf der Westindischen Station zu wenden, die sich auf einer Aufsbildungsreise in der Karibik befand. Sie konnte im Notfall San Juan del Norte (Greytown) anlaufen. Außerdem versprach der Staatssekretär weitere diplomatische Hilfe aus den USA.

Vertraulich wurde auch auf den Fall des britischen Vizekonsuls Magee in San José de Guatemala 1874 hingewiesen. Magee war von dem dortigen Hafenkapitän beleidigt und mit einer Peitsche geschlagen worden. Die guatemaltekische Regierung hatte umgehend reagiert, den Täter bestraft und internationale Genugtuung erwiesen, während die nicaraguanischen Behörden seit Monaten untätig waren.[51]

Mit dem gleichen Datum ergingen Anweisungen an die deutschen Gesandten Graf Münster in London und v. Schlözer in Washington. Die Antworten fielen positiv für die Reichsregierung aus. Am 14. Mai 1877 konnte Graf Münster mitteilen, daß die britische Regierung nach Einsicht der Akten und mangels fehlender Aufklärung von nicaraguanischer Seite die deutschen Ansprüche für unbestreitbar hielt. Mit Schreiben vom 15. Mai informierte Schlözer das AA, daß US-Außenminister Seward weitere diplomatische Unterstützung durch seinen Minister in Guatemala, Williamson, zugesichert habe. Williamson stand ohnehin auf deutscher Seite: er lehnte den nicaraguanischen Außenminister aus persönlichen Gründen ab und verwies ausdrücklich auf die Abhängigkeit der nicaraguanischen Gerichte von ihrer Regierung.[52]

Das Kriminalgericht in Leon hatte indessen am 12. Januar 1877 die Ermittlungen zu beiden Überfällen eingestellt und überwies den Fall an den Höchsten Gerichtshof in Leon. Dieser beendete die Verfahren endgültig am 9. April mit der Begründung, daß es sich um Privatstreitigkeiten handele, und konstatierte, daß Paul Eisenstuck mit seinem Revolver sowohl Leal als auch die Soldaten bedroht habe. Leal sei von Ida Eisenstuck mit einem eisernen Bolzen verletzt worden; aus Versehen hätte sie auch ihren Ehemann am Kopf getroffen. Sowohl Leal als auch die Eisenstucks seien auf den Privatklageweg verwiesen worden. Wegen der Beteiligung der Polizei erklärte sich das Gericht nicht für zuständig. Die Akte wurde daher an den Polizeipräfekten übergeben.

Die Einstellung der Verfahren rief in Berlin keine Begeisterung hervor. Bülows Stellvertreter Philipsborn faßte kühl zusammen, daß

1. die Einstellung der Verfahren ohne Anhörung der Geschädigten unakzeptabel war,
2. die rechtzeitig angebrachte Privatklage völlig ignoriert wurde,
3. die ganze Angelegenheit trotz des diplomatischen Status des Konsuls als Familienangelegenheit betrachtet wurde,
4. gegen die verantwortlichen Beamten keinerlei Schritte unternommen worden waren.[53]

Besonders peinlich wurde in Berlin die Anklage Eisenstucks wegen illegalen Waffentragens empfunden, während der Prozeß gegen den Schützen vom Überfall des 23. November 1876 eingestellt worden war.

Ein eigentümliches Licht auf diese Gerichtsprozesse wirft die Aussage eines guatemaltekischen Anwalts, den Bergen im Beisein des amerikanischen Ministers Williamson konsultierte. Der Anwalt bezeichnete die juristischen Vorgänge als

*„... comedia arreglada de antemano entre el Gobierno y los Tribunales."*[54]

Williamson bestätigte diese Aussage in einem Brief an Staatssekretär Evans:

> *„The proceedings have the appearance of a prearranged burlesque upon justice. I happened to be present the other day at the German Legation when an eminent lawyer of this country who had been studying the copy of proceedings of the supreme court of Nicaragua in the Eisenstuck case, characterized them as a prearranged comedy."*[55]

Williamson reiste zur Unterstützung seines deutschen Kollegen zur Überbringung der Note Bülows vom 1. April per Schiff nach Nicaragua, wo sie am 25. April 1877 im Hafen von Corinto landeten und drei Tage später, nach telegrafischer Ankündigung, in Managua eintrafen.

Außenminister Rivas lehnte einen Empfang der Diplomaten vor dem 30. April 1877 ohne Begründung ab. Später wurden die Feierlichkeiten für den 29. April (Peter und Paul, den Namenstag von Präsident Chamorro) als Grund für die Verschiebung des Termins angegeben. Es folgte ein Schlagabtausch von Noten, in denen sich die Kontrahenten gegenseitig diplomatische Unhöflichkeit vorwarfen. Das Ergebnis bestand im Rückzug der Diplomaten. Versuche liberaler Politiker in Leon, telegrafisch zu vermitteln, scheiterten ebenfalls. Präsident Chamorro deckte seinem Außenminister den Rücken, doch das sollte schwerwiegende Konsequenzen nach sich ziehen: Williamsons Berichterstattung über die unfreundliche Behandlung führte schlicht zum Abbruch der diplomatischen Beziehungen, die erst nach Beendigung der Affäre wieder aufgenommen wurden.

Damit schieden die USA für weitere Vermittlungen aus, was die Regierung der Öffentlichkeit gegenüber jedoch geheimhielt. Selbst ein so gut unterrichteter Journalist wie Enrique Guzmán, der direkten Zugang zu dem Führungszirkel der Konservativen Partei in Granada besaß, erfuhr erst am 2. April 1878, daß die Beziehungen seit Monaten suspendiert waren. Resigniert trug er in sein Tagebuch ein:

> *„Unsere Regierung hat nicht ein Wort über eine so wichtige Angelegenheit verloren."*[56]

Rivas sandte am 11. Juli 1877 eine Note an das AA, die zahlreiche Gerichtsakten sowie seine Stellungnahme zu den Vorgängen enthielt:

1. Aufgrund der parteiischen Berichte Eisenstucks sei Bergen voreingenommen, und daher auch die Reichsregierung.
2. Der Überfall vom 29. November sei „keine Greueltat".
3. Die Eisenstucks wurden nicht als Zeugen vernommen, da ihre Aussagen vom Kriminalrichter übernommen worden seien. Zwar hätten die Gerichtsbehörden den Fall eingestellt, aber auf den Privatklageweg verwiesen. Damit läge keine Rechtsverweigerung vor, womit der Grund der Reklamation entfalle.
4. Die Angelegenheit trage generell keinen internationalen Charakter, da die bestehenden gesetzlichen Möglichkeiten nicht ausgeschöpft worden seien.
5. Der Zwischenfall vom 29. November trage keinen diplomatischen Charakter.

Weiterhin versuchte Rivas Bergen als unerfahrenen Diplomaten darzustellen, dem die Gesetze und Institutionen in Zentralamerika unbekannt waren. Das war insofern ein hoffnungsloser Versuch, als daß Bergen bereits in Saigon und vor allem Venezuela gedient hatte.

Rivas wies darauf hin, daß andere Fremde in Leon und auch Freunde Eisenstucks die Anrufung der kaiserlichen Regierung mißbilligt hätten. Tatsächlich scheint die Verlagerung der Vorgänge auf die diplomatische Ebene einigen deutschen Residenten unangenehm gewesen zu sein. Auffällig ist auch, daß weder Eisenstuck noch Bergen Protestschreiben deutscher Residenten beibrachten. Allerdings scheint Rivas seinen Argumenten selbst wenig Bedeutung beigemessen zu haben, denn vorsorglich verwahrte er sich bereits wegen Maßnahmen gegen Nicaragua als ein *„schwaches, unschuldiges Land"*.[57]

Die Rivassche Note wurde in Berlin nicht mehr beantwortet, sondern nur quittiert. Während in London und Washington die Haltung zu den Vorgängen in Managua durch die deutschen Vertreter sondiert wurde, bat das AA die Kaiserliche Admiralität, die *„Eventualität einer militärischen Demonstration"* in Zentralamerika im Kontext der Ablösung des Ostasiengeschwaders *„in Betracht zu ziehen"*.[58]

Die britische Regierung teilte vorsichtig mit, daß sie *„nur geringen diplomatischen Druck"* auf Nicaragua ausüben könne, da sie, abgesehen von Minister Locock in Guatemala, in Nicaragua selbst nur über einen Honorarkonsul in Greytown verfüge (was den Tatsachen entsprach). Daraufhin erhielt Graf Münster die Anweisung, die Rechtsposition in London in Erfahrung zu bringen. Die Rivassche Depesche und die Gerichtsunterlagen wurden der britischen Regierung übersandt, wobei ausdrücklich mitgeteilt wurde, daß bis zum Abschluß der Prüfung von seiten der Briten sämtliche Maßnahmen suspendiert bleiben würden.[59] Das war kein Widerspruch zur Anfrage an die Admiralität, da die Vorbereitung eine Marine-Expedition gegen Nicaragua aufgrund der knappen Ressourcen Monate dauern würde.

Ein ähnlicher Erlaß erging an Washington. Die Kaiserliche Regierung war entschlossen, *„der Sache einen ihrem Ernst entsprechenden Abschluß zu geben"* und die Entsendung von Kriegsschiffen zu erwägen, falls die nicaraguanische Seite ihre Position nicht revidieren würde.[60] Wegen der Monroe-Doktrin[61] versicherte Bülow, daß keinerlei Absicht bestand, auf dem amerikanischen Kontinent einen Eingriff in die inneren Verhältnisse eines der dortigen Staaten zu nehmen, bestand aber auf dem Recht zur Intervention:

> *„Das Deutsche Reich kann aber, ohne Einbuße an seinem Ansehen und ohne Gefährdung der Sicherheit seiner Angehörigen in entfernten Ländern, eine so flagrante und frivole Verletzung der ersten Grundsätze des Staats- und Völkerrechts, wie die straflose Mißhandlung eines Kaiserlichen Konsuls in öffentlicher Straße unter Mitwirkung von Polizeisoldaten des betreffenden Landes, nicht ungesühnt lassen."*[62]

Bülow gab zwar zu, daß der Umgang mit *„lokalen Gebräuchen"* aus der Ferne schwer zu beurteilen war, daß die nicaraguanische Regierung aber offenbar keinerlei Verständnis für internationale Fragen besaß, da bei einer formellen Entschuldigung und Zusage von der Bestrafung der Verantwortlichen die Angelegenheit in gegenseitigem Einverständnis hätte beigelegt werden können. Der Staatssekretär bezweifelte auch, daß sie nach den Vorfällen in Managua zum Einlenken bereit war. Eine Beantwortung der nicaraguanischen Depesche war daher auch nicht geplant. Tatsächlich wurde sie erst durch das Ultimatum vom 19. März 1878 überbracht. Besonders erbost zeigte sich Bülow über einen Runderlaß der Nicaraguaner an alle lateinamerikanischen Staaten vom 31. Juli 1877, in dem die deutschen Maßnahmen vom 1. April 1877 kritisiert wurden, ohne daß überhaupt eine Antwort auf die Depesche vom 11. Juli abgewartet worden war.

Rivas muß sich im klaren darüber gewesen sein, daß die USA zur Vermittlung ausfielen. Er sandte daher tatsächlich einen Zirkularerlaß an alle lateinamerikanischen Staaten mit Ausnahme von Brasilien und Costa Rica; zu letzterem waren die Beziehungen wegen eines Filibusterüberfalls seit 1876 suspendiert.[63]

Aufschlußreich ist, daß Rivas bereits zu diesem Zeitpunkt die Hilfe der USA und Englands für Deutschland kritisierte. Die Auffassung der *„zivilisierten Mächte"* sei vollständig irrtümlich. Kernziel seiner Strategie war eine Allianz für die staatliche Unabhängigkeit, die Rivas gefährdet sah, wenn vom Prinzip der Gleichheit von Ausländern und Einheimischen vor dem Gesetz abgewichen werde:

> *„Diese Grundsätze betreffen essenziell die Unabhängigkeit eines relativ schwachen Staates, und überlassen die Einheimischen der Gnade jedweden Ausländers, der sich in einem schlechten Verhältnis zum Land befindet und der es durchzusetzen versteht, den diplomatischen Repräsentanten seiner Nation unglücklich zu beeindrucken."*[64]

Das Zirkular wurde von allen Republiken mit Ausnahme von Bolivien, Ecuador, Mexiko und Paraguay beantwortet.

Honduras, von einer guatemaltekischen Marionette, Präsident Soto, regiert, teilte durch seinen Außenminister mit, daß zu Deutschland und Großbritannien zur Zeit keinerlei diplomatische Beziehungen bestünden. Der Gesandte in den USA sollte angewiesen werden, die *„Unverantwortlichkeit"* Nicaraguas vor den Großmächten zu beweisen.

Guatemala und das ebenfalls von ihm abhängige El Salvador sicherten Unterstützung zu, machten aber keine konkreten Vorschläge. Die peruanische Regierung unterhielt zu diesem Zeitpunkt keine diplomatischen Beziehungen mit dem Ausland und riet Rivas die Anrufung eines Schiedsgerichts.

Besonders vorsichtig taktierten die Argentinier, die an der *„Aufrichtigkeit"* der *„aufgeklärten deutschen Regierung"* keinen Zweifel hegten. Sie sagten eine eingehende Prüfung der Angelegenheit zu. Weiterer Schriftverkehr scheint zwischen Managua und Buenos Aires nicht stattgefunden zu haben.

Kolumbien sagte Unterstützung zu, erklärte aber wie Peru seine Handlungsunfähigkeit, da es weder in England, noch in den USA und Deutschland akkreditierte Vertreter besaß.

Auch Venezuela stellte Hilfe in Aussicht, doch angeblich gab es keine diplomatischen Vertreter in England und Deutschland, die aktiv vermitteln konnten. Der einzige ernsthafte Vermittlungsversuch kam von chilenischer Seite. Chile befürchtete, daß das europäische Interesse in Amerika durch die Anwendung von *„Mitteln des Zwangs und der Härte"* langfristig Schaden nehmen könne, wenn auch kurzfristig ein befriedigendes Ergebnis erzielt werde.[65] Eine eigene Vermittlung lehnte Santigao zwar ab, doch wies man den chilenischen Gesandten in Paris, Blest Gana, an, Kontakt zum deutschen Botschafter Fürst von Hohenlohe aufzunehmen. Als dieser Berlin um Anweisungen bat, war dort bereits die Stellungnahme aus London eingetroffen, die konstatierte, daß die britische Regierung

> *"... der Ansicht ist, daß die Kaiserliche Regierung ein unbestreitbares Recht hat, Reparation für den Verzug in der Bestrafung der Angreifer zu verlangen; sie hat hinzugefügt, daß sie unter diesen Umständen glaubt, daß keine Schritte von ihrer Seite, um eine freundliche Beilegung der Differenz zu fördern, zu einem befriedigenden Ergebnis führen könnten. Ich habe hinzuzufügen, daß Ihrer Majestät Vertreter in Guatemala die Weisung erhalten hat, eine Unterredung mit Herrn Rivas zu suchen und sich gegen ihn in demselben Sinne auszusprechen."*[66]

Blest Gana äußerte gegenüber Hohenlohe Bedenken über den internationalen Charakter der Sache, dieser verwies aber auf das Beispiel der Ermordung des deutschen und französischen Konsuls 1876 in Saloniki, wo auch eine Familienangelegenheit zur Ermordung der beiden Diplomaten geführt hatte.[67] Später teilte Hohenlohe mit, daß die Reichsregierung aufgrund der *"Rechtsauffassung zweier Großmächte und des britischen Gutachtens"* ein Schiedsgericht für unwahrscheinlich hielt.

Während sich Berlin für die militärische Lösung entschied, waren alle Bemühungen des nicaraguanischen Gesandten Marcoleta in London gescheitert, die Briten zu neutralisieren, geschweige denn gegen das Reich auszuspielen. Seine Versuche, Parallelen zwischen der Eisenstuck-Affäre und dem Einfall William Walkers in Nicaragua 1855-57 und der Beschießung Greytowns 1854 durch die Amerikaner in der sogenannten Borlund-Affäre[68] zu ziehen, beeindruckten die britischen Kronjuristen nicht. Ihr Gutachten bewog Lord Derby zu einer Stellungnahme an die Reichsregierung,

> *"... dass es unzweifelhaft das Recht der deutschen Regierung ist, wegen des Angriffs von bewaffneten Soldaten der Republik auf den deutschen Konsul in Leon die schuldige Entschädigung zu reklamieren, ebenso wie für die Justizverweigerung eine Verhaftung und Bestrafung der Angreifer zu fordern."*[69]

Diese Note ging am 28. oder 29. Januar 1878 in Managua ein. Umgehend schrieb Rivas an Locock in Guatemala und beschwerte sich über die angeblich parteiische deutsche Darstellung. Die Fälle würden nach den Landesgesetzen bearbeitet werden. Er bemerkte allerdings lakonisch, daß sich ein schwaches Land wie Nicaragua bei der Anwendung von Gewalt fügen müsse. Der britische Minister war ohnehin auf Seiten der Reichsregierung, wie sich eindeutig aus einem Brief des amerikanischen Ministers Williamson an das State Department ergibt. Locock sah in dem Verhalten der nicaraguanischen Behörden und der Regierung eine vollständige Rechtsverweigerung.[70]

Unterdessen hatte Rivas einen neuen Zirkularerlaß an die lateinamerikanischen Staaten gesandt, allerdings ohne weitere Bitten um Vermittlungsversuche. Oberflächlich gesehen, waren seine Argumente sogar einleuchtend: Sollte der *"Fall Eisenstuck"* Schule machen, stünden den Lateinamerikanern ständig die *"absurdesten Reklamationen"* ins Haus:

> *"... die Garantien, seine Bürger der Gnade einer einfachen Aussage eines Konsuls zu überlassen, bietet eine unerschöpfliche Quelle für die Habgier von ausländischen Spekulanten ohne Gewissen, die die absurdesten Reklamationen einleiten werden in den Fällen, in denen ihnen ihr Konsul geneigt ist, und die Nation ständigen internationalen Konflikten aussetzen ..."*[71]

Allerdings war die Beteiligung der Behörden an dem Zwischenfall so eindeutig, daß an dem internationalen Charakter allgemein kein Zweifel bestand. Dieses Zirkular wurde nur noch durch El Salvador, Guatemala, Kolumbien und Mexiko beantwortet. El Salvador und Kolumbien bedauerten den Vorfall und hofften auf ein befriedigendes Arrangement. Die guatemaltekische Regierung entsandte eine Vermittlungsdelegation mit den Emissären Aguirre und Batres Jaúregui, angeblich, um die Beschießung von Corinto zu verhindern; ebenso, daß die Deutschen *„keineswegs in Zentralamerika eindrängen"*.[72] Mexiko und Paraguay bestätigten lediglich die Beendigung der Affäre, die zwischenzeitlich aus den Zeitungen bekannt geworden war.[73]

Jetzt, wo die diplomatischen Würfel gefallen waren, schlug die Stunde der Kaiserlichen Marine. Für sie war die *„Operation Nicaragua"* der erste große militärische Einsatz in Übersee. Zwar bestanden die Westindische und Ostasiatische Station nun schon seit zehn Jahren, aber bisher waren bei Zwischenfällen nur Landungskommandos direkt an Küstenorten mit einem sehr begrenzten Auftrag eingesetzt worden. In diesem Fall jedoch saß der Gegner in Managua und damit gute 150 km tief im Landesinnern. Das AA hatte bereits im September 1877 die Admiralität um die Entsendung eines Geschwaders nach Mittelamerika gebeten. Aufgrund der knappen Ressourcen war jedoch klar, daß dieser Einsatz nur im Rahmen des Austauschs mit dem Ostasiengeschwader durchgeführt werden konnte, andere Schiffe standen nicht zur Verfügung.

Die Admiralität entsandte nun von Deutschland aus S.M.S. LEIPZIG und ARIADNE, von Japan die ELISABETH nach Panama, wo sich die drei Schiffe am 9. März 1878 zu einem Geschwader unter Kapitän z.S. Wilhelm v. Wickede (1830-95) vereinigten und nach Corinto segelten.[74] Teil des sogenannten Centralamerikanischen Geschwaders war auch das vor San Juan del Norte (Greytown) an der Ostküste operierende Schiffsjungenschulschiff MEDUSA, das sich auf einer routinemäßigen Ausbildungsreise in Westindien befand. Der damalige Kommandant der LEIPZIG, Korvettenkapitän Carl Paschen (1835-1911), betrachtete den Konflikt mit Nicaragua zumindest in der Rückblende als „Krieg":

> *„Die Kriegsvorbereitungen gegen Nicaragua waren in vollem Gange, es wurde das Landungskorps gebildet und mangels einer zweckmäßigen Fußbekleidung in den Tropen die ganze seemännische Besatzung in wollene Strümpfe und hohe Stiefel gesteckt. Ein durchaus sicherer Schutz gegen den Sandfloh ist notwendig, aber andererseits wirkte die Hitze furchtbar auf die armen Beine in dieser Bekleidung. Noch so häufige Musterungen konnten nicht verhindern, daß immer wieder Leute gefunden wurden, die sich der Strümpfe entledigt hatten."*[75]

Ärztliche Ausrüstung und die hygienischen Schutzmittel waren knapp bemessen, da LEIPZIG und ARIADNE in Panama nur noch die Ausrüstung für Ostasien erhalten hatten.[76]

Wickede war auf diplomatischem Parkett durchaus erfahren. Aus alter Adelsfamilie stammend, ging er mit sechzehn Jahren zur Handelsmarine, nahm in der Schleswig-Holsteinischen Flottille 1849 am Kampf gegen die Dänen teil, diente anschließend bis 1867 in der k.u.k. Marine, wo er u.a. in der Ägäis Piraten jagte, wurde für seine Leistungen in der Seeschlacht von Lissa 1866 ausgezeichnet und hatte einige

Jahre als Ordonnanzoffizier Erzherzog Maximilians gedient. Er repräsentierte in der neuen deutschen Marine den seemännischen Typ, der überflüssige militärische Ausbildung ablehnte, die nur zu Lasten der fachlichen Schulung gehen konnte. Aufgrund dieser Ansicht kollidierte er immer wieder mit „Marinechef" General Albrecht v. Stosch und nahm daher 1887 frühzeitig seinen Abschied. Er galt nach Angaben eines Biographen als ein zwar *„harter, aber humaner und gerechter Vorgesetzter"*.[77]

Abbildung 9, 10, 11:
Matrosen der Landungstruppen
(Aus: BA-MA, RM 1-2890)

Als das Geschwader am 18. März 1878 vor Corinto eintraf, wurde umgehend eine Kommission aus Kapitänleutnant Stubenrauch, Leutnant Landfermann und Prof. Wirsing, einem deutschen Residenten in Panama, der als Dolmetscher fungierte, mit dem Ultimatum nach Managua entsandt. Bergen, der das Geschwader in Panama erwartet hatte, blieb an Bord der ELISABETH. In Corinto selbst wurden für eine spätere Besetzung das Zollhaus in Augenschein genommen und die umliegenden Lagunen wegen eventueller Minengefahr mit Booten erkundet. An Land orderte Wickede bereits Ochsenkarren für die Truppe, denn nach Paschen war an *„Marschieren in dem Klima wenig zu denken"*.[78] Auf der anderen Seite des Isthmus war ja bereits einen Tag zuvor die MEDUSA eingetroffen. Da sich die Zollstation für die nicaraguanische Ostküste aber nicht in der Stadt, sondern flußaufwärts in dem alten Fort Castillo viejo befand, sah Hollmann wenig Möglichkeiten, nach Ablauf des Ultimatums Druck auf die Regierung auszuüben.[79] Stattdessen geriet er völlig unerwartet in einen diplomatischen „Konflikt" mit England. Am 20. März 1878 erschien auf Reede der englische

47

Schoner EMMELINE SALCOMBRE mit einer umfangreichen Ladung von Pulver und Gewehrkugeln für eine in Greytown ansässige englische Firma. Hollmann sah sich gezwungen, die Ladung für die Dauer der Operation sicherzustellen, wogegen der britische Konsularvertreter protestierte und eine mögliche Untersuchung der Angelegenheit durch London in Aussicht stellte. Tatsächlich lief am 6. April 1878 aus Jamaika kommend das Kanonenboot H.M.S. CONTEST ein; angeblich, um lediglich Post für den Konsul zu überbringen. Wie dessen Kommandant jedoch später Hollmann gestand, diente seine Anwesenheit nur der Überwachung der MEDUSA. Hollmann wußte, daß er seine Kompetenzen überschritt, hielt seine Maßnahme aber aus taktischen Gründen für unerläßlich:

> *„Mein Entschluß, das für Greytown bestimmte Pulver anzuhalten, stand sofort fest, andererseits verkannte ich auch nicht das ungesetzliche solcher Handlung. Ich durfte aber nicht zögern, alle daraus entstehenden Schwierigkeiten auf meine Verantwortung zu übernehmen. Ich schickte sofort einen Offizier an Bord des Schooners, um dem Führer bekannt zu geben, daß ich die Landung des Pulvers nicht gestatten würde und mir die weiteren Schritte diesehalb vorbehielte sobald ich über die weiteren Bestandtheile seiner Ladung informiert wäre."*[80]

Ob die britische Regierung dem Vorfall weitere Bedeutung beigemessen hat, ist unbekannt. Der Schiffsführer des Schoners zeigte Verständnis für die deutschen Maßnahmen und stellte einer Überwachung der Ladung keine Hindernisse entgegen, wie auch der englische Konsul zugab, daß das Verhalten der eingesetzten Offiziere ausgesprochen höflich war. Die MEDUSA blieb noch bis Mitte April 1878 vor Greytown liegen, da sie zwar durch Berichte des „Panama Star and Herald" über den Ausgang der Affäre informiert war, aber noch keine Befehle Wickedes zur Beendigung der Operation erhalten hatte.[81]

Während Korvettenkapitän Hollmann an der Karibikküste in völliger Unkenntnis der Lage operierte, hatte Kapitänleutnant Stubenrauch in Managua das Ultimatum übergeben, in dem zusätzlich zu den Forderungen vom 1. April 1877 eine Verurteilung der beschuldigten Privatpersonen und Beamten sowie die Zahlung einer Geldbuße von $30.000 und ein Flaggensalut verlangt wurden. Bergen hatte, um der Regierung Chamorro wegen der postulierten Gewaltenteilung den Wind aus den Segeln zu nehmen, noch eine Änderung eingefügt:

> *„Die Regierung von Nicaragua verpflichtet sich feierlich, ihren moralischen Einfluß zur Geltung zu bringen, von Rechte, welches ihr die Konstitution, Artikel 55 Nr. 11 verleiht ‚über die Handhabung der Rechtspflege zu wachen', Gebrauch zu machen und unverzüglich von den Gerichtshöfen zu fordern und zu verlangen, daß sie sobald wie irgend möglich zur Einleitung des Strafverfahrens und zur Bestrafung der Schuldigen der Gesetze entsprechend schreiten."*[82]

Neu war auch die Forderung, den für die Polizeioperation verantwortlichen Ex-Alkalden Balladares innerhalb der nächsten zwei Wochen zu verurteilen. Bei Nichterfüllung sollten zusätzliche $8.000 gezahlt werden. Bergen betonte noch einmal, daß weder die staatliche Unabhängigkeit in Frage gestellt sei noch eine Einmischung in die inneren Verhältnisse vorlag. Aber die *„verbrecherische"* Mißhandlung und der Angriff auf konsularische Vertreter könnten nicht geduldet werden. Stubenrauch hatte 24 Stunden Zeit, um auf eine positive Antwort zu warten. Bei einer Ablehnung war Bergen angewiesen, die diplomatischen Beziehungen abzubrechen, wobei für eventuelle Folgen wie Ausschreitungen gegen deutsche Residenten vorsorglich die Regierung verantwortlich gemacht wurde. Der etwaige militärische Druck wurde sehr vorsichtig formuliert: Die kaiserliche Regierung hoffe, daß der Geschwaderchef von seinen Vollmachten keinen anderen Gebrauch zu machen hätte, als Zeuge der Erfüllung der Forderungen zu sein.[83]

Abbildung 12:
Feierlicher Salut der deutschen Flagge seitens der Republik Nicaragua in Corinto am 31. März 1878 (im Hintergrund von links: S.M.S. ARIADNE, S.M.S. ELISABETH, S.M.S. LEIPZIG)
(Aus: Clas Broder Hansen: Deutschland wird Seemacht. Der Aufbau der Kaiserlichen Marine 1867-1880 in zeitgenössischen Berichten und Illustrationen, München 1991, S. 104-105)

Die Abwicklung der Verhandlungen dauerte bis zum 31. März 1878, als die Entschädigung an Bord von S.M.S. ELISABETH gebracht und am Nachmittag in Corinto der Flaggensalut durchgeführt wurde. Im letzten Moment schienen die Verhandlungen noch zu scheitern, da Rivas glaubte, daß mit der Zahlung von 8.000 Dollar der Gerichtsprozeß gegen Balladares entfallen würde. Als über diesen Punkt am 4. April trotz Vermittlung der *„guten Dienste des Spezialbevollmächtigten von Guatemala, Aguirre"*, keine Einigung erzielt wurde, ließ Wickede das Landungskommando klarmachen. Am 6. April 1878 traf jedoch die Nachricht aus Leon ein, daß Balladares zu 500 Dollar Geldstrafe verurteilt und ihm für fünf Jahre das Recht entzogen wurde, öffentliche

Ämter zu bekleiden. Der eigentliche Anstifter der ganzen Affäre, „Chico" Leal, kam ungeschoren davon. Die $30.000 Genugtuung sparte die Regierung in den nächsten Monaten bei den Gehältern der Lehrer und anderen kleinen Beamten ein.

Abbildung 13:
Deutsche Kriegsboote erkunden geeignete Plätze für das Landen von Truppen in den Mangrovensümpfen Nicaraguas
(Aus: Clas Broder Hansen: Deutschland wird Seemacht. Der Aufbau der Kaiserlichen Marine 1867-1880 in zeitgenössischen Berichten und Illustrationen, München 1991, S. 104-105)

Es stellt sich die Frage, aus welchem Grund die Regierung dem Ultimatum letztlich nachgab. Gab es außer der militärischen Überlegenheit des deutschen Expeditionskorps und mangelnder diplomatischer Unterstützung von dritter Seite noch schwerwiegende innenpolitische Gründe für das Einlenken?

Eine zentrale Quelle hierfür ist ein Bericht Wickedes, der nicht im Weißbuch abgedruckt wurde. Der Kommodore hatte sich offenbar während seines Aufenthalts in Panama soweit wie möglich über die Verhältnisse in Zentralamerika informiert:

*„Die politischen Zustände in Nicaragua sind überall wie in Central=Amerika äußerst verworren. Fast jede der Republiken lebt mit ihren Nachbarn wegen irgend einer Frage in Hader und ist bereit, sich die Schwierigkeiten derselben zur Verfolgung eigener Interessen zu Nutzen zu machen. Patriotismus scheint man nur dem Namen nach zu kennen und so*

*wurde es mir auch nicht schwer, eine Parthei zu finden, welche gerne bereit war, mit uns gegen die bestehende Regierung zu gehen."*[84]

Gemeint waren die Leoneser Liberalen, die arge Bedenken hatten, von ihren Gegnern in Managua bzw. Granada als Kanonenfutter mißbraucht zu werden. Angeblich verfolgte Präsident Chamorro den Plan, die Stadt bis zu ihrer Zerstörung durch die Deutschen von seinen Truppen verteidigen zu lassen, um Rache für das von William Walker 1857 abgebrannte Granada zu nehmen.[85] Wickede konstatierte daher, daß in der Stadt die Stimmung entschieden „*zu Gunsten*" des Deutschen Reiches sei. Inzwischen war aus dem guatemaltekischen Exil der frühere Gegenpräsident der Liberalen, Bonillo, in Corinto eingetroffen. Diesen gedachte der Kapitän als Joker einzusetzen, falls Chamorro dem Ultimatum nicht nachgeben würde. Wickede spekulierte ganz offen auf eine konservative Niederlage in einem möglichen Bürgerkrieg:

> *„Die Erbitterung der Regierung gegen Deutschland scheint trotz der milden Forderungen weit entfernt zu sein, sich nach den Sühneakten beruhigen zu wollen, und ist es wirklich zu bedauern, daß von unserer Seite keine größere Geldsumme gefordert wurde; doch steht mir darüber kein Vergleich zu. Man soll in Managua auf eine Forderung von 200.000 $ gefaßt gewesen sein. Die Aufbringung dieser Summe wäre der Regierung von Nicaragua entweder so schwer gewesen, daß ein späteres theilweise Nachlassen zu Gunsten der Schulen oder dergleichen uns die allgemeine Dankbarkeit des Volkes verschafft hätte, oder es wäre zum Kampfe gekommen, in welchem die Präsidentschaft Chamorros hätte unterliegen müssen, und mit einer anderen gegen Deutschland besser gesinnter Regierung hätten sich leicht angenehme Verhältnisse ins' Leben rufen lassen, als wie der Präsident Chamorro und sein Minister Rivas für die Deutschen in Aussicht genommen zu haben scheinen."*[86]

Schon in Panama hatte Wickede eine „Kriegslist" in Form eines Anschlags drucken lassen, in dem die Vorgänge von deutscher Seite aus dargestellt wurden, um den „*lügenhaften Berichten*" von Rivas entgegenzutreten; außerdem sorgte er für eine Indiskretion, damit der Druck schon im Vorab in Managua bekannt werden konnte. Seiner Meinung nach war diese Auflage für das Nachgeben Chamorros weitaus bedeutender als „*alle Rathschläge Englands, Amerikas und Guatemalas*".[87]

Beim Vergleich der Angaben Wickedes mit den Tagebuchnotizen Guzmáns kommt man zu dem Schluß, daß die instabile innenpolitische Lage für das Nachgeben der Regierung Chamorros ausschlaggebend war. Danach fand am 10. März 1878, acht Tage vor der Ankunft des Geschwaders in Corinto, in Granada eine Versammlung statt, an der Regierungsmitglieder, konservative Politiker und Vertreter der Liberalen aus Leon teilnahmen. Bis auf vier Anwesende entschied sich das Gremium für den Kampf gegen die deutsche Expedition, auch Präsident Chamorro.[88] Noch am 15. März waren die Rekrutierungskommandos unterwegs, die selbst im Theater von Granada alle Männer zusammentrieben und Guzmán zu der Schlußfolgerung veranlaßten, „*daß man ernsthaft an Widerstand gegen die Deutschen denkt.*"[89] Doch geht aus einer Eintragung vom Vortag hervor, daß auf die Leoneser nicht gerechnet werden könne, da sich diese „*in ihrem Haß auf die Regierung fast auf die Ankunft der Flotte freuen.*"[90]

Ganz offensichtlich ging Chamorro von einem Komplott der Liberalen mit den Deutschen aus. Die Rekrutierungen der Regierung im Bereich Leon dienten nach Ansicht Wickedes auch eher dazu, mögliche liberale Aufrührer unter militärische Kontrolle zu bekommen als Widerstand zu organisieren.[91] Erstaunt zeigte sich der Kapitän über die von Chamorro in die Welt gesetzte Fama, daß die ganze Affäre nur Teil einer deutsch-amerikanischen Verschwörung sei, um Schlüsselpositionen zum Bau eines interozeanischen Kanals zu besetzen:

> *„Solche Sachen wurden ebenso geglaubt, als wie die absonderlichsten Gerüchte, welche über den verlangten Flaggensalut im Umlauf waren. Die Kommission, welche zur Besprechung des Salutprogrammes bei mir an Bord war, sagte man hätte allen Ernstes geglaubt, wir wollten unsere Mannschaften über die am Boden liegende nicaraguanische Flagge hinwegmarschieren lassen, während die unsrige am Maste wehte, und war ganz entzückt über meine billigen Forderungen."*[92]

Zwar existierte im eigentlichen Sinne kein Bündnis zwischen den deutschen Vertretern und der Liberalen Partei in Leon, doch gab es eine gemeinsame Interessenlage, zumal Leon tatsächlich im Fall der Eskalation das erste Opfer einer militärischen Operation gewesen wäre, da es eine Schlüsselstellung zwischen Corinto und Managua einnahm. Insofern hat Wickede den Parteienstreit in Nicaraga für die Durchsetzung einer begrenzten Aufgabe geschickt genutzt und dazu beigetragen, die Affäre unblutig zu beenden. Der deutschen Marine blieb ein unkalkulierbarer tropischer Feldzug, Nicaragua womöglich ein Bürgerkrieg erspart. Bei einer militärischen Eskalation der Affäre wäre das deutsche Ansehen in Lateinamerika möglicherweise auf lange Sicht schwer geschädigt worden.

Daß Bülow die ganze Affäre eher peinlich war, läßt sich unzweideutig aus einem längeren Brief an Bergen entnehmen, den er noch vor Abschluß der Affäre nach Zentralamerika sandte und der als Schlüsseldokument für die deutsch-lateinamerikanischen Beziehungen dieser Zeit angesehen werden kann:

> *„Wir haben den aufrichtigen Wunsch, mit den Regierungen Amerikas freundliche Beziehungen zu pflegen, keineswegs aber die Absicht, daselbst politischen Einfluß zu suchen oder in irgend einer Weise auf innere amerikanische Angelegenheiten eine Einwirkung üben zu wollen. Von diesem Gesichtspunkte aus kann es uns nur erwünscht sein, wenn sich zu Reklamationen, welche das gute Einvernehmen leicht beeinträchtigen, möglichst selten Anlaß bietet. Der Norddeutsche Bund hat es als Tradition der bei dem Amerikanischen Verkehr in erster Linie beteiligten Hansestädte vorgefunden schon durch das loyale Verhalten ihrer dort ansässigen Angehörigen und evtl. durch geeignetes freundschaftliches Benehmen mit den dortigen Behörden ernsteren überseeischen Verwicklungen vorzubeugen. Es entspricht dem Interesse des Reichs, wenn diese Tradition möglichst aufrechterhalten bleibt und seine Machtmittel nicht ohne die zwingendsten Gründe in Amerikanische Händel verwickelt werden ... Daß das Reich aber nicht zurücktritt, wenn die Ehre der deutschen Flagge verletzt wird, zeigt ihr Verhalten bei der Differenz mit Nicaragua."*[93]

Damit erklärte sich Bülow zwar grundsätzlich mit dem Verfahren in der Affäre einverstanden, hoffte jedoch, daß der kaiserlichen Regierung *„ähnliche Eventualitäten"* zukünftig erspart bleiben würden; erst nach Ausschöpfung aller anderen Mittel habe man sich für die Entsendung des Geschwaders entschieden. Auf das *„sehr empfindliche"* Nationalgefühl in Süd- und Mittelamerika müsse Rücksicht genommen werden.

Auch seien Form und eine genaue Prüfung der Rechtslage von Bedeutung, da *„Wendungen, die der amerikanischen Eigenart nicht gerecht werden"*, auch die *„gute Sache"* schädigen könnten. Daher sollte sich Bergen bei gleichgelagerten Konflikten die *„vorstehenden Andeutungen gegenwärtig"* halten. Überhaupt sei in solchen Fällen die kaiserliche Regierung *„immer federführend"*; nur Kommunikationsmängel dürften ein Eingreifen des Missionschefs notwendig machen, wobei dieser den Vorkommnissen *„keine größere oder weitergehende Bedeutung"* beimessen solle, als ihnen zukommt.[94] Diese Formulierung kann nur als deutliche Kritik an dessen Vorgehensweise verstanden werden.[95]

Welche Gründe gab es für Bülow, Bergen zwar dezent, aber nachdrücklich vor einer Neuauflage der Affäre in Zentralamerika zu warnen?

Obwohl der Konflikt formaljuristisch einwandfrei beendet wurde und auch andere Großmächte keine Bedenken gegen eine militärische Lösung hegten, blieb doch der schale Geschmack zurück, daß hier mit Kanonen auf Spatzen geschossen werden sollte. Daß das deutsche Flottenaufgebot den bescheidenen deutschen Interessen in Nicaragua nicht eben dienlich war, läßt sich aus der Tatsache ableiten, daß der deutsch-nicaraguanische Handelsvertrag erst 1896 abgeschlossen wurde, beinahe 20 Jahre nach entsprechenden Abkommen mit den Nachbarstaaten. Nach Houwald konnte Bergen, 1896 immer noch im Amt, beim Vertragsabschluß *„vergessen machen, was damals geschah"* – ein deutliches Indiz dafür, daß die Affäre im öffentlichen Bewußtsein in Nicaragua nur allzu gegenwärtig geblieben war.[96] Guzmán offenbarte seinen verletzten Nationalstolz dadurch, daß er die Übergabe der $ 30.000 als *„einen Tag ewiger Schande für Nicaragua"* bezeichnete.[97]

Ein weiterer Beleg für die negative Langzeitwirkung der Intervention ergibt sich aus einem Brief, den ein deutscher Resident 1895 aus Anlaß der sogenannten Corinto-Affäre zwischen Nicaragua und England an die Zeitschrift „Export" sandte.[98] Der Autor war insofern über das englische Eingreifen erfreut, als dadurch von der Eisenstuck-Affäre abgelenkt werden konnte:

> *„Eine eigenartige, etwas unerwartete Folge, hat die englische ‚cuestion' für uns Deutsche gehabt. Seit dem Jahre 1878, wo das deutsche Kriegsschiff das Strafmandat für die Beleidigung des deutschen Consuls eintrieb, herrschte stets eine Animosität gegen die Deutschen, obwohl sie sich mit anerkennenswerther Unparteilichkeit den revolutionären Streitigkeiten fernhielten."*[99]

Ein Teil der deutschen Presse feierte die Intervention als geeignete Maßnahme, den *„heilsamsten Einfluß"* auf *„unzivilisierte Völker"* auszuüben und dadurch deutsche Staatsangehörige zu schützen,[100] doch fällt auf, daß die Affäre später niemals von Seiten deutscher Residenten als Beispiel für eine Verstärkung der Amerikanischen Station benutzt wurde. Erst 54 Jahre später wurde sie aus Anlaß der Beschießung des HAPAG-Dampfers BADEN in Rio de Janeiro als „Alibi" instrumentalisiert, um eine (erneute) Einrichtung von überseeischen Stationen durch die Reichsmarine anzudenken.[101] In Marinekreisen diente sie als Beispiel dafür, wie *„jenen halbzivilisierten Völkerschaften die erforderliche Achtung"* abgezwungen worden sei,[102] doch mußten die deutschen Residenten in Nicaragua und nicht die Marine mit der Mißstimmung leben, die der Konflikt hervorgerufen hatte.

Die Rolle der Marine in dem Konflikt war trotz der offensichtlichen Beteiligung an seiner Lösung eher marginal. Die Federführung lag ganz eindeutig beim AA, das sich umfassend in den USA und Großbritannien rückversichert und volle Rückendeckung bekommen hatte. Von einer neutralen Haltung Londons kann keine Rede sein.[103] Wickede hielt sich strikt an seine Instruktionen; die Durchführung sämtlicher diplomatischer Maßnahmen oblag einzig und allein Minister Bergen.[104] Abgesehen davon war das deutsche Flottenaufgebot vor Nicaragua bis zur Venezuelablockade 1902/03 die größte Operation dieser Art in lateinamerikanischen Gewässern und hatte die Marine vor erhebliche logistische Probleme gestellt. Tatsächlich war sie auf eine *„tropische Kriegführung"* tief im Inland, abgeschnitten von der Küste, überhaupt nicht vorbereitet.[105] Dennoch weist der amerikanische Historiker Sondhaus zu Recht darauf hin, daß die Operation in Deutschland bis zur Jahrhundertwende als *„klassisches Beispiel von Kanonenbootpolitik"* bejubelt wurde.[106]

Während die deutschen Motive zur Intervention unzweideutig und in einem bislang nicht beachteten Kontext zur Saloniki-Affäre 1876 zu sehen sind, bleibt die Strategie der nicaraguanischen Regierung bis heute rätselhaft. Da jedoch gerade die Ära der ununterbrochenen Herrschaft der Konservativen in Nicaragua von 1858-93 („Los treinta años") eines der am wenigsten erforschten Kapitel der nicaraguanischen Nationalgeschichte ist, wird sich ohne Zugang zu bislang nicht zugänglichem Quellenmaterial (Privatarchive) diese Seite der Affäre nicht erhellen lassen. Die entführte Franziska Bahlke de Leal blieb bei ihrem Ehemann und lebte noch zu Beginn des Ersten Weltkriegs.

## Anmerkungen

1 Notas geograficas y economicas sobre la Republica de Nicaragua; su historia, topografia, clima, produccion y riquezas, poblacion y costumbres, gobierno, agricultura, industria, comercio etc., Paris 1873.
2 So der amerikanische Historiker Ralph Lee Woodward jr.: Nicaragua, Oxford/St. Barbara 1983, S. 8.
3 Nach Levy wurde im Land eine geographische Meile von 5,6 km Länge benutzt.
4 Levy, S. 372.
5 Ralph Lee Woodward jr.: Central America – A Nation Divided, New York/Oxford 1985, S. 93.
6 Carl Scherzer: Wanderungen durch die mittelamerikanischen Freistaaten Nicaragua, Honduras und San Salvador. Mit Hinblick auf deutsche Emigration und deutschen Handel, Braunschweig 1857, S. 102-104.
7 Woodward, Central America, S. 168f.
8 Die Liberale Partei hatte 1855 Walker und seine kalifornische Söldnertruppe mit der blumigen Bezeichnung „American Phalanx of the Unmortables" angeheuert, um die Regierung des Konservativen Fruto Chamorro zu stürzen. Zu den weltgeschichtlich beinahe einmaligen Vorgängen um William Walker siehe generell: Robert E. May: The Southern Dream of a Caribbean Empire, 1854-1861, Bâton Rouge, LA 1973. – Frederic Rosengarten Jr.: Freebooters must die! Wayne, PA 1976. – Alejandro Bolaños Geyer: William Walker. El Predestinado, Saint Charles, MISS 1992. – Als zeitgenössische deutschsprachige Darstellung siehe: William V. Wells: Walkers Expedition nach Nicaragua nebst der vollständigen diplomatischen Korrespondenz; Braunschweig 1857 (Originalausgabe New York 1856).
9 Levy, S. 507.

10 Ebd., S. 512. An anderer Stelle (S. 335) spricht Levy von „fast ausschließlichen Handelsbeziehungen" zu England.
11 Ebd., S. 513.
12 Großbritannien wickelte über seine Dampferlinie von Colon nach New Orleans auch den internationalen Postverkehr des Landes ab.
13 Levy, S. 515.
14 Informe de Guerra y Marina 1879, San José/Costa Rica 1879. Der Bericht besteht nur aus zwei Seiten und den Listen für die beiden Häfen.
15 Diese Straße war nach Levy der einzige Weg, der überhaupt vermessen worden war, S. 404.
16 Levy, S. 328.
17 Ebd., S. 328ff.
18 Ebd., S. 356f.
19 Der Titel eines Generals besagte in Lateinamerika vor der Einführung von Militärreformen nach französischem oder deutschen Muster gar nichts: Die venezolanische Armee umfaßte 1900 bei einer Friedensstärke von ca. 5.000 Mann 11.735 Offiziere, von denen 28 den Titel General en chef und 1.439 den Dienstgrad General besaßen; Nachrichten für Stadt und Land, Oldenburg, vom 13.12.1902. Die einträchtigen Posten wurden teilweise aus Gefälligkeit vergeben; Jürgen Schäfer: Deutsche Militärhilfe an Südamerika. Militär- und Rüstungsinteressen in Argentinien, Bolivien und Chile vor 1914, Düsseldorf 1974, S. 17. – Zur Geschichte des lateinamerikanischen Militärs einschließlich der Marinen siehe generell die enzyklopädische Arbeit von Adrian J. English: Armed Forces of Latin America. Their Histories, Development, Present Strength and Military Potential, 2. Aufl. London 1985.
20 Levy, S. 340f.
21 Ebd., S. 344f.
22 Der Spanier Joaquin Escriche y Martin veröffentlichte 1847 sein „Diccionario razonada de Legislacion y Jurisprudencia", worauf hier offenbar Bezug genommen wird. Vorher hatte er schon den „Manual del abogado americano" herausgegeben.
23 Levy, S. 345.
24 Ebd.
25 Levy hielt die Verfolgung von Straftätern für „wenig energisch". Außerdem erleichterten die topografischen Bedingungen und die geringe Bevölkerungsdichte den Tätern die Flucht.
26 Ebd.
27 Ebd., S. 339.
28 Götz von Houwald: Los Alemanes en Nicaragua, Managua 1975, S. 130.
29 Regina Wagner: Los Alemanes en Guatemala 1828-1944, Ciudad Guatemala 1991, S. 56f.
30 Herbert Schottelius: Mittelamerika als Schauplatz deutscher Kolonisationsversuche 1840-1865, Hamburg 1939, S. 72.
31 Siehe hierzu ausführlich Bolaños und Rosengarten.
32 Von New York oder New Orleans kommend, konnten die „Kalifornier" in San Juan del Norte (Greytown) die Dampfer der Vanderbiltschen Accessory Transit Company benutzen, die sie über den Rio San Juan und den Nicaraguasee nach La Virgen transportierten. Von dort aus wurde die 30 km breite Landenge zum Pazifik mit Ochsenwagen überquert. Ab San Juan del Sur segelten die Reisenden nach Kalifornien.
33 Götz von Houwald: Die Deutschen in Nicaragua, in: Hartmut Fröschle (Hrsg.): Die Deutschen in Lateinamerika. Schicksal und Leistung, Tübingen 1979, 631-50, hier S. 637. – C. F. Reichardt: Nicaragua, nach eigener Anschauung im Jahre 1852 und mit besonderer Beziehung auf die Auswanderung nach den heißen Zonen beschrieben, Braunschweig 1854, S. 23f. Reichardt erwähnt, daß fast alle Barkeeper in San Juan del Norte Deutsche waren (oftmals adliger Abstammung), die das „schnelle Geld" gelockt hätte, aber durch ihren beruflichen Kontakt zum Alkohol der Trunksucht verfallen wären.
34 Houwald bei Fröschle, S. 638.
35 Houwald, Los Alemanes, S. 269f.
36 Jaime Wheelock Roman: Raices indígenas de la lucha anticolonialista en Nicaragua de Gíl Gonzalez á Jaime Zavala (1523 a 1881), 7. Aufl. Mexiko D.F. 1986, S. 109-116. Nach Houwald rettete der deutsche

Pflanzer Luis Elster im Aufstand sein Leben, indem er den Indios, die hauptsächlich mit Pfeil und Bogen schossen, ihre wenigen Gewehre reparierte, S. 270.
37 Houwald, Los Alemanes, S. 272.
38 Ebd.
39 Holger H. Herwig: Germany's Vision of Empire in Venezuela 1871-1914, Princeton, NJ 1986, S. 143.
40 Wagner, S. 100.
41 Houwald, Los Alemanes, S. 249.
42 Eisenstuck an AA v. 04.11.1876, in: Reklamation gegen Nicaragua, betreffend zwei bewaffnete Angriffe auf Kaiserliche Konsularbeamte in Leon, Nicaragua, im Oktober und November 1876, v. 09.03.1878 und 22.05.1878 (Bundesrathsdrucksachen No. 56 und 81 der Sessionen 1877/78), S. 21. Die Originalakten sind (bis auf den Schriftverkehr mit der Admiralität im BAMA) weder im Archiv des AA noch im BA-B. erhalten geblieben. Bei der „Reklamation" handelt es sich um das zweite Weißbuch der Regierung seit Reichsgründung. Der Begriff (in Anlehnung an die englischen Blaubücher) wurde zum erstenmal etwas humorig 1879 vom Reichstagsabgeordneten Schorlemer-Alst anläßlich der Aktensammlung „Freundschaftsvertrag zwischen dem Reich und den Samoa-Inseln" v. 22.05.1879 verwandt und danach allgemein benutzt. Johann Sass: Die deutschen Weißbücher zur auswärtigen Politik 1870-1914, Berlin-Leipzig 1928, S. 125.
43 Bergen aus Corinto an AA, 25.11.1876, Reklamation, S. 24.
44 1874 hatten die Behörden in Corinto an Bord der französischen Bark PHARE, Kapitän William Allard, 994 Gewehre und 100.000 Patronen beschlagnahmt. Die Ladung war im costaricanischen Puntarenas angeblich ohne Wissen Allards für nicaraguanische Rebellen geladen worden. Allard wurde bis 1876 inhaftiert und schließlich aus Mangel an Beweisen freigesprochen. Die französische Regierung forderte 1877 unter Androhung „schwerer Konsequenzen" für die diplomatischen Beziehungen eine Haftentschädigung, die endgültig 1880 in Höhe von ca. 40.000 Francs plus Zinsen anerkannt wurde. Inwieweit ein französisches Kriegsschiff durch „Flagge zeigen" bei der Freilassung involviert war, geht aus den Quellen nicht hervor; Esteban Escobar: Pedro Joaquin Chamorro – Biografia, in: Revista Conservadora del Pensamiento Centroamericano, Vol. XIX, No. 92, Managua Mai 1968, S. 2-100, hier S. 57.
45 Bergen an AA v. 29.11.1876; Reklamation, S. 25.
46 Vernehmungsprotokoll Moritz Eisenstucks v. 18.12.1876; ebd., S. 33.
47 Ebd.
48 Rivas an M. Eisenstuck v. 16.12.1876; ebd., S. 39-40.
49 1815-80, Vater des späteren Reichskanzlers Bernhard Heinrich Martin Fürst v. Bülow, 1849-1929.
50 Erlaß an Bergen v. 01.04.1877; ebd., S. 45.
51 Vertraulicher Erlaß an Bergen v. 01.04.1877; ebd., S. 51.
52 Brief Williamsons v. 25.07.1877; Dispatches from US Ministers to Central America, 1824-1906, Microfilm 1005, 219/33.
53 Philipsborn an Bergen v. 16.07.1877; Reklamation, S. 70-71.
54 „... unter der Hand arrangierte Komödie zwischen der Regierung und den Gerichten"; Bergen an AA v. 18.05.1877; ebd., S. 56.
55 Brief v. 19.05.1877; Dispatches.
56 Diario Intimo de Don Enrique Guzmán del 25.05.1876 al 07.03.1907, 1. Aufl. 1912, 2. Aufl. Managua 1961, Eintragung vom 2. April 1878. Guzmáns Familie gehörte zum inneren Führungskreis der Konservativen Partei, sein Vater Fernando war von 1867 bis 1871 Präsident des Landes. Zum Zeitpunkt der deutschen Expedition wohnte der Autor in Granada. Er selbst bezeichnete sich als liberal und war erst im Vorjahr aus dem guatemaltekischen Exil zurückgekehrt. Noch 1878 gründete er in Granada eine neue liberale Zeitung, La Prensa. Der costaricanische Publizist Franco Cerutti sieht in dem Tagebuch eine „unschätzbare Quelle" für diese Epoche der nicaraguanischen Nationalgeschichte, obwohl auch die edierte Ausgabe von 1961 noch unvollständig ist; Franco Cerutti (Hg.): Enrique Guzmán. Obras completas. Escritos históricos y políticos, Vol. I (1867-1879), San José/Costa Rica 1986, Einleitung, S. 25.
57 Rivas an AA v. 11.08.1877; Reklamation, S. 85-96.
58 AA v. 17.08.1877 an Admiralität; ebd., S. 82.

59  Erlaß AA an Graf Münster v. 14.09.1877, ebd. S. 97.
60  Erlaß v. 08.10.1877 an v. Schlözer, ebd. S. 99.
61  Ab 1852 definiertes Prinzip der amerikanischen Außenpolitik, benannt nach dem fünften Präsidenten der USA, James Monroe (Regierungszeit 1817-25). Ursprünglich gegen eine Re-Kolonisierung der lateinamerikanischen Staaten durch die „Heilige Allianz" gerichtet bei gleichzeitiger Nichteinmischung in europäische Angelegenheiten. Seit der Amtszeit Theodore Roosevelts (1901-09) periodisch verändert auch für eine aggressive, imperialistische Außenpolitik vor allem gegenüber lateinamerikanischen Staaten.
62  Ebd.
63  Circular de 31 de julio de 1877 i documentos anexos pp., in: Cuestion Alemana, in: Memoria del Ministro de las Relaciones Exteriores, Instrucción publica y Justicia, correspondiente a los años 1877 y 1878, Managua 1879, S. 27-213, hier S. 87f. Costarikanische Exilpolitiker hatten diesen Überfall mit Hilfe nicaraguanischer Militärs ausgeführt, um Präsident Guardia zu stürzen. Es wurde nie geklärt, ob es sich dabei lediglich um eine Subordination untergeordneter Militärbehörden oder um ein abgekartetes Spiel der Regierung Chamorro handelte; Rafael Obregon Loria: Conflictos Militares y Politicas de Costa Rica, San José 1951, S. 65-68.
64  Ebd.
65  Außenminister Alfonso an Blest Gana v. 15.09.1877; Memoria, S. 174-75.
66  Lord Derby an den nicaraguanischen Minister Marcoleta am 31.12.1877; Graf Münster an AA v. 04.01.1878; Reklamation, S. 106.
67  Die Ermordung des deutschen Konsuls Abbott am 06.05.1876 durch muslimische türkische Untertanen ereignete sich im Kontext der Balkankrise 1875-78 anläßlich von Unruhen gegen christliche Einwohner. Auf Bismarcks Wunsch wurde das Panzer-Übungsgeschwaders unter Konteradmiral Batsch nach Saloniki entsandt, wo am 25.06.1876 die Panzerfregatten S.M.S. KAISER, DEUTSCHLAND, KRONPRINZ, FRIEDRICH CARL und der Aviso POMMERANIA erschienen; unterstellt waren Batsch außerdem S.M.S. MEDUSA, COMET, NAUTILUS und METEOR. Anwesend waren außerdem russische, französische, österreich-ungarische und englische Einheiten. Am 21. August wurde die Reklamation gegen die Türkei durch Salut der deutschen und französischen Flagge beendet. Die türkische Regierung hatte zuerst eine Verschleppungstaktik gegen die Mörder der Konsuln versucht. Bei dieser Operation handelte es sich um die größte maritime Machtdemonstration des Reichs bis zum Boxeraufstand. Zur Affäre siehe das Weißbuch: Aktenstücke betreffend die Ermordung der Konsuln von Deutschland und Frankreich in Saloniki und die Entsendung des deutschen Panzergeschwaders nach dem Mittelmeer v. 17.12.1876.
68  Benannt nach dem damaligen US-Ministerresident Solon Borlund. Dieser hatte zugunsten eines des Mordes angeklagten Staatsbürgers interveniert und dadurch in Greytown (San Juan del Norte) einen Aufruhr ausgelöst. Am 11. Juli 1854 schoß daraufhin Commander Hollins mit seiner Sloop U.S.S. CYANE den Ort in Grund und Boden, was heftige Proteste in den USA selbst, Großbritannien und sogar der Hansestadt Hamburg auslöste, die eine Wiedergutmachung für ihr zerstörtes Konsulat forderte, die aber niemals gezahlt wurde. Siehe Frank Niess: Das Erbe der Conquista. Geschichte Nicaraguas, Köln 1987, S. 92f. – Schreiben des hanseatischen Konsuls Georg Ph. Beschor, Greytown v. 07.09.1854, an den Senat der Stadt Hamburg; StAH – Senat Cl. VI Nr. 16d Vol. 2e Fasc. 3
69  Locock an Rivas v. 19.01.1878; Memoria S. 134.
70  Williamson an Evarts v. 25.07.1877; Dispatches.
71  Zirkularerlaß Rivas v. 30.01.1878; Memoria, S. 133-34.
72  Antonio Batres Jaúregui: La America ante la historia, 1821-1921. Memorias de un siglo, Tomo III Ciudad Guatemala (postum) 1949, S. 417.
73  Memoria, S. 183.
74  Admiralität an AA v. 30.09.1877; Reklamation, S. 98.
75  Paschen: Aus der Werdezeit zweier Marinen. Erinnerungen aus meiner Dienstzeit in der k.u.k. österreichischen und kaiserlich deutschen Marine, Berlin 1908, S. 193.
76  A. Tesdorpf: Geschichte der Kaiserlich Deutschen Kriegsmarine in Denkwürdigkeiten von allgemeinem Interesse, Kiel 1889, S. 199f.
77  Deutsches Biographisches Archiv.

78 Paschen, S. 194.
79 Das Fort war von den spanischen Behörden im 17. Jahrhundert gegen englische Piraten errichtet worden, die über den Rio San Juan auf den Nicaraguasee segelten und mehrmals Granada und Leon geplündert hatten. Im März 1780 wurde es von einem britischen Kommando, das teilweise von dem damals 23jährigen Horatio Nelson kommandiert wurde, belagert, doch zwangen die üblen klimatischen Verhältnisse die Engländer zum Rückzug; Niess, S. 80ff.
80 Kommando MEDUSA an Wickede, Greytown-Rhede v. 10. u. 15.04.1878; BAMA RM 1/v. 2400. Das Dokument ist im Weißbuch nicht enthalten.
81 Der Postweg verlief nicht durch Nicaragua, sondern von Corinto aus per Segler nach Panama, über die Landenge nach Colon und von dort aus per Segler nach Greytown. Obwohl also die Distanz zwischen Wickede und Hollmann in der Luftlinie nur knapp 400 Kilometer betrug, benötigte die Post für den Umweg von gut 1.500 km beinahe zwei Wochen.
82 Rivas v. 19.03.1878; Reklamation (II), S. 8.
83 Ebd., S. 11.
84 Wickede an Admiralität, Panama v. 16.04.1878; BAMA RM 1/v. 2400. Ob der Bericht aus politischen Gründen oder wegen mangelnder Kommunikation zwischen AA und Admiralität nicht ins Weißbuch aufgenommen wurde, ist unklar. Möglich ist ebenfalls, daß er bis zur Drucklegung des zweiten Teils des Weißbuchs am 22. Mai nicht rechtzeitig in Deutschland eintraf.
85 Ebd.
86 Ebd.
87 Ebd.
88 Guzmán, Eintrag v. 15.03.1878.
89 Ebd.
90 Ebd., Eintrag v. 14.03.1878.
91 Wickede v. 16.04.1878.
92 Ebd.
93 Bülow v. 08.03.1878 an Bergen; BA-B R 901-50914.
94 Ebd.
95 Ein Grund für die Eskalation der Affäre kann wohl in der Persönlichkeit Werner v. Bergens gesehen werden, der auch später aus seiner militanten Haltung keinen Hehl machte. Anläßlich einer späteren Berichterstattung über die Heeresverhältnisse in Guatemala sprach er (ohne jeden konkreten Anlaß) ganz offen von der Möglichkeit eines Krieges des Deutschen Reichs gegen die zentralamerikanischen Staaten und gab Empfehlungen über die Ausrüstung eines Expeditionskorps ab; Bergen an Bismarck v. 08.03.1886; BA-B R 901-31895. Möglicherweise fiel es Bergen schwer, seine frühere Tätigkeit als Berufsoffizier mit seinem neuen Berufsfeld immer in Einklang zu bringen.
96 Houwald, Los Alemanes, S. 130.
97 Guzmán, Eintragung v. 14.04.1878.
98 Anlaß für die britische Reklamation war eine angebliche Beleidigung ihres Konsuls Hatch in Bluefields, der 1894 bei einem Putschversuch gegen die Regierung José Santos Zelaya eine etwas undurchsichtige Rolle gespielt hatte. Im Februar 1895 brach England die diplomatischen Beziehungen ab, im April erschienen mehrere Einheiten der Royal Navy vor Corinto und überbrachten ein Ultimatum von £15.000, gegen die sich die deutsche Forderung von 1878 recht bescheiden ausnahm. Als sich Zelaya wie siebzehn Jahre zuvor Chamorro weigerte, dem Ultimatum nachzugeben, besetzten Landungskommandos den Hafen, was den Präsidenten zum Nachgeben zwang.
99 Der englische Zwischenfall in Nicaragua. (Originalbericht aus Managua), in: Export, Jg. 1895, Nr. 25, S. 349f.
100 Der Conflict mit Nicaragua, in: Illustrirte Zeitung v. 13.07.1878. Die Verteidigung der deutschen Macht und des deutschen Handels durch die vaterländische Kriegsmarine; ebd. v. 18.05.1878, in: Clas Broder Hansen: Deutschland wird Seemacht. Der Aufbau der Kaiserlichen Marine 1867-1880 in zeitgenössischen Berichten und Illustrationen, München 1991, S. 98-102.
101 Die BADEN wurde anläßlich von Unruhen irrtümlich durch das Fort Santa Cruz beschossen, wobei 31 Passagiere getötet wurden; s. Aktenbestand: Der Fall Baden vom 24.10.1930 in Rio de Janeiro; StAH-

Deputation für Handel, Schiffahrt und Gewerbe II, S XXI D 1.6.17. Ottmar Fecht: Die Kaiserliche Marine 1871/80 in ibero-amerikanischen Gewässern, in: Marine-Rundschau, Jg. 37, 1932, S. 268-74.

102 Richard v. Werner: Das Buch von der Deutschen Flotte, Bielefeld/Leipzig 1902, S. 238.

103 Thomas D. Schoonover: The Eisenstuck-Affair: German and U.S. Rivalry in Central America, 1877-1890, in: Ders. (Hg.): The United States in Central America, 1877-1890. Episodes of Social Imperialism and Imperial Rivalry in the World System, Durham-London 1991, S. 62-76, hier S. 64. Wieso Schoonover die Note des englischen Ministers Locock in Guatemala an Rivas v. 19.01.1878 nicht erwähnt und somit eine neutrale englische Haltung konstatiert, ist unklar. Rivas selbst beschwerte sich in seinem dritten Zirkular an die lateinamerikanischen Staaten nach Abschluß der Affäre v. 15.05.1878 über das parteiische Verhalten der USA und Großbritanniens; Memoria, S. 141-82.

104 Obwohl noch vor dem Eingreifen von Batsch in Haiti 1872 von seiten Stoschs klare Richtlinien für das Verhältnis zwischen Diplomaten und Seeofizieren ergangen waren, sah sich Bülow in einem Brief vom 01.11.1875 an Konsul Weber in Apia/Samoa gezwungen, noch einmal klar darauf hinzuweisen, daß die diplomatischen Vertreter die volle staatsrechtliche Verantwortung für den Einsatz von Marineeinheiten im Rahmen einer Reklamation trugen, während sich die Zuständigkeit der Kommandanten auf die rein militärische Durchführung beschränkte. Die Offiziere besaßen allerdings das Recht, eventuelle Bedenken zu äußern bzw. schriftlich niederzulegen, um sich gegen spätere Vorwürfe zu verwahren. Das Schreiben wurde auch im Marine-Verordnungsblatt Nr. 24 v. 31.12.1875 veröffentlicht; BA-B R 901-22545.

105 Bezeichnend dafür ist der spezielle Ankauf von Strohhüten (Panamahüten) in Panama für das Landungskorps. Da es sich dabei um eine quasi „illegale" Änderung der Anzugsordnung handelte, ließ Wickede eine Zeichnung eines Matrosen mit dem Hut fertigen und der Admiralität zusenden mit der Bemerkung, daß diese vorschriftswidrige Maßnahme aus klimatischen Gründen unabdingbar sei; BAMA RM 1/v. 2400.

106 Lawrence Sondhaus: Preparing for *Weltpolitik*. German Sea Power before the Tirpitz Era, Annapolis, MD 1997, S. 119.

# S.M.S. BUSSARD 1905
## und die Verteidigung Deutsch-Ostafrikas gegen Schwarz und Weiß

von

Wolfgang Petter

Acht Jahre nach der Kaiserproklamation am 18. Januar 1871 befand sich das Deutsche Reich in der Krise: nicht im Zuge „moralischer Eroberungen", wie beim Regierungsantritt Wilhelms I. angekündigt, sondern mit „Blut und Eisen" zu Stande gebracht, im bewussten Gegensatz zu den als „Reichsfeinde" verteufelten Liberalen, Katholiken und Sozialdemokraten konzipiert, vom „Gründerkrach" und der langanhaltenden „Großen Depression" erschüttert, wurde es von gerade einem Drittel seiner Bevölkerung uneingeschränkt bejaht. Reichskanzler Bismarck erkannte die Notwendigkeit einer „zweiten, inneren Reichsgründung" und vollzog sie 1879 in Form einer außen-, innen-, gesellschafts- und wirtschaftspolitischen Kehrtwendung. Im „Zweibund" mit Österreich-Ungarn vom Oktober 1879 wurde die kontinentale Situation Deutschlands mit seinen neuen Freund- und Feindschaften schicksalhaft festgeschrieben. Auslöser für diese Festlegung war der Übergang vom Freihandel zum Schutzzoll im Mai 1879 – an sich eine wirtschafts- und gesellschaftspolitische Maßnahme, die aber gravierende Konsequenzen nach sich zog: zum einen die Entfremdung von Russland und Großbritannien, und zum andern die Notwendigkeit, mit Hilfe von Handelsverträgen, Schiffahrtssubventionen und Kolonialerwerb auch überseeische Komponenten in den abgeschotteten Wirtschaftsraum zu integrieren. Tatsächlich fanden sich noch Nischen in Übersee, deren Besetzung die bereits etablierten Mächte zuließen, und so erfolgte, nach der „ersten" Reichsgründung von 1871 und der „zweiten" von 1879, um 1884/85 die „dritte, äußere, globale Reichsgründung": der Gewinn von Kolonien und von Einflussräumen, in denen Deutschland die *Terms of Trade* zu seinem Vorteil beeinflussen konnte. Diese Entwicklung hat dem Reich endlich die innere Akzeptanz gewährt, die existenznotwendig war, hat zugleich aber neben den neuen äußeren Fronten auch neue innere geschaffen. Für die inneren soll hier der Seeoffizier Hans Paasche, für die äußeren der Kleine Kreuzer BUSSARD stehen. Denn Deutschlands globale Situation manifestierte sich naturgemäß in Form maritimer Präsenz. Gelegentlich kam es zu größeren Aufmärschen, den Alltag bestritten jedoch zunächst Kanonenboote, und dann bis kurz vor dem Weltkrieg die acht in den 1880er Jahren gebauten speziellen „Kolonialkreuzer".

Ende Juni 1904 wurde Korvettenkapitän Otto Back als Kommandant des Typschiffs der „Kolonialkreuzer", S.M.S. BUSSARD, Ältester Offizier der Ostafrikanischen Station mit Liegehafen Daressalam in Deutsch-Ostafrika. Die unruhigen Jahre der Auflehnung gegen die deutsche Inbesitznahme – 1888/89 seitens der Küstenaraber im

„Buschiri-Aufstand" und 1891-98 seitens der im Binnenland dominierenden Wahähä im „Mkwawa-Aufstand" – schienen zu diesem Zeitpunkt Geschichte zu sein. Der Kleine Kreuzer BUSSARD hat denn auch nicht viel Geschichte gemacht. Er hat im April 1892 gegen Mörder und Menschenfresser in Deutsch-Neuguina, im Juni 1893 und 1894 gegen fremdenfeindliche Samoaner gekämpft, hat im März 1899 in Marokko interveniert, und hat 1900/01 während des Boxeraufstands vor der chinesischen Küste patrouilliert. 1904-10 hat er mit seinen stolzen 82 m Länge und acht 10,5-cm-Ringkanonen die deutsche Seemacht im Indischen Ozean repräsentiert, und 1905 hat sich dann ein Teil seiner 165 Mann Besatzung bei der Verteidigung der deutschen Herrschaft im dritten ostafrikanischen Krieg, dem „Maji-Maji-Aufstand", nützlich gemacht. BUSSARD hat in der deutschen Kolonialgeschichte eine Statistenrolle gespielt, aber das geschah genau an der Nahtstelle, an der sie eine neue Qualität gewonnen hat: an der Nahtstelle zwischen der Kolonialspekulation des „Systems Scharlach" und der Kolonialpolitik der „Ära Dernburg", zwischen Raubbau und Inwertsetzung, zwischen militärisch-strategischem Desinteresse und Engagement. Diese Qualitätsveränderung macht die bescheidene Rolle von BUSSARD an der Grenze der zwei Jahrzehnte, die das deutsche Kolonialreich im Jahr 1905 hinter sich hatte, zu dem dritten und letzten, das noch bevorstehen sollte, doch einer gewissen Betrachtung wert. Die Grenze wird von der großen gemeinsamen Aufstandswelle im deutschen Kolonialreich markiert, die 1904/05 Südwestafrika, Ostafrika, Kamerun, Neuguinea und Samoa erfasste.

Abbildung 14:
Hans Paasche mit seiner Frau Ellen im Jahr 1909
(Aus: Reise in die Kaiserzeit, s. Literaturverzeichnis)

Abbildung 15:
Kleiner Kreuzer BUSSARD
(Marineschule Mürwik, Wehrgeschichtliches Ausbildungszentrum, Bildarchiv)

Abbildung 16:
Hans Paasche auf S.M.S. BUSSARD 1905
(Aus: Reise in die Kaiserzeit, s. Literaturverzeichnis)

Das Reich hatte der „Deutsch-Ostafrikanischen Gesellschaft Carl Peters und Genossen" im Schutzbrief vom 27. Februar 1885 die Landeshoheit und die Verwaltungsbefugnisse gewährt, die ein deutscher Gliedstaat im Reichsverband besaß. Der Schutz der Gesellschaft erfolgte durch die allgemeine Reichspolitik, und an Ort und Stelle durch die Marine, die in den großen Konflikten von 1885 und 1888-90 ein Kreuzergeschwader entsandte und zur alltäglichen Landfriedenswahrung einen der Kolonialkreuzer stationierte. 1891 annullierte das Reich den Schutzbrief, beschränkte die Gesellschaft auf ihre Wirtschaftsunternehmungen, übernahm die Landeshoheit selbst und wandelte die Streitmacht des Reichskommissars v. Wissmann in eine Kaiserliche, bis 1896 dem Reichsmarineamt zugeordnete Schutztruppe um. Die Deutsch-Ostafrikanische Gesellschaft widmete sich der wirtschaftlichen Erschließung mit weiterhin mäßigem Engagement, doch mit gesteigertem der Steuerung ihrer Börsenkurse, so daß mit Fug und Recht der rührige Notar, Kolonialrat und Landspekulant Julius Scharlach als charakteristische Figur dieses Abschnitts der deutschen Kolonialgeschichte gelten darf. Bei dieser fragwürdigen Interessenlage haben sich bis 1905 in Ostafrika gerade 300 Pflanzer niedergelassen, die in der relativ schmalen Zone vom Kilimandscharo bis zur Hafenstadt Tanga zunächst in Kaffee und Kautschuk total fehlinvestierten und dann auf Baumwolle und Sisal umstellten. Die Verwaltungsorgane arbeiteten stark selbstzweckmäßig; sie hatten sich auf die weitest mögliche Kostendeckung ihrer Tätigkeit zu konzentrieren, da der Bedarf an Wehr- und Verwaltungszuschüssen aus dem Reichsetat dem Parlament jene unangenehmen Mitwirkungsmöglichkeiten gewährte, die die Autonomie der Gesellschaft und der Verwaltung beeinträchtigten. Man suchte das Einnahmendefizit durch den Einzug einer Hüttensteuer auszugleichen und erzwang in den Zonen, in denen die alte sansibar-arabische Verwaltung als Unterbau fortbestand, den Anbau und die Ablieferung von Baumwolle zu Bedingungen, die dem Fiskus nutzen sollten. Der eigentliche Profiteur dieser Belastungen an Ort und Stelle waren freilich weder die Eingeborenen noch die Deutschen, sondern die arabisch-indisch-suahelische Zwischenschicht der Unterbeamten und Steuerpächter, die damit einen festen und einträglichen Platz im kolonialen Abschöpfungssystem gewonnen hatten. Als dritte Kraft traten gewisse als Kollaborateure bevorzugte Stämme auf, wie die Wanjamwesi, aus denen sich die Hälfte der Schutztruppen- und Polizei-Askaris und damit die Büttel rekrutierten.

Ende Juli 1905 brach im Baumwollgebiet südlich Daressalam ein Aufstand gegen die nicht-deutsche Zwischenschicht aus. Dank der Legitimation durch einen uralten Kult, das aus dem Rauschen der Rufiji-Schnellen bezogene Schlangengott-Orakel, und dank dessen „Maji-Maji-Zaubers", der den Kriegern Kugelfestigkeit versprach, gewann der Aufstand eine gewaltige Beschleunigung und erfaßte binnen weniger Wochen den ganzen Süden des Schutzgebiets. Die umgehende Festnahme und Exekution der Orakelpriester, das naturgemäße Versagen des Zaubers, und die Gegenwirkung von Islam und Christentum machten allerdings gerade Orakel und Zauber zu Konfliktfaktoren innerhalb der Eingeborenen und haben es der Kolonialmacht erlaubt, mit 1050 Mann Militär und Polizei einen Raum von ¼ Million Quadratkilometer gegen zwei Millionen Afrikaner zu halten. Vorher wurde die Verwaltung freilich von der Zuspitzung im eingeborenen Bezugsgefüge derart überrascht, daß der erfahrenste regionale Schutztruppenkommandeur, Major Johannes, selbst nach über einer Woche Krieg lediglich Zauberspiele und Prügeleien nach *„reichlichem Biergenuss infolge guter Ernte"* meldete.

Korvettenkapitän Back hat das Gefahrenpotenzial des Aufstands früher als das Gouvernement erkannt, dem Konflikte unterhalb der deutschen Herrschaftsebene relativ gleichgültig waren. Er betrieb sofort den Transport stärkerer Kräfte, die Daressalam eher missmutig bereitstellte, auf BUSSARD in das Baumwollgebiet und ordnete ein Matrosendetachement nach Mohoro in die nordöstliche Randzone des Aufstands ab. Die erfolgreiche Verteidung von Mahenge unter Hauptmann v. Hassel in der Mitte und von Mohoro unter Oberleutnant zur See Paasche am Rand der Kampfzone banden die Kräfte der Afrikaner und erlaubten es der Schutztruppe unter Major Johannes und Hauptmann Nigmann, den vom „Maji-Maji-Zauber" bestimmten August-Abschnitt des Aufstands zu liquidieren, obwohl man ihn sträflich unterschätzt hatte. Ganze Schutztruppenkommandos und Gruppen von Weißen oder Kollaborateuren sind von den Aufständischen massakriert worden. Erst diese Vorgänge veranlaßten den Gouverneur und Kommandeur der Schutztruppe Major Graf von Goetzen dazu, Kriegsbündnisse mit deutschfreundlichen Stämmen abzuschließen, große Mengen von Hilfskriegern als um den Schutztruppenkern gescharte Kampfmassen anzuwerben, und in Deutschland Verstärkungen für Schutztruppe und Marine anzufordern. Im September trat sogar ein echter Rivale um die Herrschaft im südlichen Ostafrika auf, das Volk der Wangoni, ein 30 Jahre vor den Deutschen eingewanderter Sulu-Stamm mit imperialen Traditionen. Die Wangoni rissen zahlreiche der als „Sulu-Affen" glossierten Stämme mit in den Aufstand, doch nutzten auch zahlreiche Stämme die Chance, sich aus ihrer Untertänigkeit zu befreien. Kriegsentscheidend war, daß die Wanjamwesi ohne Zögern in ihrer bewährten Loyalität verharrten, und daß die mächtigen Wahähä, die einst 1891 bei Lula Rugaro ein Viertel der Schutztruppe ausgelöscht hatten, in den benachbarten Wangoni den größeren Feind sahen und eifrig zu dessen Niederwerfung beitrugen. Ab Oktober löste sich der Aufstand in einen Kleinkrieg auf, der beidseitig mit dem Mittel der „verbrannten Erde" geführt wurde und endlich im April 1906 erlosch. Der Süden der Kolonie ist derart entvölkert, verwüstet und verseucht worden, daß zehn Jahre später, 1916/17, die weißen Südafrikaner im Kampf mit der farbigen Schutztruppe Lettow-Vorbecks hier hängen blieben, und trotz ihrer vorangegangenen Erfolge letztlich abziehen mussten.

BUSSARD hat während der August-Krise den südlichen Küstenabschnitt Deutsch-Ostafrikas verteidigt, zum einen durch Seepatrouille und zum andern durch die Landung mehrerer Detachements, die bedrohte Küstenpunkte sicherten und vereinzelte Droh- und Strafaktionen ins Hinterland durchführten. Korvettenkapitän Back hat von seinen 165 Mann im August sechs Offiziere, einen Arzt und 85 Mannschaften, also mehr als die Hälfte detachiert und an Bord durch farbige Aushilfen ersetzen müssen. An sich beschränkte er sich auf defensive Einsätze zum Schutz der Weißen, nur das Mohoro-Detachement gewann Spielraum. Oberleutnant zur See Paasche hatte am 7. August auf eigene Verantwortung einen Flügel der anrückenden Maji-Maji-Leute angegriffen und abgedrängt, und dadurch ihre ganze Masse der Schutztruppe unter Hauptmann Merker zugetrieben, der am 14. August den auflaufenden Feind vernichtete. Korvettenkapitän Back rügte Paasche zunächst erbost, *„dass Sie Gefecht, was in Ihrem Bereich und in Ihren Kräften lag, sich haben wegnehmen lassen"*, sah dann aber ein, daß seine eigene Führung an der kurzen Leine dem Detachement Paasche einen größeren, als den erzielten Teilerfolg vorenthalten hatte. Er gewährte freie Hand, und die Gegenoffensive eines von Paasche geführten Marine- und Polizeiverbands hat mit den Gefechten von Utete am 18. und von Kipo am 21. August die Lage im Raum von Mohoro und im Rufiji-Delta dauerhaft bereinigt.

BUSSARD selbst hatte inzwischen in den nördlichen Küstenabschnitt der Kolonie verlegt, in dem das arabische und das islamisierte Suaheli-Element überwog. Man registrierte hier das Zusammenwachsen fundamentalistischer Strömungen aus Südarabien mit den politischen Ambitionen des Heri-Clans. Anders als der Küstenaraber Buschiri bin Salim, der Initiator des Aufstands von 1888/89, war Bwana Heri als Sultan des Wasegua-Volkes, das den Kampf jahrelang fortgeführt hat, eine Macht gewesen, mit der sich die Kolonisatoren hatten arrangieren müssen. BUSSARD demonstrierte während der Bindung der Schutztruppe im Süden, aus der die Partei der Heri Mut schöpfte, die Präsenz deutscher bewaffneter Macht auch im Norden, und Korvettenkapitän Back hielt die erfolgreiche Wahrung des Landfriedens nördlich von Daressalam für sein Verdienst. Nach diesem Höhepunkt seiner historischen Rolle reduzierte sich BUSSARD im Lauf des September, in dem eine Kompanie Seesoldaten und die beiden Kreuzer THETIS und SEEADLER in Deutsch-Ostafrika eintrafen, wieder auf das etwas veraltete, relativ kleine Schiff, das er nun einmal war. Der neue Älteste Offizier, Fregattenkapitän Ludwig Glatzel, konnte die Detachements durch Marineinfanterie ablösen, die z. T. auch weit im Landesinneren die Weißen schützten und die Schutztruppe entlasteten. Die Kreuzer sicherten die Kolonie speziell gegen die islamische Gefahr, die man für aktuell genug hielt, um islamische Askaris durch Kommandierung nach Daressalam zu neutralisieren. Dank einer deutsch-britischen Koalition in dieser Sache konnte die Marineinfanterie die über Kenia laufende Ugandabahn benutzen, ganz überraschend am Victoria-See erscheinen und die Ramadan-Unruhen in Muansa, die als Initialzündung gefährlich werden konnten, rechtzeitig ersticken. Deutschland revanchierte sich, indem es BUSSARD für einen ähnlichen britischen Einsatz vor Sansibar zur Verfügung stellte. Im Frühjahr 1906 endete die Tätigkeit der Marine, die dabei insgesamt einen Gefallenen und sieben Gestorbene verloren hat.

Zu mehr als Einsätzen dieser Art war und blieb die Kaiserliche Marine in Deutsch-Ostafrika nicht bereit. Sie lehnte es ab, sich in die äußere Landesverteidigung einbinden zu lassen und gegensteuerte jeden Sachzwang, der dahin führen konnte. Das Reichsmarineamt weigerte sich seit 1891 kontinuierlich, eine Infrastruktur zu schaffen, die den Ostafrika-Stationären zwar als Rückhalt für den Kreuzerkrieg dienen, aber auch zu wertvoll sein würde, um sie nicht indirekt zum Schutz der Kolonie zu zwingen. Die Marine reagierte daher empfindlich, nachdem das Gouvernement im Jahr 1903 eine Versorgungs- und Reparaturbasis geschaffen und mit deutschen Meistern und indischen Handwerkern gut ausgestattet hatte, und vollends, als das Reichskolonialamt die Kapazität Daressalams den großen Auslandskreuzern des Tirpitzschen Flottengesetzes anpassen wollte. Sowohl Korvettenkapitän Back als auch Fregattenkapitän Glatzel ließen sich freilich durch die lokalen Umstände beeindrucken: durch die Ängste und Bitten der Weißen, durch die verteidigungswürdigen Werte, durch die Unzulänglichkeit der Stationäre im Seekrieg, durch das Entgegenkommen der Kolonialverwaltung. Daß sie die Vorstellungen Graf Goetzens nicht einfach zurückwiesen, veranlaßte diesen zum Antrag bei der Kolonialabteilung in Berlin, unter Berufung auf Absprachen die planmäßige Einbindung der Stationäre in die Landesverteidigung legitimieren zu lassen. Kamerun sekundierte: *„Eine erfolgreiche Verteidigung der Kolonie im Krieg mit einer europäischen Großmacht ist ohne die Mitwirkung der Marine ... ausgeschlossen."* Als der Gouverneur die operative Verfügung über die anwesende Marineinfanterie erbat, fürchtete das Reichsmarineamt bereits, *„dass die Militärpartei dem Kaiser zuredet, dem Götzen zu willfahren!"* Nun befürchtete man eine grundsätzliche Unterstellung der Ältesten Offiziere unter die Gouverneure, wie sie für die Schutztruppenkommandeure bestand. Glatzel wurde abberufen und bestraft, und alle Stellen der Marine wirkten zusammen, um den Kaiser von einer Änderung des Einsatzprinzips abzuhalten. Die Ostafrika-Kreuzer wurden auf Versorgung in Sansibar und Instandhaltung in Kapstadt verwiesen, und 1913 waren die Einrichtungen in Daressalam endgültig verfallen.

Die ostafrikanische Schutztruppe blieb nach ihrer Erfahrung mit den Marinedetachements, die zwar unbedingt zuverlässig, aber wegen der Belastungen von Tropenklima und -krankheiten nur bedingt einsatzfähig gewesen waren, bei der Mannschaftsrekrutierung aus Eingeborenen. Dennoch bestand der Rassenkonflikt, der sich aus dem weißen Anspruch auf alle Insignien der Überlegenheit über die Farbigen ergab, fort. Während die vielen Konkubinate von Europäern mit schwarzen Frauen geduldet wurden, galt das umgekehrte Verhältnis als nicht tolerierbar, und Gouverneur Graf Goetzen hat die Weiße, die den farbigen Suaheli-Rezitator der Universität Berlin geheiratet hatte, ungeachtet ihrer Tränen nicht zum Verwandtenbesuch ins Land gelassen. Frau Mtoro aus Berlin sei 1905 gefährlicher gewesen als die aus Sansibar eingeschleppte Pest, kommentierte er. Hohe Aufmerksamkeit widmete das Reichsmarineamt der strikten Rassentrennung bei Truppentransporten. Die Soldaten waren hier weniger heikel, so daß ein Detachementführer an sexueller Erschöpfung starb und mindestens ein Seesoldat bestraft wurde, *„weil er versuchte, ein schwarzes Weib in den Mannschaftsschlafraum zu bringen."* Der Anspruch auf Distanz und höheres Niveau hatte auch operative Konsequenzen: Im September lehnte Korvettenkapitän Back die Requisition des Gouverneurs, das weiße Plantagenzentrum Morogoro zu sichern, mit der Begründung ab, daß die zur Verfügung stehenden Verpflegungsgelder nicht ausreichen, um dem Detachement die gegenüber den schwarzen Askari gebotene bessere Versorgung und Unterkunft zu gewährleisten. Als Back noch die Zurückziehung des Detachements Paasche, dessen Meldungen dem Kaiser vorgelegt wurden, aus dem gleichen Grund ankündigte, erfolgte seine Ablösung. Die Detachements besserten sich, wie die lebendigen Berichte in Paasches Buch „Im Morgenlicht" zeigen, durch Beschlagnahmung und Plünderung auf. Hans Paasche, der prominente Sohn eines Reichstags-Vizepräsidenten und Kolonialökonomen, der sich „Im Morgenlicht" noch rühmte, Büffel und Neger *erlegt* zu haben, wandelte sich unter dem Eindruck seiner Mitverantwortung für die Verelendung der Eingeborenen zum System-

Oppositionellen, verließ die Marine, und schrieb mit „Lukanga Mukaras Reise ins innerste Deutschland" eine bissige Zivilisationskritik.

Von Bedeutung für Paasches Entwicklung ist zweifellos die innere Spaltung der deutschen Kolonialpolitik gewesen, die auf die Aufstandswelle eigentlich mit Reformen reagiert hat. Zu deren Verwirklichung entstand als Ergebnis der Reichstagswahlen von 1907, die um die Kolonialpolitik geführt wurden („Hottentottenwahlen"), das Reichskolonialamt. Sein liberaler Chef Staatssekretär Dernburg bereiste umgehend Ostafrika, um dort die Entwicklung der Eingeborenen zu fördern, doch 1908 folgte ihm sein nationalistischer Unterstaatssekretär v. Lindequist mit dem Ziel, die deutsche Ansiedlung voranzutreiben. Das paradoxe Ergebnis von Dernburgs Doppelpolitik der Eingeborenenförderung und der Investitionsanreize für die Wirtschaft war daher, als sich die Zahl der weißen Pflanzer von 300 auf 900 verdreifachte und 1.200 Angehörige des Dienstleistungssektors nach sich zog, daß die insgesamt 5.300 Europäer unter 7,6 Millionen Eingeborenen nun das blühende Deutsch-Ostafrika als „a white man's country" reklamierten, wie es die britischen Nachbarkolonien Rhodesien und Kenia waren. Mit Unterstützung von Professor Hermann Paasche (Vater) vom Alldeutschen Verband setzten sich die Siedler gegen Dernburg durch, der 1910 als Staatssekretär von Lindequist abgelöst wurde. Die Umschichtung des Landbesitzes erfolgte durch Enteignung, und 130.000 Eingeborene wurden weniger über Lohnanreiz, als durch Arbeitszwang in den weißen Wirtschaftssektor integriert. Flankierend dazu verschärfte Lindequist die Rassenschranke, der nun das halbe Hundert im deutschen Kolonialreich bestehende Mischehen zum Opfer fielen; sie wurden rückwirkend aufgelöst und die Kinder wurden ebenso illegitimisiert, wie es die 3.500 laufenden Folgen der kolonialen Konkubinate waren.

Die Marineinfanterie hatte bereitwillig sechs bewährte Farbige zur Unteroffizierausbildung angenommen, nachdem die Gardefüsiliere bereits den Kameruner Paul Zampa zu einem in Deutschland populären, tüchtigen Feldwebel erzogen hatten. Im Zuge der Lindequistschen Reaktion wurde das Unternehmen aber zum Einzelfall, und weiße Neider in der Kameruner Schutztruppe haben Zampa schließlich sogar in die Resignation getrieben. Deutsch-Ostafrika wies kompliziertere Verhältnisse auf, weil sich die zivile und die militärische Haltung zu den Reformen und der Reaktion unterschieden. Selbstverständlich diente die Schutztruppe primär den Weißen, sie hat aber in ihrer spezifischen Mischung von Hierarchie und Kameradschaft zwischen weißen Offizieren und den Askaris die Rassentrennung differenzierter gehandhabt. Staat und Mission konnten durch das Schul- und Gesundheitswesen, das ab 1907 engagiert gefördert wurde, viele Eingeborene für Deutschland gewinnen. Die britischen und deutschen Siedler bildeten dagegen in ganz Zentral- und Ostafrika eine selbstbewußte Front gegen ihre jeweilige Obrigkeit, die ihnen aus übergeordneten Motiven Schutz gewähren mußte, während sie eigene Verteidigungsbeiträge verweigerten. London reagierte mit der Auflösung mehrerer rhodesischer und kenianischer Kompanien des zuständigen Kolonialregiments, der „King's African Rifles", während die deutsche Schutztruppe noch auf dem Niveau blieb, das die Siedler aggressiv zum Schutz vor Eingeborenen und Briten forderten. 1913/14 waren es die Weißen, unter denen der letzte Kolonial-Staatssekretär, Liberale und spätere Mitgründer der Weimarer Republik Wilhelm Solf einen erschreckenden „Geist der Aufsässigkeit" registrierte.

In dieser Situation der Entfremdung von den Siedlern nutzte der militärische Kommandeur Oberstleutnant Paul v. Lettow-Vorbeck, ein bekannter Nursoldat, bei Kriegsausbruch 1914 instinktiv die Chance, die ihm die britische Abrüstung bot. Er ignorierte den Auftrag, die Weißen und ihren Besitz zu verteidigen, zugunsten der Bindung von Feindkräften, und setzte die Schutztruppe als Diversionsfaktor in einer Gesamtstrategie ein, an die weder der Große Generalstab noch das zentrale Kommando der Schutztruppen im Reichskolonialamt dachten. Er kooperierte dabei mit der Marine, die nach wie vor dem Kreuzerkrieg Vorrang vor der Verteidigung der Kolonie einräumte. Während Gouverneur Heinrich Schnee die Briten für eine Teilneutralisierung Ostafrikas gewann, um Werte zu erhalten und Siedlerinteressen zu schützen, leiteten Oberstleutnant v. Lettow-Vorbeck mit seinen Askari-Kompanien und Fregattenkapitän Max Looff mit S.M.S. KÖNIGSBERG ungerührt die Operationen ein, die sie für richtig hielten. Die Schutztruppe war bereits drauf und dran, den Gouverneur zu verhaften und eine Militärdiktatur über die renitenten Zivilisten zu verhängen, als die Siege von Lettow-Vorbeck bei Tanga und von Looff vor Sansibar die Stimmung der Siedler umschlagen ließen. Bei allen fortbestehenden Bruchlinien hat sich nun in Deutsch-Ostafrika eine gewisse Gemeinsamkeit von Schwarz und Weiß entwickelt und die Operationen der Schutztruppe und der KÖNIGSBERG ermöglicht, die Legende und Epos geworden sind.

Abbildung 17:
Hans Paasche mit seiner Frau Ellen und den beiden Söhnen Joachim Hans und Nils Olaf im November 1914
(Aus: Reise in die Kaiserzeit, s. Literaturverzeichnis)

Kaiser Wilhelm II. hat bei Kriegsausbruch 1914 in Deutschland den „Burgfrieden" verkündet. Paasche trat ihm für seine Person bei, kehrte als Kapitänleutnant in die Marine zurück und publizierte patriotisch. Aber die Kräfte, die beispielsweise von den Staatssekretären Bernhard Dernburg und Friedrich v. Lindequist so gegensätzlich repräsentiert worden sind, waren nur zu einem begrenzten Ausgleich fähig. Hans Paasche, der den strukturellen Gegensatz als Offizier des Kleinen Kreuzers BUSSARD in Ostafrika in sich selbst gespürt hatte, wurde im Verlauf des Krieges resensibilisiert. 1918 hat er die Konsequenzen daraus gezogen und wurde als Pazifist, Revolutionär und Soldatenrat radikal. Zwei Jahre später hat man ihn erschossen.

## Quellen und Literatur

Bald, Detlef: Deutsch-Ostafrika 1900-1914. Eine Studie über Verwaltung, Interessengruppen und wirtschaftliche Erschließung, München 1970.
Bald, Detlef: Afrikanischer Kampf gegen koloniale Herrschaft. Der Maji-Maji-Aufstand in Ostafrika, in: Militärgeschichtliche Mitteilungen 19 (1/1976), S. 23-50.
Bundesarchiv-Militärarchiv Freiburg i.Br. (BA-MA): F 628, 2346, 2620, 3432, 4309, 4337, 4338, 4623, 4625, 5122, 7572, 7573, 7574.
Deutsches Koloniallexikon, hrsg. v. Heinrich Schnee, 3 Bde., Leipzig 1920.
Gann, L. H. & Peter Duignan: The Rulers of German Africa, 1884-1914, Stanford 1977.
Goetzen, Gustav Adolf Graf von: Deutsch-Ostafrika im Aufstand 1905/06, Berlin 1909.
Hildebrand, Hans H., Albert Röhr und Hans-Otto Steinmetz: Die Deutschen Kriegsschiffe. Biographien – ein Spiegel der Marinegeschichte von 1815 bis zur Gegenwart. 7 Bde., Herford 1979-83. Bd. 1/S. 178ff. (BUSSARD); Bd. 5/S. 116ff. (SEEADLER); Bd. 6/S. 9ff. (THETIS).
Iliffe, John: Tanganyika under German Rule, 1905-1912, Cambridge 1969.
Kolonialmetrolpole Berlin. Eine Spurensuche, hrsg. v. Ulrich van der Heyden und Joachim Zeller, Berlin 2002.
Lochner, R. K.: Kampf im Rufiji-Delta. Das Ende des Kleinen Kreuzers KÖNIGSBERG. Die deutsche Marine und Schutztruppe im Ersten Weltkrieg in Ostafrika, München 1987.
Nigmann, Ernst: Geschichte der Kaiserlichen Schutztruppe für Deutsch-Ostafrika, Berlin 1911.
Nuhn, Walter: Flammen über Deutsch-Ost. Der Maji-Maji-Aufstand in Deutsch-Ostafrika 1905-1906, Wilhelmshaven 1991.
Paasche, Hans: Im Morgenlicht. Kriegs-, Jagd- und Reiseerlebnisse in Ostafrika, Berlin 1907.
(Paasche, Hans:) Reise in die Kaiserzeit. Ein deutsches Kaleidoskop. Nach Hans Paasche: „Die Forschungsreise des Afrikaners Lukanga Mukara ins innerste Deutschland", hrsg. v. Cornelius Neutsch und Karl H. Solbach, Leipzig 1994.
Petter, Wolfgang: Der Kampf um die deutschen Kolonien. In: Der Erste Weltkrieg. Wirkung, Wahrnehmung, Analyse, hrsg. v. Wolfgang Michalka, München 1994, S. 392-412.
Die Tätigkeit der Marine während der Niederwerfung des Eingeborenen-Aufstandes in Ostafrika 1905/06. Auf Grund amtlichen Materials bearbeitet im Admiralstab der Marine (von Ludwig Glatzel). Berlin 1907 = Beiheft zur Marine Rundschau Mai 1907.
Wehler, Hans-Ulrich: Bismarck und der Imperialismus, Köln 1969.

# Tsingtau, eine deutsche Marinestadt in China 1897-1914

## von

## Ingo Sommer

Als Otto von Bismarck (1815-1898) starb, vererbte er, der 1870/71 das Reich zusammengefügt hatte, Deutschland keine politische Kontinuität, aber er rief zu Maß und Mitte auf. Im November 1918 ging sein Reich in der Revolution unter. Gleichwohl wurde Bismarck für deutsche imperialistische Politik benutzt. In dem jungen Wilhelm II. (1859-1941) sah er den Verderber des Reiches.

Kurz vor seinem Tode 1898 noch kritisierte Bismarck heftig die neue Mode der Eroberungs- und Renommierpolitik. Die Einnahme von Tsingtau 1897 war für ihn wilhelminische Großmannssucht. Er wußte wohl, daß ein neues, von ihm verachtetes koloniales Zeitalter nahte, angeführt durch Alfred Tirpitz (1849-1930) und dessen Flottenpolitik.

30 Jahre vorher, als Bismarck 1869 noch freudig zusammen mit Wilhelm I. (1797-1888) und Marinegründer Prinz Adalbert von Preußen (1811-1873) Wilhelmshaven einweihte, wurden erstmals deutsche Marineschiffe in Ostasien stationiert. In deren Folge etablierten sich deutsche Kirchenmissionen in der Provinz Schantung und in der Gegend von Tsingtau.

Der auf außenpolitisches Gleichgewicht bedachte greise Bismarck mißbilligte 1896 die Pläne des fernostsüchtigen Tirpitz zur militärischen Besetzung von Tsingtau und der Kiautschou-Bucht: vergeblich.

*

1898, Mao Tse-tung war gerade fünf Jahre alt, ertrotzte das Deutsche Reich durch einen 99jährigen Pachtvertrag mit China das kaiserliche Kolonialgebiet Tsingtau. Im gleichen Jahr schlossen auch die Engländer einen 99jährigen Vertrag zur Anpachtung ihrer Kronkolonie Hongkong. 1997 hätte Deutschland Tsingtau ebenso wie die Engländer Hongkong an China zurückgeben müssen. Tsingtau, so nannten die deutschen Marinesoldaten die heutige 2,3-Millionen-Stadt Qingdao, und so soll sie der Einfachheit halber auch hier, in der damals gebräuchlichen Umschrift, genannt bleiben.

Kaiser Wilhelm II., sein Bruder Prinz Heinrich von Preußen (1862-1929) und Tirpitz wollten ihr deutsches Hongkong gründen und ihr interkontinentales Machtgebiet endlich erweitern. Deutsche Gouverneure residierten bereits in Afrika und in der Südsee. Ostasien fehlte noch.

Admiral Otto von Diederichs hatte 1897 leichtes Spiel, das Fischerdorf Tsingtau am Gelben Meer mit seinem Ostasiengeschwader kampflos zu okkupieren. Zufälligerweise hatten die Chinesen bereits 1891, hier an der Kiautschou-Bucht, eine kleine

Marinegarnison etabliert. Das 1898 vertraglich vereinbarte Pachtgebiet umfaßte 553 qkm Landfläche und ging weit über Tsingtau hinaus, sowie eine gleich große Wasserfläche. Es hatte 1898 70.000 chinesische Bewohner in 311 Dörfern. 1914, gegen Ende der Okkupationszeit, waren es 200.000 Chinesen, davon 56.000 in Tsingtau. Im Pachtgebiet lebten 1914 aber nur 2.400 deutsche Soldaten und 2.000 deutsche Zivilisten.

Abbildung 18:
Deutsche Landungstruppen in der Tsingtau-Bucht am 14. November 1897
(Foto: WZ-Bilddienst, Wilhelmshaven)

Abbildung 19:
Chinesenstadt Tsingtau/Tapautau um 1900
(Foto: Archiv Sommer)

Ungewöhnlicherweise wurde die neue deutsche Kolonie der kaiserlichen Marine unterstellt. Ihre Verwaltung kaufte den Bauern Land und Häuser ab, machte Gebäude dem Erdboden gleich und baute eine vollkommen neue, exterritoriale deutsche Musterstadt: Ein Hafen- und Marinestandort mit damals hochmoderner Infrastruktur. Die Gouvernementsbauten machten Tsingtau zur teuersten Kolonie des Deutschen Reiches. Die Marine war es nicht gewohnt an Bauten und Ausstattung ihrer Landstützpunkte zu sparen. Schließlich repräsentierte die deutsche Flotte Macht und Einfluß, Modernität und Zukunft, Weltgeltung und Industrialisierung, Wirtschaftskraft und Kulturnation.

*

Noch heute belegt das Äußere der tsingtauer Hafenanlagen, Industriebauten, Eisenbahnanlagen, Brücken, Kirchen, Krankenhäuser, Schulen, Verwaltungsbauten, Werftanlagen, Wohnungsbauten und Kasernen Einflüsse technikfreundlicher deutscher Marinesoldaten und Zivilisten: Admiral Eduard von Knorr (1840-1920) plante 1896 detailliert die Besitzübernahme der Kiautschou-Bucht, Marinehafenbaudirektor Georg Franzius (1842-1914) begutachtete den Standort, Marinehafenbaudirektor Balduin Emil Rechtern gab die Ziele für den Stadtgrundriß vor, Marinehafenbaudirektor George Gromsch leitete Tsingtaus Kaiserliche Bauverwaltung 1897-1902, danach 1902-1907 Julius Rollmann (1866-1955), Marineoberbaurat Ernst Troschel (1868-1915) stand 1903-1906 der Abteilung Hafenbau vor, Marinehafenbaudirektor Fritz Riekert war um 1910 Chef der Abteilung Hafen- und Tiefbau, Dr. Gerecke war Marinebaumeister bei Riekert, Dr. Bruno Meyermann leitete das Marineobservatorium, Otto Kibat (1880-1956) war Jurist bei Carlowitz & Co., der junge Willi von Nordeck (1888-1956) war über zwei Jahre Kompanieoffizier in Kiautschou.

Zwei Welten stießen 1897 in dem neuen Marinestützpunkt aufeinander: Die 4.000-jährige chinesische Tradition und der fremde Kulturnationalismus des erst 26 Jahre alten, emporkommenden Deutschen Reiches mit seiner wilhelminischen Neugründungspolitik. 17 Jahre nur wurden die deutschen Muster von deutschen Marinedienststellen, Bauverwaltungen, Architekten und Bauunternehmen zitiert und kopiert, allenfalls geringfügig verändert, dem Klima und den Materialressourcen angepaßt. Die beginnende europäische Moderne wurde mit Bodenpolitik, Hygiene, Baukonstruktion und Stadttechnik nachhaltig wirksam. Die Umhüllung der Bauten war allerdings konservativ wilhelminisch.

*

Wilhelm II. erteilte 1896 dem ehemaligen Wilhelmshavener Oberwerftdirektor Admiral Eduard von Knorr den Auftrag, Pläne zur Übernahme des Kiautschougebietes zu entwickeln. Tirpitz gab dem Kieler Marinehafenbaudirektor Georg Franzius 1897 den Befehl, die chinesischen Küsten zu befahren und die Bucht von Kiautschou zu vermessen. Franzius dürfte die Grundlagen des ersten Fluchtlinienplanes für Tsingtau gelegt haben. Balduin Emil Rechtern bestimmte als Vortragender Rat im Reichsmarineamt die Leitlinien der Planung. Vorbild waren die auf der Pariser Stadtplanung beruhenden rechtwinkligen spätklassizistischen Fluchtlinienpläne von Berlin-Kreuzberg und -Moabit von Karl Friedrich Schinkel (1781-1841) und Peter Joseph Lenné (1789-1866), die auch ab 1856 für die Marineneugründung Wilhelmshaven bedeutsam waren.

In ihren historisierenden Fassaden drückte die Musterstadt am Gelben Meer deutsches Selbstverständnis, europäische Bildungsideale und außenpolitisches Weltmachtstreben aus. Der riesige Hafen mit seinen Molen, Brücken, Docks, Kajen, Werften, Kränen und Eisenbahnanlagen konnte jedoch, als er 1904 fertiggestellt wurde, als Spitzenleistung technischer Planung und anspruchsvoller Logistik bezeichnet werden – Beispiel dafür, daß Deutschland führende moderne Industrienation geworden war.

Die deutsche Marine der Jahrhundertwende, tausende Soldaten, Beamte und Privatleute, nahm ihr westliches Stadtbild mit nach Tsingtau und inszenierte dort eine idyllische europäische Kleinstadt. Der Wohnungsanzeiger der Marinestation der Nordsee führte 1907 rund 100 Offiziere und höhere Beamte aus Wilhelmshaven auf, die in Tsingtau wohnten. Darunter allein acht Marineärzte. Die Marine baute wie sie es gewohnt war, nahm ihre Umwelt mit nach China, isolierte sich dort von der gewachsenen ostasiatischen Umgebung.

Abbildung 20:
Auguste-Viktoria-Bucht um 1904, benannt nach der Gemahlin von Wilhelm II.
(Foto: Wehrgeschichtliches Ausbildungszentrum, Marineschule Mürwik, Flensburg)

Das wilhelminische Äussere wurde von den Chinesen positiv aufgenommen. Schließlich schätzte die alte chinesische Kulturnation gute Handwerkstradition, westliches Geschichtsbewußtsein und bewährte Baumaterialien.

Die wilhelminische Geschichte wird seit 1985 von der Stadt Tsingtau erforscht und gepflegt, besser als in mancher deutschen Stadt.

Die Verbindungen zur deutschen Marine verdeutlichen sich in den Straßennamen: Prinz-Heinrich-Straße, Wilhelm-Straße, Kieler-Straße, Lübecker-Straße, Danziger-Straße, Bremer-Straße, Berliner-Straße, Bismarck-Straße, Hamburger-Straße, Prinz-Adalbert-Straße, Kaiser-Straße, Bülow-Straße und natürlich Wilhelmshavener-Straße. Auch nach den Wilhelmshavener Baumeistern sind, wohl wegen ihrer besonderen

Verdienste, Straßen benannt worden: Franzius-Straße, Rechtern-Straße, Gromsch-Straße, Rollmann-Straße.

Deutschland dominiert im Stadtbild: Walmdächer, Ziegeldeckungen, Gauben, Fachwerkgiebel, Sprossenfenster, Erker, Türme, Veranden, Balkone, Eisengitter, Zinkdachrinnen, Stuckornamente, Granitsteinverblendungen, Vorgärten usw. Aus Tsingtau sollte in kürzester Zeit eine deutsche Marinestadt werden, mit repräsentativen Staatsbauten, feierlichen Kirchen, einschüchternden Militärbauten, prächtigen Villen, bayerischen Brauereien, vereinsseligen Kneipen, gemütlichen Forsthäusern, eindrucksvollen Geschäftsbauten, lebensfrohen Promenaden, verschwenderischen Gärten. Schmuckformen wilhelminischer Stile wurden mit der Verandatechnik subtropischer Kolonien vermischt. Sanftes Klima, weltläufiges Seebadflair, lauschige Täler, bewaldete Bergkuppen, lange Sandstrände, brandende Meeresfluten, völkerkundliche Attraktionen sollten der Rahmen für deutschen Lebensstil der Jahrhundertwende sein.

## Muster für die Seemacht

Gebildete deutsche Stände waren seit 1700 sinophil. Jesuiten brachten erste Nachrichten aus Ostasien nach Deutschland. Porzellan und Seidenmalerei kamen in Mode. Die Chinesen waren technisch nicht auf dem neuesten Stand, bezogen Waffen von Krupp, Schiffe von Vulkan und richteten Marinestützpunkte ein. So 1891 im menschenleeren Tsingtau. Kolonialvereine sorgten nach dem Zweiten Opiumkrieg (1857-1860) dafür, daß sich 100 deutsche Kaufleute in China niederlassen konnten.

Die Okkupation der Kiautschou-Bucht 1897 und die Errichtung der deutschen Marinestadt Tsingtau 1898 kamen im Wettlauf der Kolonialmächte sehr spät. Schließlich war Deutschlands Marine noch viel zu schwach, Druck auszuüben.

Der deutsche Geograph Ferdinand Freiherr von Richthofen (1833-1905) hatte 1860-1872 China intensiv erkundet und empfahl 1869 die Bucht von Kiautschou als deutschen Marinestützpunkt. Aus den gleichen Gründen hatten der Wasserbauer Gotthilf Hagen (1796-1884) und Prinz Adalbert von Preußen 1848 Wilhelmshaven empfohlen: Die starke Strömung von Ebbe und Flut bescherte der Kiautschou-Bucht wie dem Jade-Busen tiefe Fahrrinnen, Eisfreiheit, gute Deckung und Schutz vor Stürmen. Die Kohlevorräte für die Dampfschiffe von Tsingtau lagen in der Provinz Schantung, für Wilhelmshaven lagen sie im Ruhrgebiet. Beide Marinestädte bedurften jedoch des Eisenbahnanschlusses. Die halbinsulare Lage von Wilhelmshaven wie Tsingtau erleichterte die Anlage von Festungsbauwerken. Wilhelm II., der niemals in China war, favorisierte denn auch aus all diesen Gründen Tsingtau.

Im Sommer 1896 schickte er Tirpitz zur Ortsbesichtigung. Im November 1896 beauftragte er Admiral Eduard von Knorr mit Planungen für die Besetzung. Der hatte schließlich 1877-1881 Erfahrungen mit dem Aufbau der Kaiserlichen Werft in Wilhelmshaven gesammelt.

Marinehafenbaudirektor Georg Franzius, Planer von Hafenanlagen in Wilhelmshaven und Kiel, untersuchte im Frühjahr 1897 vor Ort in China im Auftrag von Tirpitz die lokalen Bedingungen in Bezug auf die Realisierbarkeit. Er bestätigte Richthofens Standortempfehlung für Tsingtau und brachte geometrische Bestandsaufnahmen zu Papier. Für die ersten Fluchtlinienpläne spielten auch Erfahrungen mit der Hafenneugründung Wilhelmshaven eine Rolle.

Abbildung 21:
Die Errichtung eines kaiserlichen, deutschen Hafens im Schutzgebiet Kioutschou
(Farbtafel von Georg Franzius, Bucheinband 1898)

\*

Historisch war das Aussehen der Häuser, modern jedoch waren Grundriss, Aufbau und Technik der Stadt. Die Stadtplanung war fortschrittlicher Rahmen für die wilhelminische Umhüllung der Einzelbauten. Das ist kein Widerspruch und war so ähnlich bei den Stadtneugründungen des 19. Jahrhunderts vorgesehen, ob in Bremerhaven 1827, Ludwigshafen 1853, Wilhelmshaven 1853, Kattowitz 1865 oder Oberhausen 1874. Wohngebäude, Verwaltungssitze und Repräsentationsbauten sollten in Fernost deutsches Heimatgefühl erzeugen. Vergangene Baustile sollten bilden und veredeln.

Natürlich fehlten dem für die Neugründung von Tsingtau zuständigen Berliner Reichsmarineamt unter Staatssekretär Tirpitz stadtplanerische Erfahrungen. Die Aufgabe war großdimensioniert: Das Pachtgebiet umfaßte 553 qkm Landfläche einschließlich 25 Inseln (darin 20 qkm Stadtfläche Tsingtau), 576 qkm Wasserfläche, dazu die neutrale 50-km-Zone von 7650 qkm. 1910 fand die erste Volkszählung im Pachtgebiet statt: Es lebten 160.000 Chinesen in 274 Ortschaften, davon 34.000 in Tsingtau.

\*

Unumschränkte Herrscher der Stadtentwicklung in Tsingtau waren die Gouverneure:

– Oskar Truppel 1898
– Carl Rosendahl 1898
– Paul Jaeschke 1899-1901
– Oskar Truppel 1901-1911
– Alfred Meyer-Waldeck 1911-1914

Die lokale Gouvernementverwaltung entsprach dem Muster englischer Kronkolonien mit militärischer und ziviler Gewalt in der Hand des Gouverneurs. Auch das preußische Jadegebiet (ab 1869 Wilhelmshaven) wurde in den Jahren 1854 bis 1873, ähnlich einem Gouvernement, von Admiralitäts-Kommissaren geleitet. Für das gesamte öffentliche Bauen in Tsingtau war die kaiserliche Bauverwaltung des Gouvernements zuständig. Sie bestand aus:

– Leiter Kaiserliche Bauverwaltung (Gromsch, Rollmann)
– Abt. I Hafenbau (Probst, Troschel, Bökemann, Riekert)
– Abt. II Straßenbau und Kanalbau (Riekert)
– Abt. III Hochbau Tsingtau (Strasser)
– Abt. IV Hochbau außerhalb Tsingtau

\*

Erster Leiter der gesamten kaiserlichen Bauverwaltung sollte 1897 der Marinehafenbaudirektor Georg Franzius werden, wohl vom Reichsmarineamt Berlin unter Staatssekretär Alfred Tirpitz und dem Vortragenden Rat Balduin Emil Rechtern vorgeschlagen. Letzterer war 1876-1891 Marinehafenbaudirektor in Wilhelmshaven gewesen. Man nannte ihn den Vater der Häfen. Georg Franzius – die berühmte Wasserbauerfamilie stammte aus Wittmund – war ein Bruder von Ludwig Franzius (1832-1903), der 1866-1876 in Berlin unter dem Wilhelmshaven-Planer Gotthilf Hagen gearbeitet hatte und auch zu Beratungen nach China geholt wurde. Georg Franzius hatte u.a. 1877 als Regierungsbaumeister in Wilhelmshaven gewirkt, leitete 1879-1907 das Kieler Hafenbauressort und hatte 1897 für Tirpitz und Rechtern Tsingtau bereist, vermessen und möglicherweise auch erste Fluchtlinien entworfen. Er lehnte ab, auf Dauer nach Tsingtau zu gehen.

George Gromsch jedoch, Marinehafenbauinspektor in Wilhelmshaven, sagte zu. Er war Tsingtaus erster und damit einflußreichster Leiter der kaiserlichen Bauverwaltung 1897-1902. Seine Bauverwaltung stellte die ersten detaillierten Fluchtlinienpläne auf, steuerte Hafenbau, Tiefbau und Hochbau in den entscheidenden Jahren, gestaltete die deutsche Marinestadt am Gelben Meer.

Nachfolger in der Leitung der kaiserlichen Bauverwaltung des Gouvernements Tsingtau wurde 1902 Julius Rollmann. Der studierte Bauingenieur von der TH Braunschweig war 1897 kaiserlicher Marinehafenbaumeister in Wilhelmshaven geworden und nach seinem Tsingtaueinsatz von 1907 bis 1913 Marinehafenbaudirektor, wiederum in Wilhelmshaven, danach in Kiel. Rollmann war insbesondere 1902 bis 1904 für die Realisierung der Hafen-, Wasser- und Werftbauten zuständig. Die Hafenbauarbeiten waren stark im Rückstand gewesen. Außerdem war wegen der vehementen Stadtentwicklung dringend der Fluchtlinienplan Tsingtau fortzuschreiben. Unter Rollmann wurden die wichtigsten Gouvernementbauten fertiggestellt: Gouvernementverwaltung, Gouverneurresidenz, Dienstgebäude Kronprinzenstraße, Schlachthof, Bismarck-Kaserne, Lazarett, zweite Gouvernementschule.

Auch der Wilhelmshavener Marinebaumeister Fritz Riekert arbeitete um 1910 leitend am Aufbau von Tsingtau mit. Er war Marinehafenbaudirektor für die Abt. I und II, also Hafenbau, Straßenbau und Kanalbau. Sein engster Mitarbeiter war Marinebaumeister Dr. Gerecke. 1908 war Riekert bei der kaiserlichen Werft Wilhelmshaven und plante die Südzentrale.

Marineoberbaurat Ernst Troschel (1868-1915) war bei den großen Hafenbauten an der Jade beschäftigt. 1903-1906 wurde er von Julius Rollmann nach Tsingtau geholt, um den ausscheidenden Leiter der Abt. I Hafenbau, Probst abzulösen.

Troschel, sein Nachfolger in Tsingtau wurde 1906 Hafenbaumeister Bökemann, gilt als treibende Kraft am Bau der weltgrößten Drehbrücke, der 1907 fertiggestellten Kaiser-Wilhelm-Brücke in Wilhelmshaven. 1909 wurde Troschel zur kaiserlichen Werft Danzig versetzt.

Wilhelmshavener Marinebaubeamte errichteten Tsingtau. Da die wichtigsten Baumaßnahmen in Ostasien 1907 fertiggestellt waren und auch das außenpolitische Interesse an der Kolonie Tsingtau nachließ, wurden Gromsch, Rollmann, Troschel, Gerecke und Riekert mehr oder minder schnell nach Wilhelmshaven zurückversetzt, um hier die offenbar wichtigeren Aufgaben des dritten Hafenbauabschnittes (1900-1914) weiterzuführen.

*

Der endgültige Fluchtlinienplan der Marinestadt Tsingtau ist in Kooperation entstanden. Beteiligte waren vermutlich: Franzius, Rechtern, Gromsch, Rollmann, Schrameier, Deimling, Maercker, Strasser, Stoessel, Mahlke, Schubart, Hildebrand, Rothkegel usw. Die Planungsarbeiten waren außerordentlich methodisch, durchdacht und fortschrittlich aufgebaut. Sie wurden angepaßt wo erforderlich, verändert wo überholt. Die Fluchtlinienpläne wurden ab 1898 veröffentlicht. Es waren insbesondere Straßenbegrenzungslinien eingetragen, die breite Straßen freiließen und Baublocks markierten.

Die Ausnutzung der Grundstücke regelte die Vorläufige baupolizeiliche Vorschrift vom 11. Oktober 1898: Gesundheit, Verkehr, Festigkeit, Feuersicherheit usw. In der Europäerstadt waren $6/10$ der Grundstücksfläche 18 m hoch mit drei Geschossen bebaubar. In der Chinesenstadt waren $3/4$, maximal zwei Geschosse hoch, erlaubt. In den privilegierten Villen- und Landhausvierteln waren 2/10 bebaubar, höchstens zwei Geschosse hoch.

Leitlinie des Stadtgrundrisses war die nach Nutzungsarten und hier auch nach Volksgruppen gegliederte Stadt. Städtebautheoretiker wie Ebenezer Howard (1898: Tomorrow: A Peaceful Path to Social Reform), Camillo Sitte (1889: Der Städtebau nach seinen künstlerischen Grundsätzen), Theodor Fritsch (1895: Die Stadt der Zukunft) und Joseph Stübben (1890: Der Städtebau) waren wohl auch den Beamten der Marine bekannt: Wohnungsbau ohne Hinterhöfe, ohne Mietskasernen, ohne soziale Mißstände, ohne hygienische Mängel. Auch das Beispiel Wilhelmshaven war Leitlinie für die Planer von Tsingtau, die ja weitgehend aus Wilhelmshaven kamen.

Tsingtaus letztlich gebauter Stadtgrundriß ist ein ausgeklügeltes System modularer Planung in festgelegten orthogonalen Blockstrukturen. Die Baublöcke konnten sich langsam und nach Bedarf auffüllen.

In der Europäerstadt: repräsentativ, breitgelagert, durchgrünt, windgeschützt, respektvoll, individuell. Bezogen auf das Wasser, auf die Uferpromenade, das Kaiser-Wilhelm-Ufer und die 1,2 km durchlaufenden Parallelstraßen, Irenestraße und Prinz-Heinrich-Straße.

Abbildung 22:
Die Prinz-Heinrich-Straße in Tsingtau um 1904
(Foto: WZ-Bilddienst, Wilhelmshaven)

Erkennbares Rückgrat der Nord-Süd und Ost-West ausgerichteten Stadtgeometrie ist die 600 m lange von der Strandpromenade nach Norden laufende Albert-Straße. Ein Abschnitt der Albert-Straße ist zweistreifig ausgebaut, 350 m lang, 50 m breit, in den Dimensionen und auch sonst genau wie die Wilhelmshavener Adalbert-Straße, als Allee mit Bäumen bepflanzt, in der Mittelinsel Grünanlage. Kurioses Zitat des preußischen Wilhelmshaven in Ostasien.

Weitere Magistrale ist die 300 m zur Gouvernementverwaltung hinaufführende Wilhelm-Straße, exakt auch nach chinesischer Bautradition, in der Sichtachse des Gouvernementhügels und der Gouverneurresidenz.

Plätze für prominente Bauwerke blieben in der Blockstruktur frei: Der Katholische Kirchplatz, der Gouvernementplatz u. a. Ähnlich wie in Wilhelmshaven ist ein Stadtmittelpunkt nur schwer auszumachen. Wie auch? Eine Altstadt war hier wie dort nicht vorhanden.

Die neue Stadt Tsingtau sollte keine überfüllte, verschmutzte chinesische Hafenstadt werden, sondern eine europäische Musterkolonie, besser als Hongkong. Ein unübersichtliches Gassengewirr hätte die zivile Macht gefährdet. Kern der Europäerstadt war das Wohn- und Geschäftsviertel mit seinen Kirchen und Staatsbauten, Schulen und Hotels, Banken und Handelshäusern, das zum Meer sanft abfallend an der Strandpromenade endet. Als *point de vue* die 1891 von den Chinesen gebaute, 400 m ins Meer ragende Tsingtaubrücke, die allerdings erst 1939 einen chinesischen Pavillon mit einem gestuften Zeltdach als Blickfang bekam.

Abbildung 23:
Stadtansicht von Tsingtau um 1914
(Foto: Wehrgeschichtliches Ausbildungszentrum, Marineschule Mürwik, Flensburg)

Hinter dem Bergrücken, nach Norden, zum Hafen gewandt die dichter besiedelte, schmucklose, gleichfalls neu aufgebaute Chinesenstadt Tapautau, eine Händler- und Geschäftsstadt in einheimischer Konstruktion. Sie wurde von den deutschen Planern zitadellenähnlich, 400 x 400 m messend, als Satellit anspruchslos, kleinteilig und flach in Baublöcken 40 x 60 m konzipiert und auch dann realisiert.

Abbildung 24:
Die neu errichtete Chinesenstadt Tapautau
(Foto: WZ-Bilddienst, Wilhelmshaven)

Noch spartanischer und umgrenzter die Arbeitersiedlungen Taitungtschen (1899) im Nordosten und Taihsitschen (1900) im Südwesten. Abgelegene Zitadellen, eng besiedelt, aber zur besseren Durchlüftung und Besonnung um 45° aus der Nordsüdrichtung gedreht. Nach der chinesischen Architekturtradition bildeten die Hofhäuser einen Block, diese ein umgrenztes Stadtviertel, im Idealfall quadratisch und von Mauern umwehrt.

Abbildung 25:
Die chinesische Arbeitersiedlung Taihsitschen um 1900
(Foto: WZ-Bilddienst, Wilhelmshaven)

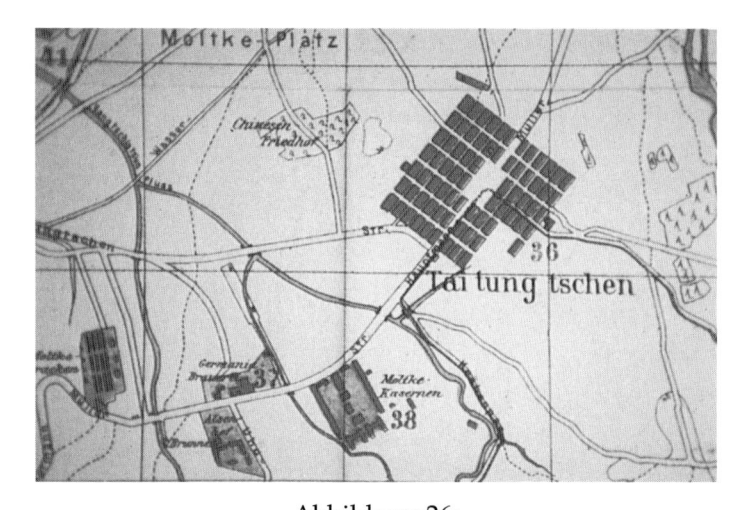

Abbildung 26:
Lageplan des chinesischen Arbeiterviertels Taitungtschen um 1914
(Wehrgeschichtliches Ausbildungszentrum, Marineschule Mürwik, Flensburg)

Die außerordentlich durchdachte Stadtgeometrie erlaubte es, die für sich liegenden neuen Siedlungsschwerpunkte isoliert zu realisieren, funktional zu trennen, fortifikatorisch auszustatten und „ethnisch zu sortieren". Insbesondere wurden auch der Hafenentwicklung keine unnötigen räumlichen Grenzen auferlegt. Das weiträumige Besiedlungskonzept und die flexiblen Fluchtlinienpläne ermöglichten aber auch, wie in Wilhelmshaven, das Einstreuen von wichtigen Militärbauten, Kasernen, Baracken, Munitionslagern, Schießständen, Artilleriebauten, Eisenbahnanlagen usw. Nicht zuletzt war die sanfte, offene Hügellandschaft im Osten bei vornehmen Bauherren beliebt, die ihre Landhausvillen bevorzugt plazieren wollten. Erst während der japanischen Besatzungszeit 1914-1922 wuchsen die Satelliten zusammen.

Außerordentlich modern war die Bodenordnung von Tsingtau. Das Gouvernement erwarb ab 1898 das Vorkaufsrecht für die vorgesehene Stadtfläche, etwa 20 qkm, und kaufte zu Preisen wie sie in China auch vorher üblich waren. Die Grundstücke wurden dann nach dem Fluchtlinienplan mit einem Baugebot versteigert. Grundstücksspekulation, wie sie beim Bau von Wilhelmshaven an der Tagesordnung war, wurde durch eine Wertzuwachssteuer verhindert. Erstmalig und weltweit einmalig setzten deutsche Marinebeamte in Tsingtau Bodenreform durch wie sie Adolf Damaschke (1865-1935) und der Bund deutscher Bodenreformer (1898) verstanden.

Fortschrittliche Gedanken der funktionalen Stadt des 20. Jahrhunderts wurden in Tsingtau erprobt. Es wurde darüber geforscht, geschrieben und gelesen. Die Deutschen in der Heimat waren stolz. Die Nation schien auf dem Weg zur Weltmacht.

*

Die technische Infrastruktur Tsingtaus wurde planvoll und zügig realisiert. 1900 war die elektrische Beleuchtung der Stadt betriebsfertig, 4 km Kanalisation lagen in den Straßen, 1905 waren es 6 km mit Pumpwerk und Sammelbehälter. 1900 waren 5,8 km

Straßen befestigt, 1906 immerhin 50 km. 222 Häuser waren 1909 mit Spülklosetts ausgestattet. In der Chinesenstadt Tapautau gab es nur drei öffentliche WC-Anlagen mit je zwölf offenen Sitzen. Ab 1905 wurde die Regenwasserkanalisation vorangetrieben. 1906 war der Schlachthof fertig und das Trinkwassernetz umfaßte 35 km. 1905 ging das neue Wasserwerk am Litsun-Fluß in Betrieb.

Der Stadtgrundriß von Tsingtau erwies sich als außerordentlich anpassungsfähig: Mit Inbetriebnahme des Großen Hafens siedelten die Handelshäuser, Reedereien, Schiffahrtsagenturen und wasserbezogenen Gewerbebetriebe und Behörden aus der Innenstadt in das neue Hafenviertel nördlich von Tapautau. Von der Tsingtau-Bucht und der bisherigen Anlegebrücke, der Tsingtaubrücke, an die Kiautschou-Bucht und den Großen Hafen: Carlowitz & Co., Norddeutscher Lloyd, Diederichsen & Co., Melchers & Co., das Britische Konsulat, Kappler & Sohn, Bauunternehmung Vering, Siemssen & Co., das Hafenhotel, die Bahnmeisterei sowie das Zollamt bauten dort neu.

\*

Eine Besonderheit der Marinestadt Tsingtau waren die opulenten und verschwenderisch ausgestatteten Stadtvillen und Landhäuser.

Anfangs provisorische Holzhäuser, die mehr oder minder schnell verschwanden, wie beispielsweise das Wohnhaus der Gouverneure oder des Chefs der Kaiserlichen Bauverwaltung George Gromsch.

Beeindruckend sind auch heute noch die freistehenden Villen am Hohenlohe-Weg, wie beispielsweise das 1902 fertiggestellte Wohnhaus des Gouvernementpfarrers, oder die prächtigen Häuser für Diederichsen, Jebsen u. a. von 1906.

Auch am Diederichs-Weg waren prominente Stadtvillen plaziert: Richter Dr. Gelpke (1899), Major von Falkenhayn (1899), Bauingenieur Paul John Stickforth (1898), Bauunternehmer Diederichsen (1902), Bataillonshaus (1899).

Abbildung 27:
Der Diederichs-Weg in Tsingtau
(Foto: WZ-Bilddienst, Wilhelmshaven)

Abbildung 28:
Die prominenten Stadtvillen am Diederichs-Weg:
Das Bataillonshaus, die Villen von Diederichs, Stickforth und Gelpke
(Foto: Archiv Sommer)

Besonders privilegiert waren die Landhäuser westlich der Pferderennbahn hoch über dem Badestrand der Auguste-Viktoria-Bucht, beispielsweise für die Adjutanten der Gouverneure, für Zolldirektor Ohlmer, für Admiralitätsrat Dr. Schrameier oder das Privathaus Bernick.

Abbildung 29:
Villen am Auguste-Viktoria-Ufer
(Foto: WZ-Bilddienst, Wilhelmshaven)

Diese Villen waren allesamt am historistischen deutschen Landhausstil orientiert. Erst langsam kamen neue Einflüsse aus Europa: Das dekorationsärmere, phantasievollere englische Landhaus, wie es Hermann Muthesius (1861-1927) und der Deutsche Werkbund (1907) vertraten.

## Technikexport nach Fernost

Die in Deutschland 1835 sehr spät einsetzende Industrielle Revolution kam erst 1870 zur Blüte. Sie wirkte sich natürlich auf die 1848 gegründete deutsche Marine und deren Hafen- und Werftbau aus. Die 1856 in Wilhelmshaven begonnenen Wasserbauten galten bis 1869 als größte Baustelle Europas. Bedeutendste Baustelle Chinas war 1898-1905 Tsingtau. In Wilhelmshaven wurden Werft und Bauhafen weit in die Stadt hereingelegt. Für Tsingtau planten Balduin Emil Rechtern und George Gromsch, beraten wohl auch von Georg Franzius, einen 6 km langen kreisbogenförmigen Steindamm mit Eisenbahngeleisen in die Kiautschou-Bucht weit nördlich von Tsingtau.

Abbildung 30:
Das Hafenviertel von Tsingtau
(Foto: Wehrgeschichtliches Ausbildungszentrum, Marineschule Mürwik, Flensburg)

Der gerammte Damm bildete ein von Wind und Wellen geschütztes Hafenbecken, 240 ha groß, bis zu 9,5 m unter NN ausgebaggert, den Großen Hafen. Zum Vergleich: Wilhelmshavens Süderweiterung 1900-1914, eingedeicht durch einen gleichfalls 6 km langen Deich, erweiterte die Hafenflächen auf insgesamt 289 ha.

Das Ende des Tsingtauer Steindammes wurde für die Ansiedlung der Tsingtauwerft, damals erst Marinewerkstatt und ab 1905 kaiserliche Werft, erweitert: 1.000 m Kaistrecke, 150-to-Kran, Arbeitsplätze für 1.500 Chinesen, größtes Schwimmdock Asiens (16.000 to).

Abbildung 31:
Die Hafeneinfahrt nach Tsingtau um 1903
(Foto: WZ-Bilddienst, Wilhelmshaven)

Außerdem entstanden gegenüber, an Land, in neu aufgespültem Gelände zwei Molen, 600 m lang, 100 m breit, mit bis zu 5.000 qm großen Kohleschuppen, 2 km Kaistrecke, Badehäusern, Gleisanschlüssen, Portalkränen, Verwaltungsgebäuden der Kajenverwaltung. Ähnlich wurde um 1910 die heutige Wiesbaden-Brücke in Wilhelmshaven gebaut.

Östlich des Großen Hafens entstand noch ein Ölhafen mit Tankanlagen, Petroleumschuppen, Petroleumleitungen und einer 166 m langen Ölmole. Langsam begann die Umstellung der Dampfschiffe auf Dieselöl. Am Großen Hafen siedelten sich die Standard Oil Company of New York und The Asiatic Petrol Company, London mit Anlegern und Öltanks an. Als Julius Rollmann und Ernst Troschel nach Wilhelmshaven zurückversetzt wurden, konnten sie insbesondere ihre Tsingtau-Erfahrungen beim Bau der Ölbehälteranlagen an den neuen Kaianlagen des Großen Hafens verwenden.

Weniger bekannt und spektakulär sind die technischen Strombauten, die den Großen Hafen von Tsingtau überhaupt erst befahrbar machten: Fahrrinnen, Buhnen, Dämme, Seezeichen, Befeuerungen, Leuchttürme usw.

1902 wurde der Tsingtauer Hafenbau unter Julius Rollmann begonnen. 1904 wurde die erste Mole übergeben. Bis dahin machten alle Schiffe an der 1891 von den Chinesen erbauten Tsingtaubrücke fest. 1907 war der Große Hafen fertig. Rollmann wurde nach Wilhelmshaven zurückversetzt. 1908 wurde der Lade- und Löschbetrieb in Tsingtau verstaatlicht.

*

Musterhaft erschloß man auch die zum ostasiatischen deutschen Marinestützpunkt notwendige Kohleversorgung in der Provinz Schantung als Voraussetzung maritimer Logistik. Die Schantung-Bergbau-Gesellschaft durfte auf einem schmalen Streifen neben den Bahnlinien im Hinterland von Tsingtau Kohle abbauen. 1902 begann der Bergbau im Fangtse- und 1907 im Hongshan-Schacht. Fast 6.000 chinesische Bergleute arbeiteten und lebten unter schlechten Verhältnissen, befehligt nur von einer Handvoll deutscher Bergbauingenieure. Der Bergbau war nicht sonderlich rentabel. Der Handel im Hafen Tsingtau wurde für Deutschland immer uninteressanter. 1912 wurde die Bergbaugesellschaft von ihrem Schwesterunternehmen, der Schantung-Eisenbahn-Gesellschaft, übernommen. Die daneben immer existierenden chinesischen Schächte waren offenbar wirtschaftlicher und blieben bestehen.

Die Schantung-Bergbau-Gesellschaft hatte sich nach ihrer Gründung 1899 am Kaiser-Wilhelm-Ufer Ecke Bismarck-Straße ihr Direktionsgebäude bauen lassen. Westlich daneben das Bürogebäude der Schantung-Eisenbahn-Gesellschaft und an der Ecke Wilhelm-Straße die gemeinsame Mutter, die 1889 gegründete Deutsch-Asiatische Bank. Man hatte sich an bester Stelle, an Tsingtaus Uferpromenade, etabliert. Das Bergbaudirektionsgebäude wie die Bank wurden zwar umgebaut, sind aber noch gut erhalten. Die benachbarte Deutsch-Asiatische Bank wurde fast zeitgleich 1899-1901 nach einem Entwurf von Architekt Hildebrand gebaut. Markante östliche Eckbebauung an der zur Gouvernementverwaltung führenden Wilhelm-Straße.

Abbildung 32:
Das Bürogebäude der Schantung-Bergbau-Gesellschaft
am Kaiser-Wilhelm-Ufer in Tsingtau um 1902
(Foto: Wehrgeschichtliches Ausbildungszentrum, Marineschule Mürwik, Flensburg)

Abbildung 33:
Das noch erhaltene Bergbaudirektionsgebäude in Tsingtau um 1990
(Foto: Wehrgeschichtliches Ausbildungszentrum, Marineschule Mürwik, Flensburg)

*

Vier Monate vor der Schantung-Bergbau-Gesellschaft war 1899 auch die Schantung-Eisenbahn-Gesellschaft gegründet worden, beide in der Hand der Deutsch-Asiatischen Bank. Ohne kohlebefeuerte Dampfschiffe hatte, wie in Wilhelmshaven, auch in Tsingtau die kaiserliche Marine keine Perspektiven. Kohlezüge aus dem Ruhrgebiet bzw.aus der Provinz Schantung brachten unablässig die wichtigen Brennstoffvorräte herbei. Die Kohlevorräte wurden in riesigen Halden zwischengelagert oder in Kohleschuppen gebunkert. Kohlezüge fuhren in Tsingtau auch über den langen Steindamm zur Tsingtauwerft und den dortigen Kohleschuppen.

Am Bau der Bahnstrecke von Tsingtau zur 400 km entfernten Provinzhauptstadt Tsinan 1899-1904 arbeiteten etappenweise 20.000 chinesische Wanderarbeiter, die bei den einheimischen Chinesen nicht geliebt waren. 52 Millionen Mark kostete das Eisenbahnprojekt. 1901 ging die Bahnstrecke nach Kiautschou in Betrieb.1912 erst wurde Tsingtau vollständig an das internationale Eisenbahnnetz angeschlossen. Die jetzt mögliche 12.000 km lange Eisenbahnfahrt nach Berlin mit der Transsibirischen Eisenbahn dauerte 14 Tage.

Es kam beim Bau der Eisenbahn, auch im Zusammenhang mit den Boxeraufständen um 1900, zu zahlreichen Konflikten. Chinesen widerstanden der Landnahme, widersetzten sich der Okkupation. Deutsche Soldaten aus Tsingtau wurden zur Niederschlagung der Unruhen eingesetzt.

Die technischen Bauten der Schantung-Eisenbahn im Hinterland waren nicht preußisch-wilhelminisch, sondern in einer ganz besonderen chinesisch-europäischen Mischform gebaut.

Den Kopfbahnhof Tsingtau baute 1900-1901 Architekt Hildebrand für die Schantung-Eisenbahn-Gesellschaft am Westrand der Europäerstadt an der Kieler-Straße. Nach den frühen Fluchtlinienplänen noch sollte er an der Tsingtaubrücke liegen, weil dort bis 1904 die Schiffe anlegten. Ein Neorenaissancebau mit markantem Eckturm und Ziegelhelm. Die Turmspitze zitiert ein chinesisches Dach. Ein repräsentativer Eingangsgiebel mit drei kreisbogenüberwölbten Portalen führt in das hallenlose, ziegelgedeckte, granitverkleidete Empfangsgebäude. Der Bahnhof von 1901 wurde 1991 für einen modernen neuen Bahnhof abgerissen, 1993 jedoch nach Bürgerprotesten als Replik vor der neuen Glasfassade wieder errichtet. Ein rührender Versuch, deutsche Geschichte in Tsingtau zu erhalten.

Abbildung 34:
Der Bahnhof von Tsingtau um 1900/1901
(Foto: Wehrgeschichtliches Ausbildungszentrum, Marineschule Mürwik, Flensburg)

Abbildung 35:
Bahnhofsneubau von Qingdao mit renoviertem historischen Bahnhof im Jahr 1993,
rechts ein Hotelneubau
(Foto: Archiv Sommer)

Gegenüber dem Bahnhof steht noch heute das gut erhaltene ehemalige Bahnhofshotel an der Wilhelmshavener-Straße Ecke Hohenzollern-Straße, 1913 von der Wilhelmshavener Familie Martwig gebaut.

*

Schon die chinesische Marine hatte 1891 ihren neuen Stützpunkt mit Telegrafenleitungen nach Peking ausgerüstet. Sofort nach der Okkupation erhielt Tsingtau 1898 eine Marinefeldpoststation und ein leistungsfähiges Telefonnetz, das bald über einhundert Anschlüsse aufwies. Das Post-, Telefon- und Telegrafenwesen unterstand ausnahmsweise nicht dem Gouverneur sondern der deutschen Postagentur, ab 1901 Postdirektion Shanghai bzw. der Oberpostdirektion Bremen. Diese war auch für Wilhelmshaven zuständig. 1914 waren 50 deutsche und chinesische Mitarbeiter für das Postamt Tsingtau tätig.

Die Reichspost, 1897-1901 an verschiedenen Stellen provisorisch untergebracht, baute in Tsingtau nicht selbst, sondern mietete an der Prinz-Heinrich-Straße Ecke Albert-Straße / Tirpitz-Straße das Erdgeschoß des Geschäftshauses Tippelskirch, das sie dann aber 1910 kaufte. Das 1901 fertiggestellte Backsteingebäude wurde später verputzt und ist noch heute Postamt und eines der markantesten Eckgebäude in der sonst nicht sonderlich aufregenden Stadtgeometrie. Die beiden hoch aufragenden Ecktürme tragen rot gedeckte Pyramidendächer. Vielleicht als Reverenz an China, sind sie von kleinen fernöstlichen Turmspitzen gekrönt.

Abbildung 36:
Das Postamt in Tsingtau um 1910
(Foto: WZ-Bilddienst, Wilhelmshaven)

Abbildung 37:
Das ehemalige Postamt in Qingdao (Guangxi-Road, ehemals
Prinz-Heinrich-Straße) in den 1990er-Jahren
(Foto: Archiv Sommer)

Das Postamt Tsingtau brachte eigene Briefmarken heraus: Sie zeigten die Kaiserliche Yacht HOHENZOLLERN, die auch in Wilhelmshaven sehr oft zu Gast war. Postdampfer transportierten die Post nach Shanghai. Später ging es über die Transsibirische Eisenbahn.

Neben dem deutschen Postamt bestand ein chinesisches Postamt in Tsingtau. Die deutsche Post versuchte auch, sich mit Zweigstellen in das Hinterland auszudehnen, zog sich aber bald zurück, um politische Konflikte zu umgehen.

*

Seit die deutsche Marine ihr Schiff ILTIS in einem Taifun 1896 im Gelben Meer verloren hatte, war für das Reichsmarineamt klar, daß ein meteorologisches Marineobservatorium für Tsingtau erforderlich war. 1905 nahm die Station auf dem Wasserberg provisorisch den Betrieb auf.

Der Verband Deutscher Flottenvereine im Ausland spendierte den Neubau eines Marineobservatoriums auf dem Wasserberg. Es wurde 1910 von den Architekten Strasser und Schubart nach Vorgaben des 1875 in Wilhelmshaven eröffneten Marineobservatoriums geplant – Technikexport aus Wilhelmshaven nach Tsingtau.

Der Assistent des Wilhelmshavener Observatoriumchefs Prof. Dr. Carl Börgen, Dr. Bruno Meyermann, wurde vom Reichsmarineamt 1909 nach Tsingtau geschickt, um dort das Marineobservatorium technisch aufzubauen und dann wissenschaftlich zu leiten.

Das Marineobservatorium war vollständig mit Granit verblendet, in seinem gestalterischen Habitus den martialischen Werksteinfassaden der Signalstation der Dritten Hafeneinfahrt von Wilhelmshaven (1906-1909) von Architekt Franz Brantzky ähnlich, oder auch seinen technischen Bauten an der Möhnetalsperre 1910. Im Inneren des hoch aufragenden technischen Bauwerks standen Geräte für Wettervorhersage, Zeitmessung, Seismographie und Erdmagnetismus.

*

Zu den modernen technischen Einrichtungen des Gouvernements ist auch der von Stoessel entworfene, 1906 fertiggestellte und noch teilweise erhaltene Schlachthof Tsingtau zu zählen, einst zitadellenähnlich westlich des Bahnhofs an der Innenreede gelegen. Im gleichen Jahr entstand auch der Wilhelmshavener Schlachthof nach Plänen von Bartholomé. Beide hatten Gleis-, Wasser-, Strom- und Entwässerungsanschluss. Funktion und Aufbau waren sehr ähnlich: Schlachthallen, Labore, Kühlhaus, Schlachthofverwaltung, Maschinenhaus, Dienstwohnungen.

Abbildung 38:
Der Schlachthof des Gouvernements in Tsingtau 1903-1906
(Foto: Wehrgeschichtliches Ausbildungszentrum, Marineschule Mürwik, Flensburg)

Die Marine setzte in Tsingtau wie auch in Wilhelmshaven den Schlachthofzwang durch, da es um die Gesundheit und Einsatzfähigkeit ihrer Soldaten ging. Moderne Fleischproduktion und Veterinärhygiene gehörten zur fortschrittlichen Gesundheitsvorsorge der öffentlichen Hand. Die Schlächter mußten sich gefliese Schlachthallen und Kühlhäuser teilen und der Veterinäraufsicht unterwerfen. Der Schlachthof wurde von einem Wasserturm mit Pyramidendach überragt. Zu seinen Füßen dehnten sich die Holzfachwerkhallen weiträumig und kammartig aus. Die Hallen hatten einfache Satteldächer, sie waren nach chinesischem Verständnis Bauten mittleren Ranges. Portal und Zaunanlage sicherten den wichtigen Lebensmittelbetrieb. Der zweigeschossige

Verwaltungsbau vermischt in der Fassade Fachwerk, Putzflächen und Granitverblendung, überdeckt von einem mehrfach gefalteten Ziegeldach.

Abbildung 39:
Der Schlachthof Wilhelmshaven, fertiggestellt 1906
(Foto: Archiv Sommer)

**Bauten für die Garnison**

Preußische Schiffe in Fernost mußten sich auf Vertragshäfen sowie englische und französische Unterstützung verlassen. Die preußische, dann kaiserliche Marine zeigte seit 1870 im Gelben Meer Flagge. Marinegründer Prinz Adalbert von Preußen, der Förderer von Wilhelmshaven, hatte in seiner legendären Denkschrift von 1848 auch die deutsche Flagge in den chinesischen Gewässern gefordert. Kolonialpolitik in China scheiterte an Bismarck, der Erwerbungen an Land für sinnlos hielt. Maritime Ostpolitik, ein Gibraltar am Gelben Meer wurde erst mit dem navalisierten Wilhelm II., mit Hollmann und Tirpitz möglich. Die Marinestadt als Handelsplatz war für Tirpitz nur Weg zum Ziel: Ein deutscher Flottenstützpunkt in Ostasien.

Tsingtau wurde als deutsche Garnisonstadt in Fernost geplant und gebaut, im Mittelpunkt standen jedoch maritime logistische Ziele. Handelshafen und Handelsstadt spielten im Stadtgrundriss nur eine sekundäre Rolle, dienten wie in Wilhelmshaven ursprünglich vor allem der Versorgung der Marinebasis.

Die Bevölkerung des Deutschen Reiches war nach dem Einmarsch in Tsingtau 1897 kolonialbesessen. Die kaiserliche Marine wurde zum Ärger der Engländer, Japaner und Russen mit 26 Schiffen und 20.000 Soldaten überstarke Schlachtflotte. Sie mußte aber in Ostasien wegen der mangelhaften Politik und der schlechten territorialen Absicherung scheitern.

Tsingtau war eine Marinegarnison. An der Spitze der Militär-, gleichzeitig Zivilverwaltung stand immer ein Kapitän zur See mit dem Titel Gouverneur. 1910 waren 2.400 deutsche Marinesoldaten in Tsingtau stationiert. Die 2.000 deutschen Zivilisten dienten vor allem den militärischen Zielen.

*

Die deutschen Mariner waren in den ersten fünf Jahren der Besatzung provisorisch in Baracken und ehemaligen Chinesenkasernen untergebracht. 30 starben wegen der unhygienischen Wohnverhältnisse. Moderne durchlüftete Kasernen für damals 1.500 Mann mußten her. Für die Soldaten wurden dann 1899-1909 drei riesige Kasernenanlagen gebaut: Iltis-, Bismarck-, Moltke-Kaserne.

Abbildung 40:
Feldgottesdienst auf dem Paradeplatz der Iltis-Kaserne um 1910
(Foto: Wehrgeschichtliches Ausbildungszentrum, Marineschule Mürwik, Flensburg)

Oberhalb der Iltis-Bucht ließ das Gouvernement 1899-1901 durch die Architekten Müller und Raffelt die Iltis-Kaserne bauen. Der über 100 m lange, zum Meer gewandte, mit Veranden ausgestattete Pavillonbau von zwei, und drei Geschossen, teilweise Mezzaningeschossen, der noch heute der chinesischen Marine dient, war großzügig geplant: Bäder, Spülklosetts, viel Luftraum, gute Lichtverhältnisse. Messe, Küchen, Wirtschaftstrakte und Lager ergänzten den isoliert in der Hügellandschaft östlich vor der Stadt liegenden Kasernenkomplex. Eine Stadt für sich, fast italienisch anmutend: Flach geneigte, weit überstehende Ziegelwalmdächer, hell geputzte Außenhaut mit wenigen, sparsamen Granitgesimsstreifen oder Sturzbalken. Das Ganze durch zentrale Eingangsbauwerke und Seitenflügel gegliedert.

Abbildung 41:
Die Iltis-Kaserne in Tsingtau, erbaut 1899-1901
(Foto: WZ-Bilddienst, Wilhelmshaven)

Die Bismarck-Kaserne für das 1897 u. a. aus dem 2. Seebataillon Wilhelmshaven gebildete 3. Seebataillon (das 1. lag in Kiel) ließ das Gouvernement abschnittsweise 1903-1909 durch seine Kaiserliche Bauverwaltung oberhalb der Kaiserin-Auguste-Viktoria-Bucht hochmauern. Das architektonische, von Berlin vorgegebene Muster glich dem der Iltis-Kaserne, jedoch als geschlossenes, den Exerzierplatz umschliessendes Karree, wie bei den Wilhelmshavener Kasernen an der Gökerstraße für das 2. Seebataillon (1904-1907). Auch die Wilhelmshavener Mühlenweg-Kasernen für die 2. Matrosendivision (1912-1913) wurden nach Berliner Systemgrundrissen ähnlich geplant. Die Grundrißstruktur der einzelnen Mannschaftsgebäude war symmetrisch und kammartig. Die ehemalige Bismarck-Kaserne ist heute Ozeanographisches Institut der Universität Tsingtau.

Die Kasernen trugen die Namen der Berge, eigentlich eher Hügel, von Tsingtau: Iltis-Berg, Bismarck-Berg, Moltke-Berg. Östlich von letzterem: Schießplätze, Munitionsschuppen, die Moltke-Baracken und die 1906 gebauten Moltke-Kasernen, die noch heute vom chinesischen Militär genutzt werden. Noch weiter östlich die schachbrettartige, streng abgezirkelte, 1899 gebaute Arbeitersiedlung Taitungtschen. Die Moltke-Kaserne lag weit ab vom Meer und wurde u. a. von der 5. (berittenen) Kompanie des 3. Seebataillons genutzt.

Tsingtau war auch eine deutsche militärische Festung und wurde als einzige im Ersten Weltkrieg belagert. Die Artillerieverwaltung war eine Außenstelle des Artilleriedepots Wilhelmshaven. Nach dem Vorbild Wilhelmshaven, mit vier Batterien gegen See (1871-1900), drei Fortanlagen für die Landverteidigung (1877-1888) und einem 4 km entfernten Ring von 21 Infanteriestützpunkten, plante das Gouvernement Tsingtau 1899 neun Küstenbatterien und neun Landbefestigungen für 20 Millionen Mark. Da ein perfekter Schutz Unsummen verschlungen hätte, genehmigte Tirpitz den Festungsausbau Tsingtaus nur mit großen Abstrichen.

Abbildung 42:
Die Bismarck-Kaserne in Tsingtau, erbaut 1903-1909,
Besuch von Prinz Heinrich 1910
(Foto: Wehrgeschichtliches Ausbildungszentrum, Marineschule Mürwik, Flensburg)

Abbildung 43:
Die 2. Seebataillons-Kaserne in Wilhelmshaven, erbaut 1904-1907
(Foto: Archiv Sommer)

*

Deutschland investierte in die bewegliche Flotte und nicht in immobile Festungsbauten in Ostasien. Trotzdem hielt die nur unvollkommen befestigte Kolonie Tsingtau den japanischen Gegnern 1914 immerhin drei Monate stand.

*

Zu den Garnisonbauten von Tsingtau gehörten auch die Marinewaschanstalt (1902) an der Iltis-Bucht, die Marineartillerieverwaltung (1898-1906), das Marineverpflegungsamt an der Kiautschou-Straße, das Mannschaftserholungsheim der Marine im Laushangebirge (1909), die Exerzierplätze, die Schießstände, die Marinestabsgebäude, die Sprengstofflager, die Munitionsdepots, die Hülsenwerkstätten.

Die zum Teil zeitgleich mit Wilhelmshaven gebauten Marinegarnisonbauten sind durchaus ähnlich aufwendig erstellt, aber: Äußerlich bunter, vielfältiger gegliedert, hastiger gebaut, horizontaler gestreckt, ländlicher aufgelockert und hilflos asiatisiert.

Der marineverliebte Wilhelm II. hatte in großer Attitüde zu selbstvergessener Bauwut getrieben. Alle Baustile wurden unermüdlich variiert. Vom Reichsmarineamt herausgegebene Typenprogramme für Garnisonbauten konnten in jedwede Umhüllung verpackt werden, ob in Tsingtau, Wilhelmshaven, Danzig, Flensburg oder Kiel.

*

Wie in Wilhelmshaven lebten Seeoffiziere auch in Tsingtau standesgemäß in freistehenden Marinedienstwohngebäuden der Garnisonverwaltung. Die einfachen Soldaten, soweit sie nicht auf den Schiffen lebten, konnten erst 1901 in die ersten modernen Kasernen einziehen.

Eine größere Anzahl von Dienstwohnungen wurde sofort 1899 vom Gouvernement fertiggestellt, z. B. das von der Kaiserlichen Bauverwaltung am vornehmen Diederichs-Weg erstellte Bataillonshaus unmittelbar östlich des Gouvernementplatzes. Nachbarn waren die besten Tsingtauer Familien: Diederichsen, Stickforth, Gelpke, von Falkenhayn.

Das noch gut erhaltene Bataillonshaus ist deutsch bis in den Grundriß. Die Zimmer sind nach Himmelsrichtungen geplant. Wohnzimmer im Westen, Küche im Norden, Schlafzimmer im Obergeschoß, Dienstboten mit eigener steiler Hintertreppe unter dem Dach. Hier wohnte der Kommandeur des 3. Seebataillons, das 1897, damals hieß es noch Marine-Infanterie-Bataillon, Tsingtau besetzte.

*

Der Tsingtauförderer und Bruder von Wilhelm II., Admiral Prinz Heinrich von Preußen – nach ihm war in Tsingtau die Hauptgeschäftsstraße und ein Hotel benannt – war auch Förderer der Seemannshäuser. Er weihte 1903 das von der Gemeinnützigen Gesellschaft Seemannshaus für Unteroffiziere und Mannschaften der Kaiserlichen Marine getragene Seemannshaus in Wilhelmshaven ein. Zur gleichen Zeit stellte diese Gesellschaft unter dem Patronat des Prinzen auch das Seemannshaus in Tsingtau an der Friedrich-Straße Ecke Kronprinzen-Straße fertig. Möglicherweise liegt beiden Bauten ein gleiches Programm zugrunde. Die Zweckbestimmung war gleich: Durch Geselligkeit, Bildung, Theater Marinesoldaten zu betreuen und von Wirtshäusern fernzuhalten.

Abbildung 44:
Das Seemannshaus in Tsingtau 1901/02
(Foto: Wehrgeschichtliches Ausbildungszentrum, Marineschule Mürwik, Flensburg)

Abbildung 45:
Das noch erhaltene, jedoch umgebaute, ehemalige Seemannshaus in Qingdao in den 1990er-Jahren
(Foto: Archiv Sommer)

**Marineverwaltung am Gelben Meer**

Kaiser Wilhelm II., wenn er denn schon nicht in Tsingtau war, sollte wenigstens durch seine Gebäude anwesend sein. Eine völlige Anpassung der Bauten an die chinesische Umwelt war aus deutscher Sicht ausgeschlossen. Die Generation der Tsingtau-Okkupanten war mit deutscher Seemachtpoltik verflochten, hatte technisches Interesse, begeisterte sich für Ingenieurbaukunst, war ein Kind der Industriellen Revolution.

Die Staatsbauten in Tsingtau waren Ausdruck des Zeitgeistes, verbunden mit vorwärtsdrängender Neugierde und kraftstrotzendem Selbstbewußtsein.

*

Bereits die ersten Fluchtlinienpläne von 1898 zeigen die grundrißgenauen Umrisse der Gouvernementverwaltung auf dem späteren Bauplatz am Südausläufer des Gouvernement-Berges. Der Stadtplan von 1901 zeigt zwar den Gouvernementplatz, aber leer, ohne Gebäude, ähnlich dem katholischen Kirchplatz. Der Bauplatz wurde fünf Jahre für die Gouvernementverwaltung freigehalten, bis 1903 der Bau begann und 1906 fertiggestellt wurde. Bis dahin blieben die Verwaltungsdienststellen an verschiedenen Stellen der Stadt dezentral untergebracht.

Abbildung 46:
Das Verwaltungsgebäude des Gouvernements in Tsingtau 1904/06
(Foto: Wehrgeschichtliches Ausbildungszentrum, Marineschule Mürwik, Flensburg)

Der symmetrische, größte und wichtigste Hochbau steht an bevorzugter Stelle der Tsingtauer Stadtgeometrie. Sieben Straßen laufen sternförmig auf den 100 x 100 m großen Gouvernementplatz zu. Quadratische Plätze sind in China Ausdruck höchster Vollkommenheit. Hauptachse ist die Wilhelm-Straße, die von der 300 m entfernten Uferpromenade, dem Kaiser-Wilhelm-Ufer, rechtwinklig als Boulevard nach Norden abzweigt und auf die monumentale Gouvernementverwaltung zuläuft. Von See kommend sollte sie dem ankommenden Passagier sofort auffallen: Respektheischendes Zentrum der zivilen und militärischen Macht. Das Deutsche Reich schaut zum Meer. Dort lag die Zukunft.

Auch in der traditionellen chinesischen Stadtbaukunst spielt die Achse, die aus dem Palast, dem Herz des Reiches, kommend von Norden nach Süden verläuft und sich in der Stadt als Achse der irdischen Welt weiter fortsetzt, wie beispielsweise in Peking, eine Hauptrolle. In Tsingtau steht die Gouvernementverwaltung in der Zentralachse, über der Welt erhoben, das wichtigste Gebäude der Stadt.

Der strenge Habitus der Gouvernementverwaltung war gewollt einschüchternd: Steinern, schwer, monumental für die Ewigkeit gebaut. Der 80 x 40 m messende

U-förmige Grundriß war lange vorgegeben. Die Seitenflügel jedoch wurden noch nach Norden verlängert. Dieses Grundrißprinzip ist bei deutschen Rathäusern des Kaiserreiches vielfach zu finden, in Berlin und in anderen Großstädten. Mittleres, hoch aufragendes Eingangsbauwerk mit repräsentativem Portal, hoher Halle und offenem Treppenhaus. Nach links und rechts ein langgestreckter Büroflügel und nach einem Treppenhausgelenk die nach hinten abgewinkelten Seitenflügel. Im Gegensatz zu Rathausbauten jedoch verzichtete Architekt Mahlke von der Hochbauabteilung der Kaiserlichen Bauverwaltung auf einen Uhrturm, vielleicht um nicht mit einem bürgerlichen Rathaus verwechselt zu werden. Möglicherweise wußte er aber auch, daß nach der chinesischen Bautradition hohe, glatte Türme Unglück bringen.

Der Längstrakt, gleichzeitig Verbindungsgang zu den Seitenflügeln, ist auch hier wie so oft in Tsingtau zur Straße hin mit Veranden ausgestattet, im Erdgeschoß Kolonnaden, im Obergeschoß Arkaden. Das zweigeschossige, vollkommen granitverkleidete Gebäude der Gouvernementverwaltung von 1906, mit zusätzlichem Souterrain- und Mezzaningeschoß unter einem abgeschnitten wirkenden Mansard-Ziegeldach, drückt die Utopie einer hierarchisch geordneten Gesellschaft aus.

Das Verwaltungsgebäude wird heute als Rathaus von Tsingtau genutzt. Es wurde 1989 spiegelbildlich auf der Rückseite als Erweiterungsbau noch einmal gebaut. Fast eine Satire auf die vergangene wilhelminische Gesellschaft.

*

In Tsingtau war, wie in Kolonien üblich, ein kaiserliches Gericht und ab 1908 auch ein kaiserliches Obergericht ansässig. Immer wenn ein Europäer an der Rechtsauseinandersetzung beteiligt war, ging der Prozeß vor ein kaiserliches Gericht. Die Bezirksämter mit ihren deutschen Beamten waren Gerichte für die Chinesen.

Der große Gouvernementplatz war nach 1906, als die monumentale Gouvernementverwaltung fertiggestellt war, in seinen Rändern nicht gefaßt. Zwar hatte der Zweite Fluchtlinienplan die Grundstückskanten abgesteckt, es fehlte jedoch an Platzwänden.

1912-1914 baute Architekt Fittkau für die kaiserliche Bauverwaltung das noch heute genutzte Gerichtsgebäude an der Westfront des Gouvernementplatzes. Das zwei- bis dreigeschossige Justizgebäude ist verzweifelt um Monumentalität und Bauvolumen bemüht. Vergeblich. Die 80 m messende Platzfassade der Gouvernementverwaltung erdrückt alle anderen flankierenden Bauten. Trotzdem ist das ehemalige kaiserliche Gericht ein eigenständiger Bau, der sich durch wenig stilistische Vergangenheit, sparsame Dekoration und reduzierte traditionelle Verkleidung wohltuend von der davor mehr historisierenden Tsingtauer Architektur abhebt. Ein ehrliches Gebäude, dessen Bauteile die Funktionen erahnen lassen: Hohes Hauptgebäude mit Gerichtssälen, niedriger, langgestreckter Bürotrakt, abgerundetes Ecktreppenhaus.

*

1904-1905 ließ das Gouvernement durch Architekt Wentrup ein Dienstgebäude im oktogonalen Block Lübecker-, Bremer-, Danziger-, Kronprinzen-Straße bauen. In der

Achse der zentriert auf den Block zuführenden Münchener-Straße erhebt sich ein hoher Uhrturm. Man möchte das Gebäude für ein Rathaus halten. Tatsächlich waren hier mehrere Dienststellen des Gouvernements untergebracht: deutsche und chinesische Polizei, Chinesengefängnis, Dienstwohnungen und zeitweise auch Gerichte. Das Gericht siedelte erst 1914 zum Gouvernementplatz um.

Abbildung 47:
Das ehemalige Dienstgebäude des Gouvernements, in dem in den 1990er-Jahren das Büro für Öffentliche Sicherheit in Qingdao untergebracht war
(Foto: Archiv Sommer)

Ein Gefängnis für Europäer war an anderer Stelle gebaut worden – weitab von der Stadt. Ein einfacher Industriebau wurde mit einem chinesischen Fußwalmdach und angedeuteten gekurvten Kanten gedeckt und um einen runden Treppenhausturm wie in Neuschwanstein ergänzt.

Die Gouvernementpolizei hatte in Tsingtau viel Einfluß. Aus der 1899 versuchsweise aufgestellten Chinesenkompanie des 3. Seebataillons wurde 1908 eine Polizeieinheit gebildet. Die Polizei durfte Geld- und Prügelstrafen verhängen.

Die süddeutsche Architektur des Dienstgebäudes ist in Ostasien als Kuriosität unübertroffen. Werksteinstreifen imitieren Fachwerk. Neorenaissancegiebel stufen sich mit stilisierten chinesischen Spitzdächern nach oben. Hohe Ziegelwalmdächer schaffen deutsche Gemütlichkeit.

Das Dienstgebäude Kronprinzen-Straße ist noch heute Polizeiverwaltung.

*

China hatte bereits Mitte des 19. Jahrhunderts unter europäischer Verwaltung stehende Zollämter aufgebaut. Chefs der Zollämter waren Europäer, wie Ernst Ohlmer aus

Hildesheim. Nach Dienstzeit in Peking war er 1898-1914 Zollchef in Tsingtau. Er baute 1901 sein Zollamt an der Tsingtaubrücke. Der Hafenbetrieb verlagerte sich ab 1904 zum Großen Hafen. Ohlmer wurde 1912 pensioniert, blieb aber in Tsingtau. Architekt Fittkau von der kaiserlichen Bauverwaltung baute 1913-1914 das neue Zollamt. Der Putzbau, ohne Granit, ist wohl der modernste Bau der deutschen Kolonialzeit in Ostasien. Er ist noch heute Zollamt. Ein Bau der beginnenden Moderne, ohne Dekoration, ohne Ornamente. Nur symmetrische Kuben, einfache Baumassen unter abgewalmtem Ziegeldach: Strikt, einfach, reduziert, funktional. Vier Säulen tragen den Eingangsgiebel.

*

Zur kaiserlichen Verwaltung gehörte in Tsingtau auch die Gouverneurresidenz. Die erste war 1899 von der Baufirma Schmidt aus Altona aufgestellt worden. Zwei schwedische Holzfertighäuser wurden aneinandergebaut. Die Residenz lag hoch über der Auguste-Viktoria-Bucht und wurde 1899-1907 von den Gouverneuren Jaeschke und danach Truppel bewohnt. Die Gouverneurresidenz entstand westlich des späteren Strandhotels und der Pferderennbahn über dem Badestrand in einem für freistehende Landhausvillen reservierten privilegierten Wohngebiet. Sie war ein Provisorium und mußte bis zur Fertigstellung der neuen Gouverneurresidenz 1907 ausreichen.

Gleich neben der ersten Gouverneurresidenz baute 1899-1900 die kaiserliche Bauverwaltung das massive Dienstwohngebäude für die Adjutanten des Gouverneurs, heute Museum. Das eingeschossige Steingebäude ist von pultdachgedeckten Veranden vollständig umschlossen. Dadurch ergibt sich ein vereinfachtes Fußwalmdach. Einstmals waren die Enden des gradlinigen Firstbalkens nach chinesischer Art mit aufwärtsgebogenen Ornamenten geschmückt. Der traditionelle plastische Dachzierat ist vermutlich nicht durch den Architekten, sondern gewohnheitsmässig durch die chinesischen Dachdecker hinzugefügt worden. Merkwürdig unbeholfen wirkt die mehrläufige Treppe, die in einem ausgerundeten Portal endet. Die umlaufenden kolonialen Veranden, teils Stein, teils Holz, wurden wie so oft bald durch Fenster geschlossen.

*

Etwas westlich benachbart lag im Landhausviertel an der Auguste-Viktoria-Bucht das Dienstwohngebäude von Zolldirektor Ernst Ohlmer an der Atilla-Straße. Ohlmer hatte schon vor der Okkupation von Tsingtau 1897 beim chinesischen Zoll gearbeitet. Als Zolldirektor hat er, wie es gestaltungsbewußte Chefs gerne tun, seine Dienststellen selbst entworfen: Behördengebäude in Peking, das Zollamt in Tsingtau und 1899-1900 seine eigene Dienstvilla.

*

Als krönender Abschluß der Dienstwohngebäude in Deutschlands ostasiatischer Marinestadt wurde die neue Gouverneurresidenz errichtet, 1905-1907 auf dem Südhang des Signal-Berges, auch Gouvernementhügel genannt. Hoch über der Stadt baute die

Abteilung Hochbau der kaiserlichen Bauverwaltung unter der Leitung von Hochbaudirektor Strasser mit den Architekten Mahlke und Lazarowicz das repräsentative, prächtige Palais. Es hatte auch Funktionen als Staatsbau zu erfüllen und wurde nacheinander von den Gouverneuren Truppel und Meyer-Waldeck bewohnt. Später wohnte kurz Mao Tse-tung hier. Die vornehme Residenz ist sehr gut erhalten und dient heute als städtisches Gästehaus.

Abbildung 48:
Die ehemalige Residenz des Gouverneurs in einer Ansicht aus den
1990er-Jahren in Qingdao
(Foto: Archiv Sommer)

Alle Elemente deutscher Architektur in Tsingtau kommen verschwenderisch vor: Veranden, Loggien, Balkone, Türme, Söller, Fachwerkgiebel, Granitsockel, Säulenkolonnaden, römische Bogenreihen, Jugendstildekorationen, Werksteinverblendungen. Hervorzuheben ist die eigenständige bauplastische Dekoration von unglaublicher Kreativität. Sie entspringt nicht nur dem Schmuckbedürfnis des Jugendstils, auch der chinesischen Lust an plastischem Zierat. Aus Granitstein sind symbolhaft Ankerketten, Sonnenstrahlen und Drachen in die Fassadenumhüllung eingearbeitet.

Es entspricht der chinesischen Baukunst, Stein- und Fensterformate sowie Dachformen lebhaft zu wechseln. Bei der Gouverneurresidenz kommen Walmdächer, Satteldächer, Zeltdächer, Gauben und Krüppelwalme vor. Die vielen Elemente zusammengenommen schaffen eine besonders angenehme Abwechslung.

Die üppig wirkende Residenz des Gouverneurs drückt auch ohne Symmetrie und Monumentalität Herrschaft und Führung aus, verbunden mit Lebensfreude und Genuß. Sicher haben sich die deutschen Baumeister nicht träumen lassen, daß der koloniale Traum bereits sieben Jahre später beendet sein würde und Japaner das schmuckvolle Palais beziehen.

Abbildung 49:
Die Residenz des Gouverneurs in Tsingtau, 1905/07
(Foto: WZ-Bilddienst, Wilhelmshaven)

Die besondere Architekturqualität erlaubte keinen falschen Eklektizismus, keine abgegriffenen Stilzitate, kein wilhelminisches Pathos. Die kraftvolle Plastizität, die flexiblen Linien, die farbigen Fliesen, die wechselnden Rechteckfenster, der holzgetäfelte Innenausbau und die hochwertigen Wandbekleidungen verweisen auf die englische *Arts and Crafts*-Bewegung, auf Jugendstileinflüsse und das in Europa aufkommende Kunstgewerbe. Gedanken auch des 1907 gegründeten Deutschen Werkbundes.

## Gottesbauten in Ostasien

Christliche Missionsstationen spielten in China seit dem 17. Jahrhundert eine erst untergeordnete, dann aber ab Ende des 19. Jahrhunderts stark zivilisatorische, soziale, medizinische, seelsorgerische und politische Rolle. 2.000 christliche Missionare hielten sich zu diesem Zeitpunkt in China auf. Verstärkt übernahmen die sich überlegen fühlenden westlichen Kirchen auch pädagogische Aufgaben. Dies ging zu Lasten der eingesessenen Machteliten und führte zu missionsfeindlichen Reaktionen und zu den Boxeraufständen 1900-1901.

Kirchbauten dienten in Tsingtau mehr als in anderen Kolonien dazu, Kultur nach Ostasien zu transportieren. Missionen sollten auch Chinesen für Deutschland einnehmen. In Tsingtau gab es vor der Okkupation durch die Marine nur englische und amerikanische Missionare. Diese Missionsgesellschaften sind mit der Stadtentwicklung von Tsingtau verbunden:

- Allgemeiner Evangelischer Missionsverein Weimar, gegr. 1884, ab 1898 in Tsingtau (Missionar Ernst Faber 1898-1899, Missionar Richard Wilhelm 1899-1914)
- Evangelische Berliner Missionsgesellschaft, gegr. 1824 (Carl Voskamp)
- Katholische Steyler Mission, gegr. 1875 (Bischof Johann Baptist von Anzer, Bischof Augustin Henninghaus)
- American Presbyterian Church

Die neue katholische deutsche Steyler Mission und die Franziskaner wurden 1890 unter den Schutz des Deutschen Reiches gestellt. Sie wurden auch für die Provinz Shantung bedeutsam. Als Chinesen aus missionsfeindlicher Haltung am 1. und 2. November 1897 dort zwei katholische Steyler Missionare umbrachten, wurde Tsingtau am 14. November 1897 unter Leitung des Admirals von Diederichs besetzt. Sofort darauf überließ das Gouvernement den katholischen und evangelischen Missionsgesellschaften kostenfrei Grundstücke für Kirchen, Schulen, Missionsstationen, sogar einen großen Grundstückskomplex zwischen Hafenviertel und der Chinesenstadt Tapautau.

Der erste Fluchtlinienplan für Tsingtau 1898 sah Kirchengrundstücke an den Enden der Irene-Straße vor. Der folgende Fluchtlinienplan reservierte den Kirchen besonders herausgehobene, hochliegende Areale weiter nördlich.

Die zwei protestantischen und die katholische Missionsgesellschaft bekehrten bis 1914 in der Provinz Schantung ca. 300.000 Chinesen zum Christentum. Sie bauten auch Schulen sowie Krankenhäuser für Einheimische und für Europäer. Die Missionsgesellschaften konkurrierten teilweise mit den Sozial-, Bildungs- und Kultureinrichtungen des Gouvernements.

Die kirchliche Betreuung der Protestanten in Tsingtau war ab 1898 von dem Allgemeinen Evangelischen Missionsverein Weimar übernommen worden. Die 1900-1901 mit der Gouvernementschule gebaute Turnhalle an der Irene-Straße südlich der späteren Christuskirche wurde 1901-1910 auch als provisorische evangelische Kapelle genutzt.

Die wenigen Katholiken in Tsingtau nutzten 1902-1934 die Kapelle der Missionsresidenz der Steyler Mission am katholischen Kirchplatz.

\*

Der Allgemeine Evangelische Missionsverein Weimar und sein Missionar Richard Wilhelm siedelten sich ab 1899 im vom Gouvernement günstig überlassenen Block zwischen Deutschland-, Shanghai- und Kaiserin-Augusta-Straße an. Dort baute Wilhelm das 1901 fertiggestellte Faber-Hospital (benannt nach Wilhelms Vorgänger, Ernst Faber, der 1898-1899 als Missionar in Tsingtau tätig war), das Wohnhaus der Missionare, die Schule und das deutsch-chinesische Seminar. Da die Missionen auf die chinesische Bevölkerung zielten, war die Nachbarschaft dieses Blocks zur Chinesenstadt Tapautau gewollt.

Das Wohnhaus für Richard Wilhelm und die anderen Missionare wurde 1900 in einfachstem Standard ähnlich einem Arbeiterhaus in drei Geschossen hochgemauert. Das Satteldach verweist nach chinesischer Bautradition auf ein Haus minderen Ranges. Die unvermeidliche Veranda ist natürlich nur aus Holz gezimmert. Zuviel Luxus hätte bei den zu missionierenden Chinesen anstößig gewirkt.

Richard Wilhelm wurde berühmter Sinologe und über seine Missionstätigkeit hinaus Motor der deutsch-chinesischen Verständigung. Er forschte, übersetzte und wurde 1914 Professor für Sinologie in Peking, ab 1924 in Frankfurt. Daß Wilhelm die chinesische Architektur schätzte, verwundert nicht. Das 1901 fertiggestellte Faber-Hospital und die 1902 fertiggestellte Schule waren flache Bauten in chinesischer Bauweise: Weitläufig, mit Höfen, verwinkelt, mit konkav geschwungenen Satteldächern und Zeltdächern. Firste und Grate der nicht mehr vorhandenen Schule waren aufwärts geschwungene Balken mit plastischem Zierat und mythischen Tieren.

*

Die Evangelische Berliner Missionsgesellschaft siedelte sich 1899 bis 1900 mit ihrer deutsch-chinesischen Schule gleichfalls in dem genannten Block an. Architekt Kunze entwarf einen zweigeschossigen Verandabau mit je einem Seitenflügel links und rechts. Die einfache Satteldachform verweist wiederum auf einen Bautyp minderen Ranges. Sparsam wurde wie bei den Missionsbauten zumeist vor allem Putz und Backstein verwendet. Bescheiden wurde auf den, bei herrschaftlichen Bauten unvermeidlichen Mittelrisalit mit Eingangsportal verzichtet. Das Haus der Berliner Mission ist heute chinesisches Krankenhaus. Die Berliner Missionsgesellschaft unterhielt im Pachtgebiet Kiautschou zehn Schulen für Chinesen und im Stadtgebiet Tsingtau eine Mittelschule, eine Mädchenschule, ein Lehrerseminar, eine Abendschule, einen Kindergarten und zwei Vereinshäuser in den chinesischen Arbeitersiedlungen.

*

Der Evangelische Kirchenausschuß Berlin ließ 1908-1910 auf einem kleinen Hügel östlich der Bismarck-Straße durch den Architekten Rothkegel die Christuskirche bauen. Sie trug den gleichen Namen wie die 1901 fertiggestellte Kirche der evangelischen Zivilgemeinde Wilhelmshaven am Adalbertplatz. Die tsingtauer Christuskirche war für die Zivilgemeinde und die Garnison geplant worden, nicht mit dem Ziel, Chinesen zu missionieren.

Der Entwurf entstand nach einem Architektenwettbewerb: Gedrungen, breit gelagert, durch ein rotes tiefgezogenes Ziegeldach beschützt. Rothkegel hat die Wellenlinien des Jugendstils und die martialischen Granitecken des Neoklassizismus kombiniert. Die außerordentlich kreative Architektur der Christuskirche bezieht sich stark auf die 1907 fertiggestellte Gouverneurresidenz. Die Christuskirche Tsingtau ist noch heute evangelische Kirche.

Die katholische Steyler Mission unter Bischof Johann Baptist von Anzer ließ sich 1900 bis 1902 am vorgesehenen katholischen Kirchplatz ihre Residenz von dem Architekten Bernatz in neobarocker Verkleidung bauen. Der mit 70 x 100 m großzügig dimensionierte katholische Kirchplatz war wie der evangelische auf einen kleinen Hügel verlegt worden. Die Missionsresidenz ist ein noch bestehender flach gelagerter zweigeschossiger Bau, der bis zu Fertigstellung der Kathedrale St. Michael 1934 auch die provisorische katholische Kapelle enthielt. Die Steyler Mission war Träger von neun Schulen.

Abbildung 50:
Die Christuskirche im Jahr 1988
(Foto: Archiv Sommer)

\*

Zur gleichen Zeit, 1900-1902, baute Architekt Bernatz für Bischof Anzer am katholischen Kirchplatz das Heilig-Geist-Kloster der Franziskanerinnen, wiederum neobarock. Das Gebäude ist mittlerweile stark verändert worden und dient heute als Bürogebäude. Die Barocktürme sind verschwunden. Zum Kloster gehörten Kapelle, Mädchenschule und Mädchenpensionat.

Auch die katholische Kathedrale St. Michael wird noch heute von zum Katholizismus bekehrten Chinesen genutzt. Die Kathedrale sollte in der Innenstadt Bremer-Ecke Luitpold-Straße zeitgleich mit der evangelischen Christuskirche gebaut werden. Der Bau verzögerte sich jedoch bis in die 30er Jahre. Der Kirchplatz blieb solange leer. Ein Ordensbruder gab den neoromanischen Entwurf vor. Die sehr auffälligen und nach der chinesischen Bautradition völlig mißratenen, geometrisch strengen Doppeltürme sollten mit über 50 m den 36 m hohen Turm der Christuskirche übertrumpfen. Es gab in Tsingtau nur 200 deutsche Katholiken.

Abbildung 51:
Die Katholische Kirche im Jahr 1988
(Foto: Archiv Sommer)

### Deutsche Bildung in Tsingtau

Das Schulwesen wurde in Tsingtau von den Missionen, aber auch vom Gouvernement betrieben. Die einen vermittelten Bildung aus religiös-ideologischen Gründen, die anderen aus politischen Gründen. Schulen für Deutsche wurden in Ostasien in die Gouvernementverwaltung integriert und nach deutschen Schulbaurichtlinien von der kaiserlichen Bauverwaltung entworfen. Sie waren mit Ausnahme der Deutsch-Chinesischen Hochschule Einheimischen nicht zugänglich. Wie die Stadtteile getrennt waren, waren auch die Schulen durch Apartheit getrennt. Das Gouvernement begann 1899 mit dem allgemeinen Schulbetrieb in provisorischen Gebäuden. Mit dem Wachsen der Bevölkerung von Tsingtau wuchs auch der Bedarf an Schulraum. Die Schulen des Gouvernements nahmen deutsche Kinder aus allen ostasiatischen Ländern auf.

1898 bereits hatte das Gouvernement die Missionare aufgefordert, Schulen für Chinesen einzurichten. Es kam zu etwa 30 Schulen der Missionsgesellschaften im Kiautschougebiet. Das Gouvernement unterhielt schließlich auch zwölf staatliche Volksschulen für Chinesen. Traditionell betrieben die Chinesen selber eigene Dorfschulen: 250 Schulen für 160.000 Schüler im Kiautschougebiet (1910).

In Tsingtau bestanden außerdem mehrere Berufsschulen, darunter die Lehrlingswerkstatt der Tsingtauwerft und der Schantung-Eisenbahngesellschaft sowie Abendschulen der Missionsgesellschaften. Die deutsche Kolonie brauchte gut ausgebildete chinesische Handwerksgesellen und Facharbeiter.

Abbildung 52:
Die Werft in Tsingtau um 1905
(Foto: Wehrgeschichtliches Ausbildungszentrum, Marineschule Mürwik, Flensburg)

*

1901 wurde erst eine kleine Gouvernementgrundschule nur für deutsche Jungen an der Bismarck-Straße südlich der später (1910) fertiggestellten evangelischen Christuskirche gebaut. Eines der eigenständigsten Gebäude von Tsingtau. Architekt Bernatz hat drei Häuser kombiniert, ein zweigeschossiger Mittelteil mit Veranden und Blick zum Meer, flankiert von zwei eingeschossigen Pavillons. Der chinesische Bauunternehmer hat dem Schulbau seinen Stempel aufgedrückt. Keinesfalls sind jedoch konkav geschwungene, mit Ornamenten besetzte traditionelle chinesische Dächer nachgebaut worden. Vielmehr wurden eigenständig, klare, dekorationsarme Walmdächer kombiniert. Vielfältige aber einfache, klassisch schöne Walmdächer galten in China als höchste Glückseligkeit. Sicher eines der qualitätvollsten Bauwerke aus der deutschen Besatzungszeit.

Südlich der kleinen Gouvernementgrundschule, an der Irene-Straße, wurde zur gleichen Zeit eine Turnhalle gebaut, die bis 1910 auch als provisorische evangelische Kirche genutzt wurde.

Deutsche Mädchen besuchten die Schule der Franziskanerinnen, das Heilig-Geist-Kloster am katholischen Kirchplatz.

1907 stellte die Hochbauabteilung der kaiserlichen Bauverwaltung die zusätzliche zwölfklassige Schule, ein Realgymnasium für Jungen und Mädchen an der Ostlager-Straße, fertig. Die alte kleine Gouvernementschule für Jungen von 1901, unmittelbar daneben liegend, wurde zur Mädchenschule umgenutzt.

Diese zweite Gouvernementschule ist im deutschen und chinesischen Sinne streng symmetrisch und damit respektheischend aufgebaut: Giebelgekrönter, granitverblendeter Mittelrisalit vor einem nach vorn springenden Eingangsbaukörper, zurückspringende Seitenflügel, hohes Souterrain, Mansarddach, Putzfassade mit granitumrahmten Rundbogenfenstern. Die in Tsingtau bis dahin gebräuchliche Veranda fehlt. Möglicherweise hatte man erkannt, daß sie klimatisch nicht erforderlich ist. Der Grundriß stammt aus dem Musterbuch preußischer Schulbaumeister: Zentrales Treppenhaus, zweibündige Anlage mit Mittelflur, Lehrerzimmer und Aula im Eingangsbaukörper, Nebenräume im Keller. Es entstand eine Schule, wie sie in jeder preußischen Mittelstadt stehen könnte: Ausdruck der wilhelminischen Vorkriegsjahre, Ausdruck von traditionellen Erziehungswerten.

\*

Am westlichen Ende des Kaiser-Wilhelm-Ufers, südlich des Hauptbahnhofs, an die Tsingtau- Bucht grenzend, ließ das Gouvernement 1910-1912 durch die Hochbauabteilung der Kaiserlichen Bauverwaltung die Deutsch-Chinesische Hochschule bauen. 1908 auf Betreiben von Tirpitz, gegen den Willen des Gouverneurs Oskar Truppel in Folge des deutsch-chinesischen Kulturabkommens gegründet, hat die Hochschule chinesischen jungen Männern ab 13-15 Jahren deutsche Bildungsinhalte vermittelt. Die Schule wurde inhaltlich stark durch die chinesischen Schulbehörden gesteuert und auch von diesen mitfinanziert.

1909-1912 nutzten die deutschen und chinesischen Lehrer die alte dort befindliche Feldbatteriekaserne, die dann zum Teil umgebaut wurde. 1914 unterrichteten 32, zum Teil sehr renommierte Hochschullehrer 400 Studenten.

Es wurden 1910-1912 zwei Internatsgebäude für je 150 chinesische Studenten hochgemauert: Zweigeschossige Putzbauten mit Innenhöfen. Mittelpunkt der fortschrittlichen Hochschulanlage wurde das neue zweigeschossige Schulgebäude, ein langgestreckter Putzbau mit Granitsouterrain. Symmetrisch aufgebaut, zentraler Eingang mit klassizistischem Giebel, monumentale Eckbauten, aber mit nur einem rechten Seitenflügel. Die äußere Umhüllung war neoklassizistisch, in der Dekoration sehr reduziert, dem sachlichen Inhalt der Hochschule entsprechend: Blockhaft, klar gegliedert, funktional. Der Schulkomplex dient heute als Verwaltungsgebäude.

Abbildung 53:
Die Deutsch-Chinesische Hochschule, 1910/12
(Foto: WZ-Bilddienst, Wilhelmshaven)

## Die fürsorgliche Marinestadt

Tsingtau war keine chinesische Stadt, als am 14. November 1897 die kaiserliche Marine Kiautschou besetzte, sondern ein abgelegener, zurückgebliebener Küstenstreifen am Gelben Meer. Typhusepidemien ließen deutsche Soldaten, 1901 sogar den Gouverneur Paul Jaeschke sterben. Dies war Anlaß, Tsingtau nach europäischen Maßstäben hygienisch nachzurüsten, auf den höchsten für Ostasien führenden Standard. Die gesundheitlichen Verhältnisse sollten in der deutschen Marinestadt besser sein als in Hongkong oder den anderen Kolonien. Die Marine war traditionell sozial besonders fürsorglich. Frisches Wasser wurde aus den Bergen herbeigeleitet. Die Stadtentwässerung wurde neuzeitlich angelegt, nach dem Muster von James Hobrecht (1825-1902) für Berlin 1861. Auch die Marinestadt Wilhelmshaven hatte sich 1868-1879 bei der Verlegung ihrer Abwasserkanalisation des Wissens von Hobrecht bedient.

In Hongkong und Shanghai nahm die chinesische Bevölkerung zu Lasten der europäischen Bevölkerung stark zu. Dies befürchtete man auch in Tsingtau und trennte auch aus gesundheitlichen Gründen in den Fluchtlinienplänen die Europäerstadt von der Chinesenstadt Tapautau und den chinesischen Arbeitersiedlungen Taitungtschen (1899) und Taihsitschen (1900). Flottenärzte verlangten zur Vermeidung der Oberflächenwasservermischung die Trennung chinesischer und deutscher Wohngebiete durch eine Wasserscheide. Man wollte Krankheitsursachen vermeiden, indem man die Fluchtlinien der zwei chinesischen Arbeiterviertel um 45° aus der sonst in Tsingtau vorherrschenden Ost-West-Richtung drehte. Die Straßen wurden immerhin 10 m breit, die Bebauung klein und niedrig. In Verbindung mit den traditionellen chinesischen Innenhöfen schienen Belichtung und Belüftung optimal. Die Bauordnung schrieb eine Mindestraumgröße von 4 qm und eine Mindestraumhöhe von 2,5 m vor.

\*

Wie bei der Stadtneugründung Wilhelmshaven fand die medizinische Versorgung anfangs in Provisorien statt: In Baracken, Scheunen und Erste-Hilfe-Stationen auf den Baustellen.

In Tsingtau baute die Abt. III der kaiserlichen Bauverwaltung des Gouvernements 1900-1905 abschnittsweise ein Lazarett an der Bismarck-Straße, Ecke Lazarett-Weg, im Tal zwischen Gouvernementhügel, Observatoriums-Berg und Diederichs-Berg oder auch Signal-Berg. Der Fluchtlinienplan hatte den Lazarettstandort optimal festgeschrieben, durch drei Berge geschützt.

Das moderne Gouvernementlazarett war, als es 1899 geplant wurde, mit seinen fast 300 Betten und acht Ärzten nicht wie in Wilhelmshaven nur ein Marinelazarett, sondern wie in einer Kolonie nicht anders möglich, auch für die deutschen Zivilisten ausgelegt. Das Lazarett stand den Chinesen nur als Poliklinik zur Verfügung. Die Gesamtplanung war für die Zeit außerordentlich fortschrittlich und gehörte zum Bautyp des Pavillonkrankenhauses. Je ein Pavillon war für eine der fünf Stationen geplant. Insgesamt waren das mit Apotheke, Wirtschaftsgebäude, Labor, Eiskeller und Leichenhalle 14 Gebäude. Bereits die Fluchtlinienpläne von 1898 zeigten die ersten Pavillons. In Abschnitten wurde das Lazarett bis 1904 fertiggestellt.

Abbildung 54:
Das Lazarett des Gouvernements
(Foto: WZ-Bilddienst, Wilhelmshaven)

Architektonisch fällt die Verwandtschaft zum Wilhelmshavener Werftkrankenhaus auf, an dessen Planung und gleichfalls abschnittsweiser Realisierung Balduin Emil Rechtern als Wilhelmshavener Marinehafenbaudirektor 1876-1891 ab 1886 beteiligt war. Rechtern dürfte als Vortragender Rat im Reichsmarineamt Berlin auf den Lazarettbau Einfluß genommen haben.

Pavillonkrankenhäuser waren neuer Stil. Vorbilder für den modernen Bautyp waren: Städtisches Krankenhaus St. Jacob, Leipzig (1869-1870), Akademisches Krankenhaus Heidelberg (1869-1876) und Universitätsklinik Bonn (1867-1883). Niedrig, einbündig, durchlüftet, besonnt, hygienisch und in Abschnitten zu bauen.

In Tsingtau wie beim Werftkrankenhaus Wilhelmshaven waren die Pavillons symmetrisch aufgebaut. Die zentralen Eingangsgebäude waren zweigeschossig, rechts und links je ein Seitenflügel oder Eckgebäude, dazwischen die Krankenzimmertrakte, in Tsingtau natürlich mit den damals üblichen Veranden. Das Lazarett ist heute Medizinische Hochschule.

*

Die deutsche Kolonie war sozial musterhaft ausgestattet. Für die rasch wachsende chinesische Bevölkerung eröffneten Marineärzte 1899 die ersten drei Polikliniken. Es entstanden auch mehrere Chinesenhospitale. 1901 wurde für die chinesische Bevölkerung das Faber-Hospital gebaut. Es wurde vom Allgemeinen Evangelischen Missionsverein Weimar in der Nähe des Hafens an der Kaiserin-Augusta-Straße betrieben.

Dr. med. Elise Troschel, Ehefrau von Marineoberbaurat Ernst Troschel, erste Ärztin von einer deutschen Universität, widmete sich während ihres Tsingtau-Aufenthaltes 1903-1906 der vernachlässigten chinesischen Bevölkerung im Hinterland. Nach Deutschland zurückgekehrt eröffnete sie eine Praxis in Wilhelmshaven.

1906 entstand am Hohenlohe-Weg mit zwölf Betten das vornehme Faber-Krankenhaus als Belegkrankenhaus für niedergelassene deutsche Ärzte. Es wurden dort Europäer und Chinesen der besseren Stände behandelt.

Man hielt die Chinesen auf Abstand. Mit dem angeblichen Schmutz und der Unordnung der Chinesen wollte die deutsche Marine nichts zu tun haben. In der Chinesenstadt Tapautau und in den zwei chinesischen Arbeitersiedlungen war der Krankenstand infolge der Gettobildung eklatant höher als in der Europäerstadt von Tsingtau. Typhus war an der Tagesordnung, 1903 und 1904 sogar Cholera. Die Friedhöfe für Europäer und Chinesen wurden östlich, weit ab von der Stadt und weit voneinander entfernt, angelegt

14 Marineärzte versorgten die Deutschen. Chinesen ließen sich durch deutsche Missionsärzte, aber auch durch ihre einheimischen Barfußärzte versorgen.

Die gute Gesundheitsversorgung der deutschen Kolonie Tsingtau führte dazu, daß der Krankenstand sehr bald erheblich geringer war als in anderen ostasiatischen Hafenstädten. 1902-1904 baute das Gouvernement im 40 km entfernten Lauschangebirge in 500 m Höhe ein Genesungs- und Erholungsheim, das Mecklenburghaus.

## Handel und Wandel in Tsingtau

Das gesamte deutsche Pachtgebiet in China einschließlich der Marinestadt Tsingtau entwickelte sich 1898-1914 von 70.000 auf 200.000 Menschen, davon 56.000 in Tsingtau, davon wiederum etwas über 4.000 Deutsche (einschließlich Soldaten). Die chinesische Bevölkerung profitierte von der strukturellen Entwicklung, insbesondere von der Arbeit für Dienstleistung, Eisenbahn, Bergbau, Hafen und Werft.

Weniger als 10% der Einwohner waren Deutsche, die anderen Europäer sind fast zu vernachlässigen. Die deutschen Zivilisten waren, soweit sie nicht in Diensten des Gouvernement standen, Kaufleute, Hoteliers, Ingenieure, Schiffahrtsagenten, Bauunternehmer, Handwerker, Freiberufler, Gewerbetreibende, Gastwirte usw. Überwiegend profitierte man von Aufträgen der öffentlichen Hand. Private Wirtschaft unabhängig von Marine, Garnison und Gouvernement entwickelte sich, wie auch in Wilhelmshaven, kaum. Wenn doch, war sie wiederum öffentlicher Auftragnehmer.

Tsingtau wäre ohne die Marine nicht lebensfähig gewesen. Alles hing an den Entscheidungen in Berlin. Tsingtau erreichte nie das kolonialpolitische Ziel, den Export anzukurbeln. Überregional bedeutsam wurden nur die Germania-Brauerei, der Schlachthof, die Ziegeleien Diederichsen und Kappler, die Deutsch-Asiatische Bank, das Bauunternehmen Schmidt und vor Ort Badebetrieb und Tourismus.

*

Die 1904 gebaute Germania-Brauerei geht auf eine europäische Gesellschaft zurück, die sich von den deutschen Soldaten zu Recht erheblichen Bierkonsum erhoffte. Im Osten Tsingtaus, in hügeliger Landschaft, baute die Firma Schmidt neben der Moltke-Kaserne den weitläufigen Brauereikomplex aus Backstein in typischer deutscher Industriearchitektur der Jahrhundertwende.

Die Hallen waren in Rastern entworfen. Weit gespannte Fachwerkbinder überbrückten die stützenfreien Flächen. Die Brauereitechnik kam aus Chemnitz. Noch heute wird in Tsingtau das weltbekannte Tsingtau-Bier gebraut und Oktoberfest gefeiert.

Abbildung 55:
Die Germania-Brauerei in Tsingtau
(Foto einer Werbeanzeige: Archiv Sommer)

\*

Am Kaiser-Wilhelm-Ufer siedelten sich bis zur Eröffnung des Großen Hafens 1904 Handelshäuser, Schiffahrtsagenturen, Banken, Büros, Reedereien und Hafenbetriebe an. Beispielsweise 1902 die Firma Carlowitz & Co., die bereits seit 30 Jahren in anderen chinesischen Städten Außenhandel betrieb. Der in Wilhelmshaven bekannte Otto Kibat, Übersetzer von Djin Ping Meh, arbeitete als Jurist bei Carlowitz. An der Uferpromenade von Tsingtau baute sich Carlowitz & Co. einen typischen zweigeschossigen, symmetrischen Kolonialbau mit repräsentativen Zwillingsflügeln und einem Längsbau. Die parallelen Flügelbauten schlossen zur Uferpromenade mit Veranden in beiden Geschossen ab. Das Geschäftshaus ist heute Schule. Die Veranden wurden, wie so oft in Tsingtau, bald geschlossen.

\*

Erstes Hotel in Tsingtau überhaupt war das 1899 gebaute Hotel Prinz Heinrich am Kaiser-Wilhelm-Ufer, Ecke Wilhelm-Straße. 40 Hotelzimmer waren für europäische Kaufleute gedacht. Die meisten Zimmer hatten Blick zur Uferpromenade und auf die Tsingtau-Bucht.

Abbildung 56:
Das Prinz-Heinrich-Hotel am Kaiser-Wilhelm-Ufer in Tsingtau, um 1900
(Foto: WZ-Bilddienst, Wilhelmshaven)

1905 ergänzte Architekt Rothkegel das Prinz-Heinrich-Hotel zum Norden hin um ein Konzerthaus im schönsten Jugendstil. Ein blechgedeckter Hallenbau für 600 Zuhörer mit Bühne, Parkett und Galerien. Beide Bauten des Hotels dienen heute dem Volkskomitee von Qingdao. Das 1912 dem Prinz-Heinrich-Hotel westlich hinzugefügte Gästehaus ist noch heute Hotel.

Abbildung 57:
Festprogramm im Prinz-Heinrich-Hotel in Tsingtau am 29. Januar 1912 anlässlich des Kaisergeburtstages
(Foto aus ungeklärtem Quellenbestand: Archiv Sommer)

*

115

Ebenso wie das Prinz-Heinrich-Hotel diente das 1904 fertiggestellte Strandhotel an der nach Osten weitergebauten Uferpromenade, sie heißt dort nach der gleichnamigen Bucht Auguste-Viktoria-Straße, auch dem Seebadebetrieb. Es war grundrisslich ähnlich konzipiert, aber dreigeschossig. Im zentralen Eingangsflügel mit Loggiavorbau waren Foyer, Lounge, Rezeption, Treppenhaus und Direktion untergebracht. Der abschließende Fachwerkgiebel mit Krüppelwalm und die Fachwerke der Seitenflügel erinnern eher an ein sauerländisches Bauernhaus als an ein weltläufiges Seebad. Zwischen Eingangsflügel und den beiden Seitenflügeln erstreckten sich wiederum die Zimmertrakte mit den vorgelagerten Holzveranden. Die zahlreichen Räume für die Badegäste führten zu den Veranden mit Blick zur Uferpromenade und zum Badestrand. Sie konnten mit Bambusrollos gegen Sonne geschlossen werden. Ein Signaltürmchen auf der Spitze des zentralen erhöhten Ziegelwalmdaches kündigte die Badezeiten und die Uhrzeit an.

Das Strandhotel ist leidlich erhalten und dient heute immer noch gastronomischen Zwecken. Die Fachwerkgiebel sind mittlerweile verputzt. Die Holzveranden sind nur im Erdgeschoß geschlossen worden. In den Obergeschossen sind sie, möglicherweise als einzige in Tsingtau, noch erhalten.

Abbildung 58:
Die Auguste-Viktoria-Bucht um 1903/04
(Foto: Wehrgeschichtliches Ausbildungszentrum, Marineschule Mürwik, Flensburg)

Die damalige Lage des Strandhotels an der sichelförmigen Sandbucht, vor der locker bebauten Hügellandschaft, war exklusiv und in China einmalig. Unverbaute Aussicht auf den europäischen Badestrand mit Badebuden und Gelegenheit zu Sport, Spiel und Entspannung. Hinter dem Haus einstmals die Pferderennbahn, der auch militärisch genutzte Iltis-Platz, eingerahmt von der sanften Hügellandschaft zwischen Bismarck-Berg und Iltis-Berg. Die mondäne Strandpromenade mit den Konzerten des Marinemusikkorps war Treffpunkt flanierender europäischer Bürgerfamilien, Ersatz für die Sommerferien auf Norderney. Die nördlich benachbarte Prinz-Adalbert-Straße war ein privilegiertes Viertel für europäische Villenbesitzer. Forsthäuser in den nahe gelegenen Bergen waren Ausgangspunkte für Ausflüge und Jagd.

Abbildung 59:
Der Strand von Qingdao in der 1990er-Jahren
(Foto: Archiv Sommer)

Abbildung 60:
Die Pferderennbahn in der Auguste-Viktoria-Bucht
(Foto: Wehrgeschichtliches Ausbildungszentrum, Marineschule Mürwik, Flensburg)

Die Marine legte allenthalben Wert auf die Freizeit ihrer Soldaten und deren Angehörigen. Der harte Dienst auf den Schiffen sollte belohnt werden. Das wohlige Nest war als Gegenwelt zur heimatlosen Seefahrt gedacht. Soldaten ohne Familien hatten ihr eigenes Strandbad, einen Badestrand weiter, an der Iltis-Bucht. Die Marinestadt Tsingtau wurde zu Bad Tsingtau für Ostasien ausgebaut. Jährlich kamen mehrere hundert Familien zum Badeurlaub.

\*

Von den Geschäftshäusern, die an der Prinz-Heinrich-Straße gebaut wurden, fällt das dreigeschossige, 1904 fertiggestellte Eckgebäude Tirpitz-Straße neben dem Postamt auf. Die Prinz-Heinrich-Straße verläuft parallel zur Uferpromenade und durfte dichter und höher bebaut werden.

Abbildung 61:
Wohn- und Geschäftshaus in der Prinz-Heinrich-Straße,
Ecke Tirpitz-Straße in Tsingtau um 1903/04
(Foto: Wehrgeschichtliches Ausbildungszentrum, Marineschule Mürwik, Flensburg)

Abbildung 62:
Das ehemalige Wohn- und Geschäftshaus in den 1990er Jahren in Qingdao
(Foto: Archiv Sommer)

Ecke Albert-Straße steht noch heute gegenüber dem Postamt das ehemalige Kaufhaus Grill, 1911-1912 von dem Architekten Richter entworfen. Unter den von Balustraden unterbrochenen Ziegeldächern erstreckt sich ein dreigeschossiger Putzbau mit zahlreichen Granitlisenen. Besonders betont ist der abgerundete Eckeingang zwischen Granitsäulen unter einem Vordach. Im Mansarddach ist ein Eckturm angedeutet.

1905 baute Apotheker Larz mit dem Architekten Rothkegel in der Prinz-Heinrich-Straße, zwischen Albert- und Luitpold-Straße, sein Jugendstil-Geschäftshaus, heute Restaurant. Die Chinesen nennen es wegen des vorherrschenden Backstein Rotes Haus. Der rechts benachbarte Neubau aus den 80er-Jahren versucht sich an die deutsche Architektur der Apotheke Larz von 1905 anzupassen.

*

Zum kolonialen Verständnis gehörte eine starke Kriegs- und Handelsflotte. Verschiedene deutsche Reedereien nahmen Linienschiffverkehr mit Segelschiffen nach Ostasien auf, ab 1871 mit Dampfschiffen. 1898 übernahm die Hamburg-Amerika-Linie fast den gesamten Linienverkehr von Deutschland nach Tsingtau. Sie baute sich an der Friederich-, Ecke Bremer-Straße 1904 ein dreigeschossiges Neorenaissance-Geschäftshaus.

*

Nur wenige Deutsche in Tsingtau, vor allem Kaufleute und Wirte, waren vergleichsweise unabhängig vom Gouvernement. Sie pflegten ein intensives Vereinsleben. In andern Kolonialstädten gründete die Kaufmannschaft vornehme Klubs, baute Vereinshäuser. 1911 stellte Architekt Rothkegel den Tsingtauklub an prominenter Stelle der Stadt fertig. Im Kreuzungspunkt der Achse Tsingtaubrücke/Friedrich-Straße mit der Strandpromenade, dem Kaiser-Wilhelm-Ufer. Die Innenarchitektur des noch heute als Klubhaus genutzten Gebäudes ist verschwenderisch und insofern chinesisch geprägt.

Abbildung 63:
Der Tsingtauklub am Kaiser-Wilhelm-Ufer, 1910/11
(Foto: Wehrgeschichtliches Ausbildungszentrum, Marineschule Mürwik, Flensburg)

Auch das von Rothkegel 1907 fertiggestellte Hotel Luther fällt im Stadtbild heute besonders auf. Eine freistehende zweigeschossige, ziegelgedeckte Villa am Hohenlohe-Weg Ecke Kronprinzen-Straße in bester Nachbarschaft. Das ehemalige Hotel ist heute städtisches Gesundheitsamt.

### Marinestadt im Dienste der Kolonialmacht

Das wilhelminische Tsingtau war ein Sonderfall der Geschichte. Es wurde im Spannungsfeld zwischen der einheimischen chinesischen Kultur und der importierten kaiserlichen Lebensart der Jahrhundertwende mit eigensinnigem deutschen Sendungsbewußtsein aus dem Boden gestampft.

Es nahm seinen Anfang mit der gewalttätigen Besetzung der sechs chinesischen Festungslager durch deutsche Seesoldaten am 14. November 1897. Die weltmachtsüchtigen Deutschen gingen nicht sensibel vor. Man zwang General Tschang und seine 1.500 chinesischen Soldaten, ihre Sachen zu packen. Die Stadtplanung sollte die Eroberung der fremden Küste mit ihren Mitteln fortsetzen. Die Welt würde sehen, wie Deutschland seinen überhaupt ersten Marinestützpunkt im Ausland plant und baut.

Am 3. März 1898 hielt Wilhelm II. in Wilhelmshaven eine Rede: *„Wo der deutsche Aar Besitz ergriffen und die Krallen in ein Land hineingesetzt hat, das ist deutsch und wird deutsch bleiben."*

Die Marinestadt wurde in den Dienst der Kolonialmacht gestellt. Alte chinesische Dörfer wurden ohne Gegenwehr eingerissen und plattgewalzt, mußten der deutschen Gründungswut weichen. Eigens für Tsingtau ersonnene Gesetze sollten die Ansprüche manifestieren. Nichts war dem Zufall überlassen. Die deutsche Marinestadt in China war für die Ewigkeit gedacht.

Abbildung 64:
Der Abriss von Alt-Tsingtau 1898
(Foto: Archiv Sommer)

1900, zur Niederschlagung des Boxeraufstandes, lief das deutsche Kaiserreich noch einmal zu „Hochform" auf und versuchte seine Machtansprüche in China zu rechtfertigen.

Die Stadt Tsingtau, die nach dem Pachtvertrag wie Hongkong bis 1997 eine deutsche Stadt gewesen wäre, wurde Spielball wilhelminischer Weltmachtillusionen und bald Fanal für gescheiterte Seepolitik.

Schon nach 17 Jahren verwehten die deutschen Spuren in Fernost. Die Marine hatte keine Chance. 1914 beschossen die Japaner die deutschen Bauten, nahmen Tsingtau ein.

Fünf Jahre vor Scapa Flow schon deutete sich an, daß die Zukunft Deutschlands als Seemacht beendet ist, versenkte sich die deutsche Ostasienflotte in der Tsingtaubucht.

Abbildung 65:
Selbstversenkte deutsche Schiffe in der Bucht vor Tsingtau 1914
(Foto: Wehrgeschichtliches Ausbildungszentrum, Marineschule Mürwik, Flensburg)

Das heutige Qingdao hat sich rasant entwickelt und spiegelt schnell verlaufende politische Leitlinien, von der deutschen Kolonialstadt, von der Hongkong-Kopie, zum Ballungsraum von sieben Millionen Chinesen.

Die chinesische Öffnungspolitik begann in den 80er-Jahren. Wilhelmshaven hat nach immerhin sieben Jahrzehnten den Kontakt zur einstigen Marinestadt Tsingtau gesucht, pflegt freundschaftliche Verbindungen. Deutschland investiert in Tsingtau mehr als andere europäische Staaten.

Beide Gemeinwesen sind Stadtneugründungen des 19. Jahrhunderts mit gleichen maritimen Zielsetzungen, aber hin und her geworfen vom Wechselspiel von Krieg und Frieden. Die militärischen, kulturellen und personellen Verflechtungen der beiden Städte sind noch längst nicht zufriedenstellend erforscht.

# Literaturverzeichnis

Adalbert, Prinz von Preußen: Denkschrift über die Bildung einer deutschen Kriegsflotte, Potsdam 1848.
Artelt, Jork: Tsingtau. Deutsche Stadt und Festung in China 1897-1914, Düsseldorf 1984.
Behme, Friedrich u. a.: Führer durch Tsingtau und Umgebung, Wolfenbüttel 1905.
Benevolo, Leonardo: Geschichte der Architektur des 19. und 20. Jahrhunderts, München 1964.
Bökemann: Die Stadtanlage von Tsingtau, in: Koloniale Monatsblätter, Deutsche Kolonialgesellschaft (Hrsg.), Berlin November 1913.
Brief introduction to Qingdao, Qingdao1988.
Dahme, L.: Julius Rollmann, in: Die Wasserwirtschaft 9/1955.
Damaschke, Adolf: Die Bodenreform, Jena 1923.
Deimling: Die Kolonie Kiautschou in den ersten beiden Jahren ihrer Entwicklung, in: Deutsche Kolonial-Gesellschaft. Verhandlungen 1899/1900, Heft 2, Berlin 1900.
Deutsches Marineinstitut (Hrsg.): Seefahrt und Geschichte, Herford 1986.
Eberspächer, Cord u. a.: Wilhelm II. und Wilhelmshaven, Wilhelmshaven 2003.
Fehl, Gerhard u. a. (Hrsg.): Stadterweiterungen 1800-1875, Hamburg 1983.
Franzius, Georg: Ein Ausflug nach Kiau-Tschou, in: Deutsche Kolonial-Gesellschaft, Verhandlungen 1897/1898, Heft 3, Berlin 1898.
Franzius, Georg: Kiautschou. Deutschlands Erwerbung in Ostasien, Berlin 1898.
Friedrich, Elisabeth Ina: Die Steuer als Instrument der deutschen Bodenpolitik in Tsingtau (1898-1914): Triebkräfte, Ziele, Ergebnisse, Bonn 1992.
Fröhlich, Michael: Imperialismus, Deutsche Kolonial- und Weltpolitik 1880-1914, München 1994.
Gerken, Heinz: Wilhelmshavener Marine-Bauräte schufen Stadt und Hafen Tsingtau, in: Wilhelmshavener Zeitung 09.08.1986.
Giedion, Sigfried: Raum, Zeit, Architektur, Zürich 1976
Gottberg, Otto von: Die Helden von Tsingtau, Berlin 1915.
Grimm, Horst Heinz: Vor 100 Jahren bekam Wilhelm II. sein deutsches Hongkong, in Wilhelmshavener Zeitung 15.11.1997.
Grote, Ludwig (Hrsg.): Die deutsche Stadt im 19. Jahrhundert, München 1974.
Hinz, Hans-Martin u. a.: Tsingtau. Ein Kapitel deutscher Kolonialgeschichte in China 1895-1914, Berlin 1998 (Ausst. Katalog).
Hitchcock, Henry-Russel: Die Architektur des 19. und 20. Jahrhunderts, München 1994.
Kranz-Michaelis, Charlotte: Rathäuser im deutschen Kaiserreich 1871-1918, München 1976.
Lampugnani, Vittorio Magnago (Hrsg.): Die Ästhetik der Dichte, München 1993.
Maercker, G.: Die Entwicklung des Kiautschougebietes, Erster und zweiter Teil, in: Deutsche Kolonialzeitung, Berlin 1902/1903.
Mahlke: Das neue Gouvernements-Dienstgebäude in Tsingtau (Kiautschou), in: Zentralblatt der Bauverwaltung, Berlin 17.08.1907.
Matzat, Wilhelm: Die Tsingtauer Landordnung des Chinesenkommissars Wilhelm Schrameier, in: Studien und Quellen zur Geschichte Schantungs und Tsingtaus, Heft 2, Bonn 1985.
Mignot, Claude: Architektur des 19.Jahrhunderts, Köln 1994.
Mohr, F. W.: Handbuch für das Schutzgebiet Kiautschou, Tsingtau 1911.
Murken, Theodor: Seit 100 Jahren Erste Hafeneinfahrt, in: Wilhelmshavener Zeitung 08.11.1986.
Muthesius, Hermann: Das englische Haus, Berlin 1904-1905.

Nowotny, Burkhard: Eine deutsche Stadt namens Tsingtau, in: Bonner Generalanzeiger 27./28.10.2001.
Plagemann, Volker (Hrsg.): Übersee, Seefahrt und Seemacht im deutschen Kaiserreich, München 1988.
Plüschow, Günther: Die Abenteuer des Fliegers von Tsingtau. Meine Erlebnisse in drei Erdteilen, Berlin 1916.
Posener, Julius: Berlin auf dem Wege zu einer neuen Architektur – Das Zeitalter Wilhelm II., München 1979.
Reddemann, Karl: Maler in Himmel und Hölle. Biographische Annäherung an Hans Troschel (1899-1949), Münster o.J.
Rhades, J.: Die deutsche Marine in Vergangenheit und Gegenwart, Minden 1969.
Richardi, Hans-Günter: Des Kaisers Schlag ins Wasser. Als Deutschland Weltmacht spielen wollte: Über ein Piratenstück in China vor hundert Jahren, in: Süddeutsche Zeitung 22./23.11.1997.
Richthofen, Ferdinand von: Schantung und seine Eingangspforte Kiautschou, Berlin 1890.
Scheck, Frank Rainer (Hrsg.): Volksrepublik China, Kunstreisen durch das Reich der Mitte, Köln 1987.
Schrameier, Wilhelm: Kiautschou. Seine Entwicklung und Bedeutung. Ein Rückblick, Berlin 1915.
Sitte, Camillo: Der Städtebau nach seinen künstlerischen Grundsätzen, Wien 1909.
Sommer, Ingo: Architektur der Wohnbaureform. Das Beispiel Wilhelmshavener Spar und Baugesellschaft 1893-1993, Oldenburg 1994, Habilitationsschrift.
Sommer, Ingo: Architektur im Kaiserlichen Wilhelmshaven. Das Zeitalter Wilhelms II. (1888-1914), in: Mitteilungsblatt der Oldenburgischen Landschaft IV/1993.
Sommer, Ingo: Architektur und Stadtgestaltung in Wilhelmshaven, in: Kunst an der Jade 1912-1987, Wilhelmshaven 1987.
Sommer, Ingo: Badeanlagen in Wilhelmshaven, in: Mitteilungsblatt der Oldenburgischen Landschaft III/1987.
Sommer, Ingo: Die Stadt der 500.000, Braunschweig 1993.
Sommer, Ingo: Gute Besserung! Häuser für Kranke, in: deutsche bauzeitung 05/1992, S. 57ff.
Sommer, Ingo u. a.: Vom Barackenlazarett zum Städtischen Krankenhaus, Wilhelmshaven 1998.
Sommer, Ingo: Wilhelmshavens Stadtarchitektur im Überblick, in: Röller, Dirk (Hrsg): Stadt und Mensch zwischen Chaos und Ordnung, Frankfurt 1996, S. 363ff.
Sommer, Theo: Mahnung zu Maß und Mitte. Vor hundert Jahren starb Otto von Bismarck, in: Die Zeit 30.07.1998.
Stübben, Josef: Der Städtebau, Darmstadt 1890.
The Architectural Heritage of Modern China, Qingdao 1992.
Voss, Hans: Neunzehntes Jahrhundert, Epochen der Architektur, Frankfurt 1970.
Warner, Torsten: Deutsche Architektur in China, Berlin 1994.
Warner, Torsten: Die Planung und Entwicklung der deutschen Stadtgründung Qingdao (Tsingtau) in China, Hamburg 1996.
Wickert, Erwin: China von innen gesehen, Stuttgart 1982.

## Anmerkung

Der Verfasser hatte dreimal Gelegenheit zu Exkursionen ins heutige Qingdao. Er war auf Gespräche mit chinesischen Beamten, Dialoge mit Tsingtaukennern, Sammlungen Privater, offizielle Kartenwerke, staatliche Archive und allgemein zugängliche Fachliteratur angewiesen. Von unschätzbarem Wert waren die Forschungsergebnisse von Christoph Lind, Torsten Warner, Wilhelm Matzat und die Inhalte der Ausstellung „Tsingtau" des Deutschen Historischen Museums Berlin 1998.
Bauten, die vor einiger Zeit noch standen, die der Besucher noch selbst gesehen hat, sind möglicherweise in der Zwischenzeit bereits dem Abriß oder modischen Stadtveränderungsprojekten anheim gefallen.

# Die Ausbildungsreise der deutschen Flotte im Frühjahr 1927 unter medizinischen Aspekten

von

**Hartmut Nöldeke**

Berichte über zurückliegende Ereignisse und Entwicklungen, die der Geschichtsschreibung dienen wollen, bekommen ihren Wert und Reiz erst durch den Hinweis auf die Personen, die in der beschriebenen Zeit gelebt haben und die diese Zeit mitgestaltet oder auch durchlitten haben.[1]

Einzelheiten über die Ausbildungsreise der deutschen Flotte im Frühjahr 1927 sind in Aufzeichnungen des damaligen Oberleutnants zur See Heinz-Dietrich v. Conrady (geb. 05.07.1898, Crew IV/17), der als Torpedooffizier auf dem Kleinen Kreuzer NYMPHE eingeschifft war, erhalten.[2]

Abbildung 66:
Torpedooffizier auf dem Kleinen Kreuzer NYMPHE war der damalige Oberleutnant zur See Heinz-Dietrich v. Conrady. Das Foto zeigt ihn als Kapitän zur See. Seine letzte Verwendung in der Kriegsmarine war die als Marineverbindungsoffizier zum Generalstab des Heeres.
(Sammlung Hildebrand)

Abbildung 67:
Marinestabsarzt Dr. Heinrich Nöldeke war Schiffsarzt des Kleinen Kreuzers AMAZONE vom 31.07.1926 bis 25.09.1927. Die letzte Verwendung in der Kriegsmarine: Admiralarzt, Chef des Sanitätsamtes beim Marineoberkommando Ostsee vom 29.01.1944 bis 14.07.1945.
(Privatbesitz)

Viel später, im Zweiten Weltkrieg, war v. Conrady als Kapitän zur See noch in mehreren verantwortungsvollen Verwendungen tätig, so als Chef des Stabes beim Kommandierenden Admiral Schwarzes Meer und anschließend bis zum Kriegsende als Marineverbindungsoffizier im Generalstab des Heeres. Er ist am 27. Januar 1966 verstorben. Seine Aufzeichnungen bewahrte der inzwischen, am 25. Januar 2001, ebenfalls verstorbene bekannte Kieler Arzt und ehemalige Sanitätsoffizier der Kriegsmarine, Dr. Heinz Gillner.[3] Alle Unterlagen sind mittlerweile in das Wehrgeschichtliche Ausbildungszentrum der Marineschule Mürwik übernommen worden.

Der Schiffsbestand der Deutschen Reichsmarine war im Jahre 1927 noch bestimmt durch den Versailler Vertrag, der die Bedingungen für den Frieden nach dem Ersten Weltkrieg diktierte. Er war am 28. Juni 1919 in Versailles unterzeichnet worden, am 10. Januar 1920 in Kraft getreten, und er beschränkte die Deutsche Flotte im Wesentlichen auf sechs Linienschiffe zu 10.000 t, sechs Kleine Kreuzer zu 6.000 t, zwölf Zerstörer zu 800 t und zwölf Torpedoboote zu 200 t. Schon nach wenigen Jahren konnten mit diesen Schiffen wieder Auslands- und Ausbildungsreisen unternommen werden, deren Ziel neben der Ausbildung der Besatzungen nach dem verlorenen Krieg *„auch eine gute Wirkung für das deutsche Ansehen im Auslande und eine Stützung der Auslandsdeutschen"* war (v. Conrady).

Abbildung 68:
Marinestabsarzt Dr. Emil Greul war Schiffsarzt des Kleinen Kreuzers BERLIN vom 07.01.1927 bis 27.03.1929. Das Foto zeigt ihn als Abteilungsarzt der 2. Abt. der Schiffstammdivision der Ostsee, zugleich Leiter der Marinelazarett-Abt. Stralsund (1925-1927). Ab 01.10.1943 bis zum Kriegsende war Dr. Greul als Admiralstabsarzt Chef des Marinemedizinalamtes und Sanitätschef der Kriegsmarine.
(Privatbesitz)

Im Frühjahr 1927 standen für diese Ausbildungsreise die alten Linienschiffe SCHLESWIG-HOLSTEIN, HESSEN und ELSAß bereit, alle in Dienst seit Beginn des Jahrhunderts (1906 bzw. 1903), jeweils mit einer Wasserverdrängung von 13.200 t. Dazu kamen der Kleine Kreuzer BERLIN mit 3.300 t, und die Kleinen Kreuzer AMAZONE und NYMPHE mit jeweils 2.600 t, die ebenso alt waren und sich seit 1903, 1900 beziehungsweise seit 1899 im Dienst befanden. Nicht greifbar waren das Linienschiff SCHLESIEN, das gerade erst von der Besatzung der HANNOVER übernommen worden war, der Kleine Kreuzer EMDEN, der sich auf einer Auslandsreise befand, und der Kleine Kreuzer HAMBURG, der erst wenige Tage zuvor, am 20. März 1927, von einer dreizehnmonatigen Weltreise zurückgekehrt war.

Die Linienschiffe führten als Hauptbewaffnung vier 28-cm-Geschütze, dazu zehn 17-cm-Rohre – ihre Besatzung bestand aus 750 Mann. Die Kreuzer hatten als Hauptbewaffnung zehn beziehungsweise acht 10,5-cm-Kanonen an Bord, und die Besatzung umfasste 250 bis 300 Mann.

Im Folgenden sollen auch einige medizinische Gesichtspunkte erwähnt werden, die in der offiziellen Berichterstattung nicht vorkommen. Die Schiffe verfügten je nach Größe über ein bis zwei Schiffsärzte und das entsprechende Sanitätspersonal, das für den Sanitätsdienst im Gefecht ausgebildet werden mußte und dessen Aufgabe natürlich in der Verhütung und Behandlung von Unfällen und Krankheiten bestand, vor allem in der Vermeidung von Massenerkrankungen infektiöser Art. – Die Reichswehr und damit auch die Reichsmarine verfügten damals nicht über eigene Institute zur Ausbildung von Sanitätsoffizieren. Die meisten der eingesetzten Ärzte stammten entweder schon aus der Kaiserlichen Marine, oder es handelte sich um Kriegsteilnehmer, die erst nach dem Kriege von 1914-1918 das Medizinstudium beginnen oder fortsetzen konnten und die dann von der Reichsmarine als approbierte Ärzte übernommen worden waren.

Die Reise, die nach Spanien und Portugal, zu den Azoren, den Kanarischen und Kapverdischen Inseln führte, stand unter der Leitung des Flottenchefs, Vizeadmiral Conrad Mommsen, der sich auf der SCHLESWIG-HOLSTEIN eingeschifft hatte. An Bord des Kleinen Kreuzers NYMPHE befand sich der Befehlshaber der Seestreitkräfte der Ostsee und Führer der Aufklärungsstreitkräfte, Kommodore Wilhelm Friedrich v. Loewenfeld.

Abbildung 69:
Die tobende See führte in der Biskaya zu Beschädigungen an den Aufbauten der Schiffe und zur Verletzung mehrerer Besatzungsmitglieder
(Privatbesitz)

Die Schiffe verließen ihre Heimathäfen Kiel und Wilhelmshaven, um sich am frühen Morgen des 29. März 1927 vor der Jade zu vereinen. Für große Teile der Besatzungen begann damit die erste Auslandsreise, die aus der Ost- und Nordsee herausführte. Die Biskaya empfing die Schiffe *„von der unfreundlichsten Seite"*, wie der Torpedooffizier der NYMPHE, Oberleutnant z.S. Heinz-Dietrich v. Conrady, festhielt:

*„Dieses Mal wächst ... der Wind zum Orkan. Riesige Wellenberge rollen den Schiffen entgegen, die weit auseinander gezogen mit langsamer Fahrt gegen die See andampfen. Es wird Nacht. An Oberdeck gibt es Kleinholz. Die Sonnensegelstützen und alles, was nicht niet- und nagelfest ist, geht zu Bruch und über Bord. Die halbe Besatzung wird seekrank. Auf der Brücke zerschlägt eine See die dicken Glasfenster. Rudergänger, Posten Maschinentelegraph und W.O. stehen im Freien und werden eingedeckt. Trotz Strecktauen ist das Mitteldeck nicht mehr zu passieren, gurgelnd und brausend schießen Wassermassen über Deck. Auf die Brücke kann man nur noch mit Mühe über die Laufbrücke. Am Abend fällt das Dampfruder aus, weil die Grundplatte des Rudergeschirrs den harten Stößen des schwer rollenden Schiffes nicht mehr gewachsen ist und bricht. Notruder wird klargemacht und das auf der Hütte befindliche mannshohe Ruder von 8 Mann besetzt. Aber auch dort schlagen Brecher herauf. Die Männer sind im Nu durchnäßt, einem wird der Fuß zerquetscht, ein anderer wäre fast über Bord gegangen. Das Schiff läßt sich schlecht in der See halten, es muß mit den Schrauben nachgeholfen werden. So beginnt dann für den W.O. und die Wachmaschinisten, die am Manövrierventil eine wahre Akrobatik vollführen müssen, ein harter und zäher Kampf, um das Schiff nicht querschlagen zu lassen. Besonders kritisch wird es jedes Mal, wenn die Schrauben aus dem Wasser schlagen und die Maschinen durchzudrehen drohen. Da muß blitzschnell gehandelt werden ..."*

Die ganze Nacht über *„orgelte der Orkan noch in voller Stärke"*, bis er im Laufe des Morgens abflaute.

Die Reparatur der Rudergrundplatte konnte nur in einer Werft erfolgen, und die NYMPHE lief daher am 2. April den spanischen Hafen El Ferrol an, wo sie zehn Tage blieb. Während die Arbeiten am Schiff durchgeführt wurden, entwickelte sich ein lebhaftes geselliges Leben zwischen den Dienststellen, aber auch mit der Bevölkerung, und die Seeleute *„stellten in überraschend kurzer Zeit die Verständigung mit den glutäugigen Senoritas her"*.

Auch der Schiffsarzt der BERLIN, Marinestabsarzt Dr. Emil Greul (1895-1993), hat sich in persönlichen Mitteilungen zur damaligen Situation geäußert: *„Die Flotte geriet ausgangs des Kanals in einen orkanartigen Sturm, der auf den Schiffen nicht nur schwere Materialschäden, sonden vor allem auch bei den Besatzungen teilweise erhebliche Verletzungen verursachte."* Was Greul vorher nicht wußte, stellte sich bei einer Funkumfrage des „Flottenarztes", des Arztes beim Flottenkommando, heraus, daß nämlich er im Verband der einzige Sanitätsoffizier war, der über eine chirurgische Vorbildung verfügte, die er 4½ Jahre lang im Wilhelmshavener Werftkrankenhaus unter den Chefärzten Dr. Karl Knoke und dessen Nachfolger Dr. Franz Dürig sowie in der Lazarettabteilung Stralsund erhalten hatte, die damals noch dem dortigen städtischen Krankenhaus angeschlossen war. In Folge dessen mußte Dr. Greul auf der ganzen Reise bei fast durchweg schlechtem Wetter häufig auf andere Schiffe übersetzen, um Wurmfortsätze zu operieren und Knochenbrüche zu versorgen. Auch gemeinsam mit dem Schiffsarzt des Kleinen Kreuzers AMAZONE, Marinestabsarzt Dr. Heinrich Nöldeke (1896-1955), hat Dr. Greul *„... bei sehr schlechtem Wetter auf der Amazone einen schwerverletzten Matrosen mit schwerstem Schock chirurgisch versorgt. Selbst in einer gut eingerichteten Klinik wäre ein solcher Fall voller Risiken gewesen. An eine Ausschiffung war nicht zu denken. (Nöldeke)... hat diesen Patienten mit seinen beschränkten Mitteln durchgebracht."*

Abbildung 70:
Das Linienschiff ELSAẞ in schwerer See
(Privatbesitz)

Bis zum Ende der Reise wurde über ernste gesundheitliche Vorkommnisse nicht mehr berichtet. Allerdings fiel während der Übungen auf der ELSAẞ tatsächlich ein Mann über Bord, der „... exerziermäßig in allerkürzester Zeit gefischt" wurde.

Abbildung 71:
Der Kleine Kreuzer NYMPHE im Hafen von La Luz
(Privatbesitz)

Nach der Reparatur an der NYMPHE trafen sich die Schiffe etwa 100 sm nördlich der Capverdischen Inseln. Nächster Hafen war Las Palmas und, für die Kreuzer, der Vorhafen La Luz. Die Stadt Santa Cruz de la Palma beging gerade die 400. Wiederkehr des Tages, an dem sie spanisch geworden war. Die Offiziere wurden von den Stadtvätern zu einem großen Festabend gebeten, an dem sie aus dienstlichen Gründen dann aber nicht teilnehmen konnten.

Alles war vorbereitet, – Essen und Getränke standen bereit. In ihrer Not gingen die Verantwortlichen „... einfach auf die Straße und griffen die gerade an Land kommenden

*Urlauber der* ELSAß *und* NYMPHE, *bis alle Stühle besetzt waren und den Sitz des Kommandanten zufällig sein Aufklarer einnahm. Geschult durch diese Auslandsreise entledigten sich die Seelords dann gewandt der notwendigen Trinksprüche und Evivas und vertilgten alles, was bereitgestellt worden war."*

Vor der Abreise fanden auf HESSEN und NYMPHE Gottesdienste statt, an denen auf HESSEN auch die deutsche Kolonie teilnahm. Wenn die gleichmäßigen Schläge der Schiffsglocke den Beginn des Gottesdienstes anzeigen, *„steigt über der Kriegsflagge der weiße Wimpel mit dem roten Kreuz, der Kirchenwimpel, empor. Das unantastbare Hoheitszeichen des Reiches senkt sich vor der Allmacht Gottes."*

Nach weiteren Übungen und den Gefechtsbesichtigungen liefen alle sechs Schiffe am 15.5. Horta auf der Insel Fayal an. Auch hier waren die Offiziere vom Zivilgouverneur zu einem großen Gartenfest mit liebenswürdiger Bewirtung eingeladen. Aufkommender Regen und stark auffrischender Wind zwangen allerdings dazu, dieses Fest abzubrechen, *„... Dampf aufzumachen und mit aufgezogener Seewache hinter der Mole und vor zwei Ankern den Sturm abzureiten."* – Ein portugiesischer Schoner, der in diesem Unwetter in Seenot geraten war, konnte vom Kreuzer BERLIN geborgen und nach Horta eingeschleppt werden, wofür sich die portugiesische Regierung telegraphisch bedankte. Der deutsche Kreuzer konnte auch dem brennenden Hapag-Dampfer CUBA Hilfe leisten, der sich 400 sm westlich der Azoren befand, und die ELSAß blieb schließlich einen Tag länger im Hafen *„zur Hilfeleistung für den unterwegs befindlichen italienischen Atlantikflieger."*

Abbildung 72:
Die deutschen Schiffe im Hafen von Ponta Delgada. Zeitgenössische Postkarte.
(Privatbesitz)

In Ponta Delgada übernahmen alle Schiffe ab 24. Mai Kohle. Am 31. Mai, dem Jahrestag der Skagerrak-Schlacht, ist vermerkt: *„Bevor sich die Schiffe trennen, wird es der 31. Mai auf hoher See. Ein strahlender Sonnenschein steht über den 6 Schiffen in Kiellinie. Eine weiß-blaue See schiebt kräftig von achtern. Hoch in den Toppen flattern die alten Kriegsflaggen. Zu kurzer Gedächtnisfeier treten die Divisionen an Deck an, um dann ausgerichtet an der Reeling zu stehen, während das Flottenflaggschiff langsam von achtern aufdampfend an der Linie vorbeifährt. Unbeweglich stehen die Besatzungen vor ihrem Flottenchef und mächtig klingt die Nationalhymne über die See."*[4]

In Lissabon war ein festlicher Empfang vorbereitet, und hier wurde auch der Große Zapfenstreich durchgeführt, *„.... dessen Vorübung in Ponta Delgada bereits schon einen Sturm der Begeisterung geweckt hatte. Dem straffen Rhythmus der Trommeln und Pfeifen, dem dröhnenden Klang preußischer Märsche und dem wuchtigen Paradeschritt deutscher Soldaten konnte so leicht kein Südländer widerstehen."* Die Kreuzer liefen zur gleichen Zeit Sevilla an, und auch sie wurden während eines Festabends durch die deutsche Kolonie bewirtet. Als den Offizieren durch die Vermittlung eines Deutschen ein Orgelkonzert in der Kathedrale geboten wurde, erwartete sie ein besonderes Erlebnis: *„Wir harren schweigend in dem bunten Dämmern des Domes. Die Messe beginnt. Auf die Gesänge folgt die Orgel in wundervollem Spiel. Als das Präludium ertönt, klingt plötzlich leise und zart wie ein Geigensolo unser Deutschlandlied auf. Wir glauben erst nicht recht zu hören, bis die Melodie immer wiederkehrt, immer stärker wird und dann gewaltig durch die Kirche erbraust: „Deutschland, Deutschland über Alles, über Alles in der Welt!" Es war wohl keiner unter uns, den dieser Augenblick nicht tief bewegt hätte ..."*

Zum Abschluß gaben die Kreuzer ein Bordfest, zu dem 200 eingeladene Gäste erwartet wurden. Es kamen mehr als doppelt so viele, Rauchwaren und Getränke waren im Handumdrehen vergriffen. Die Stimmung war *„sagenhaft"*, das Gedränge war groß: *„Nur gut, daß mit Flaggenparade Alles wieder von Bord mußte."*

Vor Antritt der Heimreise übernahmen alle Schiffe in Cadiz noch einmal Kohle, wobei die Übernahme zur Freude der Besatzungen durch Arbeiter erfolgte.

*„Zerlumpt und zerrissen, wie sie waren, nahmen sie Haltung an und die Mütze vom Kopf, als zur Flaggenparade am Morgen die spanische und deutsche Nationalhymne erklang."* Nachdenklich schreibt H. D. v. Conrady in diesem Zusammenhang:

> *„Mit einem letzten Gang unter Palmen und einem Bad in der See gingen eine Reihe schöner und interessanter Eindrücke zu Ende. Wir hatten eine Menge unter der heißen Sonne des Südens gesehen und erlebt. Und doch mochte bei aller Farbenpracht im hellen Sonnenschein, bei allem Prunk kirchlicher und staatlicher Bauten, bei allem Reichtum und Überfluß ein Geruch der Verwesung und Fäulnis nicht ganz zu verkennen sein, wenn graues Wetter die Farben löschte. Man konnte auch nicht übersehen, wie ärmlich und bedürfnislos – besonders auf dem Lande – die Bewohner hausen, oft in einfachen roh gebauten Steinschuppen, die man zunächst für Viehställe gehalten hätte. Und wieviel Männer standen müßig stundenlang in den Straßen herum oder dösten im Schatten. Jedoch das genügsame Wesen, das gute Klima, die warme Sonne und der billige Wein ließen keine gefährliche Stimmung aufkommen ..."*

Vor Lissabon vereinigte sich schließlich die Flotte zur achttägigen Heimreise. Es wurde kalt in der grau-grünen Nordsee. Die Schiffe liefen wieder ihre Heimathäfen an.

Am 16. Juni machten SCHLESWIG-HOLSTEIN und AMAZONE in Wilhelmshaven fest, am 18. Juni 1927 HESSEN, ELSAß, NYMPHE und BERLIN in Kiel.

Abbildung 73:
Kalt und grau war die Nordsee während der Heimreise. Links im Bild die Kreuzer, rechts die Linienschiffe.
(Privatbesitz)

Dort gab es allerdings für die Besatzung der NYMPHE durch das Auftreten mehrerer Typhusfälle eine schreckliche Überraschung. Im Bericht heißt es wörtlich:

*„... Ein Matrose erkrankt an Typhus und stirbt wenige Tage später trotz aller ärztlichen Kunst. Da die Verheirateten bereits zu Hause gewesen sind, ist eine Quarantäne zwecklos. Jedoch die ganze Besatzung wird nochmals geimpft. Aber weitere Typhusfälle treten auf und immer wieder müssen wir einen Kameraden zu Grabe tragen. Dann stellt sich heraus, daß nur eine bestimmte Back betroffen ist, eine Backschaft von 8 Mann, die trotz aller Belehrungen und ärztlicher Hinweise während der heißen Tage in Sevilla ihre Kaffeekanne zum Kühlen außenbords gehängt hatte. Da war von dem schmutzig gelben Wasser des Guadalquivir etwas hineingeschwappt von dem Flußwasser, das allen Unrat der Stadt aufnimmt. Als die Backschaft vom Landurlaub zurückgekehrt durstig von ihrem Kaffee getrunken hatte, war ihnen zwar der komische Geschmack aufgefallen, aber nicht weiter wichtig genommen worden. Nun blieb von den 8 Mann nur ein Mann am Leben; die übrige Besatzung wurde glücklicherweise nicht angesteckt."*

Die hier geschilderte Ausbildungsreise, auf der über 7.000 sm zurückgelegt wurden, hat nach dem Bericht der Teilnehmer ihren Zweck und die Erwartungen erfüllt. Die persönlichen Erinnerungen und die gewählten Formulierungen sind selbstverständlich vom Geist jener Zeit geprägt. Heute würde man mit gefühlsbetonten patriotischen Ausdrücken vorsichtiger umgehen. Aber auch heute sind doch hoffentlich Flottenbesuche in ausländischen Häfen mit Emotionen und auch mit Stolz verbunden, – mit berechtigtem Stolz auf die eigene Leistung und das Ansehen, welches der deutsche Seemann im Ausland genießt.

### Literatur und Quellen:

Greul, E.: Briefe an den Verf. vom 06.07.1971 und 07.06.1972.
Lohmann, W. und Hildebrand, Hans H.: Die deutsche Kriegsmarine 1939-1945. Bad Nauheim 1956-1964.
Conrady, H. D. v.: Mit der deutschen Flotte nach Süden. März bis Juni 1927. Tagebuchblätter von Heinz-Dietrich von Conrady, Oberleutnant zur See, Wehrgeschichtliches Ausbildungszentrum Marineschule Mürwik, Archiv.

### Anmerkungen

1 Ein älterer Berichterstatter genießt dann, wie in diesem Falle, den Vorteil, die Zeitzeugen noch persönlich gekannt zu haben.
2 Für mich erhielten die Schilderungen dieser Reise in dem Augenblick ihren besonderen Reiz, als ich feststellte, daß einer der Schiffsärzte, der des Kleinen Kreuzers AMAZONE, mein Vater war, und daß auf dem Kreuzer BERLIN der Marinestabsarzt Dr. Emil Greul fuhr, der spätere Sanitätschef der Kriegsmarine (1943-1945), mit dem ich bis zu seinem Tode im Jahre 1993 in lebhafter Verbindung gestanden habe. Was ich vortrage, ist also von persönlichen Bindungen über rund 75 Jahre geprägt.
3 Mit Dr. Gillner war ich persönlich bis zu seinem Tode in einem regen Gedankenaustausch verbunden.
4 Hier sei daran erinnert, daß die deutschen Kriegsschiffe bis zum Mai 1945 die alte Reichskriegsflagge an Bord führten, um sie am Tage der Seeschlacht vom 31. Mai 1916 zeigen zu können.

# „Die beste Visitenkarte Deutschlands" – Die ersten Fahrten der Bundesmarine nach Spanien

von

**Birgit Aschmann**

*„Der Primat der Politik"*, so schrieb 1983 der damalige Befehlshaber der Flotte, Vizeadmiral Fromm, *„ist ein in der Flotte fest verankerter, voll verstandener und uneingeschränkt vertretener Grundsatz."* Daraus folgerte er, *„daß die politische Führung sich des Mittels ‚Seestreitkräfte' im politischen Sinne bedienen sollte und muß."* Allerdings sei der *„Einsatz von Seestreitkräften im Frieden mit der Zielrichtung, die auswärtige Politik zu unterstützen, (...) uns Deutschen als einem kontinentalen Volk nachweislich nicht sehr geläufig."*[1]

Wenn aber zur sogenannten *„Marinediplomatie"*[2], wie der Einsatz von Seestreitkräften unmittelbar im Dienst der Außenpolitik genannt wird, neben humanitärer Hilfe und technischer Unterstützung auch freundschaftliche Hafenbesuche zählen, dann hat diese Form von *„Einflußpolitik"*[3] in Deutschland schon eine lange Tradition. So warben nicht nur im Kaiserreich „Blaue Jungs" für Deutschland, auch und insbesondere in der Weimarer Republik schätzte man die Möglichkeit, über Schulschiffbesuche das angeschlagene staatliche Image aufzupolieren.[4] Die erste Reise eines Segelschulschiffs in der Weimarer Republik ging 1924 nach Spanien – und war ein voller Erfolg. Nach den Berichten des rundum begeisterten deutschen Konsuls in Santander hatte das vorbildliche Verhalten der Besatzung ein hervorragendes *„Beispiel deutscher Ordnung und Disziplin"*[5] gegeben und dazu beigetragen, Vorbehalte und Fehlurteile der Spanier abzubauen. So hatten sowohl amtliche Stellen als auch die Bevölkerung befürchtet, Überreste von Soldatenräten an Bord zu treffen, und waren nunmehr beruhigt, daß nach wie vor auf deutschen Schiffen eine *„straffe militärische Disziplin"*[6] herrschte. Der Hafenbesuch habe sich folglich als vorzügliches *„Gegenmittel gegen die lügnerische Feindpropaganda der Kriegs- und Nachkriegszeit"* bewährt und dazu beigetragen, *„das Ansehen Deutschlands und seiner Marine zu stärken"*[7]. Eine Wiederholung solcher Besuche, so der Konsul in Santander, liege im größten Interesse Deutschlands. Tatsächlich stand bis 1929 so gut wie jedes Jahr eine Spanienfahrt auf dem Programm. Im Nachbarland Portugal reüssierten die „blauen Botschafter" auf gleiche Weise: Nach einem Flottenbesuch in Lissabon 1927 bekräftigte der dortige Gesandte, die Marine sei *„ein ausgezeichnetes Mittel deutscher Propaganda"*[8].

An diese Tradition wollte der deutsche Militärattaché Oster in Spanien auch in den 1950er Jahren anknüpfen. Achim Oster, der Sohn des kurz vor Kriegsende hingerichteten Abwehr-Generals Hans Oster, war 1958 als erster Militärattaché der Bundesrepublik nach Madrid geschickt worden.[9] Dort setzte er alles daran, die seit dem Zweiten Weltkrieg unterbrochene deutsch-spanische Zusammenarbeit auf militärischem Gebiet zu reaktivieren. Dies galt auch für Schulschiffbesuche. Als er davon erfuhr, daß für das Schulgeschwader der Bundesmarine zu Beginn des Jahres 1959 eine Reise ins Mittelmeer geplant war, riet er eindringlich, den geplanten Stop im Hafen von Gibraltar zu überdenken. Er wies darauf hin, *„daß Gibraltar immer noch ein heißes Eisen für jeden Spanier ist"*, und gab zu bedenken: *„Dieses sich wiederholende Anlaufen durch Schiffe der Bundesmarine ohne gleichzeitige Höflichkeitsbesuche in spanischen Häfen kann die Spanier ernstlich verschnupfen."*[10] Derartigen Prestigefragen wurde im Auswärtigen Amt durchaus Bedeutung beigemessen, schließlich hatte auch der deutsche Botschafter prinzipiell gemahnt, *„angesichts des spanischen Nationalstolzes"* besondere Rücksicht *„auf die Empfindlichkeit der Spanier"* zu nehmen.[11]

In Angelegenheiten der deutsch-spanischen Militärkooperationen galt es jedoch, auch auf noch ganz andere Empfindlichkeiten Rücksicht zu nehmen. Dies verweist auf die Verflechtungen der Besuche der Bundesmarine in den Gesamtzusammenhang der deutsch-spanischen Nachkriegsbeziehungen, und diese sind wiederum nur verständlich, wenn auch die Belastungen durch die Vergangenheit einbezogen werden. Erst dann gewinnen die vordergründig so harmlosen Besuche der Bundesmarine in Spanien ihre eigentliche Relevanz. Für wie brisant das Auswärtige Amt militärische Kooperationen mit Spanien erachtete, geht aus den Empfehlungen des Referats ‚Verteidigung und Abrüstung' hervor, das derartige Verbindungen 1958 weder für nützlich noch für opportun hielt. Allenfalls eine *„lockere militärische Zusammenarbeit"* in Form der Delegation eines Militärattachés, dessen Stab bewußt klein gehalten wurde, sei zuzugestehen. Gegen eine engere Zusammenarbeit stünden *„gewisse politische Bedenken"*, schließlich gebe es *„immer noch vorhandene politische Vorbehalte seitens einiger Mitgliedstaaten der NATO gegenüber der Bundesrepublik"*, die ein Zusammengehen mit Spanien, *„insbesondere angesichts der spanischen Staatsform"* nicht ratsam scheinen ließen.[12]

Im Klartext: Das NATO-Mitglied Bundesrepublik fürchtete an Kredit zu verlieren, indem es durch Kooperation mit dem *„faschistischen"*[13] Spanien die Glaubwürdigkeit der demokratischen Nachkriegsgesinnung aufs Spiel setzte. Schließlich hatte es zwischen Spanien und Deutschland eine unheilvolle, aber einst hochgelobte Waffenbrüderschaft gegeben, die unter anderem dazu beigetragen hatte, das franquistische Regime in Spanien zu installieren.

In aller Kürze sei die deutsch-spanische Militärkooperation in Erinnerung gerufen:[14] Nachdem Franco über zwei Mittelsmänner Hitler am 25. Juli 1936 um Hilfe gebeten hatte, wurden zunächst Transportflugzeuge zur Verfügung gestellt, die den Transfer der zentralen spanischen Truppenteile von Nordafrika zum spanischen Festland gewährleisteten. Bald schon ging jedoch die deutsche Beteiligung über Materiallieferungen hinaus, nachdem Hitler im August 1936 das Verbot zurücknahm, sich an Kampfhandlungen zu beteiligen. Von zweifelhafter Berühmtheit wurde die deutsche Legion Condor, die im spanischen Norden den Luftkrieg probte, im Zuge dessen sie – wie hinlänglich bekannt ist – die baskische Stadt Guernica in Schutt und Asche legte. Die militärische Partizipation bot den Deutschen darüber hinaus Gelegenheit, zentrale spanische Wirtschaftszweige an sich zu binden, woraus in den kommenden Jahren eine enge Wirtschaftsverflechtung erfolgte, die insbesondere der Aufgabe nachkam,

Deutschland mit rüstungsrelevanten Rohstoffen zu versorgen. Aber nicht nur mit Wolframlieferungen beglichen die Spanier ihre Schuld gegenüber dem deutschen Führer. Zwar kam es nach Ausbruch des Zweiten Weltkrieges nicht zu einem Kriegsbeitritt Spaniens, aber pünktlich zum Beginn des ‚Unternehmens Barbarossa' meldeten sich noch im Juni 1941 unzählige spanische Freiwillige, die bereit waren, an der Seite der Deutschen den *„Kreuzzug"* gegen den Kommunismus wieder aufzunehmen.[15] Die Einheit der rund 19.000 Spanier, die wegen des blauen Hemdes der Falange División Azul genannt wurde, bezog als 250. Infanterie-Division des deutschen Heeres bei Nowgorod Stellung und kämpfte bis zu ihrem Rückruf 1943 an der Seite der Deutschen.[16]

Die Bundesregierung, die sich bewusst von ihrem nationalsozialistischen Erbe distanzierte, konnte und wollte an derartige Traditionen nicht anknüpfen. Allerdings hatte sie hinzunehmen, dass sich Veteranen aus Legion Condor und División Azul zu Traditionsverbänden zusammentaten, um gemeinsam die Erinnerung an die Waffenbrüderschaft zu pflegen.[17] Auch wenn die deutschen Diplomaten die kompromittierenden Treffen am liebsten unterbunden oder zumindest nicht zur Kenntnis genommen hätten, sahen sie sich doch zu einer konzilianteren Haltung gezwungen, schließlich nahmen vormalige Mitstreiter der Blauen Division inzwischen hochrangige Positionen in Politik und Militär ein.[18]

Derartige Verbindungen gab es offenbar bei Luftwaffe und Heer – nicht jedoch bei der Marine. Dabei hatte gerade hier die Zusammenarbeit beider Länder seit dem Ersten Weltkrieg tiefe Wurzeln schlagen können. Zurückführen lassen sich derartige Verbindungen auf eine Schlüsselfigur, die zum Dreh- und Angelpunkt der deutschspanischen Beziehungen in der ersten Hälfte des 20. Jahrhunderts werden sollte: Wilhelm Canaris. Schon während des Ersten Weltkrieges baute der spätere Abwehr-Chef des „Dritten Reiches" in Spanien einen Marine-Nachrichtendienst auf, der der deutschen Kriegführung im Mittelmeer effizient zuarbeitete.[19] In kürzester Zeit verfügte „Kika", wie der Deckname von Canaris lautete, über zahlreiche V-Männer in den wichtigsten spanischen Häfen. Doch nicht nur deren Sympathien vermochte er zu erwerben. Von nicht zu unterschätzender Bedeutung waren die Freundschaften, die er mit spanischen Politikern und Militärs schloß, die ihm für spätere Aktivitäten den Weg bahnten. Als die Marineleitung in der Weimarer Republik die geheime Wiederaufrüstung beschloß, wurden nicht nur in Japan und in der Türkei, sondern auch in Spanien Möglichkeiten eruiert, hier mit deutschem Personal U-Boote nach geretteten Bauplänen aus der letzten Kriegsphase zu konstruieren.[20] Mit einem entsprechenden Auftrag reiste Canaris 1925 erneut nach Spanien und es gelang ihm, die spanische Regierung für deutsche U-Boote zu interessieren. Parallel intensivierte er die Kontakte zum spanischen Geheimdienst und schuf damit die Basis einer geheimdienstlichen und polizeilichen Kooperation, die während des Zweiten Weltkriegs ihren Höhepunkt erreichte. Spanien nahm fortan in den Gedanken von Canaris einen außergewöhnlichen Platz ein. Diese Vorliebe wird dazu beigetragen haben, Hitler gut zuzureden, als dieser am Abend des 25. Juli 1936 überlegte, ob das Hilfegesuch Francos positiv beschieden werden sollte. Schon der Umstand, dass die spanischen Matrosen ihre putschbereiten Offiziere kaltblütig umgebracht hatten, ließ den konservativen Natio-

137

nalisten Canaris ohne zu zögern für Franco Partei ergreifen. In der Folgezeit war keine andere Persönlichkeit derart darum bemüht, einen dauerhaften Bund zwischen Deutschland und Spanien zu knüpfen, wie Canaris. Aus diesen Bemühungen ging immerhin in Spanien die personalstärkste Auslandsdependance der deutschen Abwehr hervor. Inwieweit Canaris, der sich innerlich immer stärker von Hitler distanzierte, was er am 8. April 1945 schließlich mit dem Leben bezahlen musste, daran Anteil trug, dass Franco sich selbst durch Hitlers Druck nicht zum Kriegsbeitritt Spaniens drängen ließ, lässt sich letztlich nicht genau prüfen. Während Heinz Höhne in seiner Canaris-Biographie davon ausgeht, dass Franco den Beschluß völlig autonom und eher zum Missvergnügen Canaris' gefasst hatte[21], vertraute der Chef des spanischen Geheimdienstes General Gehlen, der in der frühen Nachkriegszeit im amerikanischen Auftrag agierte, an, es sei der Admiral gewesen, der Franco überredet habe, sich nicht dem deutschen Druck zu beugen.[22] Zu dieser Version passt zumindest die Dankesgeste gegenüber der Witwe Canaris: Ihr wurde ein Haus in Spanien und eine lebenslange Ehrenrente zugewiesen.[23]

Groß hochgespielt wurde dergleichen von der spanischen Regierung in der Nachkriegszeit jedoch nicht. Wie der Bundesregierung lag im Grunde auch dem Franco-Regime jetzt viel daran, sich vom Stigma des Faschismus zu befreien. So lautete zumindest die Devise im spanischen Außenministerium. Da aber anders als in der Bundesrepublik mit der ideologischen Neuorientierung kein Systemwechsel, sondern allenfalls eine Umbesetzung an der Spitze des Außenministeriums verbunden war[24], überdauerten in weiten Bereichen der spanischen Gesellschaft Vorstellungen und Wertschätzungen der Deutschen, die inzwischen anachronistisch geworden waren. Diese Asymmetrien führten zu einseitigen, unstimmigen und zum Teil divergierenden Bildern, die sich die Spanier vom aktuellen Deutschland machten. Die zentralen konträren Aspekte seien hervorgehoben: Einerseits hielten viele Spanier an dem Glauben fest, daß die nationalsozialistische Gesinnung oder zumindest eine Großmachtorientierung der Außenpolitik, wie sie zu Zeiten galt, als die deutsch-spanische Waffenfreundschaft ihren Anfang nahm, nach wie vor den Kern deutschen Wesens traf. So sollten die mit Ölfarbe oder Kreide auf Häuserwände gemalten Hakenkreuze den Deutschen ein ebenso freundliches Zeichen des Wohlwollens sein wie der Hitlergruß bei der Fremdenpolizei.[25] Gerade in militärischen Kreisen hatte sich eine Germanophilie erhalten, die sich aus den Erinnerungen an vergangene Zeiten speiste. Selbst in der Marine, die sich bedingt durch die anglophilen Einstellungen des damaligen Marineministers Admiral Abazurza (er war mit einer Engländerin verheiratet) am zurückhaltendsten gegenüber Deutschland verhielt, gab es unverhohlene Bewunderung für die deutschen Seestreitkräfte. So war es alles andere als ein Zufall, daß in der spanischen Tageszeitung *La Vanguardia* ein Großteil der Erinnerungen Raeders abgedruckt wurden, schließlich galt dem ehemaligen Großadmiral weiterhin die ungeteilte spanische Hochachtung.[26] Als Beispiel für den Enthusiasmus, mit dem mittlere und jüngere Jahrgänge der spanischen Seeoffiziere die deutsche U-Boot-Waffe sahen, sei zudem ein Schreiben erwähnt, das Fregattenkapitän José Manuel Fernández im November 1958 an Dönitz richtete. *„Wie viele Spanier"*, schrieb Fernández, *„lernte ich Deutschland schon seit langer Zeit bewundern. Doch diese ganze Bewunderung konzentriere* *ich heute auf die Marine Ihres Landes und auf Ihre Persönlichkeit, die für mich immer ein Abbild des militärischen, ritterlichen, patriotischen Geistes sein wird."*[27] Oster riet von einer Belehrung des spanischen Offiziers über *„das Problem Dönitz"* ab, da diese Kreise noch nicht in der Lage seien, derartige Dinge zu verstehen.[28]

Die Diskrepanzen, die sich zwangsläufig zwischen derart überkommenen Vorstellungen eines militaristischen Deutschland und aktuellen Verlautbarungen aus der Bundesrepublik ergaben, führten zu mancher Irritation, die nun die Ausprägung eines neuen, weniger positiv konnotierten Deutschlandbildes evozierte, wonach die Bundesrepublik ebenso schwächlich wie womöglich anfällig für den Kommunismus wäre.[29] So berichtete die falangistisch eingestellte Zeitung *El Español* zu Beginn 1956 von typischen Begegnungen, in denen die Spanier sich bewundernd äußerten über *„den Heroismus der deutschen Soldaten und die kriegerische Größe Deutschlands. Erstaunlicherweise antwortet darauf der Deutsche, glücklicherweise existiere dieses militärische Deutschland nicht mehr, und das heutige Deutschland habe genug von soviel Heldentum."*[30] Derlei Äußerungen ließen wiederum Skepsis aufkommen bezüglich der Verteidigungsbereitschaft demokratischer Kräfte. So spottete der spanische Journalist Blanco Tobio über die *„demokratischen Soldaten auf Kreppsohlen"*, die *„wohl weniger zum Kampfe bestimmt"* seien, *„als um den Beweis zu erbringen, daß ein deutsches Heer keine Bedrohung für Frankreich darstelle".*[31] Der Presseattaché an der Deutschen Botschaft in Madrid hielt derartige Berichte für alarmierend und riet dringend, Maßnahmen zu ergreifen, um der spanischen Bevölkerung ein Deutschlandbild zu vermitteln, das keineswegs von kommunistischen Tendenzen oder zumindest von mangelnder Abwehrbereitschaft gegen den Kommunismus infiziert war. Zweifellos bezogen sich seine Vorschläge nicht direkt auf den militärischen Bereich. Statt dessen plädierte er für die Einladung spanischer Journalisten zu einer Deutschlandreise, im Zuge derer sie ebenso süddeutsche Folklore wie Aspekte des deutsch-deutschen Grenzregimes kennenlernen sollten. Dieser zweite Aspekt sollte durchaus die strikte Abwehrhaltung gegenüber dem sowjetischen System demonstrieren, die sich nicht zuletzt auch auf eine militärische Kampfbereitschaft erstreckte. Hier konnten nun Besuche der Bundesmarine eine ähnliche Funktion erfüllen wie jene Schulschiffahrten der Weimarer Republik. So wie damals Befürchtungen über eine mangelnde Disziplin und Einsatzfähigkeit begegnet werden konnte, liegt es auf der Hand, daß auch die „Blauen Jungs" der Bundesmarine irrige Annahmen über eine vermeintliche Schwäche der deutschen Streitkräfte korrigieren könnten.

Hinzu kommt, daß Militärattaché Oster die frühere deutsch-spanische Kooperation keineswegs als Belastung ansah. Ganz im Gegenteil wertete er die aus der Waffenbrüderschaft resultierende Freundschaft als große Chance für deutsches Engagement und schickte keine drei Monate nach Dienstantritt in Madrid die ersten Vorschläge für eine umfassende militärische Zusammenarbeit an die Hardthöhe. Diese Vorschläge erstreckten sich auf die Rüstungswirtschaft wie auf alle drei Waffengattungen. So sollten beispielsweise die Marinen beider Länder Erfahrungen bezüglich Seeminen austauschen.[32] Während sich bei der Umsetzung anderer Projekte Schwierigkeiten ergaben, stieß Oster mit diesem Vorschlag auf offene Ohren. So wurden schon im März 1959 fünf Minen der spanischen Kriegsmarine zwecks Erprobung durch die Deutschen zum Sperrversuchskommando Kiel-Wik verschifft.³³

Politische Bedenken, die sich am franquistischen System festmachten, ließ Oster nicht gelten. So stellte er in Bonn klar: Die *„Auffassung, daß es sich in Spanien um ein faschistisches System im üblichen Sinne handelt, ist n i c h t gerechtfertigt. Die Regierung huldigt weder expansiven noch aggressiven Prinzipien. Die Form der Regierung ist nicht demokratisch, aber den Verhältnissen angepaßt, die nach Lage der Dinge eine einigermaßen sichere Stabilität erwarten lassen."*³⁴

So zerstreute Oster einerseits politische Bedenken und wies andererseits – wie eingangs bereits erwähnt – auf potentielle Prestigeverluste hin, die wiederholte Besuche der Marine in Gibraltar, nicht aber in Spanien mit sich brächten. Damit liegt es nahe zu vermuten, daß es nicht zuletzt sein Engagement war, das dazu führte, Spanien in den Reiseplan von Kriegsschiffen bzw. Schulschiffen der Bundesmarine aufzunehmen.

Auf dem Rückweg von einer Auslandsreise, die das erste Geleitgeschwader samt der Schulschiffe EIDER und TRAVE über Hälsingborg und Plymouth entlang der Biskaya nach Porto, Gibraltar und Italien geführt hatte, steuerten die Schiffe spanische Häfen an.³⁵ Erstmals nach dem Zweiten Weltkrieg machten nun im Februar 1959 deutsche Kriegsschiffe erst in Cartagena, anschließend in Cádiz Halt, bevor Anfang März das Geleitgeschwader in Vigo und das Minensuchgeschwader, das die Schiffe zwischenzeitlich begleitet hatte, in La Coruña festmachten.³⁶

Abbildung 74:
Deutsche Kriegsschiffe im Hafen von Cartagena
(Foto: Archiv Marineschule Mürwik, Wehrgeschichtliches Ausbildungszentrum, Bildarchiv)

Dieses Pilotprojekt war von einem so durchschlagenden Erfolg, dass fortan Schiffe der Bundesmarine jedes Jahr mindestens einen spanischen Hafen anliefen. Noch im selben Herbst lief die GORCH FOCK in den Hafen von Santa Cruz de Tenerife ein,[37] im Februar des Folgejahres besuchte die Schulfregatte SCHARNHORST mit den Begleitschiffen EIDER und TRAVE die nordspanische Hafenstadt Bilbao,[38] nur drei Monate später legten die Schulfregatten GRAF SPEE und HIPPER in Malaga an.[39] Im Februar/März 1961 traf erneut ein Schulgeschwader unter dem Fregattenkapitän Freiherr von Schlippenbach in Vigo ein.[40] Im Sommer desselben Jahres stand Sevilla auf dem Plan[41] und im Januar/Februar 1962 wurde erstmals Barcelona beehrt.[42] Da diese Aufenthalte ein gewisses Profil entwickelten, das sich quasi ritualhaft wiederholte, seien die wichtigsten Aspekte systematisierend zusammengefasst.

Rechnet man An- und Abfahrstag jeweils halb, so dauerten die Aufenthalte von drei bis sieben Tagen. In dieser Zeit wurden die Besatzungen offensichtlich aufmerksamt von diversen Seiten betreut. So nahm die deutsche Kolonie in den jeweiligen Hafenstädten die Gelegenheit wahr, Kontakte zur Heimat zu erneuern. Regelmäßig besuchten Angehörige der deutschen Kolonien die Schiffe, und Schüler dortiger deutscher Schulen stellten sich als Dolmetscher zu Verfügung. Die Mitglieder der wohlhabenden deutschen Kolonie in Bilbao nahmen die Besatzungsmitglieder nicht nur in ihre Familien auf, sondern boten ihnen offenbar ein so attraktives Programm, daß der Geschwaderchef Mühe hatte, die Wachen zusammenzustellen, und eine von den spanischen Behörden angesetzte Veranstaltung nicht den gewohnten Rückhall fand.[43]

Auch die Spanier gaben sich alle Mühe, ihren Gästen den Aufenthalt so angenehm wie möglich zu machen. Wie sehr die spanischen Behörden den Besuch würdigten, kam allein in der Vertretung hoher lokaler, zuweilen aber auch überregionaler Würdenträger zum Ausdruck. So stellten sich nicht allein die Bürgermeister der Hafenstädte sowie die Zivil- und Militärgouverneure der Provinzen ein, einmal schickte sogar Muñoz Grandes, immerhin nach Franco der ranghöchste spanische Militär, einen persönlichen Abgesandten. Mit kaum verhohlenem Stolz wies Oster darauf hin, dass eine solche Maßnahme bei Besuchen fremder Flotten in Spanien keineswegs Standard und daher eine besondere Ehre sei.[44]

Das für die deutschen Besatzungsmitglieder (zuweilen auch von ihnen) auf die Beine gestellte Programm wies in der Regel touristische, gesellige und sportliche, aber auch religiöse Akzente auf. So berichtete Militärattaché Oster von parallel stattfindenden Gottesdiensten evangelischer und katholischer Liturgie.[45] Das ist insofern bemerkenswert, als die Protestanten in Spanien keineswegs eine gleichberechtigte religiöse Minderheit waren und in der Regel ihre Gottesdienste im Verborgenen abhielten. Noch in den 60er Jahren wurde ein protestantischer Soldat zu acht Jahren Gefängnis verurteilt, weil er sich geweigert hatte, während einer katholischen Messe bei der Wandlung niederzuknien.[46] Die Duldung eines evangelischen Gottesdienstes ist also schon als großes Zugeständnis an die deutschen Gäste zu verstehen.

Als touristische Highlights wurden Ausflüge zu regionalen Sehenswürdigkeiten organisiert. Abends war die Gelegenheit zu „Schwof und Tanz", was zum Teil auch tagsüber bei sommerlichen Dorffesten fortgesetzt wurde, wofür sich die Besatzung ihrerseits mit einem Bordfest revanchierte.[47]

Sportlich herausgefordert wurden die Gäste von spanischen Fußballmannschaften. Offenbar im irrigen Glauben, daß in jedem Deutschen ein Fußballgenie schlummere, ließen die Spanier 1961 in Vigo Berufsspieler gegen die deutschen Matrosen aufmarschieren. Prompt verloren die Deutschen 9:1. Schlechte Stimmung aber kam schon deshalb nicht auf, weil der spanische Teamchef unter Applaus von Mitspielern und spanischen Zuschauern den Ehrenpreis an den deutschen Mannschaftsführer weitergab, womit er anerkennen wollte, daß sich die deutsche Mannschaft wacker geschlagen habe. Die – wie Oster zugab – *„sehr ritterlichen Spanier"* erhielten daraufhin ihrerseits von Fregattenkapitän Freiherr von Schlippenbach Ehrenabzeichen des Schulgeschwaders überreicht.[48]

Diese Episode vermittelt einen Eindruck von der freundschaftlichen Atmosphäre, die die Marinebesuche durchgängig prägte. Wiederholt berichtet der Militärattaché, dass die Besuche eine *„ganz besonders herzliche Note"*[49] gehabt hätten.

Zum Erfolg trug nicht zuletzt das offensichtlich tadellose Verhalten der Besatzungen bei, womit die Deutschen die Spanier vollends für sich einnehmen konnten. So sei das *„ungezwungene, aber adrette und frische Auftreten"*[50] der deutschen Besatzungen angenehm aufgefallen. Nicht nur Oster schwärmte in höchsten Tönen, Muñoz Grandes höchstpersönlich fand Worte der Anerkennung für das *„gute und korrekte Auftreten"* der deutschen Matrosen.[51] Das scheint insofern keine inhaltsleere Floskel gewesen zu sein, als es in einigen Häfen im Zuge von Marinebesuchen anderer NATO-Mächte wohl Anlaß zu Beschwerden gegeben hatte.[52]

Der rundum positiven Wahrnehmung der deutschen Matrosen wird eine von vornherein überaus wohlwollende Einstellung zugearbeitet haben. So äußerten diverse Stellen immer wieder Freude über den ersten Besuch deutscher Kriegsschiffe nach dem Zweiten Weltkrieg. Ein deutscher Matrose berichtete: *„Nirgends war die Freude über unseren Besuch wohl größer als gerade in Spanien. Manchmal kannte die Begeisterung gar keine Grenzen."*[53] Diese euphorischen Bekundungen waren jedoch nicht ohne Tücken, schließlich war auch mit jenen *„Freunden"* umzugehen, die – wie oben erläutert – sich in der Tradition belasteter Kooperation sahen. Nur zögernd war der Bitte des Veteranenvereins der Blauen Division stattgegeben worden, an der Betreuung der deutschen Marinegäste beteiligt zu werden. Erleichtert übermittelte Oster später, daß *„die Vertreter der ehemaligen Blauen Division ... in vollem Umfange den veränderten Verhältnissen in Deutschland Rechnung"*[54] getragen hätten. Ob dem tatsächlich so war, oder ob Oster nicht alles mitbekam oder womöglich eine andere *„Schmerzschwelle"* für nationalsozialistische Symbolik besaß, lässt sich anhand seiner eigenen Berichterstattung nicht prüfen. Zeitzeugen berichteten jedenfalls, dass die Matrosen mit manchen Anklängen an faschistische Zeiten – zumindest mit schwärmerischen Erinnerungen der Blauen Divisionäre – konfrontiert wurden.[55]

Problematisch wurde es, wenn offizielle spanische Delegierte ganz ungeschminkt das Hohelied der einstigen Waffenbrüderschaft anstimmten. Zur Illustration sei ein etwas ausführlicheres Zitat gestattet aus der Tischansprache des Militärgouverneurs im Rahmen eines Abendessens während des Aufenthalts des Schulgeschwaders der Marine 1961 in Vigo. Die Rede begann mit einem längeren Franco-Zitat. Dieser habe während der Afrikakämpfe prognostiziert, daß man *„die Männer"* erst im

„Moment der Wahrheit", sprich im unmittelbaren Kampf mit dem Gegner, erkennen könne.

> „Auf diese Weise lernten Deutsche und Spanier sich kennen, bei unserem Freiheitskriege, der erste gegen den internationalen Kommunismus, in gegenseitigem Beistand, mit größter Selbstlosigkeit, Aufopferung und Tapferkeit. Es war dann später auf den russischen Kampffeldern, wo Spanien, pünktlicher Bezahler seiner Schuld, die eingegangene ‚Blutschuld' ausglich. Zeugen dieses Ausgleiches sind das deutsche Volk und die deutschen Soldaten. Dieser opferreiche Kampf gegen einen grausamen und rachsüchtigen Gegner, Arm in Arm mit dem deutschen Heer, und unser Blut mit dem Euren gemischt, schuf ein unzerreißbares Band der Zuneigung und Freundschaft. Wir können niemals die Momente der Beerdigung unserer Toten, Deutsche und Spanier gemischt, vergessen, als wir sie mit den Liedern vom guten Kameraden und unserem 'Cara al sol' verabschiedeten. Dort, in jenen Gefilden blieben deutsche und spanische Soldaten für immer vereinigt und dadurch wird der Samen einer neuen Morgenröte aufgehen."[56]

Bezeichnenderweise rühmte auch Fregattenkapitän von Schlippenbach in seiner Antwortrede den *„gemeinsamen Kampf gegen den Bolschewismus"* und würdigte, dass sein Gegenüber das Eiserne Kreuz angelegt hatte.[57]

Fraglos wäre es korrekter gewesen, er hätte den so schwärmerischen Spanier darauf hingewiesen, daß die Franquisten im eigenen Land nicht Kommunisten, sondern die legitime republikanische Regierung bekriegt und im Osten weniger an einem Kreuzzug gegen den Antichristen als vielmehr an einem verbrecherischen Vernichtungskrieg teilgenommen hatten. Aber derartige Überzeugungen waren selbst dem Denken der damaligen Diplomaten vollkommen fremd. Diese hätten zudem über eine solch undiplomatische Brüskierung der Spanier die Hände über dem Kopf zusammengeschlagen. Viel sinnvoller muss es ihnen erschienen sein, die spanischen Gastgeber – aber auch die Ewiggestrigen in den deutschen Kolonien! – ganz beiläufig in freundschaftlichen Gesprächen mit dem neuen Selbstverständnis der Bundesrepublik vertraut zu machen. Vorbildlich scheint dies im Rahmen des Aufenthaltes in Malaga geglückt zu sein. Dort wurde ein Essen mit dem Bürgermeister dazu genutzt, diesen über neue Institutionen der Bundesrepublik in Kenntnis zu setzen. Darüber hinaus gelang es den Besatzungsmitgliedern, diverse Versuche von alten Koloniemitgliedern, *„an vergangenen Vorstellungen anzuknüpfen ..., mit Takt und Humor"*[58] zu parieren. So konnte der Militärattaché schließlich als Erfolg verbuchen, dass die spanischen zivilen und militärischen Stellen vor Ort *„einen unmittelbaren Eindruck von dem neuen Deutschland"* erhalten haben.

Wenn Flottenbesuche ein Teilaspekt der „Marinediplomatie" sind und wenn es – wie eingangs angesprochen – die Aufgabe geschickter „Marinediplomatie" ist, die Ziele der bundesrepublikanischen Außenpolitik zu unterstützen, so haben diese ersten Besuche der Bundesmarine in Spanien ihre Aufgabe recht gut gemeistert. Als eine *„große Friedensaufgabe der Seestreitkräfte"* bezeichnete in den 1980er Jahren ein Vertreter des Auswärtigen Amtes die *„Image-Pflege"* durch *„indirekte Werbung"*, die nach den Gesetzen der Werbepsychologie besonders wirksam sei.[59] Dies ist der Bundesmarine in Spanien offensichtlich gelungen. Der aus der Aktenlage gewonnene Eindruck stimmt zumindest mit den Einschätzungen der Beteiligten überein. Der Matrose Salewski resümierte im Mai 1959, „daß unsere Reise ein Erfolg war und ein Gewinn für das deutsche Ansehen im Ausland".[60] Durch ihr Verhalten vermochten die Besatzungen die Sympathien, die den Deutschen von der spanischen Bevölkerung ebenso wie von den spanischen Militärs entgegengebracht wurden, auszubauen und so das positive Deutschlandbild zu akzentuieren. Dies war um so bedeutsamer, als sie zudem in aller Unauffälligkeit dazu beitragen sollten und konnten, verzerrte und anachronistische Deutschlandbilder geradezurücken. Konkret vermittelten sie den Spaniern das Bild einer effizienten Marine, aber ebenso – mit aller Behutsamkeit – die neue demokratische Grundorientierung. Das ist gerade in Spanien, bedingt durch die geschichtliche Entwicklung, von besonderer Schwierigkeit und Komplexität gewesen, was die eigentliche Bedeutung der auf den ersten Blick so belanglos wie unergiebig wirkenden Marinebesuche ausmacht. Achim Oster jedenfalls war von der Wirkung derartiger Besuche restlos begeistert. Nachdrücklich wies er Verteidigungsministerium und Auswärtiges Amt darauf hin, „daß ein solcher Besuch unendlich viel mehr dazu beiträgt, für Deutschland zu werben, als alle Übersendung von Propagandamaterial und auch als der Besuch von noch so vielen deutschen Touristen."[61] Für ihn bestand kein Zweifel daran, dass Marinebesuche „die beste Visitenkarte sind, die wir abgeben können."[62]

## Anmerkungen

1 Günter Fromm: Einführung durch den Befehlshaber der Flotte, in: Deutsches Marine Institut (Hg.): Der Einsatz von Seestreitkräften im Dienst der Auswärtigen Politik. Vorträge auf der Historisch-Taktischen Tagung der Flotte 1981. Herford 1983, S. 9-11, S. 10f.
2 Lennart Souchon: Seestreitkräfte und maritime Machtpolitik, eine Untersuchung zur Wechselwirkung von Seemacht und Außenpolitik, in: Deutsches Marine Institut 1983, S. 12-31, S. 15.
3 Ebd., S. 25.
4 Vgl. Udo Gneiting: Die Rolle und die Bedeutung der Schulschiffe und Auslandsreisen der Reichsmarine, in: Deutsches Marine Institut 1983, S. 61-75, S. 61.
5 Ebd., S. 66.
6 Ebd.
7 Ebd.
8 ADAP, Serie B, Bd. V, S. 533ff.
9 Im folgenden vgl. Birgit Aschmann: „Treue Freunde ..."? Westdeutschland und Spanien 1945-1963, Stuttgart 1999, S. 356ff.
10 Bericht von Militärattaché Oster, 30.10.1958, betr.: Anlaufen von Gibraltar und span. Häfen, in: Bundesarchiv/Militärarchiv (BA/MA) BW 4/744.
11 Aufzeichnung des Botschafters Welck vom 24.01.1956; in Politisches Archiv des Auswärtigen Amtes (PAAA) Ref. 206/Bd. 39.
12 Dziembowski, stellvertretender Leiter des Referats 211 (Verteidigung und Abrüstung), Auswärtiges Amt, Aufzeichnung vom 17.03.1958, betr. Besuch des Bundesministers in Madrid, in: PAAA Ref 206/Bd. 163.
13 Mit dem Etikett „faschistisch" soll hier die dominierende Nachkriegsperzeption wiedergegeben werden. Gerade weil Spanien als ein „faschistischer Überrest" galt, wurden die Kontakte zwischen Deutschland und Spanien so aufmerksam vom Ausland verfolgt. Zur Fragwürdigkeit des „Faschismusvorwurfs" gegenüber dem Franco-Regime vgl. Aschmann 1999, S. 70ff.

14 Zur Vertiefung vgl. Manfred Merkes: Die deutsche Politik im Spanischen Bürgerkrieg 1936-1939, 2. Aufl., Bonn 1969. – Hans-Henning Abendroth: Hitler in der spanischen Arena. Die deutsch-spanischen Beziehungen im Spannungsfeld der europäischen Interessenpolitik vom Ausbruch des Bürgerkrieges bis zum Ausbruch des Weltkrieges 1936-1939, Paderborn 1973. – Robert H. Whealey: Hitler and Spain. The Nazi Role in the Spanish Civil War, 1936-1939, Kentucky 1989.
15 Zur Haltung Spaniens im Zweiten Weltkrieg vgl. v. a. Klaus-Jörg Ruhl: Spanien im Zweiten Weltkrieg. Franco, die Falange und das „Dritte Reich", Hamburg 1975.
16 Vgl. u. a. Gerald R. Kleinfeld und Lewis A. Tambs: Hitler's Spanish Legion: The Blue Division in Russia, London 1979.
17 Siehe Aschmann 1999, S. 373-385.
18 Beispielsweise war der ehemalige Kommandant der División Azul, General Muñoz Grandes, inzwischen der nach dem Caudillo ranghöchste Militär und brachte es 1962 bis zum stellvertretenden Regierungschef. Vgl. u. a. Bericht von Militärattaché Oster vom 02.09.1958, betr.: Ausbau spanisch-deutscher Beziehungen im Hinblick auf gemeinsame Verteidigungsanstrengungen, in: BA/MA BW 4/744.
19 Vgl. Heinz Höhne: Canaris. Patriot im Zwielicht. München 1976, S. 46.
20 Ebd., S. 93ff.
21 Vgl. Höhne 1976, S. 418ff.
22 Vgl. Mary Ellen Reese: Organisation Gehlen. Der Kalte Krieg und der Aufbau des deutschen Geheimdienstes, Berlin 1992, S. 137.
23 Vgl. ebd.
24 An die Spitze des Außenministeriums rückte nun der aktive Katholik Alberto Martín Artajo (ein Mitglied der Asociación Católica Nacional de Propagandistas), der die unverfänglich-religiöse Akzentsetzung der spanischen Politik personifizieren sollte. Vgl. Javier Tusell: Franco y los católicos. La política interior española entre 1945 y 1957, Madrid 1984, S. 61.
25 Vgl. Aufzeichnung Nr. 51/52 von Achim Oster, betr.: Deutsche in Spanien vom 02.07.1951, in: BA/MA BW 9/2122.
26 Die Zeitung galt als ein Blatt des spanischen Großbürgertums und war eine der größten und bedeutendsten in Spanien. Vgl. Bericht von Oster Nr. 46/59 vom 1.10.1959, betr.: Memoiren Großadmiral Raeder; in: BA/MA BW 4/745.
27 Anlage: Übersetzung des Briefes von Freg. Kapt. José Manuel Fernández vom 21.11.1958, in: Bericht Nr. 77/58 vom 17.12.1958, betr.: Brief Freg. Kapt. Fernández y Gonzalez an ehem. Großadmiral Dönitz, in: BA/MA BW 4/744.
28 Ebd.
29 Gerade in den ersten Jahren der Bundesrepublik verfolgten die spanischen Diplomaten akribisch, ob sich nicht Anzeichen einer Hinwendung zum Kommunismus ergäben. Vgl. u. a. Schreiben von García Comín an das spanische Außenministerium vom 05.05.1950; in: Archivo del Ministerio de Asuntos Exteriores (AMAE) R 3113/28. Zudem irritierte die Spanier das Ergebnis einer Umfrage des demoskopischen Instituts Allensbach von 1951, wonach 49 % der Bevölkerung es gutgeheißen hätten, wenn im Kriegsfall ein Soldat nicht zur Front ginge. Siehe Bericht vom spanischen Botschafter in Bonn, Aguirre, an das spanische Außenministerium vom 20.01.1954, in: AMAE R3040/18.
30 Wiedergegeben vom Presseattaché der Deutschen Botschaft in Madrid, Rudolf Junges, im Bericht vom 28.02.1956 an das Auswärtige Amt, in: PAAA Ref. 206/ Bd. 34.
31 Zitiert bei Junges, ebd.
32 Bericht Nr. 32/58 vom 2.9.1958, betr.: Ausbau spanisch-deutscher Beziehungen im Hinblick auf gemeinsame Verteidigungsanstrengungen, in: BA/MA BW 4/744.
33 Bericht von Militärattaché Oster Nr. 5/59 vom 03.03.1959, betr.: Minenerprobung für spanische Kriegsmarine, in: BA/MA BW 4/745.
34 Militärattaché Madrid, Oster, z. Zt. München, Aufzeichnung vom 10.1.1959, in: PAAA Abt. 2/Ref 206/ Bd. 82.
35 Zur Reiseroute vgl. Michael Salewski: Mit der Bundesmarine auf großer Fahrt; in: Das Ostpreußenblatt, 9. Mai 1959, S. 3f.

36 Vom 17.02.-21.02.1959 war das Geleitgeschwader in Cartagena, vom 23.02.-26.02.1959 in Cádiz und kam am 05.03. in Vigo an, wo es bis zum 09.03. blieb, während ein Minensuchgeschwader in den Hafen von La Coruña einlief. Vgl. Bericht von Militärattaché Oster Nr. 8/59 vom 17.04.1959, betr.: Besuch deutscher Kriegsschiffe in spanischen Häfen, in: BA/MA BW 4/745.
37 Aufenthalt in Santa Cruz: 25.08.-02.09.1959, vgl. Bericht von Oster Nr. 45/59 vom 28.09.59, in: BA/MA BW 4/745.
38 Flottenbesuch in Bilbao vom 08.-12.02.1960, vgl. Bericht von Oster Nr. 18/60, in: BA/MA BW 4/746.
39 Aufenthalt in Malaga vom 19.-24.05.1960, vgl. Bericht von Oster Nr. 49/60, in: BA/MA BW 4/746.
40 Aufenthalt in Vigo vom 28.02.-06.03.1961, vgl. Bericht von Oster Nr. 15/61, in: BA/MA BW 4/747.
41 Aufenthalt in Sevilla vom 09.-14.08.1961, vgl. Bericht von Oster Nr. 23/61, in: BA/MA BW 4/747.
42 Aufenthalt in Barcelona vom 26.01.-01.02.1962, vgl. Bericht von Oster Nr. 1/62, in: BA/MA BW 4/748.
43 Vgl. Flottenbesuch in Bilbao vom 08.-12.02.1960, vgl. Bericht von Oster Nr. 18/60, in: BA/MA BW 4/746.
44 Ebd.
45 vgl. Bericht von Oster Nr. 15/61, betr.: Besuch des Schulgeschwaders der Deutschen Bundesmarine vom 28.02.-06.03.1961 in Vigo, in: BA/MA BW 4/747.
46 Immerhin wurde er dann nach 18 Monaten Haft wieder entlassen. Vgl. Aufzeichnung von Voigt, Auswärtiges Amt, 15.02.1964, betr.: Lage der Protestanten in Spanien, in: PAAA Ref. I A 4/281. Zu den deutschen Bemühungen, auf die spanische Regierung hinsichtlich einer Lockerung der Repressionen gegenüber Protestanten einzuwirken, vgl. Aschmann 1999, S. 435-442.
47 Vgl. u. a. Bericht von Oster Nr. 45/59 vom 28.09.59, betr.: Besuch des Segelschulschiffes GORCH FOCK in Santa Cruz de Tenerife, in: BA/MA BW 4/745.
48 Vgl. Bericht von Oster Nr. 15/61, betr.: Schulgeschwader in Vigo, in: BA/MA BW 4/747.
49 Vgl. ebd. Ähnlich berichtet Oster nach dem Besuch der GORCH FOCK in Santa Cruz, dass das Verhältnis zwischen Deutschen und Spaniern „stets außerordentlich herzlich und kameradschaftlich" gewesen sei. Siehe Oster Bericht Nr. 45/59, in: BA/MA BW 4/745.
50 Bericht von Oster Nr. 8/59 vom 17.04.1959; betr.: Besuch deutscher Kriegsschiffe in spanischen Häfen, in: BA/MA BW 4/745.
51 Vgl. Bericht von Oster Nr. 2/59 vom 11.03.1959, betr.: Unterredung mit Capitán General, in: BA/MA BW 4/745.
52 Vgl. u.a. Bericht von Oster Nr. 1/62 vom 16.02.1962, betr.: Besuch des Schulgeschwaders in Barcelona, in: BA/MA BW 4/748.
53 Salewski 1959, S. 3.
54 Bericht von Oster Nr. 8/59, betr.: Besuch deutscher Kriegsschiffe in spanischen Häfen, in: BA/MA BW 4/745.
55 Vgl. Salewski 1959, S. 3.
56 Übersetzung der Rede in: Bericht von Oster über den Besuch des Schulgeschwaders der Deutschen Bundesmarine (28.02.-06.03.1961) in Vigo, in: BA/MA BW 4/757.
57 Von Schlippenbach freute sich über „den Träger jenes Ordens (...), dem wir als deutsche Soldaten besonders anhängen." Vgl. ebd.
58 Bericht von Oster Nr. 49/60 vom 01.10.1960, betr.: Besuch der Schulfregatten GRAF SPEE und HIPPER in Malaga, in: BA/MA BW 4/746.
59 Wilfried Hofmann (Vortragender Legationsrat I. Klasse): Die Rolle von Seestreitkräften in der Außenpolitik, in: Deutsches Marine Institut (Hg.) 1983, S. 137-145; S. 141f.
60 Salewski 1959, S. 4.
61 Militärattaché Oster im Bericht 45/59 vom 28.09.1959, betr.: Besuch des Segelschulschiffes GORCH FOCK, in: BA/MA BW 4/745.
62 Militärattaché Oster im Bericht 1/62 vom 16.02.1962, betr.: Besuch des Schulgeschwaders in Barcelona, in: BA/MA BW 4/748.

# Ausbildung und Erziehung an Bord von Schulschiffen der Bundesmarine im Rahmen der Offizierausbildung von 1956 bis 1989

von

Jörg Hillmann

### Prolog

Die Ausbildung und Erziehung an Bord von Schulschiffeinheiten oder auf Einheiten der Flotte ist bisher in allen deutschen Marinen integraler Bestandteil der Gesamtausbildung zum Offizier gewesen. Die Erkenntnis, daß theoretisch erlernte Fähigkeiten auch ihre praktische Umsetzung erfahren müssen und ein *„schwimmendes Klassenzimmer"* hierfür das beste und unmittelbarste Medium darstellt, ist ebensowenig neu wie die, daß sich Schulschiffe und ihre Besatzungen als *„Botschafter in Blau"* besonders gut eignen, das Heimatland im Ausland zu vertreten. Damit sind zwei wesentliche Aufgabenbereiche von Schulschiffen benannt, die zunächst scheinbar verbindungslos nebeneinander stehen. Werden allerdings diejenigen Anforderungen, die an den Beruf des Marineoffiziers gestellt werden, näher betrachtet, nahmen die Offizieranwärter vielfältige Repräsentationsaufgaben an Bord der Schulschiffe in Auslandshäfen wahr, die zum einen mittelbar der *„Botschafterfunktion"* dienten, zum anderen aber mittel- und langfristig zum Erziehungsprozeß eines jeden Einzelnen in seinem Berufsleben beitrugen.

Die Schulschiffreisen, die ein Offizieranwärter während seiner Ausbildungszeit zu durchlaufen hatte, stellten sich insgesamt in zwei aufeinander abgestimmten Ausbildungsabschnitten dar, die jeweils durch theoretische Lehrgänge an Land unterbrochen wurden.

Das seit der Kaiserzeit bestehende Ausbildungskonzept für die Offiziere in den deutschen Marinen läßt sich bis in die heutige Zeit grob in folgende Abschnitte unterteilen:

Militärische Grundausbildung – seemännische Grundausbildung – technische Grundausbildung – Schulschiffreise und Offizierlehrgang – weiterführende Ausbildung an Land – Einsatz in der Flotte.[1]

Haben die Ausbildungsorte an Land für die militärische Grundausbildung und die weiterführenden Lehrgänge häufig gewechselt, haben sich auch Schiffstypen und Ausbildungseinheiten aufgrund des technologischen Wandels verändert und wurden bestimmte Ausbildungsabschnitte zeitlich verschoben oder sind gar bei einzelnen Crewen weggefallen. So kann die Marineschule Mürwik seit 1910 als Halte- oder Ankerpunkt der Marineoffizierausbildung und deswegen berechtigterweise auch als *alma mater* bezeichnet werden. Die Marineschule Mürwik stellt sowohl rein äußerlich wie auch durch ihre Ausbildungsnutzung einen Kontinuitätsstrang in der oft wechselhaften Marinegeschichte dar. Eine gleiche Kontinuität weisen die Ausbildungsreisen der Offizieranwärter an Bord von Schulschiffen sowie der zeitliche Zusammenhang dieser Reisen im Rahmen der Gesamtausbildung auf.

Im folgenden sollen die Zielsetzungen des Schulschiffkonzepts von 1956 bis 1989 dargestellt werden, um sich auf diese Weise dem Wandlungsprozeß zu nähern, dem das Begriffspaar *„Ausbildung und Erziehung"* seit 1956 inhaltlich unterworfen war.

Ausbildung an Bord von Schulschiffen war nie ausschließlich den Offizieranwärtern vorbehalten. Die Schulschiffe boten zugleich die Plattform für die Ausbildung einiger Verwendungsbereiche des Unteroffiziernachwuchses; eine Vielzahl von Schulbooten fanden (und finden) im fachlichen Ausbildungsdienst der Marine Verwendung.[2] Diese Teilaspekte werden in dem vorliegenden Aufsatz allerdings nicht weiter betrachtet werden.

## Maritime Konsolidierung in der Bundesrepublik Deutschland und in der NATO (1956 bis Mitte 1959)

Mit der Gründung der Bundeswehr und der Aufstellung von Seestreitkräften 1955/1956[3] wurde das in vergangenen Marineepochen bewährte Prinzip der Ausbildung an Bord im Rahmen der Offizierausbildung beibehalten. Sollte die Ausbildung an Bord eines Segelschulschiffes dem jungen Offizieranwärter zunächst das ihn künftig beruflich umgebende Medium „Wasser" vermitteln, und ihn mit Wind, Wellen und Wetter bekannt machen, so stand die nach der theoretischen Ausbildung folgende Schulschiffreise unter den Aspekten, theoretisch Erlerntes in die Praxis umzusetzen zu lernen und das erweiterte Berufsspektrum eines Marineoffiziers im internationalen Konnex zu erfahren.

Nachdem die Marineschule in Mürwik Anfang November 1956 den Ausbildungsdienst wieder aufgenommen hatte, sah Friedrich Ruge, Abteilungsleiter VII (Marine) im Amt Blank, in dem scheinbar neuen, aber am ehemaligen und bewährten orientierten Ausbildungskonzept sein häufig zitiertes ‚*Studium Generale Navale*' realisiert, welches er zu einem späteren Zeitpunkt allerdings einschränkender definierte.[4]

Ruge weist in seinen Erinnerungen auf den Neuanfang 1956 hin: *„Aus den Erfahrungen in den früheren Marinen heraus war der Grundgedanke, jedem Offizieranwärter die gleichen Grundlagen militärischer, seemännischer und technischer Art zu geben. Deshalb begannen die Kadetten mit drei Monaten militärischer Ausbildung, gefolgt von drei Monaten Segelschulschiff und drei Monaten einfacher Technik, wie Schmieden, Schweißen, Bedienen einfacher Maschinen usw. Es folgten neun Monate an Bord eines maschinell angetriebenen Schulschiffs und ein Jahr Theorie auf der Marineschule."*[5] Bereits am 12. November 1956 liefen die Tender EIDER und TRAVE zur ersten offiziellen Auslandsausbildungsreise (= AAR) nach Den Helder und Portsmouth aus. Am 8. Dezember 1956 erreichten beide Schiffe mit insgesamt 96 Mann Stammbesatzung und 40 Offizieranwärtern wieder ihren Heimathafen Kiel.

Abbildung 75:
Tender TRAVE
(Foto: Marineschule Mürwik, Wehrgeschichtliches Ausbildungszentrum, Bildarchiv)

EIDER und TRAVE hatten bereits im Mai 1956 die Kadetten der Crew I/56 aufgenommen.[6] Beide Schiffe unterstanden zunächst noch dem Innenministerium (Bundesgrenzschutz–See), obwohl die Offizieranwärter der Bundesmarine bereits vom Personal, das dem Verteidigungsministerium unterstand, ausgebildet wurden. *„Es waren ungewöhnliche Vorzeichen, unter denen wir unsere erste Bordzeit begannen. Wir mußten uns ganz offiziell als Gäste des Seegrenzschutzes betrachten; auf den Schiffen wurden bei unserem Auftreten plötzlich zweierlei Uniformen sichtbar, denn die Schiffe unterstanden dem Innenministerium, die Kadetten dem Verteidigungsminister,"* berichtet Gustav Liebig in diesem Zusammenhang rückblickend.[7]

Nicht von ungefähr wurde Den Helder als erster Auslandshafen während der ersten offiziellen AAR angelaufen, waren doch Ruge und Kapitän zur See Rösing (Chef der Unterabteilung Material) Ende Juli/Anfang August zu einem inoffiziellen Besuch bei der niederländischen Marine in Den Haag gewesen.[8] Auf verschiedenen Veranstaltungen in Bonn gelang es Ruge, zahllose weitere internationale Kontakte zu knüpfen. Gespräche mit Admiral Mountbatten wie auch mit US-Congressman Mendel Rivers haben die anschließenden Verbindungen zu Großbritannien und den USA sichtbar erleichtert.[9] Im Vordergrund der Absprachen standen auch die im Ausland durchzuführenden Ausbildungsvorhaben. Bereits 1956 wurden von der französischen Marine jährlich zwei Ausbildungsplätze für deutsche Offiziere auf der JEANNE D'ARC zugesichert. Aufgrund des sehr guten Abschneidens der deutschen Lehrgangsteilnehmer erhöhte der Oberbefehlshaber der französischen Marine, Admiral Nomy, das Kontingent anschließend auf vier Plätze.[10] Den Arrondierungsbesuchen des Abteilungsleiters VII (Marine), ab 1. Juni 1957 Inspekteur der Marine, Vizeadmiral Friedrich Ruge im europäischen Ausland folgten kurze Zeit später Besuche von Schulschiffen.

Bezeichnenderweise führte die 2. AAR mit den Tendern EIDER und TRAVE nach Ostende und nach Brest (11. Februar bis 9. März 1957), die 3. AAR mit denselben Schiffen nach Aberdeen und Antwerpen (15. Juli bis 10. August 1957), die 4. AAR nach Cherbourg und Rotterdam (25. November bis 20. Dezember 1957) und die 5. AAR nach Belfast und Le Havre (17. Februar bis 15. März 1958). Nach weiteren Gesprächen des Inspekteurs der Marine wurden die Verbindungen nach Südeuropa ausgeweitet; die 6. AAR führte die beiden Schulschiffe nach Lissabon, Palermo, Gibraltar, Cherbourg und erneut nach Ostende (9. August bis 30. September 1958). Mit dem 2. Minensuchgeschwader (SEESTERN, SEELÖWE, SEEPFERD, SEESCHLANGE, SEEIGEL und SEEHUND – insgesamt 330 Mann Stammbesatzung und 120 „Schülerplätze") und dem 1. Geleitgeschwader wurden im ersten Quartal 1959 (10. Januar bis 20. März 1959) Häfen in Frankreich, Italien, Griechenland, Portugal, Spanien und Großbritannien angelaufen.

Während dieser ersten Schulschiffreisen in das benachbarte europäische Ausland wurde von Seiten der Marineführung beabsichtigt, mit Schiffsbesuchen das Verhältnis der Marinen untereinander neu zu beleben und auf diese Weise zu stabilisieren. Wurde zwar die Ausbildung für den Offizier- und Unteroffiziernachwuchs an Bord als wichtig empfunden, so galt es primär, das maritime interstaatliche Miteinander zu betonen. Die ersten Schulschiffreisen waren somit von einem hohen Maß an *„deutschem Marineinteresse"* geprägt.

Mit dem Stapellauf des Küstenminensuchbootes LINDAU am 16. Februar 1957 als erstem deutschen Kriegsschiff-Neubau begann für die deutsche Flotte eine neue Ära. Das in Auftrag gegebene Schulschiff DEUTSCHLAND wurde nach schließlicher Intervention des Verteidigungsministers Franz-Josef Strauß durch die WEU im Jahr 1958 genehmigt, obwohl es mit 4.800 t deutlich über der vereinbarten Tonnagebegrenzung von 3.000 t der Pariser Verträge lag.[11] Zeitgleich wurde der ebenfalls gegen die Pariser Verträge verstoßende erste Schiffsneubau der neuen Zerstörer der späteren HAMBURG-Klasse auf 2.994 t gewichtsreduziert, beim U-Boot-Neubau gelang hingegen eine WEU-Zustimmung auf Erhöhung der Tonnage um 100 t auf 450 t.[12]

Ende 1957/Anfang 1958 wurde der Kaufbrief für sieben englische Fregatten unterzeichnet, *„die für die Ausbildung sehr geeignet und dabei billig waren."*[13] Die Offizieranwärter der Crew X/58, die im Jahr 1959 auf den Schulfregatten HIPPER und GRAF SPEE ausgebildet wurden, sagten hingegen hierzu: *„Unsere zwei Fregatten sind so alt, daß sie sogar die Engländer verkauften und wir sie gleich an Fidel Castro auf Cuba mit Gewinn weitergegeben hätten."*[14]

Seit 1957 wurden die Verbindungen zur US-Navy weiter intensiviert und die Ausbildung deutscher Besatzungen für die sechs amerikanischen Leihzerstörer, die später unter den Namen Z1 bis Z6 in der Bundesmarine ihren Dienst verrichteten, vorangetrieben. Der erste Leihzerstörer wurde am 17. Januar 1958 in Anwesenheit des Staatssekretärs Dr. Rust übergeben, der zweite Zerstörer, die ehemalige LINGGOLD, als Z2 während der 8. AAR, welche die beiden Schulfregatten HIPPER und GRAF SPEE erstmals über den Atlantik – nach Südamerika, in die Karibik und nach Nordamerika – führten. HIPPER und GRAF SPEE waren Ende 1958 an Deutschland übergeben worden und erhielten ihre Namen in Folge der Auseinandersetzungen um die Zenker-Rede und die sich anschließende Debatte im Deutschen Bundestag.[15] Während dieser Debatte hatte Carlo Schmid darauf hingewiesen, daß es traditionsreiche Namen in der deutschen Marinegeschichte, wie zum Beispiel Graf Spee, gebe und man nicht auf die Admiralität des „Dritten Reiches" als Vorbilder zurückgreifen müsse.[16] Am 10. Januar 1959 taufte der Bundestagsabgeordnete (und Vizeadmiral a.D.) Helmuth Heye drei ehemalige britische Fregatten auf die Namen HIPPER, SCHEER und GRAF SPEE.[17] Für die Marineführung der Bundesmarine war damit im Sinne des Parlaments mit diesen Schiffsnamen der *„Seehelden"* des Ersten Weltkrieges *politically correct* gehandelt worden.[18]

Abbildung 76:
Schulfregatte GRAF SPEE
(Foto: Marineschule Mürwik, Wehrgeschichtliches Ausbildungszentrum, Bildarchiv)

Abbildung 77:
Schulfregatte HIPPER
(Foto: Marineschule Mürwik, Wehrgeschichtliches Ausbildungszentrum, Bildarchiv)

Die Konsolidierungsphase der jungen Bundesmarine in der Bundesrepublik Deutschland einerseits wie auch im benachbarten europäischen Ausland und in den Vereinigten Staaten andererseits wird damit durch folgende Kennzeichen markiert:

- Aufbau einer Marineorganisation in Köln und Bonn sowie die Realisierung des Drei-Säulen-Konzepts: Flotte – Ausbildung – Flottenbasis mit dem Zieldatum 1961[19],
- maritimes Zusammenwirken mit den Bündnisstaaten in Europa und Nordamerika,
- Aufbauprogramm der Flotte durch den Ankauf oder die Übernahme „gebrauchter" Schiffe und Flugzeuge der Alliierten[20] sowie die Realisierung erster Schiffsneubauten im In- und Ausland,
- Aufnahme des Ausbildungsbetriebes in der Flotte und erste Manöver,
- Forcierung des Ausbildungsbetriebes an Land in der Offizier- und Unteroffizierausbildung,
- Schaffung von Voraussetzungen zur Optimierung der Offizier- und Unteroffizierausbildung durch den Neubau von Schulschiffeinheiten (GORCH FOCK und DEUTSCHLAND), überbrückt durch den Einsatz von Tendern und Schulgeschwadern, die sich aus dem vorhandenen Schiffsbestand rekrutierten sowie durch Ankauf „gebrauchter" Einheiten der Alliierten[21].

Letzthin wurde diese Konsolidierungsphase von Anfang 1956 bis Mitte 1959 zunächst marineintern zur eigenen Standortbestimmung in der Bundesrepublik Deutschland, in der WEU und in der NATO[22] beeinflußt.[23] Diese Phase war von planerischen Unsicherheiten sowie Unterbringungs- und Ausbildungsdefiziten geprägt, so daß *„eine systematische Ausbildung der Soldaten ... kaum möglich"* war. *„Die Fachausbildung kann zum großen Teil nicht vertieft werden, da praktische Übungen nicht möglich sind."*[24] Diese Defizite führte die Marineführung auf die Verzögerungen beim Ankauf ausländischer Einheiten zurück, da *„die Bereitstellung der Mittel umständlich und zeitraubend"* sei, *„so daß mit schneller Lieferung der Fahrzeuge, die dringend benötigt werden, nicht zu rechnen ist."*[25]

Die Verhandlungen mit der WEU über den Bau eines Ausbildungsschiffes verdeutlichen, daß die deutsche Marineführung begann, im deutschen ministeriellen und im internationalen Konnex Erfahrungen zu sammeln, zugleich aber auch ihre Abhängigkeiten vom alliierten System zu spüren.[26]

Insgesamt wurden die Schulschiffreisen während der Konsolidierungsphase als Mittel zur Bekräftigung deutscher Marineinteressen genutzt; den „Nebenerfolg" dieser Reisen stellte die Ausbildung des Offizier- und Unteroffiziernachwuchses dar. Ausbildung an Bord wurde somit – als eine verständliche Zeiterscheinung – Mittel zum Zweck für die Marine. Dennoch läßt sich aus den anstehenden Neubauprogrammen für die beiden Schulschiffe die Realisierung eines bewährten und durchdachten Ausbildungskonzepts in Verbindung mit einer Botschafterfunktion ablesen.

### Der Bau des Segelschulschiffes GORCH FOCK (II)

Obwohl der Bau eines Segelschulschiffes für die junge Bundesmarine in der Öffentlichkeit umstritten war, verfolgte die Marineführung unnachgiebig dieses Ziel, da hierin die Möglichkeit *„einer hervorragende[n] seemännische[n] Grundschulung, die durch andere Mittel nicht in gleicher Weise erreicht werden kann"*, gesehen wurde. *„Sie vermittelt das Kennenlernen der See als Element in der unmittelbaren Abhängigkeit des Segelschiffs von*

*Wind und Wetter."* Darüber hinaus wird der Umgang mit schwerem seemännischen Gerät auch unter widrigsten Verhältnissen gelehrt; die Arbeit in der Takelage trage zur *„Charakterstählung"* bei, formulierte Gerhard Wagner 1961.[27] Eine derartige, zu sehr an die NS-Zeit erinnernde Sprache, hätte in der Bauphase des Schiffes problematisch werden können, deswegen formulierte das Ministerium 1956, die Arbeit an Bord forme den Charakter und die Persönlichkeit, so daß trotz einer gesteigerten Technisierung am Bau des Segelschulschiffes festgehalten werde.[28] Darüber hinaus boten sich aus der Sicht des Ministeriums *„hervorragende Auswahlmöglichkeit[en] der künftigen Seeoffiziere in Bezug auf ihre Einsatzfreudigkeit und Persönlichkeit."* Zugleich würden an Bord eines Segelschulschiffes der Crewgedanke besonders gefördert und das *„Blickfeld durch kleinere Auslandsreisen"* erweitert.[29] Eine zur Offizierausbildung vergleichbare Zielsetzung wurde auch im Rahmen der Gasten- und Unteroffizierausbildung angestrebt.[30]

Am 23. August 1958 lief das Segelschulschiff GORCH FOCK (II) bei Blohm + Voss in Hamburg vom Stapel, nachdem es noch 1957 zu technischen Veränderungen aufgrund des Untergangs der PAMIR[31] gekommen war; der Segelschulschiffneubau war angelehnt an die bereits in der Kriegsmarine erbauten Segelschulschiffe GORCH FOCK (I), ALBERT LEO SCHLAGETER und HORST WESSEL. Die GORCH FOCK (II) wurde auf diese Weise als das modernste und vor allem sicherste Segelschiff der Neuzeit gebaut.[32]

Friedrich Ruge schreibt zum Neubau der GORCH FOCK (II) in seinen Erinnerungen:[33]

> *„Wir bauten ein solches Schiff, weil es nach wie vor das beste Mittel ist, den Offizieranwärtern, die in der Masse aus dem Binnenland kommen, das Gefühl für Wind und See zu geben, das gerade in einer Marine aus kleineren Schiffen unerläßlich ist. Unterricht in Meteorologie dort an Bord war viel wirksamer als im warmen Klassenzimmer der Marineschule. Dann ist es heutzutage das einzige Schiff, auf dem eine ganze Besatzung, bei uns ein ganzer Jahrgang Anwärter, in wörtlichem Sinne unter den Augen des Kommandanten auf ein Ziel hin zusammenarbeitet. Das verbindet. Die Arbeit in der Takelage erfordert Mut und Umsicht. Ein weiterer Grund war, daß dieses Schiff überall willkommen sein würde und daher als ein[e] Art politischer Eisbrecher wirken konnte, was gerade zu Anfang wichtig war."*

Die Funktion der GORCH FOCK (II) stellt sich somit wiederum als zweigeteilt dar:
- Erziehung und Ausbildung des Offizier- und Unteroffiziernachwuchses durch das Sammeln von Erfahrungen an Bord und auf See unter Einfluß der jeweiligen naturbedingten Gegebenheiten sowie eine
- *„Botschafterfunktion"* für die Bundesrepublik Deutschland, welche durch die GORCH FOCK aufgrund ihrer Ästhetik, und durch ihre Besatzung aufgrund ihres Auftretens im Ausland mit Leichtigkeit erreicht werden kann.

Es galt folglich, dem Führernachwuchs an Bord der GORCH FOCK (II) eine Standortbestimmung für sein künftiges Berufsfeld zu ermöglichen und ihn zusätzlich mit den berufsbezogenen Aufgabenfeldern als *„Staatsbürger in Uniform"* vertraut zu machen – im Bundschluß damit wurde die politisch gewollte *„Botschafterfunktion"* des Schiffes und seiner Besatzung umgesetzt. Letzteres stellte sich zunächst als eine neue Aufgabe für die Schulschiffausbildung dar, impliziert aber nichts anderes als jenes Prinzip, welches in den Vorgängermarinen bereits – unter anderen Vorzeichen und mit anderen Begrifflichkeiten – realisiert worden war.

Abbildung 78:
Das Segelschulschiff GORCH FOCK vor der Marineschule Mürwik in Flensburg
(Foto: Marineschule Mürwik, Wehrgeschichtliches Ausbildungszentrum, Bildarchiv)

### Die Phase der ersten atlantikquerenden Ausbildungsreisen – Schulfregatten, Schulgeschwader, Tender (1959-1964) und die GORCH FOCK (II)

Durch den Ankauf von insgesamt sieben Fregatten aus dem britischen Schiffsbestand im Jahre 1957/1958[34] waren Grundlagen gelegt worden, die Schulschiffreisen geographisch auszuweiten, um auf diese Weise einem weiteren Aspekt der maritimen Offizierausbildung Rechnung zu tragen: einer erlebnisorientierten Ausbildung, die durch die Erfahrung der Ferne zugleich – im wahrsten Sinne des Wortes – horizonterweiternd wirken sollte. Mit den atlantikfähigen Schulfregatten wurden zudem Möglichkeiten geschaffen, den Bündnispartner USA und Canada verstärkt in die Reiseplanungen einzubeziehen und zugleich das Einsatzgebiet in Richtung Südamerika auszuweiten. Galt es, mit den Schulfregatten den Bündnisgedanken zwischen der Bundesrepublik Deutschland und den Vereinigten Staaten stets aufs Neue zu bekräftigen, waren es die amerikanischen Leihzerstörer und amphibischen Einheiten, die den Deutschen diejenige Aufgabenerfüllung in einer nord- und ostsee- bzw. atlantikbezogenen Seekriegführung sicherte, die ihnen von der NATO – respektive von den Vereinigten Staaten – zugedacht war.[35] Dem Zeitgeist entsprechend treffend formulierte Konteradmiral John C. Daniel, Kommandant des 6. US-Kriegsmarinedistrikts, bei der Übergabe des Zerstörers RINGGOLD als Z2 an die Deutschen: *„Das Schiff wird dazu bei-*

*tragen, jene Kräfte abzuwehren, die unsere Welt versklaven wollen."*[36] Die überall in der westlichen Welt zu beobachtende, tief verwurzelte anti-sowjetische Haltung spiegelte sich nicht nur in der Memoirenliteratur der späten fünfziger Jahre wider, sondern wurde auch durch Schiffsbesuche westlicher, demokratischer Nationen dokumentiert: In denjenigen Nationen, in denen revolutionäre Kräfte Versuche unternahmen, ihre pro-westlichen Regierungen ins politische Abseits zu drängen, war die Präsenz westlicher Schiffseinheiten, zumeist Schulschiffeinheiten, auffällig hoch. Die während solcher Besuche bestätigten guten Verhältnisse zwischen den Nationen stärkten politischerseits die bestehenden Regierungen des jeweiligen Landes, sie förderten zugleich aber auch durch den Gedankenaustausch unter jungen Menschen gegenseitige Akzeptanz und die Notwendigkeit, gegen jene revolutionären Kräfte anzugehen, die Frieden und Freiheit zu bedrohen schienen.

Während der 8. AAR wurde Nassau angelaufen. In der Presse finden sich zahllose Berichte über den deutschen Schulschiffbesuch. Wird zwar ein verklärender Blick auf die Namensgebung beider Schulfregatten geworfen, so steht doch die Herkunft beider Schiffe im Vordergrund der Betrachtungen, die so zu *„wahren Symbolen der neuen ‚Entente cordiale', die das gesamte westliche Europa zusammenhalten, geworden sind."* Gemeinsam wolle man künftig kämpfen, da das deutsche Vaterland in unmittelbarer Gefahr sei. Viele junge Deutsche, die sich an Bord befänden, seien auch aus West-Berlin. Für sie sei es eine Frage von Leben und Tod, stets in der Nähe und unter der Bedrohung des Kommunismus leben zu müssen; dies müsse allen Menschen erst einmal bewußt sein und es schade nichts, darüber nachzudenken.[37]

Ebenso deutlich wurde der Kommandant, Fregattenkapitän Hartwig, in seinen Reisezwischenberichten während der 11. AAR, die nur von der Schulfregatte HIPPER unternommen wurde. Machte er zum einen nach dem Schiffsbesuch in Reykjavik deutlich, daß die Besatzung ausgesprochen freundlich aufgenommen worden sei, so sei es doch zu Einschränkungen des Besuchsprogramms durch die bestehenden Schwierigkeiten zwischen den Isländern und den Amerikanern gekommen. An der ablehnenden Haltung der Isländer gegenüber den Amerikanern, die in Keflavik einen starken Militärstützpunkt eingerichtet hatten, sei nur der kommunistische Einfluß in Island Schuld. Dieser negative Einfluß sei auch als Ursache für den bestehenden Fischereikrieg zwischen Island und Großbritannien anzusehen.[38] Diese Einschätzungen spiegeln die sicherheitspolitische westliche Bewertung in Europa deutlich wider.[39]

Nach dem Aufenthalt in Reykjavik verlegte die HIPPER nach Lagos, anschließend nach Lissabon, um an den Eröffnungsfeierlichkeiten des Denkmals für Heinrich den Seefahrer teilzunehmen. Die HIPPER und Z6 – mit dem stellv. Inspekteur der Marine, KAdm. Wagner, an Bord – nahmen am 7. August 1960 an der Flottenparade vor Sagres teil, die in Doppellinien fahrend, jeweils von einem portugiesischen und einem brasilianischen Schiff angeführt wurde. Die „Enthüllungszeremonie" an Land am 9. August wurde seeseitig von der HIPPER begleitet und zur angegebenen Zeit statt der portugiesischen Flagge die Heinrichs des Seefahrers im Topp gesetzt. An Land war die HIPPER mit einer 1/40-Abordnung vertreten. Während der Truppenparade am 10. August wurde Deutschland durch eine 1/113-Abordnung der HIPPER vertreten, wenngleich *„der Paradedienst nur mäßig"* war.

155

Zu diesen Ereignissen war auch eigens die GORCH FOCK nach Lissabon gereist. Sie stellte aufgrund ihres Charakters als Segelschulschiff eine besondere Symbolik dar.

Der Kommandant der HIPPER beschrieb in seinen Reisezwischenberichten, daß die Anwesenheit der Deutschen zwar willkommen war, dennoch werde bei solchen Anlässen deutlich, daß die Bundesmarine nur *„unter ferner liefen"* rangiere und Deutschlands Einfluß gemehrt und die politische Stellung ausgebaut werden müsse.[40] Außerdem wies der Kommandant darauf hin, daß er häufig gefragt worden sei, warum die Deutschen keine Blankwaffen trügen.[41] Friedrich Ruge wurde in seinen Erinnerungen zu dieser Frage noch deutlicher:

> *„In der folgenden Woche besuchten wir Portsmouth. Die Offiziere der Bundeswehr hatten nur eine Uniform und trugen auch bei offiziellen Gelegenheiten weder Waffe noch Orden. Das einzige, was ich tun konnte, war, ein Paar grauer Handschuhe anzuziehen. Ich muß sagen, daß ich mir nie so poplig vorgekommen bin wie in Portsmouth, als ich im Büroanzug, lediglich durch die grauen Handschuhe verschönt, der britischen Ehrenwache gegenüberstand, mit der ‚Victory' im Hintergrund und dem englischen Admiral in Paradeuniform mit Säbel und Orden, vernünftigerweise nicht mit Handschuhen, denn es war ein heißer Sommertag. Aber auch das ging vorüber ..."*[42]

Berichtete der Kommandant der HIPPER in den Reisezwischenberichten während der 11. AAR zwar hinlänglich von den Hafenaufenthalten, so waren die Hinweise auf die durchgeführte Ausbildung ausgesprochen spärlich: *„Man sei unter der Küste gefahren, um eine günstige Navigation zu ermöglichen"*; in Porto da Praia sei man sechs Tage gewesen und habe endlich Chancen gehabt, Hafenausbildung zu betreiben, wohingegen Porto Grande ein *„müder Hafen gewesen sei"*, da man *„solche Negerdörfer schon gesehen"* habe. Im Bereich der Kanarischen Inseln habe man gut Navigation üben können, wußte der Kommandant weiter zu berichten, wechselte dann aber rasch zum nächsten Hafenaufenthalt in Amsterdam: Hier mußten zivile Offizierstreifen eingerichtet werden, da die Innenstadt für die Besatzung sehr unsicher war. Ein Unteroffizier sei beim Anbordkommen ins Wasser gefallen – von der kommunistischen Presse sei dieser Vorgang ausgeschlachtet und als *„Verzweiflungstat eines jungen Mannes"* dargestellt worden, der von seinen Vorgesetzten hierzu getrieben worden sei.[43]

Freilich haben die jungen Offizieranwärter von den Ereignissen und Erlebnissen aus ihren Auslandshäfen andere Erinnerungen; dies spiegelt sich in den Bordbüchern und Bordchroniken deutlich wider. Selbst Jahrzehnte später zeigt die Schulschiffreise ihre besondere Prägung, wie Werner Rahn in seiner Rede: >„Als Mariner im kalten Krieg und heißen Frieden." Kurse und Selbstverständnis der Crew IV/60 in vierzig Jahren< am 29. April 2000 in Wilhelmshaven berichtete.[44] Neben den amüsanten Geschichten aus den Auslandshäfen wird bei Rahn aber das unterschwellig artikuliert, was auch in anderen Crewen während ihrer Schulschiffreisen zu beobachten ist: *„Das Bordklima war ganz anders als auf der GORCH FOCK – von dem Kommandanten bis zum letzten Heizer. ... Die lange Südamerikareise hat jedenfalls ganz wesentlich zum inneren Zusammenwachsen der Crew [IV/60, der Verf.] beigetragen ..."*[45] Es wird deutlich, daß sich die Offizieranwärter nicht als Bestandteil der Besatzung verstanden, und sie von den Stammbesatzungen auch nicht als solche angesehen wurden. Im Bordbuch der 8. AAR der HIPPER berichten die Offizieranwärter, daß die seemännischen Manöver, die zu absolvieren waren, ausschließlich von ihnen geübt wurden: High-line Manöver mit der GRAF SPEE, Verwarpen[46] oder Ausbringen des Lecksegels. Die Offizieranwärter sprechen an dieser Stelle vom sog. „Zirkus HIPPER"; einem Zirkus, in welchem es Akteure und Zuschauer gibt. Genau dieses Bild beschreibt das Verhältnis von Stammbesatzung zu Offizieranwärtern. Wird dieses Bild weiter gezeichnet, so wird deutlich, daß die Stammbesatzung seemännisch und betrieblich das Schiff fuhr, die Offizieranwärter wurden darüber hinaus ausgebildet. Jene Ausbildung oblag den Kadettenoffizieren, die am Ende der Reise die Offizieranwärter in der Kieler oder Eckernförder Bucht in einer Abschlußbesichtigung präsentieren mußten. Lag zwar die Gesamtverantwortung des Schiffes beim Kommandanten, so schien er gegenüber den Offizieranwärtern seinen Führungs- und Erziehungseinfluß lediglich in Form seiner Vorbildfunktion auszuüben. Welche Rolle der Großteil der Besatzung hinsichtlich des Ausbildungs- und Erziehungsauftrages zu spielen hatte, bleibt offen.

In der Phase zwischen 1959 bis zur ersten (29.) AAR des Schulschiffes DEUTSCHLAND im ersten Halbjahr 1965 wurde der Ausbildungsdienst an Bord der Schulfregatten HIPPER und GRAF SPEE (8., 10., 14., 19., 23., 27. AAR), SCHARNHORST (9. AAR; zusätzlich mit dem 1. Geleitgeschwader), BROMMY und RAULE (17. AAR) und durch HIPPER (11., 20., 25. II AAR), BROMMY (15. AAR), GRAF SPEE (11., 16., 25 I. AAR) und WESER (26., 28. AAR) als Einzelfahrer durchgeführt. Die Boote BIENE, BRUMMER, BREMSE, HUMMEL und WESPE fuhren als Schulgeschwader (12., 18., 21., 22., 24. AAR).[47]

Abbildung 79:
Offizieranwärter des Tenders WESER vor den Pyramiden von Gizeh, 1963/64
(Foto: Marineschule Mürwik, Wehrgeschichtliches Ausbildungszentrum, Bildarchiv)

## Die Kommandostruktur für die Schulschiffe

Die Schulschiffe der Bundesmarine, zunächst EIDER und TRAVE, wurden mit Wirkung vom 1. Juli 1956 vom Kommando der Marineausbildung in Kiel geführt, obwohl sie de facto noch mit Personal des Innenministeriums bereedert waren.

Nachdem im Januar 1957 das 1. Geleitgeschwader in Wilhelmshaven aufgestellt worden war, wurde dieses zunächst dem Befehlshaber der Seestreitkräfte der Nordsee (= BSN) unterstellt. Im November 1958 verlegte das Geschwader nach Cuxhaven, nachdem es zum 1. April 1958 dem Kommando der Zerstörer zugeteilt worden war. Mit Wirkung vom 1. Oktober 1959 wurde das 1. Geleitgeschwader dem Kommando der Marineausbildung in Kiel zugeordnet,[48] so daß nunmehr alle Schulschiffe diesem Kommando unterstellt, am 1. Juli 1960 zu einem Schulgeschwader vereinigt und insgesamt in Kiel stationiert werden konnten.[49] Mit Wirkung vom 1. April 1961 wurde in Kiel das Kommando der Schulschiffe[50] als zuständige Abteilung im Kommando der Marineausbildung aller Schulschiffe und des Schulgeschwaders gebildet; diese Abteilung – mittlerweile im Zentralen Marinekommando (ehemals: Kommando der Marineausbildung, umbenannt am 1. Februar 1962) – war am 5. September 1962 arbeitsfähig. Zum 15. November 1962 zog diese Kommandobehörde nach Wilhelmshaven um.[51] Das Geschwader blieb in Kiel stationiert. Am 1. Oktober 1965 wechselte erneut die Zuständigkeit für das Kommando der Schulschiffe, welches fortan von der „Inspektion des Erziehungs- und Bildungswesens der Marine" im Marineamt betreut wurde.[52]

Die Reiseplanungen wurden vom Kommandostab in enger Zusammenarbeit mit den vorgesetzten Dienststellen und dem Flottenkommando erstellt. Mitspracherechte hatten das Außen- und das Wirtschaftsministerium.[53]

Das Kommando der Schulschiffe wurde zum 30. September 1966 aufgelöst und die noch im Dienst stehenden Schulschiffe am 1. Oktober 1966 der Marineschule Mürwik unterstellt.

Das Marineamt bewertete die Eingliederung des Kommandos Schulschiffe in die MSM folgendermaßen:[54]

> „Die Eingliederung des Kommandos Schulschiffe in die MSM hat sich in der bestehenden Form nicht bewährt. Das Aufgabengebiet S3 ist zu umfangreich, um durch einen Offizier allein wahrgenommen werden zu können."

Die vom Marineamt im Jahr zuvor angestrebte STAN-Änderung für das Personal des Kommandos Schulschiffe scheint zunächst mißlungen zu sein;[55] kurze Zeit später wurde ein „Lagezimmer der Schulschiffe" an der MSM eingerichtet, welches dem S3-Bereich beigeordnet war.

Der Unterstellungswechsel der Schulschiffe an die MSM bewirkte, daß fortan die Offiziersausbildung in den Ausbildungsabschnitten „Marineschule" und „Schulschiff" eine enge Verbindung hatte.

Auf diese Weise wurden im Ansatz jene Änderungsvorschläge berücksichtigt, die bereits im Jahr 1962 von dem Kommandeur der Marineschule Mürwik, Flottillenadmiral Erdmann, formuliert worden waren:[56]

*„Wesentlicher als die fachlichen Mängel dieses Systems scheinen mir jedoch die Nachteile zu sein, die sich aus ihm bezüglich der erzieherischen Beeinflussung und Führung der Offizieranwärter ergeben. Es ist auffällig, daß die Offizieranwärter, wenn sie nach 15monatiger Dienstzeit auf die Marineschule Mürwik kommen, in der Masse als Mensch, Persönlichkeit und Soldat ausgesprochen labil und ungeprägt sind. Diese Feststellung, die die Erziehungsarbeit an der Marineschule nicht unwesentlich erschwert, führe ich mit darauf zurück, daß die Offizieranwärter in der vor der Marineschule liegenden Ausbildungszeit durch die Hände von vier verschiedenen Disziplinarvorgesetzten gegangen sind, ohne daß der einzelne in ausreichendem Maße Gelegenheit gehabt hätte, seine Offizieranwärter erzieherisch entscheidend zu beeinflussen und zu prägen. Ich bin aus den oben erwähnten Gründen der Auffassung, daß wir ein Ausbildungssystem schaffen sollten, bei dem der Offizieranwärter über längere Strecken seiner Ausbildung in den Händen desselben Disziplinarvorgesetzten ist bzw. wieder zurückkehrt, bei der die einzelnen Ausbildungsabschnitte aufeinander abgestimmt sind, aufeinander aufbauen und fließend ineinander übergeben und bei der Theorie und Praxis in ständigem Wechsel sich ablösen, um bei den Offizieranwärtern die vielfach beobachtete Lehrgangsmüdigkeit zu vermeiden. ... Voraussetzung für dieses Ausbildungssystem wäre, daß dem Kommandeur der Marineschule Mürwik über die an der Marineschule Mürwik stattfindenden Ausbildungsabschnitte hinaus, den Ausbildungsabschnitten auf der GORCH FOCK und den Schulfregatten ein Mitsprache- bzw. Weisungsrecht eingeräumt würde. Darüber hinaus müßte er für die personalwirtschaftliche Steuerung der Offizieranwärter vom Eintritt bis zur praktischen Bordausbildung als Fähnrich verantwortlich sein. Dieses Ausbildungssystem würde in etwa dem College- oder Akademiesystem anderer Marinen entsprechen und sollte m.E. bei uns eingeführt werden, wenn wir in der Kürze der uns zur Verfügung stehenden Zeit Offizieranwärter mit dem größtmöglichen erzieherischen und fachwissenschaftlichen Nutzen ausbilden wollen."*

### Schulschiff DEUTSCHLAND – Ausbildungsauftrag und politisches Symbol

Das am 11. September 1959 bei der Nobiskrug-Werft in Rendsburg auf Kiel gelegte und am 5. November 1960 vom Stapel gelaufene Schiff symbolisierte nicht nur den Willen der Bundesmarine, am Ausbildungskonzept „Schulschiff" mit optimiertem Gerät festzuhalten, sondern verdeutlicht zudem denjenigen Auftrag, der diesem Schiff von der Politik zugedacht wurde. Bundespräsident Heinrich Lübke betonte während des Stapellaufs den Symbolcharakter des Namens und wies daraufhin, daß die

*„Erfahrungen unserer jüngsten Vergangenheit und die bitteren Erkenntnisse der Nachkriegszeit"* uns zeigen, *„wohin es führt, wenn unter Mißachtung von Recht und Sitte eine Politik der Gewalt betrieben wird. Gerade aber aus dieser Erfahrung dürfen wir nicht zulassen, daß ein anderes Gewaltregime uns als Spielball seiner Machtansprüche ansieht und behandelt. ... Wir haben uns ... einem Verteidigungsbündnis gleichgesinnter Völker angeschlossen, um in ehrlicher Partnerschaft daran mitzuwirken, ein Bollwerk der Freiheit und des Friedens in Europa aufzurichten. Es ist der Sinn der Aufstellung deutscher Streitkräfte."*[57]

Die DEUTSCHLAND realisiere nicht nur einen wichtigen Ausbildungsauftrag und wirke so auf den Erziehungsprozeß ein, sondern sei *„ein Ausdruck unseres politischen Willens zu Freiheit und Einheit."*[58]

Die Anforderungen der Marineführung an das Schulschiff, die eine „Optimallösung" anstrebte,[59] waren für die Werft nur schwerlich zu realisieren: Zum ersten sollte auf dem Schulschiff eine gesamte Offizieranwärtercrew in Stärke von 250 Kadetten gemeinsam ausgebildet werden können. Zum zweiten galt es, diejenigen Waffensysteme, Sensoren und Effektoren sowie Antriebs- und Schiffsbetriebsanlagen an Bord zu installieren, die der Offizieranwärter während seiner späteren Verwendungszeit an Bord der Einheiten der Flotte vorfinden wird.[60] Konnte letztere Forderung relativ einfach realisiert werden, so bot die Lösung der Unterbringungs- und Unterrichtsraum-Forderung zunächst Schwierigkeiten.[61] Die ursprünglich 298 Mann starke Stammbesatzung sollte in Decks mit festen Kojen, die rund 250 Offizieranwärter sollten in Hängematten untergebracht werden. Der an Bord eingerichtete Kinosaal sollte, ebenso wie einige Wohndecks, als Unterrichtsraum dienen. Die Schiffsbetriebsräume wurden ebenfalls großzügiger gestaltet, um auch diese für Unterrichtszwecke nutzen zu können. Ein zweites Signaldeck, ein Ersatz-Kartenraum und Ersatz-Steuerstand sollten eine optimale Ausbildung gewährleisten.[62] Zusätzliche Kutter und Pinassen sowie Einrichtungen für die Versorgung in See (RAS) sollten die seemännische Ausbildung während der langen Seereisen verbessern. Insgesamt sollten an Bord ursprünglich vier Kutter (zwei Motorrettungskutter, zwei V-Boote), ein Kommandantenboot und ein kleines Offiziersboot untergebracht werden. Für Sportzwecke sollten nach Möglichkeit zwei bis sechs Segeljollen dem Schiff zugeordnet werden. Hinsichtlich dieser Forderungen gab es während der Realisierungsphase Einschränkungen – die Forderung nach einem Hubschrauber wurde ebenfalls nicht erfüllt.[63] Hingegen wurden die Sanitätseinrichtungen mit Schiffslazarett, Zahnstation und Schiffsapotheke umfangreicher bemessen, um die medizinische Versorgung während längerer Seereisen zu gewährleisten. Eine Bordschusterei, Schneiderei und Wäscherei regelten weitere Bedürfnisse, die an Bord entstehen würden.

Aufgrund der auf den Ausbildungsbetrieb abgestimmten Waffen- und Antriebsanlagenvielfalt wurde der DEUTSCHLAND in der Flotte schon bald der Spitzname *„Lego-Dampfer"* übertragen. Aufgrund des eigentümlichen Seegangsverhaltens erhielt sie von den Stammbesatzungen und den Offizieranwärtern rasch den Beinamen *„Schwangere Ente"*: Selbst bei bestem Wetter und geringster Dünung schlingerte und schaukelte die DEUTSCHLAND – bei schlechtem Wetter hingegen lag sie häufig sicher wie ein Brett im Wasser.

Die von Bundespräsident Lübke während des Stapellaufs formulierte politische Zielsetzung wurde durch diejenige von Vizeadmiral Ruge ergänzt: [64]

> *„Das Schiff wird nicht als Kampfschiff erster Klasse gebaut, sondern für die wichtigste Aufgabe der Ausbildung. Da kommt es nicht so sehr auf starke Bewaffnung und hohe Geschwindigkeit an, sondern vielmehr auf zweckorientierte Einrichtungen für Unterricht und Instruktion. Diese in dem uns gesteckten Rahmen zu schaffen, ist hier gut gelungen. Alle Hilfsmittel und auch Raum genug sind vorhanden, um auf See und im Hafen einer großen Zahl von Offizieranwärtern erstklassige Ausbildung zu geben.*
> *Auf diesem Schiff wird jedesmal ein ganzer Jahrgang von Kadetten auf große Fahrt gehen, nachdem sie vorher in einer Ausbildungsabteilung die militärischen Grundlagen erlernt haben, auf dem Segelschiff die der Seemannschaft und auf der technischen Marineschule die der für eine moderne Marine besonders wichtigen Technik. Darauf aufbauend, werden sie hier in drei Abschnitten Schiffsführung, Schiffsantrieb und Waffen kennenlernen und*

*ein gutes Bild von dem Wesen und Zusammenwirken dieser drei technischen Hauptgrundlagen ihres Berufes in der Praxis bekommen."*

Ferner komme es darauf an, daß der Offizieranwärter – und dies könne ihm nicht in der Heimat vermittelt werden – mit den Angehörigen anderer NATO-Marinen zusammenarbeite und die anderer Staaten kennenlerne. Eine gute häusliche Erziehung und schulische Ausbildung gebe hierfür die Gewähr – die Marine könne diese Fähigkeiten nur weiterentwickeln. Mit dem Hinweis, die Offizieranwärter müssen sich *„in fremden Sprachen verständigen, über unser eigenes Land Rede und Antwort stehen, und dazu über unsere Geschichte, unsere sozialen Verhältnisse, unsere Ziele im Bilde sein und sich ausdrücken können"*, denn *„von der Art, wie sie das tun und wie sie auftreten, wird es abhängen, wieviel Verständnis für unser Volk sie schaffen,"* endeten die Ausführungen des Inspekteurs.

Die von Friedrich Ruge artikulierten Forderungen an den Offiziernachwuchs sind keine neuen gewesen. Sie spiegeln vielmehr Erfahrungen seiner eigenen Sozialisation wider und dokumentieren, wie eng die Entstehungsgeschichte der Bundesmarine mit der ihrer Vorgängermarinen verbunden ist. Die Betonung der häuslichen Erziehung ist jene, die sich an den Forderungen für den Seeoffiziernachwuchs der kaiserlichen Marine orientierte und so den Ausbildungsauftrag der Marine vor den Erziehungsauftrag durch die Marine stellte. Auf diese Weise wird das Handeln der Vorgesetzten an Bord verstehbar: Es galt auszubilden – erzogen wurde nach dem Prinzip des „Führens durch Vorbild" – das war das Verständnis der Weiterentwicklung von Grundlagen, die aus der Familie und der Schule mitgebracht worden waren.[65] Ruge gehörte damit aber zu den wenigen Offizieren, die den Begriff der *Erziehung* überhaupt thematisierten.

Der „Doppelauftrag" des Schulschiffes DEUTSCHLAND läßt sich wie folgt zusammenfassen:

– An Bord des Schulschiffes sollen Grundlagen gelegt werden, die dem Offizieranwärter technisches Know-how für seinen späteren Beruf vermitteln und ihn zugleich befähigen, das erweiterte Berufsfeld als Marineoffizier im Umgang mit fremden Marinen und durch eigene Erfahrungen in anderen Staaten kennenzulernen.
– Die Präsenz des Schulschiffes und das Auftreten der Besatzungen im Ausland stärken und fördern das Ansehen der deutschen Politik und der Wirtschaft in den besuchten Ländern und stellen sich so als „Visitenkarte" der Bundesrepublik Deutschland dar.

## Die GORCH FOCK als „Botschafterin in Blau" und als Ausbildungsplattform für die seemännische Grundausbildung

Das Segelschulschiff GORCH FOCK (II) stellte am 17. Dezember 1958 in Dienst und diente in der Bundesmarine stets in zwei Aufgabengebieten:

– Sie bildet die Ausbildungsplattform für die seemännische Grundausbildung. Schiff und Besatzung erfüllen so zu Beginn des Berufswerdungsprozesses zum Marineoffizier einen entscheidenden Ausbildungs- und Erziehungsauftrag.

– Sie ist das Repräsentationsschiff der Bundesrepublik Deutschland und der Bundesmarine durch Präsenz auf den Weltmeeren, durch Hafenbesuche und durch Teilnahmen an internationalen Segelregatten. Sie gilt als „Nicht-Kriegsschiff".

Die erste Auslandsausbildungsreise führte die GORCH FOCK vom 3. August bis zum 23. September 1959 nach Santa Cruz auf den Kanarischen Inseln.

Die GORCH FOCK findet nachwievor in der Öffentlichkeit ein starkes Interesse; an ihr machen sich Reste einer verklärenden Seefahrerromantik fest, wenngleich die Offizieranwärter die Anwesenheit an Bord während ihrer Ausbildungszeit eher mit schwerer körperlicher Arbeit und ersten, auch unangenehmen Erfahrungen an Bord verbinden. Wirkt für den angehenden Marineoffiziere häufig die Ausbildung an Bord der GORCH FOCK als „Entzauberung der Seefahrtsromantik", werden ihre Anwesenheit und ihre Fahrten in der Öffentlichkeit ganz anders wahrgenommen. In den Medien finden die Auslandsausbildungsfahrten und die Teilnahmen an Großseglerwettbewerben eine starke Resonanz; die Anwesenheit des Großseglers während der Hanse-Sail und der Kieler Woche findet stets aufs Neue eine öffentlichkeitswirksame Berichterstattung.

Die Anwesenheit der GORCH FOCK bei maritimen Großereignissen weltweit wird mittlerweile erwartet. Bereits 1960 hatte sie mit acht weiteren Großseglern an einer Parade aus Anlaß des 500. Todestages Heinrichs des Seefahrers teilgenommen, war 1964 Vertreterin der Bundesrepublik Deutschland bei der New Yorker Weltausstellung und 1976 anläßlich der amerikanischen 200-Jahr-Feier. 1972 war sie bei den Olympischen Spielen, 1974 besuchte sie als erstes deutsches Kriegsschiff die Stadt Gdingen nach dem Zweiten Weltkrieg im Rahmen einer Großsegler-Regatta von Kopenhagen nach Gdingen.

Zum 25 jährigen Jubiläum der GORCH FOCK im Jahr 1983 konnte eine respektable Bilanz gezogen werden: Auf insgesamt 70 Auslandsausbildungsreisen wurden 8.387 Lehrgangsteilnehmer ausgebildet und während 205 Aufenthalten in 111 Häfen 25 Länder besucht. Die GORCH FOCK nahm an dreizehn „Sail Training Association"-Regatten teil und erreichte sechsmal den ersten Platz. Insgesamt legte sie 335.000 sm zurück.[66]

Zu ihren ursprünglichen Aufträgen ist sicherlich ein weiterer zu nennen, der von der Marine nicht unterschätzt wird:

– Die GORCH FOCK hat die Aufgabe, als maritimer Multiplikator in der eigenen Bevölkerung zu wirken; somit ist sie ein Element der maritimen Öffentlichkeitsarbeit.

Da die GORCH FOCK diejenige Schiffseinheit der Marine ist, mit welcher der Offiziernachwuchs als erste in Berührung kommt, ist diese Prägungsphase durch Schiff und Besatzung besonders bedeutsam. Hauptaufgabe ist es, die jungen Offizieranwärter hart und fordernd mit dem Naturelement „Wasser" vertraut zu machen – Ziel ist es nicht, den Nachwuchs von der Seefahrt abzuschrecken. Da der Auftragsbereich des Schiffes weit gefächert ist, wird es erforderlich, die geeigneten Schwerpunkte zu legen. Primäre Ziele waren stets die seemännische Grundausbildung und die Erziehung an Bord – nicht das Siegen bei Segelregatten, die zwar den positiven Ruf der GORCH FOCK (und ihrer Kommandanten) und damit der Marine verbessern, im Sinne der

Nachwuchssicherung aber kontraproduktiv sein können. Moderne Ausbildungs- und Erziehungskonzepte stellen körperlichen und geistigen Anforderungsprofilen stets erlebnisorientierte und arbeitsentlastende Momente gegenüber, die insgesamt eine persönlichkeitsprägende Wirkung bei den Rezipienten entfalten.

Werner Rahn erinnert sich an seine Schulschiffreise im Jahr 1960:[67]

> *„Die* GORCH-FOCK-*Reise ins Mittelmeer über Ostende und Lissabon bildete den ersten Höhepunkt der BOA-Ausbildung. Für viele erfüllte sich ein Traum, der manchen Unbill und Ärger in den Hintergrund drängte. Das Schiff konfrontierte uns mit Wind und See und verlangte vollen Einsatz in der Takelage. Wir lernten, daß nur ein eingespieltes Team ein gemeinsames Ziel erreichen kann, und waren dann stolz, wenn zum Beispiel ein nächtliches Kuttermanöver reibungslos klappte. Doch auch die Enttäuschung soll nicht verschwiegen werden, wenn nach solchen Leistungen die Anerkennung durch Vorgesetzte meist ausblieb. Auf der Rückreise sackte die Stimmung zeitweilig so ab, daß es beim abendlichen Singen an Oberdeck zu einer Verweigerungshaltung kam. Kommandant und Offiziere erkannten wohl nicht die Ursachen und versuchten statt dessen, uns mit Härte zu disziplinieren. Das Ergebnis war entsprechend und führte bei einigen zu ernsten Zweifeln hinsichtlich der Berufswahl. Als wir am 24. September 1960 in Bremerhaven einliefen, ... waren wir froh, die* GORCH FOCK *hinter uns zu lassen. – Heute im Abstand von 40 Jahren hat sich dieses Bild verändert, im Rückblick überwiegt der Stolz, auch auf diesem schönsten und bekanntesten Schiff der Marine gefahren zu sein."*

Rahn thematisiert, daß in der Rückschau auf die Ausbildungszeit an Bord der GORCH FOCK positive Erinnerungen und Stolz geblieben sind. Dieses Phänomen, durch zeitlichen Abstand zu anderen Bewertungen und Einschätzungen zu gelangen, ist hinlänglich bekannt. Den Offizieranwärtern allerdings, die sich aufgrund ihrer schlechten Erfahrungen an Bord der GORCH FOCK gegen den Beruf des Marineoffiziers entschieden haben, ist diese Erfahrung nicht vergönnt. Es stimmt bedenklich, wenn Offizieranwärter der jungen 90er- und 2000er-Crewen die Schulschiffreise auf der GORCH FOCK in ähnlicher Weise beurteilen, wie Rahn es rückblickend für die Reise des Jahres 1960 beschrieben hat.[68]

### Ausbildung und Erziehung an Bord des Schulschiffes DEUTSCHLAND

Mit der ersten Auslandsausbildungsreise des Schulschiffes DEUTSCHLAND, der 29. AAR, vom 26. Januar 1965 bis zum 29. Juni 1965, waren die Konsolidierungs- und Übergangsphase der jungen Bundesmarine hinsichtlich der Realisierung des Ausbildungskonzeptes „Schulschiff" abgeschlossen worden. Mit dem Einsatz dieses Schulschiffes[69] wurde die provisorische Phase der Offizieranwärterausbildung an Bord beendet und auch der Typenvielfalt von Schulschiffen ein Ende bereitet.[70] Planerisch erfolgte die Nutzung der DEUTSCHLAND allerdings vier Jahre zu spät.[71]

Abbildung 80:
Schulschiff DEUTSCHLAND
(Foto: Marineschule Mürwik, Wehrgeschichtliches Ausbildungszentrum, Bildarchiv)

Die Optimallösung für die Ausbildung mußte jedoch zudem Möglichkeiten schaffen, daß die Schulschiffbesatzungen in See ihre seemännischen Manöver im Verband, respektive mit einem anderen Schiff absolvieren konnten. Hierzu wurde es erforderlich, weitere Schiffe, die vergleichbaren Anforderungen wie die DEUTSCHLAND standhielten, zu realisieren. War der Tender WESER, der 1965 dem Schnellbootgeschwader zugeordnet wurde, bereits ausbildungserprobt, so wurden die späteren Tender DONAU und RUHR auch für eine Schulschiffrolle zugeschnitten gebaut und stellten eine Art von Verbandsausbildung sicher.[72] Der Ausbildungsauftrag während der 35. AAR im Jahr 1967 auf der DONAU war für die Crew X/66 wie folgt:

- den Offizieranwärtern praktische Grundkenntnisse im Borddienst aus den Fachgebieten aller drei Hauptabschnitte zu vermitteln,
- sie die Bordroutine erleben zu lassen und diese ihnen verständlich und einsichtig zu machen,
- sie an Waffen, Anlagen und Geräten aller drei Hauptabschnitte einzusetzen.[73]

Mit dem Wegfall dieser Einheiten für die Schulschiffausbildung wurden zeitweilig aktive Einheiten der Flotte für bestimmte Fahrtabschnitte als „Übungsgegner" – beispielsweise die Fregatte EMDEN während der 57. AAR von der Deutschen Bucht bis Port Said – abgestellt, oder Einheiten – beispielsweise Tender WERRA während der letzten, der 68. AAR der DEUTSCHLAND – für die gesamte Ausbildungsfahrt, mit der Maßgabe ebenfalls Kadetten auszubilden, abgeteilt. Während der Reisen blieb die DEUTSCHLAND zumeist Einzelfahrer und konnte so ihre seemännischen und taktischen Fähigkeiten nur während eines *Passex* in außerheimischen Gewässern trainieren. Mit allen NATO-Marinen wurden so diejenigen NATO-Standard-Manöver auch von der DEUTSCHLAND geübt, die von den Einheiten der deutschen Flotte ebenfalls verlangt wurden.[74]

Abbildung 81:
Schulschifftreffen im Mittelmeer 1971: Segelschulschiff GORCH FOCK,
Schulschiff RUHR und Schulschiff DEUTSCHLAND
(Foto: Marineschule Mürwik, Wehrgeschichtliches Ausbildungszentrum, Bildarchiv)

Abbildung 82:
Schulschiff DONAU
(Foto: Marineschule Mürwik, Wehrgeschichtliches Ausbildungszentrum, Bildarchiv)

Der Ausbildungsdienst an Bord der DEUTSCHLAND gliederte sich insgesamt in vier Funktionsgruppen:[75]

| Zeitabschnitte | A | B | C | D |
|---|---|---|---|---|
| Funktionsgruppen (jeweils 15 OA) im Tagesdienst, theoretischer und praktischer Dienst | Decksdienst Waffeneinweisung | Ortungsdienst | Navigation Fernmeldedienst | Schiffstechnischer Dienst |
| Funktionsgruppen (pro Wache 5 OA) im Wachdienst | Teilnahme an der Brückenwache | Teilnahme an den OPZ-Wachen | Teilnahme an der Navigationswache und am Fernmeldedienst in der OPZ | Teilnahme am schiffstechnischen Wachdienst |

Disziplinarrechtlich unterstanden die Kadetten dem Ersten Offizier, ausgebildet wurden sie von den Angehörigen der Kadettendivision, später dem Hauptabschnitt OA, vom Kadettenoffizier geführt, der bis 1986 festes Besatzungsmitglied des DEUTSCHLAND war. Seit 1986 wurden die Inspektionschefs der Marineschule Mürwik für die jeweiligen Ausbildungsreisen als Kadettenoffiziere eingeschifft. Die Ausbildungsoffiziere (II AO, II NO, SperrO, II OrtO, II AnO) gehörten seit 1967/68 zur Stammbesatzung und wurden je nach Bedarf von Angehörigen der Stammbesatzung unterstützt.[76] Der K-Div übernahm die Aufgaben des Hauptabschnittsbootsmannes.

Neben dem Ausbildungsdienst wurden maritime Traditionen an Bord des Schulschiffes – wie an Bord aller anderen fahrenden Einheiten – gepflegt, die sich in der Schiffsroutine spiegelten. Der Gebrauch maritimer Begrifflichkeiten im täglichen Leben der Bordgemeinschaft, die Gewährleistung des Bordzeremoniells im Auslands- und Heimathafen sowie die Pflege der Kameradschaft durch gemeinsame Abende an Bord und im Hafen ergänzten den Ausbildungsauftrag und boten zugleich Erziehungsimpulse. Nicht unerwähnt bleiben dürfen die ritualisierten Taufen bei Überschreiten des Äquators und des Polarkreises. Die Bordbücher und Schiffsreiseberichte sind ein lebendiges und beredtes Zeugnis dieser Ereignisse.

Die Ausbildungszeit an Bord der Schulschiffe hat seit 1965 kontinuierlich abgenommen, so daß berechtigterweise seit 1969, spätestens seit 1973, nach Umstellung des Ausbildungsganges durch die Einführung des wissenschaftlichen Studienganges an den Bundeswehrhochschulen, heutzutage Universitäten der Bundeswehr, nur noch von einem „Bordpraktikum" gesprochen werden konnte.[77] Das Praktikum sollte jedoch auch weiterhin die Kopplung von Theorie und Praxis gewährleisten.[78] Dieses Prinzip konnte sich an Bord des Schulschiffes nicht in allen Bereichen realisieren lassen, da einige Teilbereiche der Ausbildung für eine rein praxisbetonte Ausbildung (Ortung und Fernmeldedienst) ungeeignet waren.

Können wir uns im Rahmen der Schulschiffausbildung den Ausbildungsfragen qualitativ und quantitativ rasch nähern, so gestaltet es sich schwieriger, den Komplex der *Erziehung* an Bord zu fassen. Der Erziehungsbegriff hat sich im Verlauf der vergangenen 50 Jahre verändert. Es stellt sich die Frage, inwieweit die Marine den kompensatorischen Forderungen an die Erziehung in der postfamiliären und postschulischen Phase nachgekommen ist, oder ob ausschließlich dem Verständnis des „Führens durch Vorbild" weiterhin gefolgt wurde und vielleicht heute noch gefolgt wird.

Der Erziehungsprozeß als Bestandteil des menschlichen Sozialisationsprozesses soll dem Einzelnen eine Standortbestimmung innerhalb der Gesellschaft ermöglichen, die an die sozialen, ethischen und religiösen Wertvorstellungen gebunden ist. Er wird dabei bewußt und unbewußt auf der Grundlage von Erfahrungen, Einsichten und eigenen Motivationen beeinflußt. Aus diesem Grund kommt jedem Menschen – jeder Erwachsene und Vorgesetzte ist ständig „erzieherisch" tätig – eine besondere Verantwortung zu.

An Bord des Schulschiffes DEUTSCHLAND konnten sicherlich berufsbezogene Erziehungsimpulse gesetzt werden, die den Offizieranwärtern eine eigene Standortbestimmung ermöglicht haben. Das Erleben der Naturgewalten an Bord, das häufig nur durch verständnisvolle Kameraden und Vorgesetzte erträglich wurde, das Erleben der Bordgemeinschaft, das gegenseitige Achtung und Verständnis erforderte, das Erleben fremder Kulturen, das Weltoffenheit und Toleranz förderte sowie das Erleben repräsentativer Aufgaben, welches die dienende Funktion des Berufes verdeutlichte, setzten Impulse zur Standortbestimmung des Einzelnen, ohne daß der Erfolg sofort meßbar wurde. Aus diesen Gründen erscheint es verfehlt, das „gute Vorbild des Vorgesetzten" zu überbetonen, da es der Fülle von Erziehungsimpulsen widerspricht. Inwieweit sich „gute Vorbilder" dort finden ließen, wo einem übertriebenen Standesdenken in der Offiziermesse nachgegangen wurde, erscheint zweifelhaft. Wenn deutsche Marineoffiziere auf Island, bekleidet mit ihrer Khaki-Uniform, der Kommandant mit hellem Mantel, einen Reitausflug unternehmen,[79] wovon Bilddokumente Zeugnis ablegen, schien auch das mit der erzieherischen Vorbildfunktion vereinbar gewesen zu sein.

Wichtige Erziehungsimpulse wurden durch Gespräche zwischen Vorgesetzten und Offizieranwärtern gegeben. Die Kommandanten der DEUTSCHLAND nutzten dazu Zeiten auf der Brücke, in den Schiffsbetriebsräumen oder bei Bordfesten. Weitere Möglichkeiten boten Gespräche auf der Kommandantenkammer während gemeinsamer Mittagessen. Der Kommandant Karl Peter berichtet 1968 davon und geht zugleich auf den „Erziehungsprozeß" ein:[80]

> *„Zweimal in der Woche habe ich mittags Kadetten zum Essen bei mir in der Kajüte. Das ist recht aufschlussreich. Zu Anfang sind sie sehr gehemmt, einige auch linkisch, tauen aber später beim Kaffee auf und stellen dann viele Fragen. Manche der Zeitoffizieranwärter haben offenbar noch unklare Vorstellungen über ihren späteren Berufsweg. Darauf aufmerksam gemacht, heißt es dann: ‚Vielleicht bleibe ich auch bei der Marine.' Überzeugend klingt das selten.*
> *Ihre soldatischen Formen sind wenig gefestigt. Das macht sie unsicher. Form ist eben Macht an sich, was heute oft übersehen wird. Wir täten wohl gut daran, wenn wir ihnen von Anfang an etwas mehr mitgeben würden, doch kostet das Zeit.*
> *Ich habe mir in den Jahren viele Gedanken über die Offizieranwärterausbildung gemacht, mit der ich in meiner Dienstzeit im In- und Ausland so viel zu tun hatte. Besonders Annapolis und Westpoint haben starke Anregungen gegeben und immer wieder zu Vergleichen gezwungen.*

Abbildung 83:
Offiziere und Portepeeunteroffiziere des Segelschulschiffes
GORCH FOCK beim Ausritt auf Island
(Foto: Marineschule Mürwik, Wehrgeschichtliches Ausbildungszentrum, Bildarchiv)

*Ich glaube, dass die ‚Akademie-Lösung' in reiner Form für unsere Zeit besser ist – vor allem deswegen, weil sie mit ihrem eigentümlichen Eigenleben die oft negativen Umwelteinflüsse, denen junge Menschen besonders stark ausgesetzt sind, aufzufangen vermag. Der Faktor ‚Erziehung' aber kommt stärker zur Wirkung.*

*<u>Unser</u> System – mit dem häufigen Wechsel des Ausbildungsplatzes, ganz zu schweigen vom damit verbundenen Wechsel der Vorgesetzten – ist pädagogisch sicher nicht richtig. Die „Erziehung" kommt zu kurz. ‚Erziehung' <u>und</u> ‚Ausbildung' runden erst die Sache ab.*

*Natürlich bringt jede Akademie-Lösung weniger praktischen Dienst mit sich als unser jetziges System. Doch kann der in Kauf genommen werden, muss in Kauf genommen werden angesichts der Fülle des zu lernenden theoretischen Stoffes.*

*Es bleibt darüber hinaus die grundsätzliche Frage, ob man in der heutigen Zeit <u>nur</u> auf den Soldatenberuf hin, d.h. speziell, ausbilden oder ein weiter gestecktes Ziel setzen sollte. Die US-Kriegsschulen haben diese Frage eindeutig beantwortet. Ihre Zielsetzung geht dahin, dass der angehende Offizier dahin gebracht werden soll, dass er ‚nach Charakter und Wissen fähig ist, höchste Verantwortung im öffentlichen Leben und im Staat zu übernehmen.'*

*Im Grunde kommen wir um eine weitere Anhebung des Bildungsstandes und des Wissens nicht herum, wenn wir das Ansehen des Offiziersstandes auf lange Sicht heben wollen. Neben dem Leutnant-Patent sollte am Ende des „Studiums" ein wissenschaftlicher Grad (wie in den USA) stehen, der auch zivile Türen öffnet.*

*Als mögliche Endlösung käme nach meiner Vorstellung eine Wehruniversität in Betracht, an der die BOA von Heer, Luftwaffe und Marine <u>gemeinsam</u> erzogen und ausgebildet* *werden. Die Japaner haben diesen Weg nach dem 2. Weltkrieg mit ihrer Verteidigungsakademie beschritten.*

*Eine ‚Wehruni' könnte Qualitäts- und Quantitätssteigerung bedeuten. Natürlich wäre eine reine Akademie-Lösung auch für die Marine allein in Mürwik denkbar. Sinnvoll wäre sie aber nur, wenn sie rassenrein ist."*

Das Mittagessen auf der Kommandantenkammer wurde bis zur Außerdienststellung des Schulschiffes DEUTSCHLAND beibehalten.

Die Zielsetzungen des „Praktikums Schulschiff" können wie folgt zusammengefaßt werden:

– Praxisbezogene Ausbildung.
– Berufsbezogene Erziehungsimpulse durch das Vertrautwerden mit dem Naturelement „See", durch die Erfahrung der Bordgemeinschaft, durch Weltoffenheit und Urteilsvermögen sowie durch ein staatsbürgerliches Bewußtsein und die Wahrnehmung der Funktion eines „Botschafters in Blau".[81]
– Vermittlung von maritimen Traditionen.

Deutlich ist, daß in den so formulierten Zielsetzungen eine Bewußtseinsveränderung im Gegensatz zu den bisherig genannten Aufgabenbereichen erkennbar wird. Der Offizieranwärter steht schärfer im Focus der Betrachtung, die Rolle des Schiffes tritt, angelehnt an die Optimierung der Offizierausbildung der siebziger und achtziger Jahre, in den Hintergrund. Die Frage allerdings bleibt, ob dieser Wandel auch im Bewußtsein der Stammbesatzungen des Schulschiffes DEUTSCHLAND auf Resonanz stieß, oder ob das von der Schulfregatte HIPPER gezeichnete Bild der Ausbildung von einem „Zirkus" auch an Bord der DEUTSCHLAND fortlebte? Zur Beantwortung dieser Frage sind allerdings weniger die Meinungen der Stammbesatzungen erforderlich denn die subjektiven Erfahrungen der Offizieranwärter.

Das Schulschiff DEUTSCHLAND beendete seinen Ausbildungsdienst für die Offizierausbildung mit Festmachen in Kiel am 12. September 1989 nach der 68. AAR. Die letzte Reise der DEUTSCHLAND war alles andere als eine Abschiedsreise. Kristiansand in Südnorwegen bildete den letzten Hafen des Schulschiffes, das bis dahin auf insgesamt 35 Reisen ungefähr 700.000 sm versegelt und in 74 Ländern insgesamt 129 Häfen angelaufen hatte.[82] Das letzte Einlaufen in Kiel wurde zudem von einem traurigen Ereignis überschattet: Die DEUTSCHLAND und der Tender WERRA mußten im Skagerrak die Bergung der Leichen eines Flugzeugabsturzes koordinieren.[83]

Die Außerdienststellung des Schulschiffes kam für die Besatzung der DEUTSCHLAND überraschend; bei der Reiseplanung konnte dies noch nicht berücksichtigt werden. Der „Opfergang" des Inspekteurs der Marine, Vizeadmiral Mann, auf diese Weise Grundlagen legen zu wollen, um das Strukturmodell „Marine 2005" (= „Sylter Flotte") zu realisieren, hat der Marine im Ansehen der Politik sicherlich nachhaltig wohlgetan, bei den sich anschließenden Strukturplanungen hingegen hat die Marine durch eine bereits veränderte Ausgangsbasis gegenüber dem Heer und der Luftwaffe eher schlecht abgeschnitten.

Unbenommen bleibt, daß das Schulschiff DEUTSCHLAND im Laufe seiner Indiensthaltung mit veralteten Waffensystemen und Schiffsbetriebsanlagen zur See fahren mußte, so daß die „berufsbezogene Ausbildungspraxis" mehr und mehr inhaltlich ausgehöhlt wurde, da die Schulschiffausrüstung schon längst nicht mehr die Modernität der Flotte abbildete.

Abbildung 84:
Offizieranwärter der DEUTSCHLAND in Indonesien 1974
(Foto: Marineschule Mürwik, Wehrgeschichtliches Ausbildungszentrum, Bildarchiv)

Im Jahr 1983 wurde beschlossen, die DEUTSCHLAND noch bis in das Jahr 2000 in Dienst zu halten, obwohl Experten schon damals zu bedenken gaben, daß die *„derzeitige Ausrüstung mit Ortungs-, Feuerleit- und Waffenanlagen heute nur noch knapp und in den 90er Jahren überhaupt nicht mehr den Verhältnissen der Flotte entspricht."*[84] Jürgen Rhades hat in seinem 1987 veröffentlichten Buch über die Geschichte des Schulschiffes DEUTSCHLAND das Projekt eines „Training Ship for the Navies of the World" der Nobiskrug-Werft vorgestellt.[85] In einem Interview während der Südamerika-Auslandsreise im Jahr 1986 hat der Kommandant Wulf D. Plesmann zwei Alternativen aufgezeigt, um die Schulschiffausbildung „nach der DEUTSCHLAND" zu gewährleisten: Entweder werde die Offizierausbildung an die Flotte delegiert und so in den Fahrt- und Ausbildungsbetrieb der Flotte integriert, oder die Marine beschaffe zwei sog. MEKO-Fregatten – Blohm + Voss hatte zu diesem Zeitpunkt verschiedene Rüstungsprojekte dieses Schiffstyps bereits realisiert –, die ab Mitte der neunziger Jahre den Ausbildungsbetrieb gewährleisten.[86]

### „Praktikum Flotte" heute

Seit der Außerdienststellung der DEUTSCHLAND wird das „Praktikum Flotte" als integraler Bestandteil der Offizierausbildung an Bord der seegehenden Einheiten der

Deutschen Marine, an der Marineschule Mürwik in der 2. und 3. Inspektion der Lehrgang „Offizierlehrgang für Offizieranwärter im Truppendienst" durchgeführt. Absolviert eine Inspektion ihre Schulschiffreise auf Einheiten der Zerstörerflottille, fährt die zweite Crewhälfte an Bord eines Schulgeschwaders, das aus Einheiten der Schnellbootflottille oder der Flottille der Minenstreitkräfte gebildet wird, zur See. Die Hörsaalleiter der Marineschule Mürwik werden mit ihren Offizieranwärtern gemeinsam an Bord eingeschifft, die Inspektionschefs begleiten die Reise abschnittsweise. Inwieweit die berufsbezogenen Erziehungsimpulse, die an Bord des Schulschiffes DEUTSCHLAND gegeben wurden, ihre Wirkung auch heute während des „Praktikums Flotte" entfalten können, muß zu einem späteren Zeitpunkt bewertet werden.

## Zusammenfassung

Die in der Anfangszeit der Bundesmarine vorhandene Konzentration auf die Vermittlung von Ausbildungsinhalten während der Schulschiffausbildung unter Hintanstellung der *„Erziehung zum Vorgesetzten"* folgte zunächst noch dem bewährten Muster der deutschen Vorgängermarinen. Zum Vorgesetzten erzogen wurde *en passant*, ohne dafür bestimmte Zielsetzungen zu formulieren. Der Grundsatz, die Bundeswehr bilde aus und erziehe nicht, folgte einem bewährten Muster. Die *„Erziehung zum Staatsbürger"* hingegen – als Schwerpunkt der neuen Armee – erfolgte in enger Anlehnung an das Konzept der Inneren Führung[87] und folgte politischen Motiven[88]:

> *„Die Bundeswehr schützt Frieden und Freiheit des deutschen Volkes. Sie sichert gemeinschaftlich mit den Soldaten der freien Welt die auf dem Recht begründeten Lebensordnungen, die der europäische Geist seit Jahrhunderten formt. In diesem Auftrag soll der deutsche Soldat dienen, um seine Familie, sein Volk und seine Heimat vor Unfreiheit und Unrecht zu bewahren. Ihn dafür zu wappnen, ist Sinn der soldatischen Erziehung ...*
> *Der Soldat ist Staatsbürger. So soll die soldatische Erziehung auch seine staatsbürgerliche Bildung fortführen. Das schließt vor allem die Erziehung zum Bewußtsein politischer Mitverantwortung und zur Wahrung der persönlichen Würde ein."*[89]

„Ausbildung, Bildung und Erziehung" bildeten als Trial-Konzept **die** Grundlage für die Vorbereitung des Offiziernachwuchses für seine Aufgaben als Vorgesetzte in der Marine seit den sechziger Jahren bis 1989. Mit unterschiedlichen Schwerpunkten, aber mit Konsens wurde von den Verantwortlichen in der Marine versucht, dieses Konzept bis 1989 umzusetzen. Die Idee der optimalen Vorbereitung des einzelnen Offizieranwärters auf seinen künftigen Beruf fand an Bord der GORCH FOCK und der DEUTSCHLAND in Kombination mit der Ausbildung an der Marineschule ihre Realisierung. Konzeptionell war die Bedeutung der Schulschiffausbildung als Friedensaufgabe verankert:

> *„Weitere Aufgaben im Frieden erfüllt die Marine, indem sie ... durch Besuche in fremden Häfen die zwischenstaatlichen Beziehungen der Bundesrepublik Deutschland fördert ... Schiffsbesuche in fremden Häfen werden im Rahmen von Ausbildungsfahrten durchgeführt. Die Bedeutung solcher Besuche wird vom Auswärtigen Amt ausdrücklich unterstrichen."*[90]

In den sechziger und siebziger Jahren hatte man sich denjenigen Erziehungsfragen verstärkt gewidmet, die durch den gesamtgesellschaftlichen Wandel in der Bundesrepublik Deutschland belebt worden waren.[91] Der Begriff der Erziehung wurde nunmehr nicht mehr allein verwendet, sondern immer im Zusammenhang mit dem Begriff der Ausbildung genannt, so daß es zur Ausformung des Trial-Konzepts von *„Ausbildung, Bildung und Erziehung"*[92] kam, das auch im Ausbildungskonzept zur Politischen Bildung seine Umsetzung erfuhr.[93] Der Erziehungsbegriff war somit weiter gefaßt worden und thematisierte vor allem die Unschärfe der Begrifflichkeiten und zeigte auch eine inhaltliche Diskrepanz zwischen der *„Erziehung zum Vorgesetzten"* und der zum *„Staatsbürger"*.

1979 hat sich Vizeadmiral Fromm hierzu geäußert:

> *„Die Erziehung blieb auch in unserem Denken und Handeln auf der Strecke, wie in unserer Gesellschaft. Es ist unser aller Aufgabe, der Erziehung wieder den vorrangigen Platz einzuräumen, der ihr nach unser aller Überzeugung zusteht. Hierin sehe ich meine Führungsaufgabe für das Jahr 1979 und darüber hinaus."*[94]

Vizeadmiral Mann hat 1986 gefordert, daß *„wir ..., obwohl Erziehung heute schwerer sein mag und noch schwerer werden kann als jemals, nicht in unseren Bemühungen nachlassen wollen; wir wollen und wir dürfen für Erziehung weder Zeit noch Mühe scheuen!"*[95]

Das Weißbuch 1985 betont mehrfach die Notwendigkeit der Optimierung von „Ausbildung und Erziehung" zur Auftragserfüllung und sieht darin sogar Maßnahmen zur *„kurzfristigen Verbesserung der Lage der Bundeswehr."*[96]

### Epilog

An Bord der Schulschiffe der Bundesmarine wurden die jungen Offizieranwärter zweifellos seit 1956 auch zum Vorgesetzten erzogen und somit ihr Gesamterziehungsprozeß fortgesetzt – dies geschah aber zumeist unbewußt, obwohl es theoretisch stets aufs Neue thematisiert wurde. Mit der Realisierung des Schulschiffkonzepts (GORCH FOCK und DEUTSCHLAND) im Jahr 1965 war ein wesentlicher Schritt zur Optimierung der Offizierausbildung geleistet worden. Daß es dennoch Defizite gab, ist aus dem Zustandsbericht der Marine von 1966 abzulesen, in welchem das Marineamt bereits darauf hingewiesen hatte, daß die *„Erziehungsarbeit"* auch auf den nachfolgenden Kommandos vertieft werden müsse.[97] Mit der Bindung der Schulschiffe an die Marineschule Mürwik im Jahr 1966 wurde versucht, einen kontinuierlichen Ausbildungs- und Erziehungsprozeß einzuleiten und langfristig zu gewährleisten.

Ein Bewußtwerden über die Notwendigkeit und die Zielsetzungen von Erziehung wurde in den siebziger und achtziger Jahren auch durch diejenigen Offiziere eingeleitet, die an den Bundeswehrhochschulen in den erziehungs- und gesellschaftswissenschaftlichen Anteilen aller Studiengänge pädagogische Grundlagen gelegt bekamen und auch diejenigen, die Pädagogik im Hauptfach studiert hatten.[98] Begünstigt wurde dieser Prozeß durch den allgemeinen gesellschaftlichen Wandel in Deutschland in Folge der Bildungsreform.[99] Erziehungsarbeit war fortan inhaltlich mit Leben zu füllen und nicht nur auf die politisch motivierte *„Erziehung zum Staats-*

*bürger"* zu reduzieren; dies beleuchtete nur eine Facette des Sozialisationsprozesses – es ging um die *„Erziehung zum Vorgesetzten"*.

Schulschiffreisen leisteten in vielerlei Hinsicht Erziehungsimpulse – auch in christlich-ethischer Sicht[100] –, um dem Offiziernachwuchs die eigene Standortbestimmung in der Gesellschaft und in der Marine zu ermöglichen und so vorbereitend für die künftige Aufgabe als Vorgesetzter zu wirken. Diese Standortbestimmung konnte nicht alleinig durch Ausbildung und Bildung erreicht werden, sondern mußte durch die Vermittlung von Schlüsselqualifikationen ergänzt werden. Das „Leitbild des Marineoffiziers" bot Mitte der achtziger Jahre Richtschnur und Orientierungshilfe.[101]

Schulschiffe hatten eine hohe politische Symbolkraft. Sie konnten dort diplomatisch wegbereitend sein, wo andere politische Mittel nicht zur Verfügung standen, und sie konnten politische Zeichen setzen, die das staatliche Selbstverständnis der Bundesrepublik Deutschland widerspiegelten. Schulschiffe erfüllten durch ihre Präsenz in fremden Ländern die Staatsziele der Deutschen mit Leben. Sie zeigten durch ihre Besuche Sympathie und Zuverlässigkeit und konnten so auch die eigene Wirtschaft stärken.

Schulschiffpräsenz im Ausland hatte auch Symbolcharakter: Schulschiffreisen waren vertrauensbildend, friedensstiftend und zukunftsweisend, da die entsendende Nation dem besuchten Land diejenigen jungen Menschen anvertraute, die eine gemeinsame Zukunft zu gestalten hatten.

Diese Aufgaben erfüllt das Segelschulschiff GORCH FOCK noch immer. Inwieweit Erziehungsimpulse zusätzlich zu der wirtschaftlichen und politischen Rolle von Flotteneinheiten, die heutzutage den Offiziernachwuchs an Bord im Rahmen des „Praktikums Flotte" ausbilden, realisiert werden können, muß zu einem späteren Zeitpunkt diskutiert werden.

In den neunziger Jahren scheint sich jedoch ein Wandel vollzogen zu haben. So wird im Weißbuch 1994 nur noch betont, daß das Leitbild des Staatsbürgers in Uniform Orientierung und Maßstab für die Erziehung im Konnex von Führung und Ausbildung in den Streitkräften biete,[102] wobei die Ausbildung die Hauptaufgabe der Streitkräfte sei, mit deren Hilfe auch auf die Bildung der Persönlichkeit und Professionalität der Soldaten eingewirkt werden solle.[103]

Erziehung muß demnach im Rahmen der Ausbildung *en passant* erfolgen. Aus dem ursprünglichen Trial-Konzept *„Ausbildung, Bildung **und** Erziehung"* wurde so wieder das Dual-Konzept von *„Ausbildung und Bildung"*.

Während der 40. Historisch-Taktischen Tagung der Flotte 2000 hat Vizeadmiral a.D. Hans Frank, ehemaliger Stellvertreter des Generalinspekteurs, die Frage nach einem Schulschiff in seinem Vortrag: „Das Bild vom zukünftigen Einsatz in Landesverteidigung, Krisenreaktion und Konfliktbewältigung"[104] thematisiert. Frank forderte, daß das Selbstverständnis der Offiziere den neuen Anforderungen gerecht werden müsse, denn es reiche heutzutage nicht mehr, nur die eigene Geschichte zu kennen, sondern man müsse sich auch Kenntnisse über die potentiellen Krisenregionen verschaffen. Hier habe Bildung und Ausbildung anzusetzen, die durch Auslandsaufenthalte im Rahmen von Kooperationsvorhaben auch für jüngere Offiziere eine Bereicherung darstellten, um vorurteilsfrei fremde Länder und andere Kulturen und die in ihnen verwurzelten Menschen kennenlernen zu können. Wörtlich hob er in diesem Zusammenhang hervor:

> *„Und ich rate, erneut über ein Schulschiff nachzudenken; es muß kein aufwendiges Schiff sein. Es geht um Ausbildung, Bildung und Kennenlernen, und es geht um Entflechtung der Einsatzausbildung."*[105]

Die Reaktionen auf Franks Vortrag waren zwiegespalten – dies wurde in der anschließenden Diskussion im Congress-Centrum in Damp deutlich – und von zwei Grundmeinungen beherrscht:

Auf der Seite der Befürworter eines Schulschiffes stand vorrangig das Argument, auf diese Weise eine Entlastung des Ausbildungs- und Einsatzbetriebes der Flotte einzuleiten. Unterstützt wurden sie von einer kleinen Gruppe derjenigen, die einen romantisch verklärenden Blick auf ihre eigene Schulschiffreise richteten.

Die Gruppe derjenigen, die einen Schulschiffneubau ablehnten, war maßgeblich von den negativen Erfahrungen ihrer eigenen Schulschiffreise geprägt und führte die unverhältnismäßig hohen Betriebskosten gegenüber dem geringen Ausbildungsnutzen an.

Durch diese Diskussion wurde deutlich, daß das Ausbildungs- und Erziehungskonzept der Schulschiffausbildung bis 1989 entweder nicht in Gänze tragfähig war, oder sich mittlerweile unter dem Druck knapper werdender Ressourcen und eines veränderten Auftrages das Bewußtsein innerhalb der Marine verändert hat.

Nicht diskutiert hingegen wurde, daß mit dem Versuch, das Schulschiffkonzept nahtlos in die Flotte zu transportieren, auch der ursprüngliche Sinn der Schulschiffreisen nicht weiter verfolgt worden war: Die Reduzierung auf Vermittlung von Ausbildungs- und Bildungsinhalten während des „Praktikums Flotte" wird dem ehemaligen Ausbildungs- und Erziehungskonzept im Sozialisationsprozeß der Offizieranwärter nur noch bedingt gerecht.

Demnach wäre das „Praktikum Flotte" falsch plaziert – die *„Ausbildung"* im Rahmen eines „Praktikums Flotte" könnte auch nach dem Studium erfolgen und wäre nicht mehr zwingend integraler Bestandteil der Offizierausbildung im Konnex von *Ausbildung, Bildung* **und** *Erziehung*.

Wird hingegen dem Grundsatz gefolgt, daß *Ausbildung und Bildung* die entscheidenden Praktikumsinhalte sein sollen, so ist dem das heutige Konzept angemessen, folgt jedoch dann auch in Ausschließlichkeit dem in der Ausbildung verankerten erzieherischen Leitgedanken, der in den Anfangsjahren der Bundeswehr den Kern des Verständnisses von *„Erziehung zum Staatsbürger"* ausmachte:

> *„Bildung ist eine wesentliche Voraussetzung für geistige und politische Mündigkeit. Sie befähigt den Soldaten – über sein bloßes Waffenhandwerk hinaus – in der vielschichtigen Wirklichkeit von Staat und Gesellschaft seinen Standort als Staatsbürger in Uniform richtig und verantwortungsbewußt zu bestimmen."*[106]

> *„Soldaten erziehen kann nur, wer für sich selbst entschieden hat, daß die Werte unseres Grundgesetzes nicht in die Beliebigkeit seines Urteils gestellt, sondern für alle Bürger verbindlich sind."*[107]

Die Lösung des *„Erziehungsproblems"* ist folglich ausschließlich in der Bildung begründet – der *„Erziehungsprozeß"* ist damit integraler Bestandteil des *„Bildungsprozesses"* und würde künftig eine isolierte Betrachtung von *„Erziehung"* nicht mehr erforderlich machen, obwohl dieses den gesellschaftlichen Tendenzen widerspräche. Die Integration der *„Erziehungsarbeit"* in die *„Bildungsarbeit"* erleichtert allerdings die Möglichkeit zum Quantifizieren: *„Erziehung"* wird damit meßbar und die Marine folgt auf diese Weise im weitesten Sinne den Anforderungen des Bundesministeriums für Finanzen. Der *„Erziehungsprozeß"* in der Sozialisation des Marineoffiziers droht dann allerdings – wie es Admiral Fromm 1979 bereits im Ausblick für die achtziger Jahre formuliert hatte[108] – erneut hintangestellt zu werden. Ob ein kontinuierlicher *„Erziehungsprozeß"* ausschließlich durch eine durchgängige Betreuung der Kadetten bis zu ihrem Studienbeginn durch Hörsaalleiter und abschnittsweise zur Verfügung stehende Inspektionschefs der Marineschule gewährleistet werden kann, erscheint zweifelhaft, zumal die Personalfluktuation an der Marineschule Mürwik im Bereich der Hörsaalleiter ausgesprochen hoch ist.

Die begriffliche und auch inhaltliche Schwierigkeit, sich der einem ständigen Wandel unterworfenen *„Erziehungsproblematik in der Marine"* zu nähern, sollte verdeutlicht werden. Vielleicht liegt der Grund für diese Problematik mit darin, daß die Wichtigkeit von *„Erziehung"* artikuliert und stets aufs Neue thematisiert wird,[109] allein die Vorstellungen über deren Realisierung in der Praxis eher nebulös bleiben und deswegen häufig ihre Reduzierung auf das sicher nicht zu unterschätzende *„Vorbild"* erfahren.[110] Für diese Form der *„Erziehungsarbeit"* bräuchte in der Tat keine zusätzliche Zeit zur Verfügung gestellt zu werden.

# Anhänge

Anhang 1: Übersicht über die Schulschiffe der Bundesmarine von 1956 bis 1989[111]: Schiffsübernahmen/Schiffsankäufe/Geschwader-zusammensetzungen/Neubauten

## Schiffsübernahmen/Schiffsankäufe

| Schiffsname | Baujahr | Verwendung/Verbleib |
|---|---|---|
| GRAF SPEE | 1939 | Britische Fregatte FLAMINGO (Black-Swan-Klasse). 1957/1958 an die Bundesmarine verkauft. 1959 Einsatz als Kadetten-Schulschiff. 1964 außer Dienst. 1967 abgewrackt. |
| GNEISENAU | 1940 | Britischer Geleitzerstörer OAKLEY (Hunt-II-Klasse). 1957/1958 an die Bundesmarine verkauft. Umbau in Liverpool. Einsatz als Artillerie-Schulschiff an der Marineartillerieschule. 1962 außer Dienst zum Umbau. Übernahme der Aufgaben durch die Artillerieschulboote AT 1 und KW 19. 1964 Einsatz als Artillerie-Schulschiff an der Marineartillerieschule. 1966 statische Übungsbatterie (Artillerie-Exerzierschiff), anschließend Reserveeinheit. 1972 ausgesondert, 1977 abgewrackt. |
| EMS | 1940 | 1942 Deutsches Tankschiff HARLE. 1945 an die USA ausgeliefert. 1951 Einsatz als USN 104 (HARLE) für die LSU. 1956 von der Bundesmarine als Tender (3. MSG) und seit 1964 Taucher-Schulschiff für die Schiffssicherungslehrgruppe in Neustadt/Holstein. 1978 außer Dienst. 1982 an Griechenland verkauft. |
| HUMMEL | 1940 | Deutsches Minensuchboot M 81. 1947 an Frankreich übergeben (LAFFAUX). 1953 Marineschule in Brest. 1956 von der Bundesmarine als Geleitboot/Schulboot von der französischen Marine übernommen. Eingliederung in das 1. Geleitgeschwader (Heimathafen Cuxhaven). Umbenennung in Schulgeschwader am 01.07.1960 (Heimathafen: Kiel). September 1963 außer Dienst. Als Zielschiff vor Sylt verwendet, anschl. WTD 71 Eckernförde. 1975 verkauft und abgebrochen. Schwesterschiffe: WESPE: 1963 außer Dienst, Verwendung als Zielschiff, 1973 in der Nordsee gesunken. BRUMMER: 1963 außer Dienst, kurze Zeit als Navigationsschulboot für die MSM wieder im Dienst, anschließend Zielschiff, 1966 Übungshulk in der Schiffssicherungslehrgruppe in Neustadt/Holstein, 1974 verkauft. |

*Fortsetzung nächste Seite*

*Anhang 1: Schiffsübernahmen/Schiffsankäufe (Fortsetzung)*

| Schiffsname | Baujahr | Verwendung/Verbleib |
|---|---|---|
| | | BREMSE: 1963 außer Dienst, Verwendung als Zielschiff MAX 3, 1976 verkauft und abgebrochen. BIENE: 1963 außer Dienst. 1968 an die Schiffssicherungslehrgruppe in Neustadt/ Holstein, 1976 verkauft und abgebrochen. |
| BROMMY | 1941 | Britische Fregatte EGGESFORD (Hunt-III-Klasse). 1957/1958 an die Bundesmarine verkauft. Einsatz als Schulschiff der Marineunterwasserwaffenschule. Auch Einsatz als Kadetten-Schulschiff. 1965 außer Dienst (anschließend Reserveeinheit, dann Umbau zum Zielschiff, 1973-1977 als solches in der Biskaya, anschließend Mittelmeer). |
| RAULE | 1941 | Britische Fregatte ALBRIGHTON (Hunt-III-Klasse). 1957/1958 von der Bundesmarine gekauft. Einsatz als Kadetten-Schulschiff und als Schulschiff der Unterwasserwaffenschule. 1967 außer Dienst. |
| EIDER | 1942 | Kanadische Korvette DOCHET. 1947 an Belgien verkauft (Fischdampfer CATHERINE). 1952 vom deutschen Grenzschutz übernommen. Übergangszeit zur Bundesmarine mit Besatzungen des Grenzschutzes (Kiel). 1956 als Kadetten-Schulschiff der Bundesmarine eingesetzt (Heimathafen Kiel). 30.9.1959 Eingliederung in das 1. Geleitgeschwader, Umbenennung in Schulgeschwader am 01.07.1960 (Heimathafen Kiel). 1963 Schulboot der Marineunterwasserwaffenschule, 1968 Schulboot der Minentaucherkompanie, seit 1969 Minenwurf- und Lichtboot der Marineunterwasserwaffenschule. 1978 außer Dienst, 1981 verkauft. Zuvor: Ausbau der Dampfkolbenmaschine, die in der Wehrtechnischen Studiensammlung des BWB in Koblenz ausgestellt wurde. |
| TRAVE | 1942 | Kanadische Korvette FLINT. 1947 an Belgien verkauft (Fischdampfer CORNELIA). 1952 vom deutschen Grenzschutz übernommen. Übergangszeit zur Bundesmarine mit Besatzungen des Grenzschutzes (Kiel). 1956 als Kadetten-Schulschiff der Bundesmarine eingesetzt (Heimathafen Kiel). 30.09.1959 Eingliederung in das 1. Geleitgeschwader, Umbenennung in Schulgeschwader am 01.07.1960 (Heimathafen Kiel). 1963 bis 1967 3. Schnellbootgeschwader. 1971 außer Dienst. |

*Fortsetzung nächste Seite*

*Anhang 1: Schiffsübernahmen/Schiffsankäufe (Fortsetzung)*

| Schiffsname | Baujahr | Verwendung/Verbleib |
|---|---|---|
| SCHARNHORST | 1943 | Britische Fregatte MERMAID (Black Swan mod. Klasse). 1957/1958 an die Bundesmarine verkauft. Einsatz als Kadetten-Schulschiff. 1962-1968 Einsatz als Ausbildungsschiff der Marineartillerieschule. 1969 Umbau zum Begleitschiff (ohne Einsatz), 1974 außer Dienst, anschließend (bis 1989) Ausbildungshulk in der Schiffssicherungslehrgruppe in Neustadt/Holstein. |
| SCHEER | 1943 | Britische Fregatte HART (Black Swan mod. Klasse). 1957/1958 an die Bundesmarine verkauft. Einsatz als Schulschiff für die Ortungsschule in Bremerhaven. 1961 außer Dienst, anschließend Umbau. 1962-1967 Schulschiff der Marineortungsschule. 1967 außer Dienst, 1971 abgewrackt. |
| HIPPER | 1945 | Britische Fregatte ACTAEON (Black Swan mod. Klasse). 1957/1958 an die Bundesmarine verkauft. Einsatz als Kadetten-Schulschiff. 1964 außer Dienst. |
| Wachboote W 7 bis W 12 | | Vom Seegrenzschutz (3. Wachbootflottille im Seegrenzschutzverband II) am 1.7.1956 übernommen: W7 als Schulboot FM 1 W8 als Schulboot FM 2 W9 als Schulboot UW 3 W10 als Schulboot FM 3 W11 als Schulboot UW 2 W12 als Schulboot UW 1 Alle Einheiten waren kanadischer Herkunft, anschließend in Frankreich verwendet und von dort über Belgien nach Deutschland gelangt. Alle Einheiten bildeten das Schulgeschwader Ostsee – gemeinsam mit EIDER und TRAVE. Heimathafen war Kiel (unterstellt dem Marinestützpunktkommando Kiel, für Ausbildungsfahrten dem Kommando Marineausbildung). Zum 01.10.1958 wurden die Boote wie folgt verteilt und anschließend übergeben: UW 1 an die Marineunterwasserwaffenschule. 1970 außer Dienst. UW 2 als zweites Taucherschulboot an die Technische Marineschule I Kiel, ab Dezember 1959 an die Schiffssicherungslehrgruppe als TM 2, seit Februar 1962 Hulk, Ende der sechziger Jahre außer Dienst. |

*Fortsetzung nächste Seite*

*Anhang 1: Schiffsübernahmen/Schiffsankäufe (Fortsetzung)*

| Schiffsname | Baujahr | Verwendung/Verbleib |
|---|---|---|
| | | UW 3 als Taucherschulboot an die Technische Marineschule I Kiel, ab Dezember 1959 an die Schiffssicherungslehrgruppe als TM 1. 1974 außer Dienst. |
| | | FM 1 an die Fernmeldeschule, 1963 außer Dienst. |
| | | FM 2 an die Fernmeldeschule, 1963 außer Dienst. |
| | | FM 3 wurde am 03.10.1958 der 2. Schiffsstammabteilung zur Ausbildung der Fachlehrgänge zur Verfügung gestellt. 1961 außer Dienst. |
| FALKE | | Patrouillenboot |
| | | 1951 vom Grenzschutz übernommen (3. Wachbootflottille im Seegrenzschutzverband II). |
| | | 1956 (1. Juli) an die Bundesmarine übergeben als FL 4 in der Marineseenotstaffel. |
| | | Schulgeschwader Ostsee (Kiel)? |
| | | 1962 außer Dienst. |
| NORDWIND | 1945 | Als deutscher Kriegsfischkutter unfertig an Großbritannien ausgeliefert. |
| | | 1951 vom Grenzschutz übernommen (3. Wachbootflottille im Seegrenzschutzverband II). |
| | | 1956 (1. Juli) an die Bundesmarine übergeben. |
| | | Schulgeschwader Ostsee (Kiel). |
| | | Kurze Zeit später an die MSM abgegeben. |
| | | Fährt heute als Segelschulboot (Marineschule Mürwik). |
| KM 19 / WOLFSBURG | 1959 | Verwendung im 8. MSG, seit 1963 im 6. MSG. |
| | | Seit 1968 Schulboot der Marineunterwasserwaffenschule, anschließend erneut Verwendung im 6. MSG (1976) |
| OT 2, FL 1, FL 2, NEULAND, Einheiten der WTD 71 blieben unberücksichtigt. | | |
| U-HAI U-HECHT U3 – U8 | | U-Boot-Lehrgruppe: |
| | | U3 gehörte nur kurz zur Lehrgruppe, von 1969 bis 1974 übernahmen U4-U8 die Vorarbeiten zur Aufstellung des U-Geschwaders. |
| | | Mit der Außerdienststellung von U8 im Jahr 1974 verfügt die Lehrgruppe über keine eigenen Schulboote mehr. |

Schulgeschwader Ostsee[112]

Zusammensetzung:
FM 1, FM 2, FM 3, UW 1, UW 2, UW 3, NORDWIND, FALKE

Kommandeure:
| | |
|---|---|
| KK Brassel (mit der Wahrnehmung der Geschäfte beauftragt) | 7/56-11/56 |
| KK Oelrich | 11/56-4/57 |
| KK Raeder | 5/57-10/58 |

Schulgeschwader[113]

ab 1.7.1960 mit Heimathafen Kiel, vormals 1. Geleitgeschwader mit Heimathafen Cuxhaven

Zusammensetzung:
EIDER, TRAVE, BREMSE, BRUMMER, HUMMEL, BIENE, WESPE

Kommandeure:
| | |
|---|---|
| FK Frhr. von Schlippenbach | 7/60-9/61 |
| FK Vorsteher | 10/61-3/63 |
| FK von Schroeter | 4/63-9/63 |

## Neubauten der Bundesmarine

| Schiffsname | Baujahr | Verwendung / Verbleib |
|---|---|---|
| KÖLN | 1957 | Typschiff, Geleitboot. Aktiver Dienst in der Flotte. 1989 Ausbildungshulk der Schiffssicherungslehrgruppe in Neustadt/Holstein. |
| GORCH FOCK (II) | 1958 | Segelschulschiff der Bundesmarine bis heute. |
| HANSA (KW 2) | 1957 | 1958 Küstenwachgeschwader Cuxhaven, anschl. Umbau, 1968 Minentaucher-Schulboot (Minentaucherkompanie). 1992 außer Dienst, 1994 verkauft. |
| STIER | 1958 | 1961 in Dienst. Verwendung im 3. MSG. 1966 zur Minentaucherkompanie, seit 1970 Minentaucher-Schulboot. 1995 außer Dienst. |
| DEUTSCHLAND | 1960 | 1965 Einsatz als Kadetten-Schulschiff. 1990 außer Dienst, 1993 verkauft, 1994 überführt zum Abbruch nach Indien. |
| DONAU | 1959/60 | 1964 in Dienst als Kadetten-Schulschiff. 1968 außer Dienst gestellt. 1970 Einsatz als Tender. 1994 außer Dienst, Abgabe an die Türkei. |
| RUHR | 1960 | 1964 in Dienst als Schulschiff. 1971 außer Dienst 1975 an die türkische Marine übergeben. 1993 abgebrochen. |
| WESER | 1959/60 | Tender im 1. Schnellbootgeschwader. 1963 Einsatz als Kadetten-Schulschiff. 1965 Tender im 1., dann im 7. Schnellbootgeschwader. 1975 außer Dienst und 1976 an die griechische Marine übergeben. |
| INGER | 1966 | 1974 in Dienst. Einsatz als Schulboot in der Seemannschaftslehrgruppe. 1992 außer Dienst. 1995 verkauft. |
| BALTRUM | 1966/67 | 1968-1969: Einsatz als Schlepper und Bergungsfahrzeug (1. Versorgungsgeschwader). 1975 Taucher-Schulboot in der Schiffssicherungslehrgruppe. |
| JUIST | 1967/68 | 1971 in Dienst. Bis 1976: Einsatz als Schlepper und Bergungsfahrzeug im 2. Versorgungsgeschwader. Seit 1978 Minentaucher- und Kampfschwimmer-Schulboot in der Schiffssicherungslehrgruppe. |
| LANGEOOG | 1966/67 | 1968-1976: Einsatz als Schlepper und Bergungsfahrzeug im 2. Versorgungsgeschwader. Seit 1978: Minentaucher- und Kampfschwimmer-Schulboot in der Schiffssicherungslehrgruppe. |

Anhang 2: Die Auslandsausbildungsreisen der Bundesmarine in der Zeit von 1956 bis 1959[114]

| AAR | Seemeilen | Schiffe | Zeitraum | Kommandanten |
|---|---|---|---|---|
| 1. | 1.430 | EIDER<br>TRAVE | 12. November –<br>8. Dezember 1956 | KptLt Wiese<br>KptLt Brams |
| 2. | 1.510 | EIDER<br>TRAVE | 11. Februar –<br>9. März 1957 | KptLt Wiese<br>KptLt Brams |
| 3. | 2.850 | EIDER<br>TRAVE | 15. Juli –<br>10. August 1957 | KptLt Jobst<br>KptLt Wiese |
| 4. | 2.250 | EIDER<br>TRAVE | 25. November –<br>20. Dezember 1957 | KptLt Jobst<br>KptLt Teerling |
| 5. | 2.810 | EIDER<br>TRAVE | 17. Februar –<br>15. März 1958 | KptLt Jobst<br>KptLt Teerling |
| 6. | 6.500 | EIDER<br>TRAVE | 9. August –<br>30. September 1958 | KptLt Jobst<br>KptLt Teerling |
| 7. | 15.250<br><br><br><br><br><br>15.400 | 2. Minensuchgeschw.:<br>SEESTERN<br>SEELÖWE<br>SEEPFERD<br>SEESCHLANGE<br>SEEIGEL<br>SEEHUND<br>1. Geleitgeschwader | 10. Januar –<br>20. März 1959 | 2. Minensuchgeschw.:<br>FKpt Rau (Kdr.)<br><br><br><br><br><br>Geleitgeschwader:<br>FKpt Dehnert (Kdr.) |

1. AAR: Kiel – Den Helder – Portsmouth – Kiel
2. AAR: Kiel – Ostende – Brest – Kiel
3. AAR: Kiel – Aberdeen – Antwerpen – Kiel
4. AAR: Kiel – Cherbourg – Rotterdam – Kiel
5. AAR: Kiel – Belfast – Le Havre – Kiel
6. AAR: Kiel – Lissabon – Palermo – Gibraltar – Cherbourg – Ostende – Kiel
7. AAR: Kiel – Cherbourg – Lissabon – Toulon – La Spezia – Messina – Piräus – Cagliari – Setúbal – La Coruna – Portsmouth – Kiel
   Kiel – Hälsingborg – Plymouth – Porto – Gibraltar – Civitavècchia – Neapel – Cartagena – Cadiz – Vigo – St. Malo – Kiel

Anhang 3: Die Auslandsausbildungsreisen in der Zeit von 1959 bis 1964[115]

| AAR | Seemeilen | Schiffe | Zeitraum | Kommandanten |
|---|---|---|---|---|
| 8. | 23.213 | HIPPER<br>GRAF SPEE | 9. Mai –<br>25. September 1959 | FKpt Paul (GrpFhr.)<br>FKpt Collmann |
| 9. | 6.400 | SCHARNHORST<br>EIDER<br>TRAVE<br>1. Geleitgeschwader | 16. Januar –<br>25. März 1960<br><br>(– 23. März 1960) | FKpt Fuchs (GrpFhr.)<br><br><br>FKpt Piening (Kdr.) |
| 10. | 14.564 | HIPPER<br>GRAF SPEE | 12. März –<br>13. Juni 1960 | FKpt Hartwig<br>Fkpt Collmann<br>(GrpFhr.) |
| 11. | 8.300 | HIPPER | 9. Juli –<br>21. September 1960 | FKpt Hartwig |
| 12. | 6.075 | Schulgeschwader:<br>BIENE<br>BRUMMER<br>BREMSE<br>HUMMEL<br>WESPE | 9. Januar –<br>23. März 1961 | FKpt Frhr. von Schlippenbach (Kdr.) |
| 13. | 5.040 | SCHARNHORST<br>BROMMY | 16. Januar –<br>24. März 1961 | FKpt Fuchs (GrpFhr)<br>KKpt Schöler |
| 14. | 18.340 | GRAF SPEE<br>HIPPER | 9. Februar –<br>23. Juni 1961 | FKpt Hackländer<br>KKpt Jänisch |
| 15. | 6.580 | Schulgeschwader:<br>2 Boote<br>BROMMY | 10. Juni –<br>22. September 1961 | FKpt Frhr. von Schlippenbach (Kdr.) |
| 16. | 9.560 | GRAF SPEE | 27. Juli –<br>26. September 1961 | FKpt Hackländer |
| 17. | 7.233 | BROMMY<br>RAULE | 8. Januar –<br>17. März 1962 | FKpt Fenn<br>FKpt Eggers |
| 18. | 8.100 | Schulgeschwader | 8. Januar –<br>26. März 1962 | FKpt Vorsteher (Kdr.) |
| 19. | 21.570 | GRAF SPEE<br>HIPPER | 5. Februar –<br>22. Juni 1962 | FKpt Hackländer<br>FKpt Rehder |
| 20. | 9.976 | HIPPER | 26. Juli –<br>28. September 1962 | FKpt Rehder |
| 21. | 5.150 | Schulgeschwader | 9. Juli –<br>22. September 1962 | FKpt Vorsteher (Kdr.) |
| 22. | 7.250 | Schulgeschwader | 7. Januar –<br>27. März 1963 | FKpt Vorsteher (Kdr.) |
| 23. | 22.999 | HIPPER<br>GRAF SPEE | 22. Januar –<br>24. Juni 1963 | FKpt Rehder<br>FKpt Rohwer |
| 24. | 6.250 | Schulgeschwader | 8. Juli –<br>25. September 1963 | FKpt von Schroeter (Kdr.) |
| 25. I | 5.500 | GRAF SPEE | 6. August –<br>5. Oktober 1963 | FKpt Rohwer |
| 25. II | 15.000 | HIPPER | 23. September –<br>18. Dezember 1963 | FKpt Nordheimer |

*Fortsetzung nächste Seite*

*Anhang 3: Die Auslandsausbildungsreisen in der Zeit von 1959 bis 1964 (Fortsetzung)*

| 26. | 17.429,5 | WESER | 27. November 1963 – 19. März 1964 | FKpt von Schroeter |
|---|---|---|---|---|
| 27. | 22.211 | HIPPER GRAF SPEE | 5. Februar – 19. Juni 1964 | FKpt Nordheimer FKpt Rohwer |
| 28. | 16.971 | WESER | 20. Juni – 24. September 1964 | FKpt Stricker |

| 8. | AAR: | Kiel – St. Vincente – Willemstad – Kingston – Norfolk – Charleston – Nassau – Toronto – Ponta Delgada – Den Helder – Kiel |
|---|---|---|
| 9. | AAR: | Kiel – Belfast – Bilbao – Cherbourg – Sunderland – Halmstad – Kiel |
|  |  | Kiel – Karlskrona – Dundee – Cobh – St. Nazaire – Ostende – Cuxhaven |
| 10. | AAR: | Kiel – Funchal – Gibraltar – Tarent – Istanbul – Piräus – Malaga – Dublin – Kiel |
| 11. | AAR: | Kiel – Reykjavik – Lagos – Lissabon – Porto da Praia – Porto Grande – Amsterdam – Kiel |
| 12. | AAR: | Kiel – Cherbourg – Bordeaux – Lissabon – Setúbal – Cartagena – Ajaccio – Gibraltar – Vigo – Cobh – Lerwick – Kiel |
| 13. | AAR: | Kiel – Portsmouth – Cadiz – Messina – Gibraltar – Porto – Le Havre – Kiel |
| 14. | AAR: | Kiel – Porto Grande – Rio de Janeiro – Buenos Aires – Belem – Port of Spain – La Guaira – Savannah – Ponta Delgada – Kiel |
| 15. | AAR: | Kiel – Kirkwall – Limerick – Vigo – Sevilla – Bayonne – Liverpool – Edinburgh – Calais – Kiel |
| 16. | AAR: | Kiel – Halifax – Charleston – Hamilton – Ponta Delgada – Kiel |
| 17. | AAR: | Kiel – Dover – Gravesand – Portsmouth – Gibraltar – Messina – Venedig – Piräus – Saloniki – Valletta – Brest – Kiel |
| 18. | AAR: | Kiel – Portsmouth – Lorient – Lissabon – Barcelona – Augusta – Izmir – Piräus – Livorno – Gibraltar – Cherbourg – Kiel |
| 19. | AAR: | Kiel – Lissabon – Porto Grande – Salvador – Montevideo – Ushuaia – Valparaiso – Callao – Panama – San Juan – Ponta Delgada – Seydisfjördur – Kiel |
| 20. | AAR: | Kiel – Dakar – Lome – Freetown – Las Palmas – Kiel |
| 21. | AAR: | Kiel – Balholm – Torshavn – Dublin – La Pallice – Vigo – Falmouth – Antwerpen – Esbjerg – Flensburg – Kiel |
| 22. | AAR: | Kiel – Rouen – Vigo – Funchal – Casablanca – Valencia – Palermo – Cartagena – Gibraltar – El Ferrol – Portsmouth – Flensburg – Kiel |
| 23. | AAR: | Kiel – Funchal – Willemstad – Panama – Acapulco – San Diego – Vancouver – Seattle – Martinique – San Juan – Annapolis – Pembroke – Kiel |
| 24. | AAR: | Kiel – Norrköping – Frederikshavn – Stornoway – Cardiff – Santander – Lissabon – Brest – Greenock – Bergen – Kiel |
| 25. | AAR I.: | Kiel – Tromsö – Reykjavik – Vigo – Kiel |
| 25. | AAR II.: | Kiel – Port Said – Daressalem – Port Sudan – Beirut – Marseille – Kiel |
| 26. | AAR: | Kiel – Cadiz – Alexandria – Djibouti – Bombay – Aden – Piräus – Triest – Malaga – Kiel |
| 27. | AAR: | Kiel – Messina – Massaua – Madras – Chittagong – Bangkok – Cochin – Aden – Malta – Kiel |
| 28. | AAR: | Kiel – Hamilton – Vera Cruz – Charleston – Quebec – Chicago – Montreal – Kiel |

Anhang 4: Die ersten Auslandsausbildungsreisen der GORCH FOCK (1959-1964)[116]

| AAR | Sm | Zeitraum | Ziel | Kommandant |
|---|---|---|---|---|
| 1. | 4.100 | 3. August – 23. September 1959 | Santa Cruz | FK Ehrhardt |
| 2. | 1.600 | 26. Oktober – 17. November 1959 | Aberdeen | FK Ehrhardt |
| 3. | 2.300 | 2. Mai – 13. Juni 1960 | Gävle – Wilhelmshaven – Helgoland | KzS Ehrhardt |
| 4. | 5.400 | 16. Juli – 26. September 1960 | Ostende – Lissabon – Cannes – Neapel | KzS Ehrhardt |
| 5. | 1.320 | 5. November – 17. Dezember 1960 | Århus – Oslo | KzS Ehrhardt |
| 6. | 3.517 | 3. Mai – 22. Juni 1961 | Reykjavik – St. Malo | KzS Ehrhardt |
| 7. | 4.678 | 2. August – 26. September 1961 | Funchal – London | KzS Ehrhardt |
| 8. | 2.326 | 1. November – 19. Dezember 1961 | Rotterdam | KzS Ehrhardt |
| 9. | 11.520 | 20. März – 15. Juni 1962 | Santa Cruz – New York – Ponta Delgada | KzS Ehrhardt |
| 10. | 4.525 | 30. Juli – 26. September 1962 | Dartmouth – Rotterdam – Tragisvaag – Göteborg | FK Engel |
|  |  | 6. November – 8. Dezember 1962 | Herbstausbildungsabschnitt (ohne Häfen) | FK Engel |
| 12. | 10.284 | 22. April – 27. Juni 1963 | Las Palmas – St. Thomas | FK Engel |
| 13. | 5.412 | 1. August – 26. September 1963 | Harstad – Akureyri – Torshavn – Edinburgh | KzS Engel |
| 14. | 5.057 | 8. November – 19. Dezember 1963 | Funchal | KzS Engel |
| 15./16. | 12.705 | 4. Mai – 25. September 1964 | Emden – Vigo – Lissabon – Hamilton – New York – New London – Hafnarfjördur – Dublin – Bergen | KzS Engel |
| 17. | 4.848 | 9. November – 19. Dezember 1964 | Tanger | KzS Engel |

## Anmerkungen

1. Erstaunlicherweise wurde im Rahmen der 26. Historisch-Taktischen Tagung der Flotte im Jahr 1986: „Erziehung und Ausbildung zum Marineoffizier in Vergangenheit und Gegenwart" das Thema *Schulschiffausbildung* nicht behandelt. Vgl. Flottenkommando (Hg.): 26. Historisch-Taktische Tagung der Flotte 1986, Wilhelmshaven o.J.
2. Siehe Anhang 1.
3. Dieter Krüger: Die Anfänge der Bundesmarine 1950-55, in: Marine Forum. Zeitschrift für maritime Fragen, Heft 1 und 2/1995, S. 2-6 (Teil 1), Heft 3/1995, S. 29-30 (Teil 2). – Karl Adolf Zenker: Aus der Vorgeschichte der Bundesmarine, in: Marine Forum. Zeitschrift für maritime Fragen, Heft 11/1980, S.

360-364. – Karl Peter: Von der Kriegsmarine zur Bundesmarine. Der Weg des Personals und des Materials von 1945-1956, in: Marine Forum. Zeitschrift für maritime Fragen, Heft 11/1980, S. 365-369.
4 Peter Monte: Das Studium generale navale 1956-1973. Entstehung, Anspruch und Wirklichkeit, in: Flottenkommando (Hg.): 26. Historisch-Taktische Tagung der Flotte 1986, Wilhelmshaven o.J., S. 91-148. – Jörg Hillmann: Das rote Schloß am Meer. Die Geschichte der Marineschule Mürwik seit ihrer Gründung, Hamburg 2002, S. 105.
5 Friedrich Ruge: In vier Marinen. Lebenserinnerungen als Beitrag zur Zeitgeschichte, München 1979, S. 316.
6 Gustav E. Liebig: Die ersten Seekadetten im Frühjahr und Sommer 1956, in: Marine Forum. Zeitschrift für maritime Fragen, Heft 11/1980, S. 378-380, hier S. 380: Liebig berichtet aus seinem Tagebuch: *„Jetzt stehen wir vor ereignisreichen Wochen, denn am 23. Juli werden* TRAVE *und* EIDER *zu einer kleinen Europafahrt auslaufen. Damit werden nach langjähriger Unterbrechung erstmalig wieder deutsche Kriegsschiffe in ausländischen Gewässern und Häfen erscheinen."*
7 Ebd., S. 378.
8 Friedrich Ruge: In vier Marinen. Lebenserinnerungen als Beitrag zur Zeitgeschichte, München 1979, S. 310f.
9 Ebd., S. 313.
10 Ebd., S. 314. – Friedrich Ruge: Vom Beginn der Bundesmarine, in: Marine Forum. Zeitschrift für maritime Fragen, Heft 11/1980, S. 364-365.
11 Bundesarchiv-Militärarchiv (BA-MA) BM 1/3156: Schriftwechsel hinsichtlich eines Ausbildungsschiffes mit der WEU. Zusammenkunft am 02.10.1957, Niederschriften vom 07.010. und 11.10.1957. – Friedrich Ruge: In vier Marinen. Lebenserinnerungen als Beitrag zur Zeitgeschichte, München 1979, S. 329. – Vgl. BA-MA BM1/1098: Überlegung zum Bau eines Lazarettschiffes vom 8. August 1956 und die Verhandlungen mit der HADAG zum Umbau eines Seebäderschiffes zum Lazarettschiff der Bundesmarine.
12 Friedrich Ruge: In vier Marinen. Lebenserinnerungen als Beitrag zur Zeitgeschichte, München 1979, S. 329. – S. auch weiterführend Armin Dischereit: Die Weiterentwicklung konzeptioneller Vorstellungen der Marine seit 1962 und deren Auswirkungen auf das Operationskonzept der Flotte, in: Flottenkommando (Hg.): 28. Historisch-Taktische Tagung der Flotte 1988: Seestrategische Konzeption und operative Führung in der deutschen Marine. Abhängigkeiten und Wechselwirkungen, Wilhelmshaven 1988, S. 213-246.
13 Friedrich Ruge: In vier Marinen. Lebenserinnerungen als Beitrag zur Zeitgeschichte, München 1979, S. 327.
14 Marineschule Mürwik, Wehrgeschichtliches Ausbildungszentrum, ArchivNr. 15455: Bordbuch HIPPER, 8. AAR, 9. Mai bis 25. September 1959, S. 76.
15 Siehe eingehend hierzu: Jörg Duppler: Kontinuität und Diskontinuität im Selbstverständnis der Marine. Vortrag auf der 36. Historisch-Taktischen Tagung der Flotte am 11. Januar 1996; Sonderdruck des Militärgeschichtlichen Forschungsamtes o.O., o.J., S. 12ff. – Ebenso in: Festschrift. 80 Jahre Marine-Offizier-Vereinigung 1918-1998; o.O. 1998, S. 5-18, hier S. 12ff. – Zusammenfassend siehe Dirk Gärtner: Die parlamentarische Auseinandersetzung um die Rede des Kapitäns zur See Zenker vom 16. Januar 1956, in: 39. Historisch-Taktische Tagung der Flotte 1999: 150 Jahre Deutsche Marinen – Marine und maritime Politik in deutschen Parlamenten, S. 181-204. BA-MA 9/2527-125: Frankfurter Rundschau vom 18.1.1956: >Großadmirale<. – Der Spiegel, Heft 17, 25.04.1956, S. 23-24: >Die Crew<. – BA-MA BW 9/ 2527-127: Frankfurter Rundschau vom 15.02.1956: >Sind Raeder und Dönitz Beispiel? Große SPD-Anfrage zum Fall Zenker<. – Ebd.: Wilhelmshavener Zeitung vom 15.2.1956: >Zenkers umstrittene Rede<. – BA-MA BW 9/2527-125: Frankfurter Rundschau vom 21. Januar 1956: >Scharfe dänische Reaktion auf Zenker-Rede<. – Ebd.: Stuttgarter Zeitung vom 25.01.1956: >Ein Brief an Kapitän zur See Zenker< [Verfasser: OTL a.D. Dr. Beermann, Berater der SPD-Bundestagsfraktion]. – BA-MA BW 9/2527/126: Münchner Merkur vom 13.02.1956: >SPD nimmt Marine unter die Lupe<.
16 2. Deutscher Bundestag. 140. Sitzung in Bonn am 18. April 1956, S. 7208. – Michael Salewski: Die deutsche Seekriegsleitung 1935-1945. Band 2: 1942-1945, München 1975, S. 590ff. – BA-MA BW 9/2527-131: Frankfurter Allgemeine Zeitung vom 25.04.1956: >Die neue Bundeswehr und ihre Traditionen<. –

Ebd.: Die Welt vom 12.04.1956: >Bundestag verurteilt Kapitän Zenkers Rede – Lahme Antwort Blanks<.
17 Friedrich Ruge: In vier Marinen. Lebenserinnerungen als Beitrag zur Zeitgeschichte, München 1979, S. 333.
18 Jörg Hillmann: Das rote Schloß am Meer. Die Geschichte der Marineschule Mürwik seit ihrer Gründung, Hamburg 2002, S. 109.
19 BA-MA BM1/1098: Führungsforderungen zur Aufstellungsplanung (Aktenbestand zum 23.01.1957), Aufstellungsentwurf aus dem Jahr 1956, Aufstellungsplanungen für den 31.12.1957 und 31.03.1958.
20 S. umfänglich den Schriftverkehr zu den amerikanischen Leihzerstörern in: BA-MA BM1/1098 aus dem Jahr 1957. – BA-MA BM 1/1099: Schreiben vom 13.9.1957. – Zur Flugzeugbeschaffung im Ausland: BA-MA BM 1/3156: Schreiben vom 11. April 1956 hinsichtlich des Ankaufs von englischen SEA-HAWK (Firma Armstrong Whitworth) und GANNET (Firma Fairey Aviation).
21 BA-MA BM1/1098: Verzögerungen beim Ankauf der englischen Fregatten.
22 Siehe exemplarisch BA-MA BW 9/2527-131: Die Welt vom 17.04.1956: >Besuch Admiral Wrights< (Oberbefehlshaber Atlantik).
23 Siehe Peter Reischauer: Beginn und Aufbau der Bundesmarine, in: Truppenpraxis. Zeitschrift für Taktik, Technik und Ausbildung, Heft 11/1965, S. 933-936.
24 BA-MA BM1/1098: BMVg IV-IVD – TgBuchNr. 338/IV/57 vom 23.5.1957. – Siehe hierzu auch Gustav E. Liebig: Die ersten Seekadetten im Frühjahr und Sommer 1956, in: Marine Forum. Zeitschrift für maritime Fragen, Heft 11/1980, S. 378-380.
25 BA-MA BM 1/3156: Zustandsmeldung, Anlage zum Schreiben vom 13.8.1956.
26 BA-MA BM 1/3156: Schriftwechsel hinsichtlich eines Ausbildungsschiffes mit der WEU. Zusammenkunft am 02.10.1957, Niederschriften vom 07.10. und 11.10.1957.
27 Gerhard Wagner: Probleme des Aufbaus, in: Ders.: 5 Jahre Bundesmarine, Sonderausgabe der Marine-Rundschau, Berlin/ Frankfurt a.M. 1961, S. 9.
28 BA-MA BM1/3156: Anlage 3 zu VII, Nr. 5938/56 vom 14.07.1956: >Warum Segelschulschiff-Ausbildung?<.
29 BA-MA BM1/3156: Anlage 3 zu VII, Nr. 5938/56 vom 14.07.1956: >Warum Segelschulschiff-Ausbildung?<.
30 BA-MA BM 1/3156: VII B 33, TgBuchNr. 3239/56.
31 Zur Geschichte der PAMIR s. Karl-Otto Dummer: Viermastbark PAMIR. Die Geschichte eines legendären P-Liners. Geschildert von einem Überlebenden des Unterganges, Hamburg 2001. Ab Bord der PAMIR, die seit 1951 wieder unter deutscher Flagge fuhr, befand sich zum Zeitpunkt des Untergangs auch ein Offizier der Bundesmarine, der im Rahmen eines Personalaustausches an Bord Dienst leistete. In den ersten Umbauphasen zum Schulschiff hatte man bereits auf Material der Kriegsmarine zurückgegriffen, seit 1956 wurde das „Band" zwischen Handels- und Bundesmarine auch in personeller Hinsicht erweitert.
32 Friedrich Ruge: In vier Marinen. Lebenserinnerungen als Beitrag zur Zeitgeschichte, München 1979, S. 326.
33 Ebd., S. 325f.
34 Siehe zu den Schwierigkeiten während der Vorbereitung des Ankaufs: BA-MA BM1/1098: BMVg IV-IVD – TgBuchNr. 338/IV/57 vom 23.05.1957.
35 Karsten Schneider: Seestrategische und operative Vorstellungen beim Aufbau der Marine bis Anfang der 60er Jahre, in: Flottenkommando (Hg.): 28. Historisch-Taktische Tagung der Flotte 1988: Seestrategische Konzeption und operative Führung in der deutschen Marine. Abhängigkeiten und Wechselwirkungen, Wilhelmshaven 1988, S. 187-212.
36 Artikel vom 2. September 1959 in: Illustrierte Praline für Heim und Mode, Reise und Unterhaltung, abgedruckt in: Marineschule Mürwik, Wehrgeschichtliches Ausbildungszentrum, ArchivNr. 15455: Bordbuch HIPPER, 8. AAR, 9. Mai bis 25. September 1959.
37 Marineschule Mürwik, Wehrgeschichtliches Ausbildungszentrum, ArchivNr. 6250: Reiseplan, Programm und Presseberichte von der 8. AAR 1959 der Schulfregatten HIPPER und GRAF SPEE.

38 Marineschule Mürwik, Wehrgeschichtliches Ausbildungszentrum, ArchivNr. 19895: Unterlagen der Schulfregatte HIPPER aus dem Jahre 1960 mit der kompletten Sammlung von Tages- und Hafenbefehlen, Richtlinien und Reisezwischenberichten des Kommandanten.
39 Thomas Scholz: Die Marine im Bündnis, in: Flottenkommando (Hg.): 36. Historisch-Taktische Tagung der Flotte 1996: 40 Jahre Bundeswehr. Entstehung und Anfänge der Marine, Wilhelmshaven 1996, S. 179-203, hier S. 184f.
40 Marineschule Mürwik, Wehrgeschichtliches Ausbildungszentrum, ArchivNr. 19895: Unterlagen der Schulfregatte HIPPER aus dem Jahre 1960 mit der kompletten Sammlung von Tages- und Hafenbefehlen, Richtlinien und Reisezwischenberichten des Kommandanten.
41 Ebd.
42 Friedrich Ruge: In vier Marinen. Lebenserinnerungen als Beitrag zur Zeitgeschichte, München 1979, S. 323f.
43 Marineschule Mürwik, Wehrgeschichtliches Ausbildungszentrum, ArchivNr. 19895: Unterlagen der Schulfregatte HIPPER aus dem Jahre 1960 mit der kompletten Sammlung von Tages- und Hafenbefehlen, Richtlinien und Reisezwischenberichten des Kommandanten.
44 Werner Rahn: „Als Mariner im kalten Krieg und heißen Frieden". Kurse und Selbstverständnis der Crew vier-sechzig in vierzig Jahren. Vortrag aus Anlaß des Jubiläums 40 Jahre Crew IV/60. Wilhelmshaven, 29. April 2000 (im Archiv des Verfassers).
45 Ebd., S. 5.
46 Verwarpen = Verholen des Schiffes mit Hilfe des Ankers.
47 Marineschule Mürwik, Wehrgeschichtliches Ausbildungszentrum, ArchivNr. 14345: Das Kommando der Schulschiffe anläßlich des zehnjährigen Jubiläums von Flottenreisen.
48 Adalbert von Blanc: Der Bundesgrenzschutz-See und seine Eingliederung in die Marine, in: Truppenpraxis. Zeitschrift für Taktik, Technik und Ausbildung, Heft 11/1965, S. 923-928, insbesondere S. 928. – Peter Reischauer: Beginn und Ausbau der Bundesmarine, in: Truppenpraxis. Zeitschrift für Taktik, Technik und Ausbildung, Heft 11/1965, S. 933-936, hier insbesondere Organigramm S. 935. – Gustav E. Liebig: Die ersten Seekadetten im Frühjahr und Sommer 1956, in: Marine Forum. Zeitschrift für maritime Fragen, Heft 11/1980, S. 378-380, hier S. 378.
49 Hans H. Hildebrand, Albert Röhr und Hans-Otto Steinmetz: „Die Deutschen Kriegsschiffe. Biographien – ein Spiegel der Marinegeschichte von 1815 bis zur Gegenwart", Band 7, Herford 1983, S. 154.
50 Ebd., S. 166.
51 Ebd., S. 161.
52 Ebd., S. 163: *„Die Leiter der Fachinspektionen waren als Admiral ihrer jeweiligen Inspektion truppendienstliche Vorgesetzte der nachgeordneten Dienststellen und hatten in ihrer Eigenschaft als Inspizienten unmittelbares Vortragsrecht beim Inspekteur der Marine."*
53 Schulschiff DONAU. Vom Polarkreis zum Äquator. Die 35. Auslands-Ausbildungsreise der Bundesmarine, O.O. o.J., S. 8.
54 BA-MA BM 10/123: Beitrag des Marineamtes zum Militärischen Zustandsbericht der Marine (1967). Anlage 1 zu MarA A-A3-Az 11-72-00 TgBuchNr. 787/67 geheim (mittlerweile herabgestuft auf VS-NfD) vom 04.01.1968, S. 2.
55 BA-MA BM 10/123: Zustandsbericht der Marine (1966) vom 2. Januar 1967, hier Beitrag Marineamt.
56 Auszüge aus dem Bericht des Kommandeurs der Marineschule Mürwik über die Ausbildung des Jahrgangs IV/60 (BOA) vom 01.07.1961 bis zum 30. Juni 1962, vom 27. November 1962, in: Dieter Matthei, Jörg Duppler, Karl Heinz Kuse (Hg.): Marineschule Mürwik, Herford 1985, S. 303-305, hier S. 304f.
57 Rede des Bundespräsidenten zum Stapellauf des Schulschiffes DEUTSCHLAND, in: Unter dem Lächeln Buddhas ... 20 Jahre Schulschiff „DEUTSCHLAND" ... Jubiläum in Singapur. Reisebericht 57./58. AAR, Rendsburg 1983, S. 11-14, hier S. 11.
58 Ebd., S. 12.
59 BA-MA BM1/1098: BMVg VII D: Besprechung betr. Ausbildungsschiff am 10. Februar 1956.
60 Jürgen Rhades: Schulschiff >DEUTSCHLAND<. Die Geschichte des größten Kriegsschiffes der Bundesmarine. Eine Dokumentation in Wort und Bild, Koblenz 1987, S. 9.

61 Reinhold Fuhrmann: Schulschiff „DEUTSCHLAND" – Zum Stapellauf des größten Neubaus der Bundesmarine, in: Soldat und Technik. Zeitschrift für technische Ausbildung, Fortbildung und Information in der Bundeswehr, 1/1961, S. 6-7.
62 BA-MA BM1/1098: BMVg VII D: Besprechung betr. Ausbildungsschiff am 10. Februar 1956.
63 BA-MA BM1/1098: BMVg VII D: Besprechung betr. Ausbildungsschiff am 10. Februar 1956.
64 Ansprache des Inspekteurs der Marine, Vizeadmiral Friedrich Ruge, vor dem Stapellauf am 5. November 1960, in: Jürgen Rhades: Schulschiff >DEUTSCHLAND<. Die Geschichte des größten Kriegsschiffes der Bundesmarine. Eine Dokumentation in Wort und Bild, Koblenz 1987, S. 20f.
65 Jörg Hillmann: 90 Jahre Marineschule Mürwik! 90 Jahre Spiegel deutscher Marinegeschichte?, in: Militärgeschichte 4/2000, S. 75-83. – Ders.: Das rote Schloß am Meer. Die Geschichte der Marineschule Mürwik seit ihrer Gründung, Hamburg 2002, S. 114 ff.
66 Otto Bönisch: Die Deutschen Schulschiffe. 1818 bis heute, Hamburg 1998, S. 97. – Ders.: Die Schulschiffe der preußischen Marine, in: Marine Forum, Heft 4/97, S. 26-29.
67 Werner Rahn: „Als Mariner im kalten Krieg und heißen Frieden". Kurse und Selbstverständnis der Crew vier-sechzig in vierzig Jahren. Vortrag aus Anlaß des Jubiläums 40 Jahre Crew IV/60. Wilhelmshaven, 29. April 2000 (im Archiv des Verfassers), S. 4.
68 Aus persönlichen Gesprächen mit Lehrgangsteilnehmern des Offiziergrundlehrgangs in den Jahren 1999-2001 gewonnene Erkenntnisse des Verfassers.
69 Bau Nr. 618. Typ: Schulschiff mit Mehrzweckeinrichtungen Klasse 440. Ersatz „HIPPER / GRAF SPEE". Konzipiert als Minenleger, Truppentransporter und Lazarettschiff. Stahlbau mit 15 Abteilungen. Baukosten: 95 Mio. DM. Siehe Jürgen Rhades: Schulschiff >DEUTSCHLAND<. Die Geschichte des größten Kriegsschiffes der Bundesmarine. Eine Dokumentation in Wort und Bild, Koblenz 1987, S. 10.
70 Siehe Anhang 1.
71 BA-MA BM1/1098: BMVg VII D: Besprechung betr. Ausbildungsschiff am 10. Februar 1956. Kapitän zur See Rösing hat bereits am 10. Februar 1956 vermerkt: *„Nach augenblicklichem Stand ist mit Fertigstellung des Segelschulschiffes Ende 1958, des Ausbildungsschiffes Anfang 1961 zu rechnen . – Voraussetzung ist allerdings, daß Bauverträge bald abgeschlossen werden. Verzögerung in Vertragsabschluß für Segelschulschiff um 4 Monate hat bisher Verspätung Ablieferung um rund 9 Monate gebracht."*
72 Vgl. Schulschiff Donau. Vom Polarkreis zum Äquator. Die 35. Auslands-Ausbildungsreise der Bundesmarine, O.O. o.J., S. 81: *„In der Ausbildungspraxis hatten Ausbilder und Auszubildende gleichermaßen damit zu kämpfen, daß nicht ausreichend Ausbildungsraum und -gerät zur Verfügung stand. Der Tender war eben nicht von vornherein zu Ausbildungszwecken geplant und verfügte daher nur über die einfache Ausstattung an Raum und Gerät. So muß in der Ausbildung auf diese Anlagen der Schiffsführung zurückgegriffen werden. Wenn die Schiffsführung aus Sicherheitsgründen für das Schiff nicht auf ihren Gebrauch verzichten konnte, mußte die Ausbildung eben zurückstehen. Mit viel Geduld und Arbeitsaufwand auf beiden Seiten wurde diese Situation schließlich soweit wie möglich zufriedenstellend gemeistert."*
73 Ebd., S. 80.
74 Jürgen Rhades: Schulschiff >DEUTSCHLAND<. Die Geschichte des größten Kriegsschiffes der Bundesmarine. Eine Dokumentation in Wort und Bild, Koblenz 1987, S. 114f.
75 Stand 80er Jahre.
76 BA-MA BM 10/123: Beitrag des Marineamtes zum Militärischen Zustandsbericht der Marine (1967). Anlage 1 zu MarA A-A3-Az 11-72-00 TgBuchNr. 787/67 geheim (mittlerweile herabgestuft auf VS-NfD) vom 04.01.1968, S. 2: *„Die stärker praxisbetonte Ausbildung der OA auf Schulschiffen hat die Ausbildung in den Zügen durch Zugoffiziere, in den Gruppen durch Unteroffiziere notwendig gemacht (STAN-Änderung beantragt)."*
77 Karl Peter: Gedanken zur Ausbildung, Bildung und Erziehung, in: Jürgen Rhades: Schulschiff >DEUTSCHLAND<. Die Geschichte des größten Kriegsschiffes der Bundesmarine. Eine Dokumentation in Wort und Bild, Koblenz 1987, S. 25–33, hier S. 28, 32.
78 Ebd., S. 32.
79 Hans Freiherr von Stackelberg: Im Kielwasser der GORCH FOCK. Ein Kommandant erinnert sich, 2. Auflage, Hamburg 1995, S. 185.

80  Marineschule Mürwik, Wehrgeschichtliches Ausbildungszentrum, ArchivNr. 20507: Reisetagebücher Kapitän zur See Karl Peter. Kommandant SS „DEUTSCHLAND" (Persönliches Tagebuch der 36. AAR [4. der DEUTSCHLAND] vom 26. Februar – 31. Mai 1968), S. 8f. vom 29.02.1968. Hervorhebungen im Original.
81  Vgl. Horst Heinl: Die Schulschiffausbildung, in: Jürgen Rhades: Schulschiff >DEUTSCHLAND<. Die Geschichte des größten Kriegsschiffes der Bundesmarine. Eine Dokumentation in Wort und Bild, Koblenz 1987, S. 35-42, hier S. 36ff.
82  SS DEUTSCHLAND (Hg.): Abschiedsfahrt. Pharaonen, Fjorde und ein Farewell. 67./68. Auslandsausbildungsreise, Kiel, o.J., S. 7.
83  Ebd., S. 140f.
84  Jürgen Rhades: Schulschiff >DEUTSCHLAND<. Die Geschichte des größten Kriegsschiffes der Bundesmarine. Eine Dokumentation in Wort und Bild, Koblenz 1987, S. 157.
85  Ebd.
86  Marineschule Mürwik, Wehrgeschichtliches Ausbildungszentrum, ArchivNr. 16792: Deutsche Zeitung Sao Paulo, SCHULSCHIFF DEUTSCHLAND 1986.
87  Eckardt Opitz: 50 Jahre Innere Führung. Von Himmerod (Eifel) nach Priština (Kosovo). Geschichte, Probleme und Perspektiven einer Führungsphilosophie, [= Schriftenreihe des Wissenschaftlichen Forums für Internationale Sicherheit e.V., 17], Bremen 2001. Insbesondere Eckardt Opitz: Geschichte der Inneren Führung. Vom >Inneren Gefüge< zur Führungsphilosophie der Bundeswehr, S. 11-25.
88  Hans-Jürgen Rautenberg und Norbert Wiggershaus: Die „Himmeroder Denkschrift" vom Oktober 1950. Politische und militärische Überlegungen für einen Beitrag der Bundesrepublik Deutschland zur westeuropäischen Verteidigung, Sonderdruck aus: Militärgeschichtliche Mitteilungen 21/1977, S. 135-206, hier S. 185ff., insbesondere S. 186/187: *„Erzieherisches: Der Erziehung des Soldaten im politischen und ethischen Sinne ist im Rahmen des allgemeinen Dienstunterrichts von vorneherein größte Beachtung zu schenken. Sie hat sich nicht auf das rein militärische zu beschränken. Durch Schaffung eines europäischen Geschichtsbildes und Einführung in die politischen, sozialen und wirtschaftlichen Fragen der Zeit kann von der Truppe aus über den Rahmen des Wehrdienstes hinaus ein entscheidender Beitrag für die Entwicklung zum überzeugten Staatsbürger und europäischen Soldaten geleistet werden. Damit muß zugleich die innere Festigkeit gegen eine Zersetzung durch undemokratische Tendenzen (Bolschewismus und Totalitarismus) erreicht werden. [...]."*
– Siehe gleichlautend BA-MA BW 2/1160: IV B 3-3230-06 TgBuchNr. 1227/56 (Bonn, 22. August 1956): Hinweise für die Verwendung kommunistischer Originaldokumente bei der Truppeninformation, insbesondere der Zeitschrift >Ost-Probleme<. *„Die sachgerechte Verwendung kommunistischer Originaldokumente kann ein wichtiges Werkzeug bei der geistigen Immunisierung des Soldaten sein."* (S. 1) *„Der Kommunismus soll weder als Schreckgespenst, noch als Karikatur dargestellt werden. Es ist ebenso gefährlich, ihn zu überschätzen, wie ihn zu unterschätzen. Die Freie Welt ist diesem System materiell wie geistig überlegen. Aber wer seine Dynamik und Verführungskraft nicht erkennt, ist außerstande, das Totalitäre zu bekämpfen.*
*Ziel der Arbeit mit kommunistischen Originaldokumenten ist, den Soldaten gegen die Propaganda des Ostens immun zu machen."* (S. 3)
89  Handbuch Innere Führung. Hilfen zur Klärung der Begriffe, in: Schriftenreihe Innere Führung. Hrsg. vom BMVg – FüS I/6, ²1960, S. 91-95, hier S. 91.
90  S. exemplarisch: Die Konzeption der Marine, in: BA-MA BM 10/179: InspM FüM VI 1, TgBuchNr. 150/72 geheim (mittlerweile herabgestuft auf VS-NfD), hier Arbeitsunterlage.
91  Vgl. Werner Hartmann: Geist und Haltung des deutschen Soldaten im Wandel der Gesellschaft. Vom Kaiserheer zur Bundeswehr. Eine Dokumentation, Limburg 1998, S. 209ff, insbesondere auch S. 240.
92  Karl Peter: Gedanken zur Ausbildung, Bildung und Erziehung, in: Jürgen Rhades: Schulschiff >DEUTSCHLAND<. Die Geschichte des größten Kriegsschiffes der Bundesmarine. Eine Dokumentation in Wort und Bild, Koblenz 1987, S. 25-33, hier S. 33.
93  Vgl. detailliert: Horst-Dietmar Settler: Politische Bildung. Darstellung und Vergleich ihres Stellenwertes in Erziehung und Ausbildung der Reichs-, Kriegs- und Bundesmarine, in: Flottenkommando (Hg.): 26. Historisch-Taktische Tagung der Flotte 1986: Erziehung und Ausbildung zum Marineoffizier in Vergangenheit und Gegenwart, Wilhelmshaven 1986, S. 215-255, hier S. 238ff.

94 Zitiert bei: Vizeadmiral Hans-Joachim Mann, Befehlshaber der Flotte während der Historisch-Taktischen Tagung der Marine am 9. Januar 1986 in Flensburg-Mürwik, in: Flottenkommando (Hg.): 26. Historisch-Taktische Tagung der Flotte 1986: Erziehung und Ausbildung zum Marineoffizier in Vergangenheit und Gegenwart, Wilhelmshaven 1986, S. 283-296, hier S. 290.
95 Zitiert nach geringfügigen Satzbauveränderungen: Ebd., S. 291. – Siehe zum Faktor „Zeit" in der Ausbildung: Dieter Hartwig: Offizierausbildung an der Marineschule Mürwik. Überlegungen zum 70jährigen Jubiläum, in: Marine Forum. Zeitschrift für maritime Fragen, Heft 4/1981, S. 106-109.
96 BMVg (Hg.): Weißbuch 1985. Zur Lage und Entwicklung der Bundeswehr, Bonn 1985, S. 317ff., S. 383. Der Erziehungsbegriff wird über die Vorbildfunktion des Vorgesetzten hinaus weiter gefaßt.
97 BA-MA BM 10/123: Zustandsbericht der Marine (1966) vom 2. Januar 1967, hier Beitrag Marineamt.
98 Eckardt Opitz: Über den Studienabschluß hinausdenken. Die Idee eines erziehungs- und gesellschaftswissenschaftlich begleitenden Fachstudiums für angehende Offiziere. Pädagogische Anmaßung oder erziehungswissenschaftlicher Realitätssinn?, in: Michael Jagenlauf u.a. (Hg.): Weiterbildung als quartärer Bereich. Bestand und Perspektive nach 25 Jahren. Festschrift für Gerhard Strunk, Neuwied u.a. 1995, S. 379-386. – Jürgen Ehle: Das erziehungs- und gesellschaftswissenschaftlich angeleitete Fachstudium der Marineoffiziere an den Universitäten der Bundeswehr. Erfahrungen und Bewertungen aus der Sicht eines Absolventen, in: Flottenkommando (Hg.): 26. Historisch-Taktische Tagung der Flotte 1986: Erziehung und Ausbildung zum Marineoffizier in Vergangenheit und Gegenwart, Wilhelmshaven 1986, S. 161-185, hier S. 169ff.
99 Vgl. Ulrich Fricke: Das erziehungs- und gesellschaftswissenschaftlich angeleitete Fachstudium der Marineoffiziere an den Universitäten der Bundeswehr. Erfahrungen und Bewertungen aus der Sicht eines Kommandanten, in: Flottenkommando (Hg.): 26. Historisch-Taktische Tagung der Flotte 1986: Erziehung und Ausbildung zum Marineoffizier in Vergangenheit und Gegenwart, Wilhelmshaven 1986, S. 187-209, hier S. 203f. – Siehe eingehend: Bernhard Schäfers: Gesellschaftlicher Wandel in Deutschland. Ein Studienbuch zur Sozialstruktur und Sozialgeschichte der Bundesrepublik, Stuttgart ⁴1985, insbesondere S. 280-295.
100 Günter Kettenbach: Schulschiff und Religion. Bilden und genesen, Werte und Persönlichkeitsbildung, [= Europäische Hochschulschriften, Reihe XXIII, Theologie, Band 596], Frankfurt am Main u.a. 1997.
101 Das Leitbild des Marineoffiziers, o.O. Mai 1983, ²Januar 1986.
102 BMVg (Hg.): Weißbuch 1994. Weißbuch zur Sicherheit der Bundesrepublik Deutschland und zur Lage und Zukunft der Bundeswehr, Bonn 1994, S. 136.
103 Ebd., S. 138.
104 Hans Frank: Das Bild vom zukünftigen Einsatz in Landesverteidigung, Krisenreaktion und Konfliktbewältigung, in: Marine Forum. Zeitschrift für maritime Fragen, hrsg. vom Deutschen Marine Institut, 4/2000, S. 3-6.
105 Ebd., S. 6.
106 Zitiert nach: Vizeadmiral Hans-Joachim Mann, Befehlshaber der Flotte, während der Historisch-Taktischen Tagung der Marine am 9. Januar 1986 in Flensburg-Mürwik, in: Flottenkommando (Hg.): 26. Historisch-Taktische Tagung der Flotte 1986: Erziehung und Ausbildung zum Marineoffizier in Vergangenheit und Gegenwart, Wilhelmshaven 1986, S. 283-296, hier S. 288.
107 Ebd., S. 288 (zitiert nach den Worten des Inspekteurs des Heeres).
108 Wie Anm. 94.
109 Die zahllosen Belege aufzuführen, in denen über „Erziehung" gesprochen werden sollte, jedoch tatsächlich nie wurde, würde den Rahmen dieses Beitrages sprengen. Exemplarisch: Bernd Manthey und Udo Michel: Die Aufstellung der deutschen Marine – personelle und materielle Gegebenheiten, in: Flottenkommando (Hg.): 36. Historisch-Taktische Tagung der Flotte 1996: 40 Jahre Bundeswehr. Entstehung und Anfänge der Marine, Wilhelmshaven 1996, S. 101-147, hier S. 123ff.
110 S. Volker Hausbeck: Die Politische Bildung vor neuen Herausforderungen, in: Flottenkommando (Hg.): 26. Historisch-Taktische Tagung der Flotte 1986: Erziehung und Ausbildung zum Marineoffizier in Vergangenheit und Gegenwart, Wilhelmshaven 1986, S. 263-281, hier S. 278f. Hausbeck sieht ausschließlich in der Persönlichkeit des Vorgesetzten *„durch sein Sein, sein Sosein, sein Dasein"* die Führungsstärke des Vorgesetzten. Woher diese positiven Führungseigenschaften kommen sollen, bleibt of-

fen. – So auch Vizeadmiral Hans-Joachim Mann, Befehlshaber der Flotte während der Historisch-Taktischen Tagung der Marine am 9. Januar 1986 in Flensburg-Mürwik, in: Flottenkommando (Hg.): 26. Historisch-Taktische Tagung der Flotte 1986: Erziehung und Ausbildung zum Marineoffizier in Vergangenheit und Gegenwart, Wilhelmshaven 1986, S. 283-296, hier S. 290: *„Helfen Sie durch Ihr Vorbild! Erziehen Sie durch Ihr Vorbild."*

111 Angelehnt an die Angaben bei Otto Bönisch: Die Deutschen Schulschiffe. 1818 bis heute, Hamburg 1998, S. 123-124 (teilweise fehlerhafte und unvollständige Angaben). – Hans H. Hildebrand, Albert Röhr und Hans-Otto Steinmetz: „Die Deutschen Kriegsschiffe. Biographien – ein Spiegel der Marinegeschichte von 1815 bis zur Gegenwart", 7 Bände, $^2$Herford 1985 (mittlerweile als Taschenbuchausgabe in zehn Bänden als Lizenzausgabe im Mundus Verlag 1998/99 verfügbar). – Siehe auch BA-MA BM1/1098: Schreiben vom 27.11.1956 (Verteilung der Schulboote). – Hans H. Hildebrand, Albert Röhr und Hans-Otto Steinmetz: „Die Deutschen Kriegsschiffe. Biographien – ein Spiegel der Marinegeschichte von 1815 bis zur Gegenwart", Band 7, Herford 1983, S. 165f. – Gerhard Koop/ Siegfried Breyer: Die Schiffe, Fahrzeuge und Flugzeuge der deutschen Marine von 1956 bis heute, Bonn 1996. – Siehe auch umfangreich Gerhard Koop: 25 Jahre Marine der Bundesrepublik Deutschland. Die Schiffe der ersten Generation, in: Marine Forum. Zeitschrift für maritime Fragen, Heft 11/1980, S. 381-383 (Teil 1), Heft 12/1980, S. 423-425 (Teil 2), Heft 1 und 2/1981, S. 26-28 (Teil 3), Heft 3/1981, S. 64-66 (Teil 4), Heft 4/1981, S. 114-116 (Teil 5).

112 Hans H. Hildebrand, Albert Röhr und Hans-Otto Steinmetz: „Die Deutschen Kriegsschiffe. Biographien – ein Spiegel der Marinegeschichte von 1815 bis zur Gegenwart", Band 7, Herford 1983, S. 166.

113 Ebd.

114 Erstellt nach: Marineschule Mürwik, Wehrgeschichtliches Ausbildungszentrum, ArchivNr. 14345: Das Kommando der Schulschiffe anläßlich des zehnjährigen Jubiläums von Flottenreisen. – Vgl. Gustav E. Liebig: Die ersten Seekadetten im Frühjahr und Sommer 1956, in: Marine Forum. Zeitschrift für maritime Fragen, Heft 11/1980, S. 378-380, S. 380: Liebig berichtet aus seinem Tagebuch: *„Jetzt stehen wir vor ereignisreichen Wochen, denn am 23. Juli werden* TRAVE *und* EIDER *zu einer kleinen Europafahrt auslaufen. Damit werden nach langjähriger Unterbrechung erstmalig wieder deutsche Kriegsschiffe in ausländischen Gewässern und Häfen erscheinen."* Die Reise wurde nicht als offizielle Auslandsausbildungsreise verzeichnet.

115 Erstellt nach: Marineschule Mürwik, Wehrgeschichtliches Ausbildungszentrum, ArchivNr. 14345: Das Kommando der Schulschiffe anläßlich des zehnjährigen Jubiläums von Flottenreisen.

116 Ebd.

# Auslandseinsätze von Schiffen der DDR-Volksmarine

## von

## Robert Rosentreter

### Vorbemerkungen

Auslandseinsätze der Volksmarine fanden in den vier Jahrzehnten ihrer Geschichte relativ selten statt. Für Fernreisen bzw. Unternehmungen außerhalb der Ostsee gab es weder die dafür geeigneten Schiffe noch andere notwendige Voraussetzungen. Die hohen Kosten weitreichender Törns, bei den permanent knappen Devisenkassen des Staates, die Hürden der durch die Hallstein-Doktrin der Bundesrepublik gegen die DDR – jedenfalls bis 1972, dem Aufnahmejahr beider deutscher Staaten in die UNO – verhängten diplomatischen Blockade, die immerwährende Furcht vor Desertationen und schließlich auch fehlender politischer Wille bewirkten eine starke Zurückhaltung in Bezug auf Auslandseinsätze der Flotte. Die SED- und DDR-Führung, vor allem die Spitzen des Ministeriums für Nationale Verteidigung, hatten kaum Sinn für die Möglichkeiten einer Flotte durch „Flagge zeigen", durch die Demonstration eigener Interessen, aber auch nicht für quasi politische „Werbewirkungen", für das Knüpfen von Beziehungen, sogar bis hin zu wirtschaftlichen Kontakten, oder für den kulturellen Austausch, etwa bei Aufenthalten in Häfen anderer Länder.

Zu den Auslandseinsätzen der Volksmarine kann man zählen:

– Schulschiffreisen und Navigationsbelehrungsfahrten;
– Flottenbesuche – offizielle wie inoffizielle;
– Teilnahme an den Einsätzen des Geschwaders der sozialistischen Ostseeflotten;
– andere militärische Aktionen außerhalb der eigenen Operationszone.

### Militärische Aktionen außerhalb der eignen Operationszone

An militärischen Aktionen außerhalb der eigenen Operationszone – abgesehen von gemeinsamen Flottenmanövern und anderen Übungen mit der Baltischen Rotbannerflotte und der Polnischen Seekriegsflotte in deren Gewässern und abgesehen auch von den hier gesondert darzustellenden Geschwaderfahrten sowie von Aufklärungsfahrten einzelner Schiffe – hat die Volksmarine nur ein einziges Mal teilgenommen, nämlich an der als geplante gemeinsame Übung deklarierten mehrwöchigen Aktion „Sojus 81", bei der es sich der Sache nach um nichts anderes als um eine bewaffnete Machtdemonstration zur Einschüchterung und Zurückdrängung der Solidarnosz-Bewegung in Polen handelte. Freilich hat das damals politisch nichts bewirkt und die schweren ökonomischen Probleme in Volkspolen nicht mildern und schon gar nicht beheben können. Klar wurde nur eines, nämlich daß ein Eingreifen wie in der CSSR 1968 nicht möglich sein würde, weil es in diesem Falle ganz zweifellos zu unabsehbarem Blutvergießen, einem regelrechten Krieg in Polen gegen die Mehrheit der Bevölkerung käme.

Abbildung 85:
Angelandeter Schützenpanzer der NVA zu Beginn der Aktion „Sojus 81" in Polen
(Foto: Privatbesitz Rosentreter)

Ich habe damals an diesem seltsamen wie ungewöhnlichen Manöver teilgenommen, bis hin zum so bezeichneten Freundschaftsmarsch eines zuvor bei Dziwnow (Dievenow) angelandeten gemischten Panzer- und Schützenpanzer-Verbandes, bestehend aus je einem polnischen und sowjetischen Marineinfanterie-Bataillon sowie einer Kompanie des 29. Motorisierten Schützenregiments der Nationalen Volksarmee aus Hagenow. Dieser Marsch führte mehrere Tage lang durch insgesamt an die zehn Städte und zahlreiche Dörfer von Hinterpommern. Das war sozusagen der Versuch, die offensichtliche Drohung als vertrauensbildende Maßnahme zu tarnen, aber unbedingt auch, unterstützt durch polnische Kommunalbehörden und die Armee in den angefahrenen Orten, durch Begrüßungszeremoniells, Meetings, Begegnungen mit Jugendlichen, Kranzniederlegungen an Ehrenmalen und auf polnischen und sowjetischen Soldatenfriedhöfen, eine Art Freundschaftswerbung zu betreiben. Natürlich konnte auch diese Art Quadratur des Kreises nicht gelingen.

In meinem Buch „Im Seegang der Zeit" habe ich dieses Manöver und unsere sowie die polnischen Befindlichkeiten, Beobachtungen, Hintergründe und Folgerungen zu beschreiben versucht. Mit Verweis darauf verzichte ich deshalb hier auf weitere Ausführungen dazu.

**Schulschiffreisen und Navigationsbelehrungsfahrten**

Schulschiffreisen und Navigationsbelehrungsfahrten mit Offiziersschülern, teilweise mit Maatenschülern und Ende der siebziger und achtziger Jahre auch mit Fähnrichschülern, gehörten zum festen Programm jedes Ausbildungsjahres. Dafür stand von Anbeginn zunächst das Flagg- und Schulschiff ERNST THÄLMANN (ex HVIDBJÖRNEN) zur Verfügung. Es hatte in zwei Decks Platz für 56 Offiziersschüler, bei einer ebenfalls 56 Mann starken Besatzung und war für die praktische Ausbildung künftiger Marineoffiziere, gemessen an unseren damaligen Verhältnissen, bestens geeignet. Das Dampfschiff unternahm nach seiner Indienststellung 1952 zunächst nur kürzere Törns in die Gewässer vor der DDR-Küste und erst ab 1958 bis 1961 Reisen nach Gdynia, Riga und Leningrad, auf der *"Hausstrecke, gleich rechts um die Ecke"*, wie man bei uns scherzhafter Weise zu sagen pflegte. Da der Name Ernst Thälmann im Januar 1961 an ein Küstenschutzschiff vergeben wurde, erhielt das Schulschiff den Namen ALBIN KÖBIS. Es wurde aber im gleichen Jahr außer Dienst gestellt, noch zwei Jahre als Wohnhulk genutzt und dann abgebrochen.

In den folgenden anderthalb Jahrzehnten verwendete die Volksmarine vor allem Minenleg- und Räumschiffe der Typen HABICHT und KRAKE als Schulschiffe und nutzte auch kleinere Fahrzeuge fast aller Kampfschifftypen zu Schulzwecken.

Abbildung 86:
Flottenbesuch der Volksmarine und der Baltischen Flotte in Gdynia. Im Vordergrund: Matrosen der VM in Ausgangs- und Paradeuniform an Bord eines Küstenschutzschiffes. Im Hintergrund: Der sowjetische Kreuzer KOMSOMOLEZ macht fest.
(Foto: Privatbesitz Rosentreter).

Ausbildungsfahrten mit Offiziersschülern auf der schon genannten Route – Gdynia, Riga, Tallinn, Leningrad – fanden auch weiterhin jeweils einmal im Jahr mit den MLR-Schiffen statt. Die kleineren Schulboote kamen dagegen aus den DDR-Gewässern kaum heraus.

Im Sommer 1976 stellte die Volksmarine ein neues Schulschiff des polnischen WODNIK-Typs in Dienst, das der besseren praxisorientierten Ausbildung künftiger Offiziere auch in entfernteren Seegebieten gerecht werden konnte: die WILHELM PIECK. (Sie ist nicht mit dem gleichnamigen Segelschulschiff der Gesellschaft für Sport und

Technik, der heutigen Schonerbrigg, mit dem seit Mai 1991 neuen Namen GREIF, zu verwechseln, die übrigens nie der Volksmarine unterstand.)

Das Motorschulschiff WILHELM PIECK bot Unterkunft für 63 Offiziersschüler. Es verfügte über ein Navigationskabinett, einige andere Lehrkabinette, Messen, eine Bibliothek, Arztstation, Bordbäckerei, die entsprechenden Sanitäranlagen, Wäscherei, Klimaanlage und weitere Einrichtungen für „unbegrenzte Fahrt".

Abbildung 87:
Das Schulschiff WILHELM PIECK (Bordnummer S 61) wurde in Polen gebaut.
(Foto: Privatbesitz Rosentreter).

Ab 1978 fand mit diesem Schiff jährlich die mehrmonatige „Große Fahrt" (jeweils rund 10.000 Seemeilen) statt. Im Wechsel führte der Törn in einem Jahr nach Norden, vorbei an den Britischen Inseln, auch mal um sie herum ins Nordmeer und in die Barentsee mit dem Endpunkt Murmansk, im jeweils folgenden Jahr ging der Kurs nach Süden in die Levanteregion. Das konnte aber so nicht durchgehalten werden, vor allem nicht wegen der Werftliegezeiten des Schiffes.

So fanden nur drei Reisen auf dem Nordkurs statt – 1978, 1980 und letztmalig 1988. Die Tour ins Mittelmeer und das Schwarze Meer mit Anlaufen verschiedener Häfen, stets dabei ein Besuch des Stützpunktes der sowjetischen Schwarzmeerflotte Sewastopol, erfolgte fünfmal – 1979, 1981, 1984, 1987 und 1989.

Die Reisen zur Nordflotte (es heißt nebenbei bemerkt nicht Nordmeerflotte, sondern Sewerny Flot, also nördliche oder eben Nordflotte) boten sicherlich interessante navigatorische Herausforderungen, waren aber nicht besonders attraktiv. Die Tour rund um Südwest-, Süd- und Südosteuropa, war insgesamt interessanter, nicht nur wegen der angelaufenen Häfen, sondern auch wegen der Passagen mehrerer Meerengen. Die WILHELM PIECK, immer in Begleitung eines Hilfsschiffes (das war ein

Versorger, bzw. das Bergungs- und Rettungsschiff OTTO VON GUERICKE, auf denen jeweils ebenfalls Offiziersschüler die Fahrt mitmachten), lief auf der ersten Südtour 1979 Sewastopol, Warna und Constanta an. Zwei Jahre später hießen die Besuchshäfen Sewastopol und das jugoslawische Split, wo sich die Offiziersschule der jugoslawischen Marine befand. Zunächst nach Tripolis (Libyen) ging es 1984, dann nach Sewastopol und schließlich erstmals in einen Hafen eines NATO-Landes, nämlich Piräus. Bis Tripolis fuhren die libyschen Offiziersschüler mit, die in Stralsund ausgebildet worden waren – was uns etliche Probleme eingebracht hatte! Sie kehrten damit auf dem Seewege nach Abschluss ihres Lehrganges wieder in ihre Heimat zurück. Die Erlebnisse unserer Offiziersschüler und der Schulschiffcrew in der sogenannten Arabischen Volksjamahiriya waren ziemlich ernüchternd, wie andererseits die Besichtigung des „sterbenden Kapitalismus" am Beispiel Griechenland einiges Staunen auslöste. Auf beides kann hier leider nicht näher eingegangen werden. Warna, Constanta, Sewastopol und Latakia (Zypern) waren Stationen der Großen Fahrt 1987. Manch Befremdliches sahen, hörten und erlebten die Teilnehmer der Fahrt in der rumänischen Hafenstadt, wozu nur ein Beispiel genannt sei: die Absperrung des Liegeplatzes und des gesamten Hafenbereiches durch in „kleiderkammerneue" Marineuniformen gesteckte Securitate-Soldaten. Schließlich ging es 1989 nach Algier – auch ein sehr aufschlussreicher Besuch –, dann nach Sewastopol und erneut nach Piräus und Split.

Abbildung 88:
Offizierschüler und Offiziere der Volksmarine 1989 bei der Besichtigung der Gedenkstätten für die Befreiung bzw. Rückeroberung von Sewastopol durch die Rote Armee im II. Weltkrieg. Dritter von links: der Kommandeur der Offiziershochschule Konteradmiral Klaus Kahnt.
(Foto: Privatbesitz Rosentreter)

Es war die Zeit, als tausende DDR-Bürger in die Botschaften der Bundesrepublik von Prag und Warschau flohen bzw. über die ungarische Grenze das Weite suchten, was die Stimmung an Bord und nicht wenige Diskussionen im Ausland stark mitbestimmte. In Split kamen erstmals unkontrolliert Bürger der Bundesrepublik beim „Open

Ship" an Bord bzw. sprachen unsere Seeleute in der Stadt und im Hafen an. Teilweise war es schon in Piräus und bei den Exkursionen nach Athen und Korinth zu Begegnungen und Gesprächen mit Bundesbürgern, Österreichern und Schweizern gekommen. Das waren ungewohnte und wegen des auch zu diesem Zeitpunkt immer noch bestehenden strengen Kontaktverbotes bis dahin nicht für möglich gehaltene Vorgänge. Allerdings ist man sich im Verteidigungsministerium und im Kommando der Volksmarine schon vor Beginn der Reise durchaus darüber im Klaren gewesen, dass es kaum möglich sein würde, in Griechenland und Jugoslawien Begegnungen mit Touristen aus NATO-Ländern auszuweichen, wobei von einer Ausnahme vom Verbot der Westkontakte oder davon, sie nicht so verbissen zu befolgen, nicht die Rede war. Der Kommandeur der Offiziershochschule und der damalige MfS-Chef der Volkmarine, die auf dem Teilabschnitt der Fahrt zwischen Algier und Split mit an Bord des Schulschiffes waren, nahmen die Lockerung des Kontaktverbots für die Aufenthalte in Piräus und Split auf ihre Kappe.

Sehr seltsam war damals die Stimmung in Sewastopol. Viele Leute haben sich, teils auf offener Straße oder in den Geschäften, uns gegenüber als Gästen (!) bitter darüber beklagt, wie miserabel die Versorgung ist, und daß die Perestroika nichts gebracht habe. Sehr unzufrieden äußerten sich Marineangehörige und deren Frauen über die ungeheuren Belastungen des Gefechtsdienstes. Der Flugdeckkreuzer LENINGRAD kam während unseres Aufenthaltes in Sewastopol gerade von einem halbjährigen Mittelmeereinsatz heim und sollte in einer Woche wieder auslaufen. Das waren für uns völlig neue Töne. Erstaunlich auch, daß zwei Kraftfahrer (Matrosen) der für die Exkursionen eingesetzten Busse an den Windschutzscheiben offen die historische litauische Flagge bzw. die alte ukrainische Flagge zeigten und die Offiziere, welche die Führungen machten, diese noch ein Jahr zuvor undenkbare Demonstration als ein gutes Zeichen werteten und meinten, die Sowjetunion werde wohl ihren einzelnen Republiken bald die volle Selbständigkeit geben müssen. Man konnte wirklich meinen, im falschen Film zu sein.

Es war übrigens für 1987 ein Besuch von Livorno, der italienischen Partnerstadt Rostocks, vorgesehen. Die kommunistisch geführte Regionalverwaltung und der ebenfalls kommunistisch geführte Stadtrat hatten entsprechende Einladungen gesandt. Kurzfristig wurde die Einladung wieder zurückgezogen – auf Druck der NATO, wie es hieß, da in Livorno als Standort der italienischen Marineakademie eine Visite aus einem Land des Warschauer Vertrages unerwünscht wäre. Ich muss gestehen, nicht ganz sicher gewesen zu sein (und ich bin es bis heute noch nicht), ob nicht unser Ministerium in Strausberg oder andere Partei- bzw. Regierungsstellen ihre Finger im Spiel und die Sache vereitelt hatten. Der unerwünschte Einfluss der „abweichlerischen" italienischen KP auf die Besucher aus der DDR könnte ein Grund gewesen sein. Die Hoffnung, daß in nicht ferner Zukunft auch Besuche in italienischen oder spanischen Häfen möglich sein würden, ist ja dann ohnehin gegenstandslos geworden.

Eine letzte „Große Fahrt" in zwei Etappen fand im Sommer 1990 statt. Der erste Teil der Reise führte in die Gewässer um die Britischen Inseln mit Besuch von Plymouth. Die Einladung dazu lag schon über ein Jahr vor. Die Entwicklung der Ereignisse in der DDR hatte inzwischen einem solchen Besuch seinen spektakulären und prickelnden Inhalt genommen. Im Juni 1989 war die Fregatte ACHILLES der Royal Navy in Rostock zu einer Visite eingelaufen. Nun fand quasi der Gegenbesuch statt, durch ein Schiff einer Flotte, die es schon fast nicht mehr gab. Die Briten hatten den Aufenthalt eines Volksmarine-Schiffes in ihrem Hafen fairer Weise zwar nicht abgesagt, aber doch das Programm minimiert, offenbar durch Einfluß von bundesdeutscher Seite, gemäß der de-Legitimierungspolitik der Kohl-Regierung gegenüber der bald ex-DDR.

Der zweite Reiseabschnitt führte nach Gdynia und zu einem Zwischenaufenthalt in Warnemünde, zwecks Umtausch von Ost-Mark in D-Mark. In Gdynia gaben sich die bisherigen Waffengefährten entgegen der sonst gewohnten überaus herzlichen Gastfreundschaft sehr zurückhaltend. Die Tatsache, daß die von Hanoi bis Havanna als sozialistisches Musterland gepriesene DDR als erste aus dem Bruderbund ausgeschert war, hatte verständlicher Weise Verwunderung und Skepsis hervorgerufen.

### Flottenbesuche

Einige der Besuche während der Schulschifffahrten, besonders die Erstansteuerungen, galten zugleich als inoffizielle Flottenbesuche, liefen also nach „Kleinem Protokoll" ab.

Als inoffizieller Flottenbesuch wurde auch die allererste Visite eines Schiffsverbandes der Seestreitkräfte der NVA 1957 in Polen, geführt. Die zwei damals gerade in Dienst gestellten Küstenschutzschiffe der RIGA-Klasse – sie hatten noch keine Namen – fuhren nach Gdynia zu den „Tagen des Meeres". Die Führung hatte Vizeadmiral Waldemar Verner als Stellvertreter des Ministers und Chef der Seestreitkräfte. Die Bezeichnung „inoffiziell" sollte offenbar die sowjetischen Freunde beschwichtigen, denn es konnte ja nicht sein, daß die DDR-Marine zuerst in Polen einen Flottenbesuch abstattete und nicht „wie es sich gehörte", beim großen Bruder. Dieser aber tat sich mit Einladungen deutscher Kriegsschiffe sehr schwer. Grund dafür war wohl nicht allein Unsicherheit, wie die Bevölkerung von Leningrad ein Jahrzehnt nach Kriegsende reagieren würde, wenn in ihrer so schwer geprüften Stadt uniformierte Deutsche aufkreuzen würden – egal aus welchem der zwei Staaten. Die meisten Sowjetbürger wußten ohnehin nicht so genau Bescheid. Ein Anlaufen von Riga, Kleipeda und Tallinn schien ebenfalls politisch problematisch, ja riskant. Denn daß die Litauer, Letten und Esten ihre große Sojus und die Russen – glimpflich umschrieben – nicht mochten, war den Sowjets ja klar. Als Offiziere der Seestreitkräfte, die in der UdSSR ausgebildet wurden, während eines Praktikums in Liepaja (Libau) ein Tanzlokal aufsuchten, fragte sie ein Musiker der Hauskapelle: *„Seid ihr noch die Letzten oder schon wieder die Ersten?"* Abgesehen von solchen politischen Bedenken wollten die Sowjets aber auch das immer noch stark zerstörte Leningrad ausländischen Gästen so noch nicht vorführen und zögerten.

Zunächst wurden einige „Versuchsfahrten" gestartet. So steuerte die ERNST THÄLMANN 1958 zu einer Stippvisite Riga an. Im Sommer 1959 unternahm das Schulschiff ihre unter der Bezeichnung „Baltische Reise" in die Chronik der Volksmarine eingegangene Fahrt nach Riga und Leningrad. An Bord befanden sich 60 Offiziersschüler. Den Befehl hatte Kapitän zur See Friedrich Elchlepp. Während dieser Reise gab es keinerlei Vorkommnisse, welche zu weiteren Bedenken Anlass geboten hätten. Regierungs- und Parteistellen in Leningrad und Riga und ganz gewiss auch die allgegenwärtige Geheimpolizei hatten negative Erscheinungen offenbar nicht entdecken können. Darauf deuteten die in höchsten Tönen gehaltenen Berichte über den Besuch in der *Prawda*, dem Parteiorgan der KPdSU, und der *Komsomolskaja Prawda*, dem Organ des Jugendverbandes. Auch die örtliche Presse und der Rundfunk waren voll des Lobes über die deutschen „Morjaks". Offiziere, Kursanten und Besatzungen des Schulschiffes hatten also ihren politischen Reiseauftrag, nämlich für die deutsch-sowjetische Freundschaft und die DDR zu werben und das eigene Land würdig zu repräsentieren, vollauf erfüllt. Diszipliniertes und höfliches Auftreten, aber auch zum Teil harte und leidenschaftlich geführte Diskussionen um die dunkle Vergangenheit des für beide Seiten so opferreichen Krieges, hatten dazu beigetragen. Der positive Verlauf dieser Fahrt ebnete den Weg für weitere Begegnungen mit den Angehörigen der Baltischen Flotte wie mit der Bevölkerung zu besuchender Häfen.

In Polen gab es von Anbeginn keine so großen Bedenken und Vorbehalte wegen des Besuches von Schiffen der DDR-Seestreitkräfte. Sehr aufgeschlossen zeigten sich vor allem jene Marineoffiziere, die unter der Flagge der Royal Navy gekämpft hatten und britische Kriegsauszeichnungen trugen. Eine große Sorge trieb aber sehr viele Polen um: daß sich die Deutschen und die Russen erneut zum Schaden Polens verbünden könnten, was ja schon viermal in der Geschichte geschehen war.

Nachdem auch 1958 und 1959 sogenannte inoffizielle Visiten sowie erstmals ein offizieller Flottenbesuch 1961 in Polen stattgefunden hatte, erfolgte der erste offizielle Flottenbesuch der Volksmarine in der UdSSR im Juli 1962 in Leningrad, mit dem Küstenschutzschiff KARL LIEBKNECHT und drei Minenleg- und Räumschiffen. Dazu fasste sogar der Nationale Verteidigungsrat der DDR, dessen Vorsitzender damals Walter Ulbricht und dessen Sekretär Erich Honecker war, einen speziellen Beschluss. Das ist ein ziemlich unsinniges Dokument, das ich hier weder wörtlich zitieren noch nachweisen möchte. Nur soviel: darin stand, daß und wann der Besuch stattfinden wird, welche Schiffe unter wessen Befehl nach Leningrad fahren usw. Eine Begründung des Beschlusses enthält die damals üblichen Phrasen *„über die politische und ideologische Notwendigkeit der Rolle, der Bedeutung, der Durchführung ..."* Es ist wichtigtuerischer *„Schnullifuk"*, verwunderlich nur, weil sich damit höchste Partei- und Staatsgremien sozusagen gegenseitig selbst agitierten, und erstaunlich, womit sich die Spitzen von Partei, Regierung und Armee befassten. Witzig war die bürokratische Festlegung, daß dieser Beschluss dem Präsidium des Ministerrates der DDR zur Bestätigung vorzulegen sei – als wenn der Regierungschef und seine Stellvertreter einen Beschluss mit Ulbrichts Unterschrift womöglich auch hätten ablehnen können. Bemerkenswert ist die Festlegung, wonach die Regierung der UdSSR zu bitten sei, sie möge prüfen, ob sie einverstanden ist. Das sieht so aus, als hätte sich die Volksmarine bzw. die DDR regelrecht selbst eingeladen. Wie auch immer, die Reise fand statt und verlief sehr erfolgreich. In Leningrad war der Besuch der vier Schiffe Stadtgespräch. Nach einem zunächst recht unspektakulären, und wie es den Anschein hatte, von der Öffentlichkeit kaum wahrgenommenen Einlaufen kam es an den nächsten Tagen zu einem gewaltigen Besucherandrang auf den Schiffen. Zu den Besichtigungszeiten und an den Abenden, bis in die Nachtstunden hinein gab es Menschenaufläufe Tausender auf dem Leutnant-Schmidt-Ufer, wo die Schiffe lagen. Auf dem Newski Prospekt, im Kirow-Park, auf den Newa-Promenaden wurden Angehörige der Volksmarine immer wieder vor allem von jungen Leningradern umringt, die unendlich viele Fragen hatten.

In den folgenden Jahren unternahmen Schiffe der Volksmarine regelmäßig Flottenbesuche in Leningrad, Gdynia und Tallinn.

Lange Zeit blieben Visiten in Häfen anderer Ostsee-Anrainerstaaten bestenfalls fromme Wunschträume für die Volksmarine. Erst nach der Helsinki-Konferenz 1975 und der sich dann abzeichnenden Entspannung fanden Flottenbesuche in Helsinki, Kotka, Stockholm und Göteborg statt. NATO-Häfen blieben der Volksmarine weiterhin verschlossen, teils weil man selbst nicht wollte, teils auch weil es kein Entgegenkommen von NATO-Staaten gab. Die Ausnahme bildeten wie schon erwähnt Griechenland und schließlich England.

### Einsatzfahrten des Gemeinsamen Geschwaders der sozialistischen Ostseeflotte

Ein besonderes Kapitel bildeten die Einsatzfahrten des Gemeinsamen Geschwaders der sozialistischen Ostseeflotte – kurz als Gemeinsame Geschwaderfahrt bezeichnet.

Abbildung 89:
Versorgung in See, während einer Geschwaderfahrt. Küstenschutzschiff BERLIN nähert sich dem Tanker USEDOM zur Übernahme der Treibstoffleitungen.
(Foto: Privatbesitz Rosentreter)

Abbildung 90:
Geschwaderfahrt 1980. Der Befehlshaber des Geschwaders, Konteradmiral Lothar Heinecke (rechts), und der Kommandant der BERLIN auf der Brücke des Schiffes, während ein Signalgast einen Befehl übermittelt.
(Foto: Privatbesitz Rosentreter)

Flottenadmiral der UdSSR Sergej Gorschkow war schon lange darauf aus, den Ständigen Einsatzflotten der NATO und deren Handlungen irgend etwas Adäquates entgegenzusetzen. Das entsprach der Logik des Kalten Kriegs, wonach eine Seite die andere immer wieder herausfordern zu müssen glaubte und diese dann durch entsprechende Gegenaktionen nichts schuldig bleiben wollte. Doch das Gemeinsame Geschwader und die Ständigen Einsatzflotten der NATO waren quantitativ und qualitativ nicht vergleichbar. Die Sowjetunion, Polen und die DDR waren kaum in der Lage, einen beachtenswert kampfstarken Verband aufzustellen, der über längere Zeiträume auf dem Nordatlantik und seinen Nebenmeeren einsatzfähig gewesen wäre. So kam es ab 1979 jedes Jahr im Sommer zur Formierung lediglich eines kleinen Geschwaders für drei bis vier Wochen. Das Geschwader setzte sich aus jeweils zwei Zerstörern bzw. Fregatten der Baltischen Flotte, einem Zerstörer der Polnischen Marine sowie einem Küstenschutzschiff der Volksmarine zusammen. Den Befehl hatte im Wechsel jeweils ein Admiral der sowjetischen, der polnischen oder deutschen Seite, die dann auch den Stab bildete.

Das Geschwader formierte sich entweder in einem sowjetischen oder polnischen Stützpunkt bzw. einem Hafen der DDR, beispielsweise im Hafen des Fischkombinats Rostock. Auf der Ostsee fanden zunächst Übungen statt, um die Geschlossenheit des Verbandes herzustellen. Zu den Übungselementen gehörte dabei die Abwehr von Überwasserkräften, etwa Angriffen von Raketen- und Torpedoschnellbooten, die

U-Bootabwehr und die Abwehr von Luftangriffen, schließlich auch das Fahren im Räumgeleit. Nach dieser mehrtägigen Vorbereitungsphase ging es durch die dänischen Meerengen in die Nordsee und bis ins Nordmeer. Dort fanden weitere Übungen statt, so beispielsweise Artillerieschießen auf See- und Luftziele und die Suche und Bekämpfung von U-Booten. Eines oder mehrere Unterseeboote der Nordflotte agierten dabei als darstellende Kräfte. NATO-Schiffs- und Fliegereinheiten begleiteten in üblicher Weise das Geschwader vom ersten bis zum letzten Tage der Fahrt und dienten so der Zieldarstellung

Abbildung 91:
Flottenadmiral der UdSSR Sergej Gorschkow, Oberbefehlshaber der Sowjetischen Marine, war Initiator der jährlichen Einsatzfahrten des Gemeinsamen Geschwaders der sozialistischen Ostseeflotten. Gorschkow (Bildmitte) bei einer Stabsbesprechung.
(Foto: Privatbesitz Rosentreter)

Außer dem Kampfschiffsverband wurde eine Hilfsschiffsgruppe zusammengestellt – Tanker, Versorger und Bergungs- und Rettungsschiffe. Sie handelten separat oder aber im Geleit des Geschwaders. Geübt wurde dabei u.a. das Treffen auf einer bestimmten Position, die faktische Versorgung der eigenen oder verbündeten Kampfschiffe in See mit Treibstoff, Wasser, Munition, Proviant usw. Auch die Bekämpfung von Havarien und Bränden, schleppen und geschleppt werden und die Übergabe von Verwundeten gehörten zum Trainingsprogramm. Zum Abschluss jeder Geschwaderfahrt fanden Meetings mit Verleihungen von Pokalen für das beste Schiff des Geschwaders, die besten Ergebnisse in der U-Boot-Abwehr, im Artillerieschießen u.a.m. sowie Freundschaftstreffen statt.

Für die Volksmarine brachten diese Geschwaderfahrten immer immense Belastungen. Es war schon ein Problem, stets zum Termin eines der beiden neuen Küstenschutzschiffe, also der kleinen Fregatten der DELFIN-Klasse (erst später kam das dritte hinzu), wegen nötiger Werftaufenthalte und anderer Aufgaben zu stellen. Wie die Polen es fertig brachten, ihren einzigen Zerstörer WARSZAWA (Typ KASHIN MOD.) Jahr für Jahr für diese Einsätze bereit zu halten, ist ein Rätsel. Ein- oder zweimal mussten sie jedoch statt des Zerstörers ein Landungsschiff einsetzen.

Die Baltische Flotte hatte freilich keine Not, einen Flugkörperzerstörer der KANIN-, KASHIN- oder KILDIN-Klasse oder eine moderne Fregatte eines der KRIVAK-Typen auszuwählen. Militärisch haben die Geschwaderfahrten kaum etwas bewirkt. Politisch waren sie zweifelhaft. Das „neue Denken", die Glasnost in der Sowjetunion, hatte sich bis 1989 noch nicht genügend auswirken können, um auf derartige Aktionen einfach zu verzichten. Allerdings gab es nach 1987 kritische Überlegungen und Äußerungen, die wahrscheinlich bald dazu geführt hätten, die Geschwaderfahrten, welche lediglich hohe Kosten und großen Aufwand verursachten, wieder einzustellen. Das erledigte sich dann von selbst durch den Zusammenbruch des Warschauer Paktes.

### Quellen und weiterführende Literatur

Elchlepp/Jablonski/Minow/Röseberg: Volksmarine der DDR, Hamburg/Berlin/Bonn 1999.
Mehl/Schäfer: Die andere deutsche Marine, Berlin 1992.
Hoffmann: Kommando Ostsee, Berlin, Bonn, Herford 1995.
Rosentreter: Im Seegang der Zeit, Rostock 2000.
Deutscher Marinekalender bzw. Marinekalender der DDR, Berlin 1965-1991.

# 10 Jahre danach. Minenabwehrverband „Südflanke" im Persischen Golf
– ein sehr persönlicher Erfahrungsbericht –

von

Friedrich Jacobi

### Einleitung

Wenn ich mir das Generalthema betrachte und wir uns noch einmal das politische Gezerre und Gezänke oder auch das Gejammer um den Einsatz der Bundeswehr im Umfeld des Golfkrieges in Erinnerung rufen, dann sollte man nicht meinen, daß ich über einen Friedenseinsatz sprechen will. Zunächst zur Erinnerung einige Daten :

– Der Überfall auf Kuwait durch irakische Truppen am 2. August 1990 und die Solidarisierung der Welt unter Führung der USA mit dem UN-Mandat zur Befreiung von Kuwait.
– Die Entscheidung der Bundesregierung für einen Beitrag, bescheiden und zurückhaltend *„im Auftreten"* (nur innerhalb des NATO-Vertragsgebietes, d. h. die Luftwaffe blieb in Erhac und die Marine, ein Zerstörer-Verband und der Minenabwehrverband „Südflanke" [MAV SF], im Mittelmeer), aber materiell doch beträchtlich und finanziell erheblich.
– Das Auslaufen des MAV SF ins Mittelmeer Mitte August.
– Der Beginn der Luftoffensive der Alliierten gegen den Irak am 16. Januar 1991.
– Der Beginn der Bodenoffensive am 7. Februar 1991.
– Am 28. Februar 1991 das Ende der Kampfhandlungen.

Die Minensperren lagen aber immer noch vor Kuwait. Auf Bitten/Drängen der USA sah sich die Bundesregierung schließlich zu einem mehr materiellen Beitrag gezwungen. Am 6. März 1991 entschied sie, daß der MAV SF vom Mittelmeer in den Persischen Golf zum Minenabwehreinsatz verlegen soll. Dabei half innenpolitisch und verfassungspolitisch ein *„Etikettenschwindel"*. Aus einem meines Erachtens eindeutig militärischen wurde ein humanitärer Einsatz – damit war die Verfassungsdiskussion zumindest vorübergehend beruhigt:

Am 11. März 1991 lief die erste Gruppe des MAV SF aus Souda, Kreta, in Richtung NAG zum *„Reinschiff"* – so die nationale Bezeichnung des Einsatzes – aus.

Ich werde als seinerzeit Beteiligter mit etwas Abstand den ersten „echten" Einsatz der Bundeswehr und einige aus meiner Sicht für Folge-Einsätze wichtige Aspekte behandeln. Dabei denke ich auch an das Bundespräsident Heinemann zugesprochene Zitat, welches lange Jahre die Marineangehörigen in Wilhelmshaven zum und vom

Weg zur 4. Einfahrt am Bunker am Mühlenweg mahnte: *„Der Friede ist der Ernstfall, bei dem wir uns bewähren müssen ..."*

Inwieweit dies der Marine mit ihrem Beitrag am Golf gelungen ist, soll mein Beitrag klären helfen.

### Verbandsführung/Verband

Von Mitte Februar bis Mitte Juni 1991 hatte ich die Führung dieses Verbandes. Dies war nicht nur eine spannende, sondern auch die entscheidende Phase. In diese Zeit fielen der Beginn des Landkrieges, die Entscheidung der Bundesregierung für den *out of area*-Minenabwehreinsatz vor Kuwait, die Verlegung und Vorbereitung zum *„Reinschiff"* und schließlich dreiviertel des eigentlichen Räumeinsatzes. Die Verbandsführer vor mir, Fregattenkapitän Nolting und Fregattenkapitän Unbehau, und nach mir, Kapitän zur See Leder und Fregattenkapitän Hirtz, werden dies möglicherweise etwas anders beurteilen. Ihr Augenmerk war nach meiner Einschätzung auf andere Herausforderungen gerichtet, die aber ebenso entscheidend für die Einsatzbereitschaft des Verbandes waren.

Fregattenkapitän Nolting war als erster insofern besonders gefordert, weil Medien und Öffentlichkeit neugierig darauf lauerten, wie sich dieser Marineverband vor allem personell, aber auch materiell im Einsatz – wenn es überhaupt dazu käme – bewähren würde. Er schuf wichtige Einstiegs-Voraussetzungen für das Funktionieren des Verbandes.

Der nächste Verbandsführer, Fregattenkapitän Unbehau, setzte alles daran, um den Verband sowohl materiell als auch intern operationell auf den möglichen „scharfen" Einsatz vorzubereiten. Unter seiner Führung wurden die notwendigen Regeln und Verfahren erarbeitet, um aus den aus vier Geschwadern zusammengewürfelten Einheiten eine Einheit werden zu lassen.

Nach mir mußte Kapitän zur See Leder unter zunehmend unangenehmeren klimatischen Bedingungen mit ihren Auswirkungen auf Personal und Material den Minenabwehr-Einsatz weiterführen. Darüber hinaus war er es, der mit Geschick und Erfahrung als WEU – Koordinator die Operation im Sinne der UN-Resolution zum Abschluß brachte.

Fregattenkapitän Hirtz hatte dann die Aufgabe, den Minenabwehrverband zurückzuführen, der sich sowohl personell als auch materiell erheblich von dem unterschied, der ein Jahr vorher in Deutschland ausgelaufen war.

### Die Einheiten

Vierzehn Tage nach dem Einmarsch der Iraker in Kuwait liefen folgende Einheiten aus:

- 3 Minenjagd-Boote Kl. 331 (LINDAU) des 4. Minensuchgeschwaders aus Wilhelmshaven
- 2 schnelle Minenleger/-sucher Kl. 343 des 5. Minensuchgeschwaders aus Olpenitz als modernste Einheiten der Flottille der Minenstreitkräfte (MSFltl)

- der kurz vor der Außerdienststellung stehende Minensuchbootstender WERRA aus Wilhelmshaven und
- der Munitionstransporter WESTERWALD des 1. Versorgungsgeschwaders aus Flensburg

Noch vor Weihnachten wurden dann in Kreta die WERRA durch Tender DONAU des 2. Schnellbootgeschwaders in Olpenitz und nach Weihnachten die beiden schnellen Minenleger/-sucher Kl. 343 durch zwei Hohlstablenkboote Kl. 351 des 6. Minensuchgeschwaders aus Wilhelmshaven mit sechs Hohlstäben abgelöst.

Mit der Entscheidung für den Einsatz im Golf wurde die WESTERWALD durch den Versorger FREIBURG ersetzt. Zu Beginn der Operationen wurden drei Hubschrauber SEAKING (die *White Angels*) des Marinefliegergeschwaders 5 aus Kiel-Holtenau und zwei ÖL-DO 28 des Marinefliegergeschwaders 3 „Graf Zeppelin" aus Nordholz zur „Ölsuche" nach Bahrain verlegt.

## Das Personal

Diese Vielfalt von Einheiten und die Besonderheit der Aufgabe hatten wesentlichen Einfluß auf die personelle Zusammensetzung des Verbandes mit Angehörigen von bis zu 34 Dienststellen der Marine. Es gab nicht nur Minensucher, sondern auch Besatzungsangehörige von Zerstörern, Fregatten, Schnellbooten, Marineflieger und Angehörige aller möglichen Landdienststellen der Marine. Hieraus erklären sich die doch sehr komplexen organisatorischen Probleme bei den Besatzungswechseln, administrative Hürden in der Personalsteuerung, Mängel in der Familienbetreuung bis hin zu „mentalen" Unterschieden und den damit verbundenen Aspekten der Menschenführung im täglichen Dienstbetrieb.

Waren diese personellen und materiellen Veränderungen in der Zusammensetzung des Verbandes, wie eben angedeutet, für die Führung nicht ohne Probleme, so waren sie aber notwendig und letztendlich auch grundsätzlich sinnvoll. Derartige lageabhängige Anpassungen sprechen allerdings allen vergangenen und zukünftigen Bemühungen von Organisations-Puristen/Theoretikern Hohn, Friedens- und Einsatzorganisation im Flottenbereich in Deckung zu bringen.

## Führung und Koordination

Der Befehlshaber der Flotte hatte mir – ich war ihm als Typ-Kommandeur Amphibische Gruppe unterstellt – die Verbandsführung im Mittelmeer anvertraut, weil wir uns persönlich sehr gut aus gemeinsamer Stabstätigkeit kannten, und er überzeugt war, wie er sich bei einer Typkommandeur-Besprechung vor meinem Einsatz äußerte, daß ich als Kapitän zur See vom Dienstgrad her und mit meiner internationalen Erfahrung als erster deutscher *Commander Standing Naval Force Channel (COMSTANAVFORCHAN)* und *Director Minewarfare im Stab des Supreme Allied Commander Atlantic* bei den zu erwartenden Koordinations-Erfordernissen dieser multinationalen Operation am ehesten die deutschen Interessen und die des deutschen Verbandes vertreten könnte.

Ich selbst habe mich über diese Personal-Entscheidung und das Vertrauen natürlich gefreut. Innerhalb der Flotte wurde diese *„ungewöhnlich erscheinende Entscheidung"*, so bezeichnete sie der Kommandeur der Flottille der Minenstreitkräfte (MSFltl) in einem Informationsbrief an die Angehörigen des MAV SF, vor allem aber von den Geschwaderkommandeuren der MSFltl selbst nicht ganz verstanden. Für sie war diese Maßnahme ein Zeichen von Mißtrauen in ihre Kompetenz.

Die Führung des Verbandes (OpCon) verblieb seit dem Auslaufen aus Kreta beim Flottenkommando. Die Aufgabenzuteilung, d.h. wer räumt in welchem Gebiet, wurde in enger Abstimmung zwischen den WEU-Beteiligten, mit zunächst Großbritannien, dann Frankreich und zuletzt Deutschland als Koordinator, und den weiteren Beteiligten – USA, Japan, Süd-Afrika – vorgenommen. Die Entscheidung über das Wie und mit welchen Mitteln lag auf der Grundlage einer einzigen *„Advisory Operational Directive"*, auf die wir uns bei der ersten Koordinations-Besprechung – Großbritannien, Belgien, Deutschland, USA – geeinigt hatten, und die auch bis zum Schluß nicht geändert wurde, einzig und allein bei den jeweiligen nationalen Verbandsführern. Einen gemeinsamen Operationsbefehl gab es nicht. Auf dieser Koordinierungsbesprechung wurde auch die Gebietszuteilung vorgenommen. Dabei kam es uns darauf an, daß auch jeder Verband ein angemessen großes Gebiet mit Aussicht auf Räumerfolg „abbekommt". Das war bei der großen Zahl von sehr effektiven MCM-Fahrzeugen der acht beteiligten Nationen nicht ganz einfach. Amerikaner, Briten, Franzosen und Belgier waren schließlich schon seit anderthalb Monaten sehr intensiv in den bekannten Minenfeldern „bei der Arbeit". Fast drei Fünftel der 1.200 Minen waren bereits geräumt.

Woher wir das wußten? Nach Beendigung der Kampfhandlungen war den Amerikanern von den Irakern der Minenlegeplan übergeben worden. Darin waren das Gebiet sowie Anzahl und Art der Minen in den einzelnen Feldern aufgeführt (zwei Drittel Ankertau-, ein Drittel Grundminen). Trotz verständlicher Skepsis stimmten die Pläne – überzeugend bestätigt durch die unnatürlich hohen Räumerfolge: beispielsweise hat ein französisches Minenjagdboot 45 Minen an einem Tag gejagt, d. h. fast zwei Minen pro Stunde. Diese Erfolge wurden zusätzlich begünstigt durch die ausgesprochen unprofessionelle Minenfeldplanung und -durchführung seitens der Iraker sowie sehr vorteilhafte Minenjagdbedingungen. Der Einsatz wurde auch durch die Umwelt, was Wetter, Wasser und Seebodenverhältnisse anging, nicht behindert.

Lediglich die brennenden Ölquellen sorgten dafür, daß der Sonnenaufgang bisweilen zu einer Frage der Windrichtung wurde, und manchmal schon eine geradezu apokalyptische Stimmung aufkommen konnte.

Die Mehrzahl der 1.200 Minen waren mit Ausnahme der wenigen italienischen Manta-Minen alte, östlicher Bauart – technisch sehr einfach, aber doch sehr wirkungsvoll, wie die Minentreffer auf dem Hubschrauber-Träger USS T RIPOLIS und dem Kreuzer USS P RINCETON beweisen.

Immerhin dauerte es mit hohem internationalen Aufwand fast fünf Monate, bis der UN Mitte Juli gemeldet werden konnte, daß ein Risiko durch Minen für die Schiffahrt nach Kuwait, solange sie sich auf den geräumten Wegen bewegt, nahezu ausgeschlossen werden kann.

## Einzelaspekte

Für die Führung des Verbandes war ich ganz allein verantwortlich. Dabei war es von Beginn an mein Hauptanliegen, die allgemeine Aufgeregtheit und Unsicherheit, die ich im Verband spürte, zu dämpfen. Die notwendige Ruhe und Gelassenheit, neben fachlicher Kompetenz für mich eine wesentliche Voraussetzung für Erfolg, schien zu fehlen. Ich mußte verhindern, daß von der militärischen Führung – bewußt oder unbewußt – direkt in den Verband hineingeredet oder -dirigiert wurde und von außen durch die Medien oder durch Gerüchte aus der Heimat das Vertrauen in das Wort der Verbandsführung verloren ging. Dies versuchte ich zu verhindern, indem ich mich – gewiß nicht immer ganz diplomatisch – gegenüber der militärischen *„Heimatfront"* bisweilen recht deutlich artikulierte. Ich hatte zwar den Rückhalt des Befehlshabers der Flotte, das bedeutet aber längst nicht, daß sein Stab und andere Stäbe der Marine das gleiche Führungsverständnis hatten. Dies galt vor allem für die viel gepriesene Auftragstaktik. Die Liebe zum Mikromanagement wächst, je weiter der einzelne vom eigentlichen Geschehen weg und je weniger souverän er in der Sache ist. Gleichermaßen störend war das im Laufe des Einsatzes zunehmend überzogene Informationsbedürfnis. Es entsprach nach meinem Eindruck mehr der Neugier als der Führungsebene.

Die Störungen von außen versuchte ich durch häufige Verbandsmusterungen mit einer sehr offenen Informationspolitik über das, was war und was zu erwarten sei, aber auch durch klare, nicht von jedem gerne gehörte Fakten zu mindern. Das Vertrauen in das, was ich meinen Männern zu sagen hatte, durfte nicht in Zweifel gezogen werden können. Ob und inwieweit mir das gelungen ist, ist schwer zu beurteilen. Ich weiß aber, daß meine Maßstäbe über das, was zumutbar ist, sei es klimatisch, zeitlich oder auch materiell, doch ziemlich von den Vorstellungen der Zwischenvorgesetzten, den Unteroffizieren und Feldwebeln und den Offizieren inklusive der Kommandanten abwichen. So mußte ich immer wieder feststellen, daß Themen, die bei Kommandanten-/Stabsbesprechungen behandelt und von mir entschieden waren, später bei Besprechungen mit den Vertrauenspersonen, die ich regelmäßig durchführte, wieder auftauchten. Dies bestärkte meinen Eindruck, daß sich viele Vorgesetzte nicht ihrer Vorgesetztenfunktion bewußt waren, sondern sich eher als Arbeitnehmer ohne Führungsverantwortung verstanden. War dies nun ein Phänomen, das erst bei diesem Einsatz offensichtlich wurde? Oder war dies eine Erscheinung, mit der wir uns im Friedensalltag – ich erinnere an das Heinemann-Zitat – resignierend abgefunden hatten?

Als ich den Verband Mitte Februar in Kreta übernahm, war gerade zum zweiten Mal ein Personalwechsel durchgeführt worden. Der Krieg am Golf ging mit dem täglich erwarteten Beginn der Landoffensive in seine entscheidende Phase. Die Verbandsführung, wie auch die griechische Gastnation, sahen terroristische Aktionen als die eigentliche Bedrohung an. Der Befehl meines Vorgängers im Kommando für eine Bereitschaft 70:30 für die Besatzungen im Hafen war folgerichtig, führte aber bei den Angehörigen unserer Friedensmarine zu einer als sehr hoch empfundenen Wachbelastung. Dazu kam, daß die trotz touristischem Umfeld geringe Abwechslung die Männer hatte dünnhäutig werden lassen. Sie waren verunsichert. Hier lag der durch

Kampfschwimmer sorgfältig abgesicherte MAV SF. Auf der anderen Seite der Pier ging der zivile Hafen- und Fährbetrieb munter weiter. Das Risiko war schwer abschätzbar. Die Ungewißheit blieb, was als nächstes auf den Verband zukommt. Durch besondere Maßnahmen, wie Einbau von Fliegerfaustständen, Aufrüstung von Operations-Containern und zusätzlicher ABC-Ausrüstung, mußte auch der Eindruck entstehen, daß die materielle Bereitschaft für einen Einsatz (noch) nicht ausreichte. Darüber hinaus war es schwer, den Sinn dieses Mittelmeer-Einsatzes zu erkennen und vor dem Hintergrund der kontroversen politischen Diskussion plausibel zu machen. Und schließlich bot die *„Heimatfront"*, teilweise stimuliert durch die Hysterie in den Medien, nicht den notwendigen Rückhalt.

Ende Februar 1991 wurden die Kampfhandlungen eingestellt. Jetzt verstärkten Politiker aller Coleur öffentlich die Diskussion über den möglichen Einsatz unseres Verbandes im Golf und damit erstmalig einer Beteiligung deutscher Soldaten außerhalb des NATO-Vertragsgebietes. Dieses laute Nachdenken war mir nur recht. Es war Anlaß, mit den Männern aller Dienstgradgruppen über dieses Thema zu sprechen. Dabei ging es nicht um Fragen der Verfassungsmäßigkeit, sondern in erster Linie um eine Einschätzung der eigenen Fähigkeiten und der Konsequenzen für den Gesamtverband, aber auch für jeden einzelnen von uns. Ich war nicht überrascht, zunächst eine gewisse Unsicherheit zu spüren. Schließlich fehlte uns allen die Erfahrung, wie ein solcher Einsatz aussehen könnte – was uns erwartet. Von „Angst" konnte im Verband aber nicht die Rede sein. „Angst" wurde als Thema von außen in den Verband getragen, – und Medieninteresse verführt, unabhängig vom Dienstgrad, bedauerlicherweise leicht zu seelischer Prostitution.

Nach der Entscheidung der Bundesregierung für den Einsatz stellte ich insgesamt eine Entspannung, fast eine Erleichterung fest. Die an multinationale Einsätze von Manövern oder der STANAVFORCHAN gewöhnten Besatzungen waren froh, aus der Isolation im Mittelmeer befreit zu sein – ja! dieses Gefühl beherrschte uns gegenüber unseren alliierten Minenabwehr-Kameraden. Die Unsicherheit war genommen. Der Bekämpfung von Minen fühlten wir uns aufgrund langjähriger Erfahrung und Bewährung in vielen Manövern gewachsen. Dazu kam, daß die Medien und damit auch die Öffentlichkeit nach einem zumindest kurzzeitigen politischen Konsens diesen Einsatz nicht nur anerkannten, sondern auch offensichtlich erwartet hatten. So schwang das Pendel bei den einzelnen von möglicher Verzagtheit und Unsicherheit letztlich bei den meisten zu Stolz über, mit dabei sein zu dürfen.

Nach knapp einer Woche konnte ich mit der ersten Gruppe auslaufen. Der 4.000-sm-Marsch, für den wir aus administrativen Gründen sogar noch die AAR Nr. 331/91 (Auslands-Ausbildungs-Reise) bekamen, war insgesamt problemlos. Er dauerte mit seinen vier Hafenbesuchen *„for rest & replenishment"* drei Wochen. Ich erinnere mich allerdings noch gut an eine gewisse Unruhe oder Nervosität in der Heimat. So mancher schien sich dort zu fragen, ob er denn auch seine Hausaufgaben, die zwar auf ein ganz anderes Szenario zugeschnitten waren, ordentlich gemacht hatte. Dies war aus Fernschreiben herauszulesen, die direkt an mich gerichtet waren oder mich nur nachrichtlich beteiligten. Hilfreich war einiges, aber längst nicht alles.

Als Verbandsführer kommt man schon ins Grübeln, wenn

- aus arbeitsmedizinischer Sicht nach einer Stunde Arbeit zwei Stunden Ruhe garantiert sein müssten, um die Gesundheit der Soldaten nicht zu gefährden oder die Stehzeit im Verband zur besseren Akklimatisation sechs Monate dauern müsse;
- der wehrtechnische Bereich kurz vor der Ankunft im Einsatzgebiet eine magnetische Kontrollvermessung auf einer noch zu installierenden mobilen Range (ex NVA-VM) zur Vermeidung der Eigengefährdung anmahnt; dies hätte den Beginn der Operation um mindestens drei Monate verzögert; die Anlage war schließlich noch in Deutschland.
- bei +35°C in den Decks und entsprechenden Temperaturen an Bord nach Wünschen für zusätzliche Sportgeräteausrüstung (Fahrräder, Kraftgeräte) aus den NVA-Beständen gefragt wird, die aber m. E. berechtigte Forderung nach Eiswürfelmaschinen zur Kühlung der Getränke aus ärztlicher Sicht (Gesundheitsgefährdung) immer neue Entscheidungsschleifen durchlaufen musste.

Bei manchen, aus gutem Willen eingeleiteten, aber mehr nach Aktionismus aussehenden Maßnahmen schien mir eine kurze Lagebeurteilung – auch unter Beteiligung der Verbandsführung – zu fehlen. Im übrigen aber wartete ich vergeblich auf eine von mir mehrmals erbetene Information über die Minenlage.

Sieben Wochen nach der politischen Entscheidung war der MAV im Golf komplett. Allerdings schon nach fünf Wochen, am 10. April, ließ ich das Minenjagdboot GÖTTINGEN zum ersten Einsatz aus Manamah, Bahrain, unserem Stützpunkt für das nächste Vierteljahr, auslaufen. Das Boot war als einziges einsatzbereit. Ich selbst war auch wegen des spürbaren militärpolitischen Drucks ungeduldig. Ich wollte einen Räumerfolg vor dem Eintreffen der niederländischen und italienischen Einheiten, die fast zeitgleich mit uns in den Golf eingelaufen waren.

Am 14. April um 11:42h meldete GÖTTINGEN den ersten Räumerfolg. Mit diesem *„Bang"* war für mich der politische Teil des Auftrags demonstrativ erfüllt. Der Druck war weg. Der Verband konnte den Einsatz mit professioneller Gelassenheit fortführen und letztendlich auch am 20. Juli zu Ende bringen.

Wie erfolgreich war nun der Einsatz? Wieviel Minen hat der MAV SF (im Vergleich zu den anderen) „gefunden"? Hat er sich überhaupt gelohnt, lautete eine häufig, bisweilen nur rhetorisch oder aber auch bewußt provokativ gemeinte Frage. Als Fachmann schätze ich das Zahlenspiel mit geräumten Minen nicht, weiß aber, daß gerade rüstungswirtschaftlich von allen Marinen damit argumentiert wird; im Rahmen des UN-Mandats hat der deutsche Verband über 100 Minen geräumt. Damit lag er nach Gebiet, Anzahl, Kräften und Zeit durchaus im Schnitt. Viel wichtiger und auch rüstungswirtschaftlich nutzbarer war aber der Erfolg der Troika-Systeme gegen die Manta-Minen, die wegen ihrer besonderen Form von den Minenjagd-Sonaren „übersehen" worden waren.

Die Verantwortlichen in der Marine waren sich bewußt, daß an der Technik, an den Systemen, die für den Einsatz in nordeuropäischen Gewässern und nicht im Golf konzipiert waren, vor Ort nicht viel zu verändern oder zu verbessern war. Das ist im übrigen, soweit das überhaupt notwendig und möglich war, von den unterstützenden

Kommandos in Zivil oder Uniform z. T. mit Erfolg, aber auch mit großem Aufwand geschehen. Wir, d. h. 500 Soldaten, davon ca. 25% Wehrpflichtige, mußten mit den verfügbaren Mitteln zurechtkommen. Ich konnte nur hoffen, daß die Technik hält. Daß die Männer durchhalten, das lag wesentlich in der Verantwortung und im Geschick des Verbandsführers.

Im Gegensatz zur Luftwaffe hatte die Marineführung schon vor dem Auslaufen in Deutschland entschieden, die Soldaten drei Monate beim Verband zu belassen. Die Besatzungen sollten jeweils geschlossen ausgetauscht werden. Dies war für die Deutsche Marine ein revolutionärer Vorgang. Materielle Verantwortung für ein komplexes Waffensystem und emotionale Bindung an das Boot schlossen ein derartiges Verfahren, wie es für eine Flugzeugbesatzung üblich ist, in der Vergangenheit aus. Dieser Besatzungswechsel, wie er dann wenigstens dreimal durchgeführt wurde, war organisatorisch eine hochkomplexe Aufgabe und administrativ sehr aufwendig. Darüber hinaus war er wegen des andauernden Lufttransport-Engpasses – der MAV war in dieser Zeit nicht der einzige Bedarfsträger und hatte wohl auch nicht die höchste Priorität – sehr mit Ärger verbunden. Er hat aber letztendlich funktioniert. Trotz meiner persönlichen Vorbehalte weiß ich, daß die Gewißheit, das Einsatzende ist absehbar, zumindest bei den Angehörigen zu einer gewissen psychologischen Entspannung geführt hat.

Über das Thema „Betreuung" der Soldaten der Luftwaffe und der Marine war im Zusammenhang mit dem Einsatz von Bundeswehr-Einheiten im Umfeld des Golfkrieges viel geschrieben und gesprochen worden. Jeder hatte sich so sein Bild von den „weinerlichen" Soldaten gemacht. Die Marine stand meines Erachtens draußen vor. Einsätze mit längerer Abwesenheit von zu Hause sind/waren für die Angehörigen der Flotte nichts Neues. Insgesamt hatte ich aber aus meinen Gesprächen den Eindruck, daß der Minister wie auch die Abgeordneten geschockt, die militärische Führung zumindest überrascht war. Viele Soldaten in der Heimat hingegen verstanden die Aufregung nicht. Sie hatten durchaus Verständnis für die Beschwerde oder die Anliegen ihrer Kameraden. – Kann oder mußte dies als ein Hinweis für einen gewissen Realitätsverlust der Führung verstanden werden!? Jeder wußte, wo was fehlt oder woran es liegt, vor allem, wie das Problem angepackt werden sollte. Entsprechend unterschiedlich wurde das Thema „Betreuung" angegangen. Für mich zumindest kam nicht in Frage, was die Amerikaner ihren Wüstenfüchsen in Manamah boten und wie es unserem Bundesminister bei seinem Besuch im Verband durch eine Vertrauensperson der PUO zur Nachahmung empfohlen worden war: eine dreitägige Aus-Zeit auf einem gecharterten Cruise-liner an der Pier von Manamah. Für gleichermaßen abwegig hielt ich auch die Idee, die in der Heimat nach meinem Eindruck eher aktionistisch als truppennah geboren worden war: die Besatzungen sollten während der Hafenliegezeit teilweise in Hotels einquartiert werden.

Für mich ist Betreuung auch nach wie vor nicht eine Frage von Zulagen, mit denen sich unsere Republik, wenn ich es überspitzt formuliere, die Bereitschaft erkauft, damit friedensgewöhnte oder -verwöhnte Soldaten unter ungewohnten, vielleicht auch etwas härteren und länger andauernden Einsatzbedingungen das leisten, wozu sie sich mit Eintritt in die Bw freiwillig verpflichtet hatten. Soldaten werden so zu Söldnern. Inzwischen haben die Zulagen schwindelerregende Höhen erreicht. Sie machen einen Auslandseinsatz finanziell attraktiv. Wird dadurch auch die nach meiner Überzeugung zwingend notwendige Einsicht und Bereitschaft verbessert, gegebenenfalls auch unter Einsatz von Leib und Leben die Pflicht zu erfüllen?

Betreuung bedeutet für mich, daß nicht nur das Gefühl des sich Kümmerns vermittelt, sondern vielmehr aktiv etwas getan wird. Meist sind es nur Kleinigkeiten – für die Männer vor Ort oder auch deren Angehörige in der Heimat. Neben dem, was ich als Verbandsführer tun konnte, hatte sich das zuständige Typkommando, die Flottille der Minenstreitkräfte, von Beginn an direkt an die Angehörigen gewandt. Es wurden regelmäßig, fast 14-täglich, Informations-Briefe versandt. Diese intensive Information von Amts wegen hat gewiß die Führung der Männer erleichtert. Dies vor allem deshalb, weil dadurch die „Heimatfront" ruhig gehalten wurde. Inzwischen soll diesem Bedürfnis zumindest organisatorisch durch die Einrichtung von Familienbetreuungszentren Rechnung getragen werden. Für mich als Älteren mag das alles etwas übertrieben sein, – ich bin allerdings auch bereit, zur Kenntnis zu nehmen, daß die Ansprüche und Standards heute etwas höher sind. Ich habe aber meine Zweifel, ob durch eine organisatorische Maßnahme ein eher persönlich-emotionaler Zweck erreicht werden kann.

In diesem Zusammenhang ein Wort zu den eingeschifften Militär-Seelsorgern. Sie waren neben den Ärzten die bekannt bewährte Ergänzung zu den Vorgesetzten in einer für den einzelnen als kritisch oder gefährlich empfundenen Situation. Mit Sicherheit aber war es im Verband nicht so, wie es laut EPD (Evangelische Presse Dienst) der evangelische Pfarrer Kahl aus Erhac berichtete, daß „die Militär-Seelsorge unverzichtbar gewesen ... und durch sie eine Beruhigung bei den Soldaten eingetreten sei." Ich weiß auch nicht, ob es dem einzelnen in einer solchen Lage hilft, wenn der eingeschiffte Militärpfarrer, wie es bei dem deutschen Zerstörer-Verband im Mittelmeer geschehen ist, z. B. Seminare über das Soldatenethos oder Todesangst hält. Der bei uns vor der Verlegung in den Golf eingeschiffte Militärpfarrer mußte aus verschiedenen Gründen ersetzt werden.

Große Verantwortung, aber auch wesentlichen Einfluß auf die Betreuung – gerade in Hinsicht auf die Heimatfront – haben die Medien. Durch sachliche Information wirken sie beruhigend, durch sensationslüsterne, reißerische Berichterstattung verunsichern sie außer den direkt Betroffenen auch deren Angehörige und die allgemeine Öffentlichkeit. Das ist alles nicht sehr hilfreich.

Die Presse-Politik des Verbandes war einfach: ich war bereit und auch befugt, jedem, wenn er vor Ort persönlich auftauchte oder mich per Telefon erreichte, Rede und Antwort zu stehen. Absprachen/Ankündigungen mit dem Informations- und Presse-Stab im Ministerium und/oder dem Leiter der Presse-Abteilung des Flottenkommando waren eher zufällig. – Eine Einschiffung von Pressevertretern für den Einsatz hatte ich grundsätzlich abgelehnt; der Einsatz eines Fernsehteams des ZDF brachte jedoch eine positive Resonanz. Der Bericht von P. Elgard war ausgewogen, kritisch und sehr informativ für die interessierte Öffentlichkeit. Im Ergebnis war also die Pressearbeit eher passiv, es sei denn, der Minister besuchte den Verband mit seinen Berichterstattern. Ich persönlich hielt diese Politik auch für richtig. Nachträglich betrachtet muß ich allerdings feststellen, daß die Marine diesen ersten bahnbrechenden Einsatz der „neuen" Bundeswehr PR-mäßig überregional nicht genutzt hat. Die anderen Teilstreitkräfte haben das bei den Folgeeinsätzen im Irak oder in Kambodscha anders, nach meiner Überzeugung besser gemacht.

## Als Zusammenfassung eine persönliche Bewertung

– Der Einsatz des MAV SF als politisches Zeichen kam zwar spät, aber nicht zu spät. Ich hatte zunehmend den Eindruck, daß wir damit wieder Teil der *„Minenkriegerfamilie"* wurden, aus der wir uns durch die politisch gewollte „Abstinenz" ausgeschlossen fühlten.
– Die Koordination und Zusammenarbeit mit den beteiligten alliierten Verbänden funktionierte insgesamt vorzüglich. Multinationale Operationen brauchen für die Marine, gleichgültig bei welcher Strategie, nicht neu definiert werden.
– Nationale Führung des Verbandes durch das Flottenkommando war über die große Entfernung auch technisch kein Problem, kleinere Auffassungsunterschiede und Spannungen durften bei der Neuartigkeit dieses Einsatzes nicht überraschen.
– Wir Deutschen sind nicht die besten in der Minenabwehr. Wir waren aber auch keinesfalls schlechter als andere. Im Übrigen erfüllen die modernen Einheiten der Flottille der Minenstreitkräfte heute auch die Anforderungen für einen Einsatz unter den klimatischen Bedingungen, wie wir sie seinerzeit im Golf angetroffen hatten.
– Die Unterstützung des Verbandes war sehr aufwendig, sie hat aber trotz vielfältiger Kritik und einiger Pannen funktioniert. Die inzwischen eingeführten logistischen Verfahren für derartige Einsätze sind, wie ich mir habe sagen lassen, einfacher und erheblich wirtschaftlicher – ich hoffe, sie funktionieren auch.
– Für die Männer des MAV war der Einsatz am Golf am Ende genauso selbstverständlich wie für die alliierten Kameraden. Bewährt haben sich insbesondere die jungen Soldaten. Eher problematisch empfand ich die Einstellung der Portepeeunteroffiziere, wie auch von manchem jungen Offizier. Sie waren sich insgesamt zu wenig ihrer Führungsverantwortung bewusst. Sie waren nicht immer Teil der Lösung, sondern eher Teil des Problems. Ich bin aber nach wie vor überzeugt, daß auch diese Vorgesetzten leidensfähiger und leistungsbereiter sind, als viele von uns Älteren es wahrhaben wollten – sie müssen nur mehr in die Pflicht genommen werden. Sie dürfen nicht zu schnell daraus entlassen werden, wenn es mal nicht oder nicht gleich klappt. Ihnen müssen auch Fehler zugestanden werden – m.E. ist *zero tolerance* auf Dauer kein Führungsprinzip für die Deutsche Marine! Vorgesetzte müssen es schon einmal ertragen, daß Fehler auf ihre Reputation zurückfallen. Daß dies in der heutigen Marine so gesehen und danach gehandelt wird, das wünsche ich mir – auch heute noch.

Schon vor zehn Jahren hatte sich die gerade wiedervereinigte Bundesrepublik mit einem sichtbaren materiellen Solidarbeitrag schwergetan. Mit 17 Milliarden DM leistete die Bundesrepublik nach Saudi Arabien und Kuwait immerhin den drittgrößten finanziellen Hilfsbeitrag für die Allianz gegen den Irak. Offensichtlich fehlte u.a.

auch unserem „humanitären" Einsatz die Visibilität und Überzeugungskraft. Stellt sich die Frage, ob es der Bundesrepublik Deutschland, wenn sie es denn überhaupt wünscht, in Afghanistan mit ihrem materiellen Beitrag gelingt?

# Der Beitrag der Deutschen Marine zur Embargo-Operation in der Adria von 1992 bis 1996

von

**Hans-Joachim Rutz**

Als der unter dem kommunistischen Regime zusammengehaltene Vielvölkerstaat Jugoslawien im Zuge der weltpolitischen Umwälzungen 1991 auseinander brach, hat das sicher niemanden überrascht. Die damit verbundenen kriegerischen Auseinandersetzungen, die blutige Gewalt und die Grausamkeiten gegen ethnische Minderheiten, das Flüchtlingselend als Folge von Vertreibungen, all das konnte jedoch nicht ohne Reaktion der Internationalen Gemeinschaft bleiben.

Als alle Appelle ohne Reaktion verhallten, gelang es der Organisation der VN mit der Resolution 713 vom 25. September 1991, ein Waffenembargo gegen Jugoslawien, und mit der Resolution 757 vom 30. Mai 1992 ein allgemeines Wirtschaftsembargo gegen Restjugoslawien, sprich Serbien/Montenegro, zu verhängen.

Diese Resolutionen bildeten die Grundlage für eine vier Jahre dauernde Embargooperation in der Adria, die, von der NATO unter Beteiligung der WEU geführt, am 16. Juli 1992, also nur sechs Wochen nach dem Beschluss, begann und deren aktive Phase am 19. Juni 1996 beendet wurde. Das offizielle Ende fand die Operation am 2. Oktober 1996 mit der Aufhebung aller Embargoresolutionen durch den UN-Sicherheitsrat, zwei Wochen nach Abschluss der ersten freien Wahlen in Bosnien-Herzegowina, so wie es in den *Vereinbarungen von Dayton* beschlossen worden war.

Für die Organisation der Vereinten Nationen, die sich zum ersten Mal in die Lage versetzt sah, ihre Resolutionen auch durchsetzen zu können, für die NATO und die WEU, die zum ersten Mal an der Durchsetzung von friedenschaffenden Maßnahmen beteiligt waren, und natürlich auch für die Deutsche Marine, die in ihren ersten Einsatz geschickt wurde, war diese Embargooperation Ausdruck und Beleg für die neuen Handlungsmöglichkeiten in der Sicherheitspolitik, die sich aus dem Ende des Kalten Krieges und der sich abzeichnenden neuen Weltordnung ergaben.

Am 16. Juli 1992 bezogen die acht Schiffe des erst im Frühjahr des gleichen Jahres von der NATO aufgestellten Ständigen Maritimen Einsatzverbandes Mittelmeer, oder STANDING NAVAL FORCE MEDITERRANEAN (= SNFM), ihre Positionen in der Adria. Die Embargooperation unter Führung der NATO hatte begonnen.

Noch hatten die Schiffe nur die Aufgabe, den einlaufenden Handelsschiffsverkehr hinsichtlich Zielhafen und Ladung zu registrieren, was vor allem durch Befragen erfolgte. Seefernaufklärer unter Führung der WEU unterstützten durch Seeraumüberwachung aus der Luft. Diese Anfangsoperation mit dem folgerichtigen Namen ›MARITIME MONITOR‹ wurde in ihrem Charakter aber schon am 16. November

1992 deutlich verändert, als mit der UN-Resolution 787 Zwangsmaßnahmen nach Kapitel 7 der UN-Charta autorisiert wurden. Fortan durften verdächtige Schiffe angehalten und durchsucht werden. Auch die dazu eventuell notwendigen Durchsetzungsmaßnahmen bis hin zum Waffeneinsatz wurden in Kraft gesetzt. Die jetzt unter dem Namen >MARITIME GUARD< laufende NATO-Operation wurde nun auch von schwimmenden Einheiten der WEU, hierbei handelte es sich vor allem um französische Aviso, unterstützt.

Am 27. April erfolgte dann eine weitere Verschärfung mit der Resolution 820, die eine Blockade der Häfen Serbien/Montenegros zum Ziel hatte. Daraufhin vereinten NATO und WEU ihre bis dahin getrennt laufenden Operationen >MARITIME GUARD< und >SHARP VIGILANCE< zu einer gemeinsamen Operation >SHARP GUARD<.

Die Operation >SHARP GUARD< wurde unter dem Oberbefehl des NATO-Oberbefehlshabers Europa und der operativen Führung des NATO-Seebefehlshabers Südeuropa unter Einbeziehung einer Planungszelle der WEU geplant und geführt.

Das Operationskonzept ging von folgenden Annahmen aus:

– Im Durchschnitt laufen täglich ca. 50 Handelsschiffe in die Adria ein,
– etwa 10% davon sind zu durchsuchen und
– es wird Versuche geben, das Embargo zu durchbrechen.

Auf diese Annahmen aufbauende Berechnungen ergaben für eine durchgehende, lückenlose und tiefgestaffelte Überwachung sowie teilweise Abriegelung einen Bedarf von 18 Schiffen und zwölf Seefernaufklärern.

Es wurden zwei große Überwachungsgebiete eingerichtet, die wiederum in kleinere Teilgebiete aufgeteilt waren.

Im Überwachungsgebiet *OTRANTO*, also in der Straße von Otranto, dem Eingangsbereich der Adria, patrouillierten gleichzeitig vier Einheiten mit der Aufgabe, den gesamten einlaufenden Handelsschiffsverkehr abzufragen nach Eigner, Flagge, Ladung, Woher und Wohin und daraus ein lückenloses Lagebild für das Gebiet zu erstellen. Alle Schiffe mit Zielhäfen in Kroatien oder Slowenien, sowie Schiffe, die aus anderen Gründen verdächtig waren, mussten angehalten und durchsucht werden.

Im zweiten Überwachungsgebiet, das den Namen *MONTENEGRO* bekam, waren fünf Einheiten so stationiert, daß sie einen Ring um die Hoheitsgewässer Serbien/Montenegros bildeten. Ein überraschendes Durchbrechen von Handelsschiffen in die Hoheitsgewässer Serbien/Montenegros sollte damit verhindert werden.

Seefernaufklärer unterstützten aus der Luft vor allem das Gebiet *OTRANTO*, überwachten aber auch den Track der Handelsschiffe im weiteren Verlauf der Adria hinsichtlich der angegebenen Route.

Die 18 Schiffe des Embargoverbandes setzten sich aus den Einheiten der SNFM und der STANDING NAVAL FORCES ATLANTIC (= SNFL) – in beiden Verbänden war ständig eine deutsche Einheit – sowie der MARITIME FORCE WEU (= WEU-MARFOR) zusammen. Sie wurden gemischt in drei Einsatzgruppen eingesetzt, wobei eine Einsatzgruppe im Gebiet *OTRANTO* und eine im Gebiet *MONTENEGRO* operierte. Die dritte Einsatzgruppe fasste die Einheiten zusammen, die sich zur Nachversorgung und Regeneration im Hafen, auf dem Transit oder in Übungen befanden.

Geführt wurden die Einsatzgruppen von den Kommandeuren der SNFM, SNFL und WEUMARFOR. Die Verbandsführer rotierten ebenfalls zwischen den Einsatzgruppen in den Gebieten OTRANTO, MONTENEGRO und HAFEN.

Für die schwimmenden Einheiten war in ihrem vier- bis sechsmonatigen Einsatz ein Verhältnis von 50% der Zeit in den Überwachungsgebieten und 50% der Zeit für Nachversorgung im Hafen, für Übungen und für den An- und Abmarschweg vorgesehen.

Als der aktive Teil der Operation am 19. Juni 1996 beendet wurde, hatten 270 Kampfschiff- und 78 Tankereinsätze stattgefunden. Seefernaufklärer flogen 7.000 Einsätze. Über 62.000 Handelsschiffe waren abgefragt, über 5.100 davon angehalten und durchsucht worden. Weitere 1.200 Schiffe mussten zur Untersuchung in italienische Häfen umgeleitet werden. Und schließlich wurden sechs Versuche festgestellt, das Embargo zu verletzen.

### Welche Rolle spielte dabei die Deutsche Marine?

Deutsche See- und Seeluftstreitkräfte waren vom ersten Augenblick in die Embargooperation eingebunden.

Am 15. Juli 1992, also einen Tag vor Beginn der Operation, beschloss die Bundesregierung auf der Basis der UN-Resolutionen 713 (Waffenembargo) und 757 (allgemeines Wirtschaftsembargo), sich mit dem zu dieser Zeit in der SNFM befindlichen Zerstörer BAYERN und drei Seefernaufklärern BREGUET ATLANTIC an den Überwachungsmaßnahmen in der Adria zu beteiligen. Die BAYERN war damit das erste Schiff der Deutschen Marine, das an einem NATO-Einsatz teilnahm.

Diese Entscheidung der Bundesregierung war für die SPD-Fraktion des Deutschen Bundestages Anlass, am 7. August 1992 das Bundesverfassungsgericht anzurufen. Gegenstand der Klage war die Verfassungsmäßigkeit des Einsatzes der BAYERN. Diese Klage hatte zwar zunächst keinen Einfluss auf den weiteren Einsatz der BAYERN und der BREGUET ATLANTIC, sie erzeugte jedoch zumindest das Gefühl der unsicheren Legalität und rückte den Einsatz stärker in den Blickpunkt des Medieninteresses. So mussten in der Folgezeit nicht nur die dahingehenden Fragen der Besatzungen und ihrer Angehörigen von den Kommandanten und Kommandeuren einfühlsam und geduldig beantwortet werden, auch die politisch korrekte Beantwortung der Fragen vieler Journalisten nach der Rechtmäßigkeit dieses Einsatzbefehls und wie man denn damit umgehe, war von den damit konfrontierten Kommandanten nicht einfach zu lösen.

Die Bundesregierung hielt trotz der Verfassungsklage an ihrer getroffenen Entscheidung fest. Allerdings wurde die Zustimmung zu allen, im weiteren Verlauf der Operation hinzukommenden zusätzlichen Maßnahmen mit Hinweis auf die anhängige Verfassungsklage bis zur Entscheidung des Bundesverfassungsgerichts vertagt.

Als also in Folge der UN-Resolution 787 das *Stop-and-Search*-Regime autorisiert wurde und die Einheiten nun einen Teil der Handelsschiffe mit ihren Boarding-Teams durchsuchen mussten, waren die deutschen Einheiten davon ausgenommen. Diese

Ausnahme galt auch für alle Verhaltensregeln, sogenannte *Rules of Engagement*, die Zwangsmaßnahmen beinhalteten oder androhten.

Es ist sicher ein Beleg für die damalige Verunsicherung der nationalen militärischen Führung, daß diese wesentliche Beschränkung der Einsatzmöglichkeit der deutschen Einheiten erst einige Zeit nach dem Beginn der Durchsuchungsmaßnahmen an die NATO-Führung gemeldet wurde.

Ich war zu dieser Zeit mit Zerstörer HAMBURG im Einsatz und musste meinen überraschten Verbandsführer zwei Tage vor Beginn der Zwangsmaßnahmen persönlich über die Einsatzbeschränkungen meines Schiffes informieren. Sie können sich sicher vorstellen, wie ich mich dabei gefühlt habe.

In den Besatzungen machte sich als Folge dieser Sonderrolle, die die deutschen Schiffe nun im Verband einnehmen mussten, das Gefühl der Zweitklassigkeit breit, und es war eine zusätzliche permanente Führungsaufgabe, diesem Gefühl motivierend entgegenzuwirken.

Erst zwei Jahre danach, am 22. Juli 1994, unmittelbar nach dem Spruch des BVG über die Auslandseinsätze der Bundeswehr, entschied der Deutsche Bundestag über den Einsatz der Deutschen Marine in der Operation >SHARP GUARD<. Damit war die Sonderrolle für die deutschen Einheiten beendet, und es bestanden fortan die gleichen Handlungsoptionen wie für alle anderen beteiligten Nationen.

Die zusätzlichen Fähigkeiten, die nun abgefordert wurden und bis dahin in der Deutschen Marine nicht vorhanden waren, insbesondere die Boarding-Operation, waren in der Zwischenzeit erworben worden.

Schon mit Beginn des Einsatzes in 1992 hatte die Ausbildung der Boarding-Teams begonnen. Ein Offizier des Schiffes als Boarding-Offizier und Leiter des Boarding-Teams, ein wehrübender Handelsschiffsoffizier als *Embargo Control Liaison Officer*, ein Offizier oder Portepeeunteroffizier der Kampfschwimmerkompanie als Führer der Sicherungsgruppe sowie Besatzungsmitglieder als Durchsuchungsgruppe und eingeschiffte Marinesicherungssoldaten zur Sicherung bildeten das Team.

Die Ausbildung umfasste die beiden möglichen Verbringungstechniken, nämlich mit dem Bordhubschrauber im Verfahren *Fast Roping*, d.h. schnelles Abseilen aus dem über dem Handelsschiff schwebenden Hubschrauber, oder mit dem Boot über eine Jakobsleiter. Hierzu wurde zunächst der Kutter benutzt, später nach der Umrüstung der Schiffe dann das speziell dafür entwickelte Speedboat. Ich hatte das Glück, im November 1994 mit der Fregatte KÖLN das erste Speedboat, also quasi den Prototyp, mit in den Einsatz zu bekommen. Es stellte eine deutliche Verbesserung der Verbringungsfähigkeit dar, vor allem bei schlechtem Wetter, und es ermöglichte das Ein- und Aussteigen des Boarding-Teams, ohne daß das Boot an dem Handelsschiff mit einer Leine festmachen musste. So konnte auch ein Schiff in geringer Fahrt geentert werden, was vor allem das Leben der Handelsschiffskapitäne erleichterte.

Die Ausbildung zur Vorbereitung auf die Durchsuchungen erfolgte unter Leitung der Marineschifffahrtsleitstelle Hamburg. Sie umfasste die theoretische und praktische Einweisung in die besonderen Gegebenheiten auf Handelsschiffen sowie die Kenntnis der Zertifikate, Ladungspapiere und etwas Stau- und Ladungskunde.

In der praktischen Durchführung im Einsatz bekam der eingeschiffte wehrübende Handelsschiffsoffizier in diesem Bereich schnell eine Schlüsselrolle.

Die Ausbildung für das sichere Vorgehen an Bord der Handelsschiffe und für die notwendige Sicherung während der Durchsuchung erhielt das Team zunächst durch die Kampfschwimmer-Kompanie, später dann durch das Marinesicherungsregiment.

Viele Boarding-Übungen mit Kriegsschiffen und Unterstützungseinheiten der Partnermarinen während der Zeit, in der ein „scharfes Boarding" noch nicht möglich war, dienten ebenfalls der Vorbereitung, aber auch der Optimierung der persönlichen Ausrüstung der Boarding-Soldaten sowie der Verfahren, so daß mit Beginn der realen Einsätze keine wesentlichen Einschränkungen mehr bestanden.

In der verbliebenen Zeit von Juli 1994 bis Juni 1996, in der die deutschen Einheiten uneingeschränkt agieren konnten, wurden 200 Boarding-Einsätze bei Tag und Nacht erfolgreich durchgeführt.

Unverzichtbare Voraussetzung für den Erfolg der Embargoüberwachung, auch für ein erfolgreiches Boarding, war ein lückenloses, aktuelles Lagebild. Dies wäre ohne die Seefernaufklärer nicht zu erstellen gewesen.

Deutschland hatte drei BREGUET ATLANTIC für die Dauer der Operation der WEU unterstellt. Die Flugzeuge wurden von einer Basis auf Sardinien eingesetzt. Hier war eine Abordnung des Marinefliegergeschwaders 3 aus Nordholz stationiert, die in der Lage war, die materiellen Voraussetzungen für den Einsatz in enger Verbindung mit dem Heimatgeschwader herzustellen und zu erhalten. Maschinen und Besatzungen wurden regelmäßig ausgetauscht. Der relativ kurze Anmarschweg von Sardinien in die Adria ermöglichte lange Stehzeiten im Operationsgebiet. Am Ende der Operation stand die beeindruckende Bilanz von 2.600 Flugstunden.

Die Kraftstoffversorgung der schwimmenden Einheiten im Operationsgebiet war ein wesentliches Problem, auch wenn die Einheiten in Abständen zur Nachversorgung in vor allem italienische Häfen gingen. Die Deutsche Marine hat mit 141 Tanker-Einsatztagen deutlich zur Beherrschung dieses Problems beigetragen. Lässt man die Versorgungseinheiten der US-Navy außer Betracht, die zwar auch genutzt wurden, die aber ohnehin routinemäßig zur Versorgung der Einheiten der 6. US-Flotte im Mittelmeer patrouillieren, so steht der deutsche Beitrag hinter Großbritannien und Italien an dritter Stelle, und dies bei einem Bestand von nur zwei hochseefähigen Tankern in der deutschen Flotte.

Die nationale logistische Unterstützung der deutschen Einheiten oblag dem Flottenkommando in Zusammenarbeit mit dem Marineunterstützungskommando und erfolgte nach dem bewährten logistischen Verfahren der Marine.

Abgesehen von der eben erwähnten Kraftstoffversorgung in See wurde der logistische Bedarf von der Heimatorganisation unter Inanspruchnahme ziviler und militärischer Häfen und Einrichtungen im Ausland erfüllt. Die notwendigen Leistungen wurden überwiegend von zivilen, durch das Marineunterstützungskommando festgelegten Schiffsagenten erbracht. Fremdhilfe bei Instandsetzungen erfolgte durch anreisende Mitarbeiter des Marinearsenals oder ziviler Firmen.

Die materielle Einsatzfähigkeit der schwimmenden Einheiten während der vier Jahre dauernden Operation konnte durchgehend gesichert werden und hat zur Durchhaltefähigkeit entscheidend beigetragen.

Über die nationale und verbandsinterne Ebene hinausgehend, erfolgte in >SHARP GUARD< erstmalig in der NATO eine Koordinierung der logistischen Unterstützung durch eine *MULTI NATIONAL LOGISTC CELL* (= MNLC) im NATO-Marinehauptquartier in Neapel. Sie koordinierte die von den beteiligten Nationen bereitgestellten logistischen Kräfte und Mittel und war zentraler, bevollmächtigter Ansprechpartner im Aufgabenbereich *HOST NATION SUPPORT*.

Zur Unterstützung der Einsatzverbände in See war der MNLC eine *FORWARD LOGISTIC SITE* (= FLS) in Grottaglie bei Tarent unterstellt. Die Deutsche Marine beteiligte sich ab 1994 durch Abstellung von Personal sowohl an der MNLC in Neapel als auch an der FLS Grottaglie.

Personelle Unterstützung wurde darüber hinaus auch für den operativen Stab COMNAVSOUTH in Neapel notwendig. Der Stab war hinsichtlich der neuen Aufgaben der NATO in Südeuropa noch im Umbau und wäre mit der andauernden und arbeitsintensiven Operationsführung ohne personelle Ergänzung deutlich überlastet gewesen.

Über die drei permanent im Stab CNS durch deutsche Marinestabsoffiziere besetzten Dienstposten hinaus wurden weitere vier Stabsoffizier- und drei Portepeeunteroffizierdienstposten ab Mitte 1995 durchgehend besetzt.

Mit diesem erheblichen Anteil am Stab CNS gelang aus nationaler Sicht nicht nur ein umfassender Einblick in die Operationsführung, es ergaben sich auch Einwirkungsmöglichkeiten auf den Fortgang der Operation.

Nach der Entscheidung des Deutschen Bundestages am 22. Juli 1994 über die Teilnahme am Embargoeinsatz waren auch die Bedingungen gegeben für die erste Übernahme des Kommandos über die SNFM durch einen deutschen Admiral. Diese Funktion, die in einem festgelegten Rotationsverfahren jährlich an eine der acht permanent im Verband vertretenen Nationen vergeben wird, konnte auf Grund der unsicheren Verfassungslage von Deutschland nicht zum ursprünglich vorgesehenen Zeitpunkt übernommen werden.

Admiral Ropers führte dann den Verband von September 1995 bis zum September 1996. In seine Zeit fiel also das Ende von >SHARP GUARD< und die Wiederaufnahme der sogenannten *Peace Time Schedules* der SNFM.

In seinem multinational zusammengesetzten Stab war Deutschland mit einem Stabsoffizier und einem Unterstab von zehn Portepeeunteroffizieren, Unteroffizieren und Mannschaften vertreten. Als Flaggschiffe dienten dem Verbandsführer Fregatten der Klasse 122 (BREMEN-Klasse), die dafür zu Führungsschiffen ausgerüstet worden waren.

Schließlich soll bei der Darstellung der Beteiligung der Deutschen Marine an >SHARP GUARD< noch erwähnt werden, daß sowohl deutsche U-Boote als auch Marinejagdbomber TORNADO mehrfach in das Mittelmeer verlegt wurden, um in der Nähe des Operationsgebietes als Übungspartner zu Verfügung zu stehen. Diese Übungen waren für die an der Embargooperation beteiligten Einheiten unverzichtbar zur Erhaltung der Expertise und zur Ausbildung in den klassischen Seekriegsformen wie U-Jagd und Flugabwehr, die in der langanhaltenden Embargo-Operation im Seegebiet Adria vernachlässigt werden mussten.

## Zusammenfassung

Die Operation >SHARP GUARD< mit ihrer aktiven Phase vom 16. Juni 1993 bis zum 19. Juni 1996 und dem unmittelbaren Vorlauf Operation >MARITIME MONITOR/MARITIME GUARD< ab 16. Juli 1992 stellt hinsichtlich des zeitlichen Umfangs und des nationalen Kräfteansatzes die umfangreichste Krisenoperation in der Geschichte der Deutschen Marine dar. Zusammen mit den USA, Großbritannien, Frankreich und Italien zählt die Bundesrepublik Deutschland zu den Nationen, die den größten maritimen Beitrag geleistet haben.

29, in der Regel viermonatige Kampfschiffeinsätze im Verlauf der vier Jahre bedeutete bei 15 zur Verfügung stehenden Fregatten und Zerstörer der Zerstörerflottille, daß häufig Schiffe zweimal im Jahr im Adriaeinsatz waren. Für die Besatzungen erhöhte sich die Durchschnittszahl der Abwesenheitstage vom Heimathafen von 150 in 1992 auf 205 ab 1995.

Mit 2.600 Flugstunden im Einsatzgebiet war der Beitrag der BREGUET ATLANTIC von entscheidender Bedeutung. Nur so war eine gleichzeitige Überwachung der Straße von Otranto und des Seegebietes vor Montenegro möglich geworden.

Mit 141 Tanker-Einsatztagen stand Deutschland nach Großbritannien und Italien an dritter Stelle von dreizehn beteiligten Nationen in der logistischen Unterstützung in See.

1995 konnte das Kommando über die SNFM erstmals von einem deutschen Flaggoffizier übernommen werden. Ihm wurden für ein Jahr als Führungsplattform ausgerüstete Fregatten mit Bordhubschraubern als Flaggschiff zur Verfügung gestellt.

Die Deutsche Marine kann bei >SHARP GUARD< auf einen äußerst erfolgreichen Einsatz zurückblicken. Sie konnte besonders nach dem Wegfall der verfassungsrechtlichen Beschränkungen ihre Professionalität unter Beweis stellen und sie darüber hinaus in einigen Bereichen erweitern.

Rückblickend kann uneingeschränkt gesagt werden, dass die Deutsche Marine mit ihren Kräften entscheidend zum Erfolg der Operation >SHARP GUARD< beigetragen hat.

Vom Ende der Operation bis heute hat sich vieles verändert, in der NATO, in der deutschen Außen- und Sicherheitspolitik, in den deutschen Streitkräften und natürlich auch in der Deutschen Marine. Die NATO hat mittlerweile eine Schlüsselrolle bei friedenserhaltenden Maßnahmen im Namen der VN eingenommen. Auslandseinsätze deutscher Streitkräfte sind in diesem Zusammenhang, vor allem auf dem Balkan, aber auch an anderen Stellen der Welt, an der Tagesordnung. Die Bundeswehr optimiert zur Zeit die Führungsstruktur für teilstreitkraftgemeinsame Operationen, die NATO nennt das *JOINT OPERATIONS*. Das neu eingerichtete Einsatzführungskommando der Bundeswehr in Potsdam ist hierfür eindrucksvoller Beleg.

# Joint-Einsätze der Marine. Erfahrungen während >SOUTHERN CROSS 1994< in Somalia

von

Stephan Apel

### Einleitung

Seit Januar 1992 trat durch permanente Fernsehberichterstattung mit den schrecklichen Bildern verhungernder Menschen die Apokalypse eines Massensterbens in Somalia in der gesamten westlichen Welt in das Bewußtsein der Bevölkerung. In Folge des Sicherheitsrat-Beschlusses zur humanitären Hilfeleistung nahm das Interesse der Weltöffentlichkeit und ganz besonders auch in Deutschland an den Vorgängen in Somalia stetig zu. Hieraus entwickelte sich die UN-Mission >UNOSOM I<, deren offizieller Beginn auf den 24. April 1992 festzulegen ist. Diese UN-geführte Operation sollte mit 50 UN-Beobachtern den Waffenstillstand zwischen den verfeindeten Clans überwachen und die humanitäre Hilfe für rund 1,5 Milliionen Flüchtlinge und Hungernde sicherstellen. Zu ihrer Sicherung waren zunächst ca. 4.000 Mann Sicherungskräfte, in erster Linie pakistanische Soldaten, vorgesehen. Nachdem es am 13.11.1992 zu einem Gefecht zwischen UN-Sicherungstruppen und Aidid-Milizen am Flughafen in Mogadischu/Somalia gekommen war und schon vorher Schiffe im Hafen sowie der Flughafen beschossen worden waren, boten die USA die Entsendung eines kampfkräftigen Truppenkontingentes an. Die Operation >RESTORE HOPE< der USA begann am 9. Dezember 1992 mit der Landung der ersten US-Marines in Mogadischu. Als Zielstärke der Operation waren 28.000 US-Soldaten und 17.000 UN-Soldaten geplant. Am 26. März 1993 wurde die Nachfolgeoperation >UNOSOM II< mit dem Auftrag der Errichtung einer sicheren Umgebung in ganz Somalia etabliert. Nach erheblichen Erfolgen in der Bekämpfung der Hungerkatastrophe kam es nach einem Überfall auf UN-Truppen und der Tötung von 25 pakistanischen UNOSOM-Soldaten Anfang Juni 1993 zu strengen Maßnahmen und Revancheaktionen der UN-Truppen, die letzlich in der Jagd auf den Clanführer General Aidid mündeten. Die Anfang Oktober 1993 gestartete Großrazzia gegen Aidid durch US-Truppen endete in eintägigen Gefechten in Mogadischu mit 18 toten und 75 verwundeten US-Soldaten. Die Fotos der Leichen gingen damals um die Welt und lösten in den USA den Ruf nach Rückzug der GIs aus. Daraufhin kündigte Präsident Clinton den Rückzug der US-Truppen zum 31. März 1994 an.

Der Entscheidungsdruck auf die Deutsche Bundesregierung durch die öffentliche/veröffentlichte Meinung für eine Beteiligung an den Hilfemaßnahmen für Somalia nahm ab Januar 1992 zu und verstärkte sich, als die internationalen Hilfsorganisationen aus Sicherheitsgründen das Land verlassen mußten. Die Erkenntnis, daß damit die „gewissenserleichternde Möglichkeit" einer Umsetzung von Spendengeldern in unmittelbare humanitäre Hilfe nicht mehr gegeben war, führte zu dem allgemeinen Ruf nach militärischen Mitteln in einer völkerrechtlich abgesicherten humanitären Hilfsaktion. Vom 25. August 1992 bis zum 21. März 1993 flog zunächst die Bundesluftwaffe mit vier gleichzeitig eingesetzten Transall in 655 Einsätzen ca. 6.000 Tonnen Hilfsgüter aus Mombasa/Kenia in den Süden Somalias. Im Rahmen dieser Einsätze wurde ein Verfahren zum Abwurf der Hilfsgüter aus dem Tiefflug eingesetzt, das abgewandelt später auch über Bosnien angewandt wurde und erneut im Bereich der humanitären Hilfe für Afghanistan diskutiert wird.

Bereits am 17. Dezember 1992 beschloß das Bundeskabinetts zur Unterstützung von >UNOSOM I< und >RESTORE HOPE< den UN den Einsatz eines verstärkten Nachschub-/Transportbataillons (bis zu 1.500 Mann) in einem gesicherten Gebiet anzubieten. Am 21. April 1993 beschloß die Bundesregierung die Entsendung des deutschen Unterstützungsverbandes im Raum Belet Weyne mit dem Auftrag, die logistische Unterstützung der >UNOSOM II< Truppenteile, hier insbesondere eine noch zu verlegende indische Brigade mit ca. 4.000 Mann, sicherzustellen. Nachdem sich die Verlegung der indischen Brigade im Verlaufe des Jahres immer weiter verzögerte und im Oktober 1993 der Einsatzplan >UNOSOM II< geändert wurde, entstanden erste Überlegungen der Bundesregierung, die Stärke des deutschen Unterstützungsverbandes zu reduzieren. Im Dezember 1993 konkretisierten sich die Pläne auch anderer europäischer truppenstellenden Nationen, den Großteil ihrer Soldaten aus Somalia bis Ende März 1994 abzuziehen. Der Flughafen Mogadischu mit der einzigen für größere Flächenflugzeuge nutzbaren Landebahn Somalias war zwischenzeitlich als unsicher eingestuft worden, da nicht auszuschließen war, daß er Ziel von Angriffen mit Boden-Luft-Flugkörpern (Fliegerfaust) durch clan-angehörige Milizen werden könnte. Das Risiko für den Transport von Truppen auf diesem Wege wurde somit als unakzeptabel hoch angesehen. Somit entfiel auch für die deutschen Soldaten die Möglichkeit eines Abtransportes mit Luftfahrzeugen der Luftwaffe aus Mogadischu. Ein Ausfliegen aus Belet Weyne war ebenfalls nicht möglich, da das gesamte Großgerät des Unterstützungsverbandes in Mogadischu auf Handelsschiffe verladen werden mußte.

Am 21. Dezember 1993 erhielt die Bundesmarine den Planungsauftrag, eine Evakuierung des deutschen Unterstützungsverbandes über See vorzubereiten. Dieser Auftrag wurde zunächst am 31. Dezember 1993 zurückgezogen, bevor dann am 21. Januar 1994 der Bundesminister der Verteidigung der Bundesmarine den Auftrag erteilte, für einen Seetransport der Soldaten des deutschen Unterstützungsverbandes von Mogadischu nach Mombasa einen Marineverband aufzustellen. Dieser sollte am 12. Februar 1994 vor Mogadischu zur Einschiffung des ersten Heereskontingentes bereit stehen. Dies war die Geburtsstunde des Marineverbandes Somalia, den ich Ihnen darstellen möchte. Bei diesem Einsatz handelte es sich um den ersten Einsatz der Bundeswehr außerhalb von begrenzten Übungen, der *joint* durchgeführt wurde. *Joint* – gemeinsam – bedeutet in diesem Umfeld den Einsatz von Einheiten mindestens zweier Teilstreitkräfte. Zwar hat es immer schon Vorhaben gegeben, bei denen die Teilstreitkräfte zusammengearbeitet haben – die Besonderheit liegt aber hier darin, daß nur durch das Einbringen der speziellen teilstreitkraftspezifischen Fähigkeiten ein

Gesamterfolg möglich wird. Reine Transportleistungen, wie das Fliegen von Lasten von A nach B, fallen dabei nicht unter diesen Begriff.

Neben der reinen Beschreibung dieses Einsatzes, soll versucht werden zu verdeutlichen, daß sich bei dem Einsatz von Krisenreaktions-Einheiten, und dabei ganz speziell bei seegehenden Einheiten mit hoher Beweglichkeit und Flexibilität, sehr plötzlich unvorhergesehene Auftragsänderungen und -erweiterungen ergeben können. Der Einfluß von Klima, Wetter und nicht zuletzt der Auftrag als bestimmende und limitierende Faktoren für die operative Planung sollen ebenfalls an diesem Beispiel aufgezeigt werden.

### Der Marineverband Somalia

Der Verband setzte sich aus zwei Fregatten der Klasse 122, KÖLN und KARLSRUHE, und dem Troßschiff NIENBURG zusammen, alle drei mit Heimathafen Wilhelmshaven. Hinzu kam der Betriebsstofftanker SPESSART aus Kiel mit einer rein zivilen Besatzung. Insgesamt umfaßte der Verband eine Personalstärke von ca. 600 Mann. Auf den beiden Fregatten waren je zwei Bordhubschrauber SEALYNX mit jeweils vier Piloten eingeschifft. An zusätzlichem Personal neben dem Stab des Kommandeurs befanden sich an Bord aller Einheiten Kampfschwimmer zur Sicherung im Hafen bzw. für besondere Aufgaben. Außerdem wurde ein Meteorologe auf dem Führerschiff, der Fregatte KÖLN, eingeschifft. Der Verband stand unter dem Kommando von Kapitän zur See G. Hoch.

An Sanitätspersonal befanden sich im Verband:

- Die Schiffsärzte der beiden Fregatten mit ihren Sanitätsabschnitten, bestehend aus je einem Sanitätsmeister, einem Unteroffizier und einem Mannschaftsdienstgrad.
- An Bord der NIENBURG wurden ein Sanitätsmeister und ein Unteroffizier zusätzlich eingeschifft.
- Auf SPESSART wurde ein Rettungsassistent eingeschifft.
- Zusätzlich befand sich im Verband ein Facharzt für Chirurgie, der neben seiner Aufgabe als Verbandschirurg die Aufgabe des Schiffsarztes auf dem Versorger NIENBURG übernahm.
- Im Stab des Verbandsführers nahm ich die Position des Leitenden Sanitätsoffiziers wahr.

Insgesamt befanden sich an Bord:

- Vier Ärzte und elf Mann Sanitätspersonal. Dazu kamen die eigens ausgebildeten Helfer im Sanitätsdienst auf den Einheiten, insgesamt ca. 35 Mann.

Aufgrund der unklaren sanitätsdienstlichen Lage im Bereich Mogadischu im Rahmen des Abzuges des dort eingesetzten US-Hospitals und nicht sicher feststehender Unterstützung durch andere Marinen richteten wir vorsorglich eine begrenzte chirurgische Versorgungsmöglichkeit an Bord der beiden Fregatten ein. Neben dem normalerweise an Bord befindlichen chirurgischen Material nahmen wir zusätzliches Instrumentarium mit, die Bestände an Medikamenten/Verbandstoffen erhöhten wir deutlich. Insbesondere die Vorräte an medizinischem Sauerstoff wurden erheblich erhöht – was zu einigen Problemen mit dem Betriebsschutz führte. Auf diese Weise erreichten wir, daß der Verband bis auf den fehlenden Anästhesisten in der Lage war, eine chirurgische Erstversorgung auch von schwerer Verletzten/Verwundeten sicherzustellen.

## Die Operation >SOUTHERN CROSS 1994<

Die Fregatte KÖLN befand sich zum Zeitpunkt des Einsatzbefehls (21. Januar 1994) bereits seit über zwei Monaten im Mittelmeer in der Embargoüberwachung gegen Rest-Jugoslawien und mußte nach erfolgter Herauslösung aus dem ständigen NATO-Einsatzverband Mittelmeer die ihr im Hafen Tarent zur Verfügung stehenden fünf Tage nutzen, um ihre Versorgungslasten für einen weiteren zweimonatigen Einsatz in tropischen Gewässern aufzufüllen. In der Heimat erfolgten ähnliche Arbeiten auf den drei anderen Einheiten. Daneben mußte in Nordholz beim Marinefliegergeschwader 3 der Bordhubschrauberabschnitt für die Fregatte KARLSRUHE zeitgerecht zum Auslaufen bereitgestellt werden. Hinzu kam eine Gelbfieberimpfung für die Besatzungen aller vier Schiffe, deren Organisation für die über 600 Mann an vier verschiedenen Orten (Wilhelmshaven, Kiel, Nordholz und Tarent) eine Herausforderung wurde.

Tanker SPESSART lief am 29. Januar aus Kiel aus, Fregatte KÖLN verließ Tarent gegen Mitternacht des 30. Januar mit dem aus Deutschland eingeflogenen Kommandeur-Stab an Bord. Am selben Tag verließ Troßschiff NIENBURG Wilhelmshaven und marschierte nach Rendezvous mit SPESSART in der Nordsee Richtung Mittelmeer. KARLSRUHE folgte am 1. Februar mit hohen Fahrtstufen dem Verband, nachdem sie eine Anfang Januar begonnene Werftphase massiv verkürzt und abgeschlossen hatte. Aufgrund extrem schlechten Wetters konnte sie den Versorgerverband erst im Mittelmeer einholen und eilte dann den Versorgern voraus, um möglichst rasch vor Mogadischu stehen zu können. KÖLN erreichte Mogadischu am 11. Februar, nachdem sie vorher zur Feinabstimmung des Kommandeur-Stabes mit dem Deutschen Unterstützungsverband in Belet Weyne in Djibouti eingelaufen war. Am 12. Februar wurden die ersten 100 Soldaten in Mogadischu an Bord der KÖLN genommen und nach Mombasa, Kenia, gebracht. Von dort flogen sie mit der Luftwaffe nach Köln-Wahn. Am 18. Februar war dann der gesamte Marineverband erstmalig komplett vor Mogadischu, und der Transportauftrag wurde mit bis zu drei Schiffen gleichzeitig ausgeführt. Dabei verblieb immer eine Einheit vor Mogadischu, um im Notfall für den deutschen Unterstützungsverband zur Verfügung zu stehen. Am 18. März wurde das letzte Kontingent von ca. 180 Heeressoldaten auf den beiden Fregatten eingeschifft und nach Djibouti gebracht, wo am 22. März der Auftrag des Marineverbandes mit der Abgabe der letzten Heeressoldaten von Bord vollendet wurde. Der Marineverband lief nach einem kurzen Hafenaufenthalt in Alexandria am 14. April ohne Zwischenfälle wieder in den Heimathäfen ein.

Gemäß „*Operationsbefehl Somalia 01-94*" vom 25. Januar 1994 des Flottenkommandos lautete der Auftrag des Marineverbandes Somalia:

> „*Transport der Soldaten des Deutschen Unterstützungsverbandes Somalia inklusive der persönlichen Ausrüstung von Mogadischu nach Mombasa.*"

Dieser Auftrag erfuhr lagebedingt mehrere Änderungen und Erweiterungen, die allerdings eher praxisorientiert adaptiert werden mußten, als daß sie in Form von klaren Führungsentscheidungen in der Heimat getroffen wurden:

Am 26. Januar wurde festgelegt, daß das letzte Heereskontingent nicht nach Mombasa, sondern nach Djibouti transportiert werden sollte. Dies bedeutete für die Schiffe, daß die Zeit mit eingeschifftem Heerespersonal doppelt so lange sein würde wie auf dem Weg nach Mombasa (mindestens 3½ Tage). Am 28. Januar erhielt der Kommandeur auf seine Anfrage nach der Gültigkeit von Friedensbestimmungen im Einsatz, z.B. den Bedingungen des Friedensflugbetriebes, folgende Antwort:

> *„Die Kommandanten ergreifen alle Maßnahmen, um bei Gefahr für Leib und Leben der Besatzungen und der anvertrauten Heeressoldaten, Schaden abzuwehren oder zu minimieren. Der Auftrag ist weitgefaßt zu verstehen und alles zu unternehmen, was an maritimer Unterstützung möglich ist."*

Im Folgenden sollen die Auswirkungen dieser Weisung exemplarisch betrachtet werden: Am 1. Februar fragte das III. Korps an, ob Bordhubschrauber für MEDEVAC- und Verbindungsflüge gegebenenfalls eingesetzt werden könnten. Hieraus entwickelte sich letztendlich die Gestellung einer SAR-Bereitschaft über Land mit den Bordhubschraubern an insgesamt vier Tagen entlang der Marschstrecke des Heeres von Gialalassi bis Mogadischu. Am 24. Februar wurde gefragt, ob ab 13. März ständig eine Fregatte im Operationsgebiet vor Mogadischu zur fernmelde- und sanitätsdienstlichen Unterstützung bereitgehalten werden könne. Ende Februar bereiteten wir einen Transport von ca. 250 koreanischen UN-Soldaten von Mogadischu nach Mombasa mit dem Transportumlauf am 9. März vor. Nachdem die Koreaner als einzige Nation ihre Soldaten in einer „Hauruckaktion" mit einer Boeing 747 aus Mogadischu ausflogen, kam dieser Transport nicht mehr zur Ausführung. Ab 6. März wurde dann die Fregatte KARLSRUHE auf Bitte des deutschen Unterstützungsverbandes ständig im Operationsgebiet vor Mogadischu stationiert mit dem Auftrag der

– sanitätsdienstlichen Unterstützung
– Fernmeldeunterstützung und
– der Bereitschaft, im Notfall die restlichen 180 Mann im Bereitstellungsraum Mogadischu evakuieren zu können.

Und letztendlich wurde die ursprünglich für den 20. März an der Pier geplante Einschiffung des letzten Heereskontingentes auf den 18. März vorgezogen und mit den Bordhubschraubern des Verbandes durchgeführt.

Alle diese zusätzlichen Aufträge waren nicht im Vorhinein bekannt gewesen, zum Teil in der Vorbereitungsphase erfragt und damals als nicht erforderlich verneint worden. Sicherheitshalber wurden in der Vorbereitung der Schiffe besonders im Bereich Sanitätsdienst erhebliche materielle und auch personelle Verstärkungen und Ergänzungen vorgenommen, um eventuellen späteren Anforderungen entsprechen zu können.

Auf der Transitphase nach Somalia fand der für die Bordhubschrauber übliche Bordflugbetrieb mit Not- und Sicherheitsverfahren statt. Nach der Einweisung der fliegenden Besatzungen durch die Heeresfliegerkameraden aus Belet Weyne in die

Flugbedingungen vor allem in Mogadischu wurden die Bordhubschrauber ab 11. Februar an vier Tagen als sekundäres SAR-Mittel entlang der Marschstrecke des Deutschen Unterstützungsverbandes von Gialalassi nach Mogadischu eingesetzt. Hierzu wurde jeweils eine Maschine durch Einrüstung einer Krankentrage, Oxylog, Defibrillator und Besetzung mit einem Arzt als Krankentransportmaschine vorgesehen, während der zweite Bordhubschrauber als Sicherungsmaschine mit zwei zusätzlichen Kampfschwimmern und entsprechender Bewaffnung besetzt wurde. Die Sonaroperateure wurden intensiv in die Unterstützung des Arztes eingewiesen, um diesem im Notfall bei der Versorgung von Verletzten helfen zu können. Daneben wurde der Hafen Mogadischu zunächst aus der Luft und später auf dem Boden erkundet, um die Bedingungen für das Anlegen der Schiffe im Hafen zu prüfen. Die meiste Zeit wurden die Bordhubschrauber jedoch für Verbindungsaufgaben zwischen dem Bereitstellungsraum auf dem Flughafen Mogadischu und den im Seegebiet vor der Stadt stehenden bis zu 25 Schiffen der USA und Italiens, darunter zwei Hubschrauberträger und mehrere Docklandungsschiffe, genutzt. Mehrfach wurden die Maschinen für den Transport erkrankter Heeressoldaten von Land an Bord zur weiteren sanitätsdienstlichen Versorgung in unseren Schiffslazaretten eingesetzt.

Während einer Hafenliegezeit der Fregatte KÖLN in Mombasa wurde auf Bitte der kenianischen Marine ein Bordhubschrauber zur ärztlichen Versorgung und Abbergung eines apoplektischen Besatzungsmitgliedes von einem Handelsschiff 50 sm vor der Küste eingesetzt, da vor der Ostküste Afrikas kein SAR-Hubschrauber verfügbar war. Der fliegerische Höhepunkt des Einsatzes war aber mit Sicherheit die Einschiffung des letzten Heereskontingentes von ca. 180 Mann aus dem aufgegebenen deutschen Bereitstellungsraum auf dem Flughafen und der letzten Soldaten aus dem Hafen Mogadischu. Dieses Unternehmen wurde notwendig, da zum einen die Sicherheit des Flughafens und des Hafens nach einem Mörserbeschuss des Flughafens am 6. März nicht mehr gewährleistet erschien und zum zweiten am für die Einschiffung vorgesehenen Tag, dem 20. März, kein Liegeplatz im Hafen zur Verfügung gestanden hätte. Zudem sollte das letzte Material des Unterstützungsverbandes, und damit auch alle Waffen, bereits am 18. März in ein Handelsschiff verladen werden, so daß keinerlei Eigensicherung der Heeressoldaten mehr möglich gewesen wäre. Infolgedessen entschloß sich Kapitän Hoch, die Heeressoldaten mit zunächst drei, nach Eintreffen der KÖLN aus Mombasa, mit allen vier Bordhubschraubern des Verbandes im *Shuttle* an Bord einzufliegen. Ein Bordhubschrauber wurde dabei als SAR-Maschine in Bereitschaft auf dem Rollfeld Mogadischu gehalten. Pro Bordhubschrauber wurden nach Ausbau der Sitzbänke jeweils fünf Soldaten mit persönlichem Gepäck an Bord gebracht. Das ganze Unternehmen dauerte insgesamt zwei Stunden, bis der letzte deutsche Soldat somalischen Boden verlassen hatte und heil an Bord angekommen war.

**Sanitätsdienstliche Rahmenbedingungen des Einsatzes**

Dem Einsatz war im Dezember 1993 bereits ein erster Planungsbefehl vorausgegangen. Diese erste Planungsweisung sah vor, daß der einzusetzende Marineverband sich darauf vorzubereiten habe, die sanitätsdienstliche Versorgung des deutschen Heereskontingentes vor Mogadischu auf der *sanitätsdienstlichen Versorgungsebene 2* (= erste chirurgische Versorgung) sicherzustellen. Hierzu wurden in nur zehn Tagen über die Weihnachtstage Umbauuntersuchungen an Bord einer schwimmenden Einheit durchgeführt. Ziel war die Einrichtung zweier Operationssäle und einer Intensivstation einschließlich aller erforderlichen medizinischen Peripherieeinrichtungen, die notwendig sind, einen Hauptverbandplatz mit bis zu 50 Betten zu betreiben. Die innerhalb von fünf Werktagen gefundene Lösung an Bord der Fregatte BREMEN wurde dann jedoch nicht mehr zur Ausführung gebracht, da der Auftrag am 31. Dezember zurückgezogen wurde.

Für die Aufstellung des Marineverbandes Somalia wurde seitens des Ministeriums auch auf mehrfaches Nachfragen nur die sanitätsdienstliche Eigenversorgung der Verbandsangehörigen für nötig erachtet. Nicht nur mündlich, sondern auch schriftlich wurde mitgeteilt, daß eine erforderliche höherwertige medizinische Versorgung, insbesondere chirurgische und intensivmedizinische, durch die vor Mogadischu stehenden Einheiten der US-Navy zugesagt sei und der Verband daher keinerlei diesbezügliche Vorsorge zu treffen hätte. Auch für den deutschen Unterstützungsverband (= DtUStgVbd) werde von der Marine keinerlei sanitätsdienstliche Kapazität benötigt. Vor Ort stellte sich dann jedoch heraus, daß die Unterstützungszusage der USA durch den Inspekteur des Sanitätswesens der US-Streitkräfte erfolgt war. Die vor Mogadischu stehenden US-Einheiten gehörten jedoch zur Pazifikflotte und fühlten sich, da ihr Befehlshaber diese Zusagen nicht autorisiert hatte, in keiner Weise an sie gebunden. Auch an Land in Mogadischu war die sanitätsdienstliche Versorgung des DtUStgVbdes in der letzten Phase des Rückzuges keineswegs befriedigend geregelt. In den letzten 14 Tagen befand sich im Bereich des Flughafen Mogadischu zur Versorgung der noch verbliebenen 180 Heeressoldaten nur noch ein Truppenarztcontainer mit einem Sanitätsoffizier Anästhesist und zwei Sanitätstrupps. Das nach Vorstellungen des Heereskontingentes die klinische Erstversorgung sicherstellende US-MASH (= Mobile Army Surgical Hospital) war bereits im Abbau begriffen und nahm keine Soldaten anderer Nationen mehr zur Versorgung auf. Es blieb also nur noch das ebenfalls auf dem Flughafen stationierte rumänische Hospital als Alternative – zu unserem Befremden versuchte der Chefarzt dieses Hospitals bei uns an Bord chirurgisches Instrumentarium und Medikamente zu erhalten!

Es bewährte sich daher die bereits dargestellte vorsorgliche Einrichtung einer chirurgischen Versorgungsebene an Bord unserer Einheiten, waren wir doch auf diese Weise in der Lage, eine zwar quantitativ eingeschränkte, qualitativ jedoch den Verhältnissen an Land überlegene Versorgungsmöglichkeit anzubieten.

**Zusammenfassung aus sanitätsdienstlicher Sicht**

Der Sanitätsdienst des Marineverbandes Somalia erhielt mit dem Operationsbefehl *Somalia 01-94* vom 25. Januar 1994 den ausschließlichen Auftrag, den Marineverband und das einzuschiffende Heerespersonal truppenärztlich zu versorgen. Dieser eng begrenzte Auftrag wurde im Verlaufe der Operation erheblich erweitert und umfaßte letztendlich neben der Stellung eines sanitätsdienstlichen SAR-Dienstes die Sicherstellung der notfallchirurgischen Versorgung des DtUStgVbd während der letzten Phase der Rückverlegung. Diese erhebliche Erweiterung der Aufgaben konnte nur aufgrund der vorsorglich vorgenommenen qualitativen wie quantitativen Erhöhungen der personellen und materiellen sanitätsdienstlichen Ressourcen erfolgreich durchgeführt werden. Der Marineverband Somalia war dadurch materiell und personell in der Lage, die gegebenen Aufträge durchzuführen. Der Einsatz forderte jedoch zu keiner Zeit die Leistungsfähigkeit des Verbandssanitätsdienstes voll, da keine ernsthaften Verletzungen/Erkrankungen beim DtUStgVbd während der Rückverlegungsphase auftraten.

### Rückblickende Bewertung zur Weiterentwicklung der Bundeswehr

Die Bewertung und Auswertung des Einsatzes des Marineverbandes Somalia ist unter vielen Aspekten erfolgt. Jede Führungsebene vom unmittelbar in der Verantwortung stehenden Verbandskommandeur (CTG) über das Flottenkommando bis hin zum Führungszentrum der Bundeswehr hat daran mitgewirkt, wobei die Bewertung und Umsetzung der einzelnen Erfahrungen auf dem Instanzenweg einen deutlichen „Filtereffekt" und „Glättungen" erkennen lassen. Immerhin aber hat das Flottenkommando die Erfahrungen in 54 Einzelempfehlungen umgesetzt und seitens des Bundesministeriums der Verteidigung wurde das Handbuch „Auslandseinsätze der Bundeswehr" entwickelt. Es bleibt deshalb zunächst festzustellen, dass aus Sicht der UN die Operation UNOSOM II als Mißerfolg gewertet werden muss. Für die Bundeswehr verschaffte sie aber erheblichen Erkenntnisgewinn, der in der Folge Einfluss auf Führungsstruktur, Ausrüstung und Ausbildung genommen hat. Wenn es sich auch nicht um eine *Joint Operation* im heutigen Verständnis gehandelt hat, so sind dennoch zum ersten Mal teilstreitkräfteübergreifende Einsatzmittel der Bundeswehr zum Tragen gekommen. Die Verfügbarkeit der Einsatzgruppenversorger BERLIN und FRANKFURT mit je einem Marineeinsatzrettungszentrum (= MERZ) oder auch unsere Planungen zum ETRUS (= Einsatztruppenunterstützungs-Schiff) wären undenkbar gewesen ohne diese Erfahrungen. Die Tatsache, daß begonnen wurde, ein „Einsatzführungskommando der Bundeswehr" in Potsdam aufzubauen, ist sicherlich auch damit in Zusammenhang zu bringen.

Aus heutiger Sicht fast „prophetisch", klingt dabei ein Vermerk im Einsatztagebuch des CTG vom 29. März 1994. An diesem Tag lag der Verband auf dem Heimmarsch in Alexandria/Ägypten. Der Generalinspekteur der Bundeswehr (General Naumann – dessen Marineadjutant der CTG ein Jahr zuvor war) nutzte einen offiziellen Besuch in Ägypten, um auch dem in Alexandria liegenden Marineverband Somalia einen Besuch abzustatten. Im Einsatztagebuch ist folgender Vermerk zu finden:

*„Aus Gespräch GenInspBw mit CTG 501.02 wird festgehalten:*

– *GenInspBw sieht den Einsatz Marineverband Somalia als erfolgreiche Unternehmung, in der zum ersten Mal TSK-übergreifende Einsatz-Aspekte zum Tragen gekommen sind.*
– *Hinter diesen wichtigen Erfahrungen sei die Diskussion über die Notwendigkeit des Marinetransportes unerheblich und würde auch von keiner Seite mehr ernsthaft betrieben. Der Erfolg hätte gezählt. Die TSK´s müßten jedoch noch viel stärker auf „Bundeswehr-Denken" umgestellt werden. TSK-Egoismen müssen zurückgeschraubt werden.*

— *Marine benötigt aus Sicht GenInspBw dringend „großen Versorger oder Führungseinheit mit Bordhubschrauber-Plattform, um flexibler auf solche Einsätze (auch sandstl. Unterstützung) reagieren zu können. Vorhaben würde von FüS-Seite intensiv vorangetrieben."*

Auf dem Wege von einer Bundeswehr im Kalten Krieg und durch die Sonderrolle des geteilten Deutschlands in ihren Einsatzüberlegungen reduziert auf die Verteidigungsaufgaben an der innerdeutschen Grenze bis hin zu dem anstehenden Einsatz der Bundeswehr in uneingeschränkter Solidarität mit den NATO-Verbündeten war es eine rasante Entwicklung. Es wird einer späteren geschichtlichen Auswertung überlassen bleiben, die zahlreichen Einsätze und ihre Rolle für bestimmte Entwicklungen in den Streitkräften und – mindestens ebenso wichtig – in der öffentlichen Wahrnehmung einzuordnen. Unabhängig von der Gewichtung wird gerade der sehr plötzliche Einsatz des Marineverbandes Somalia eine wichtige Rolle dabei zu spielen haben.

## Schlußbemerkungen

Der Auftrag des Marineverbandes Somalia, das in einem fremden Land operierende eigene Heer vor der Küste zu unterstützen, ist traditionsgemäß ein klassischer Auftrag aller Marinen. In den bis 1994 bestehenden operativen Vorstellungen der Bundeswehr waren die Einsätze des Heeres an die unmittelbare Verteidigung des eigenen Vaterlandes gebunden und von daher auch dieser Unterstützungsauftrag der Marine nicht vorgesehen bzw. nicht erforderlich. Insofern wurde sowohl in der unmittelbaren Durchführung des Auftrages als auch in der mittelbaren Zusammenarbeit der beiden TSK Neuland betreten. Die Einheiten des Marineverbandes Somalia waren für diesen Auftrag weder besonders ausgerüstet noch konnten aufgrund der kurzen Vorbereitungszeit besondere Nachrüstungen durchgeführt werden. Es galt daher, in vielen Bereichen zu improvisieren. Vor diesem Hintergrund konnte der Auftrag in jeder Hinsicht erfüllt werden und hat in der Präzision des Ablaufes der Transporte auch internationale Anerkennung durch die Nationen gefunden, die im gleichen Zeitraum ihre Kontingente aus Somalia abzogen (USA, Italien, Korea).

# Die Deutsche Flotte im neuen Aufgabenspektrum

von

Jörg Owen

### Berichterstattung vom 4. Mai 2000: Eine Momentaufnahme

Am 2. Mai 2000 steht ein Schiffsverband mit den Fregatten BRANDENBURG und EMDEN, Zerstörer LÜTJENS und drei Versorgern vor Südafrika. 70 hochrangige südafrikanische Vertreter sind auf dem Flaggschiff BRANDENBURG eingeschifft. Der Verband wird von drei südafrikanischen STRIKE CRAFT mit Seezielflugkörpern angegriffen. Der Flugkörperschlag wird erfolgreich abgewehrt. Eine Übung mit der neuen Partnermarine Südafrikas im Dienste deutscher Afrikapolitik, mit dem Bemühen Südafrika als demokratischen Staat zu stärken, mehr Eigenverantwortung für Sicherheit und Stabilität auf diesem Krisenkontinent zu übernehmen.

### Das Fähigkeitsprofil der Flotte

Bei dem Ersten Forum Wilhelmshaven zur Marine- und Schiffahrtsgeschichte im November 1999 wurde der Weg der Deutschen Flotte in die Zukunft skizziert. Der Vortrag behandelte im Schwerpunkt die Außen- und Sicherheitspolitik und die Frage, welchen Beitrag Marinestreitkräfte leisten können. Es wurde deutlich, daß sich ohne Marine die außen- und sicherheitspolitischen Ziele Deutschlands, der NATO und EU nicht erreichen lassen. Defizite im Fähigkeitsprofil deutscher Marinestreitkräfte, insbesondere in der Führungsfähigkeit, bei Nachrichtengewinnung und Aufklärung, in der Mobilität, Unterstützung, Durchhaltefähigkeit wie auch in der Überlebensfähigkeit waren erkennbar.

Das Thema „Die Deutsche Flotte im neuen Aufgabenspektrum" geht im Schwerpunkt mit ausgewählten Einsätzen der Flotte auf neue Aufgaben ein und behandelt die Frage nach der Rolle von Marinestreitkräften, deren Fähigkeitsprofil und Defiziten aus der Sicht praktischer Erfahrungen.

### Afghanistan

Im internationalen Bereich werden vermehrt auch Einsätze im Grenzbereich zu polizeilichen Aufgaben betrachtet, zu denen unter anderem die Bekämpfung des Drogenhandels und der Piraterie sowie Maßnahmen gegen Terrorangriffe zählen. Entführte Passagiermaschinen als Waffe für Kamikazeangriffe gegen Amerika – der internationale Terrorismus hat eine neue, nicht für möglich gehaltene Dimension erhalten. Der 11. September 2001 markiert eine neue Form des Krieges. Selbst sogenannte *„Schur-*

*kenstaaten"* dürften kaum bereit sein, ihre Potentiale an Massenvernichtungswaffen terroristischen Organisationen zu überantworten. Dennoch geht eine große Gefährdung vom Einsatz chemischer und biologischer Mittel aus. Der internationale Terrorismus hat viele Facetten, mit denen die Deutsche Flotte keine Erfahrungen hat. Die NATO hat am 2. Oktober 2001 den Bündnisfall verkündet. Die USA sehen eine kompromißlose Bekämpfungspoliktik als besten Weg zur Eindämmung, ggf. auch die Zwangsanwendung gegenüber Staaten wie Afghanistan, die Terroristen unterstützen. Vom Mittelmeer über den Persischen Golf bis in das Arabische Meer wurde die amerikanische Militärpräsenz verstärkt. Die Operation >ENDURING FREEDOM< ist eine Mischung aus Seestreitkräften, Luftmacht, Spezialeinheiten und Sonderkommandos.

Die maritime Dimension des Einsatzes ist überdeutlich und obwohl die USA vorerst bei der Antwort auf die Terroranschläge nicht auf die NATO zurückgreifen, müssen wir uns, d.h. auch die Deutsche Flotte, auf ein weiteres Aufgabenpaket einstellen.

Die NATO hat sich zehn Jahre nach dem Ende des Kalten Krieges auf ihrem Jubiläumsgipfel mit einem neuen strategischen Konzept die Strategie für den Wechsel in das 21. Jahrhundert gegeben und damit endgültig den Übergang vom reinen Verteidigungsbündnis zu einer Ordnungs- und Stabilisierungsinstitution weit über das eigentliche Vertragsgebiet hinaus dokumentiert.

### Auftrag

Aus der neuen NATO-Strategie ergeben sich neue Prioritäten. Auf der Grundlage gesicherter kollektiver Bündnisverteidigung, die für die politische Handlungsfreiheit unabdingbar ist, haben Aktivitäten zur Förderung von Partnerschaft und Kooperation als Vorbeugung gegen die Entstehung von Konflikten Priorität.

Falls präventive Kooperationsansätze nicht erfolgreich sind, müssen Konflikte eingedämmt und Krisen bewältigt und so Frieden erhalten und nötigenfalls erzwungen werden. Krisen und Konflikte lassen sich heute weder inhaltlich noch geographisch eingrenzen.

Vor diesem Hintergrund hält die Deutsche Flotte jederzeit zwei Einsatzgruppen bereit. Ihre operativen Aufgaben leiten sich direkt aus dem Auftrag der Konfliktverhütung und der Bewältigung von Krisen ab. Dies ist zugleich auch Vorsorge für die Landes- und Bündnisverteidigung. Hilfe bei Not- und Katastrophenfällen nimmt die Flotte subsidiär wahr. Die Einsätze der Deutschen Flotte können nur glaubwürdig sein, wenn sie sich auch unter Bedrohung schützen und durchsetzen kann. Die Fähigkeiten zur verbundenen Seekriegführung auf, unter und über dem Wasser, wie Führungsfähigkeit und Durchhaltefähigkeit im Verbund der unterschiedlichen Seekriegsmittel sind deshalb Voraussetzung für jeden Einsatz.

### Partnerschaft und Kooperation

Partnerschaft und Kooperation waren die Zielsetzungen der nachfolgenden Einsätze von Einsatzgruppen der Deutschen Flotte.

Vom 29. Februar bis 24. Juni 2000 fuhr ein Verband mit militärpolitischem Auftrag nach Südafrika (>DESEX 2000<). Dieser Reise war 1996 ein Schiffsbesuch vorausgegangen. Zum *Tag der deutschen Einheit* 1996 konnte der Bundeskanzler dessen Schiffe für Empfänge nutzen. Darüber hinaus hatte die deutsche Industrie Gelegenheit, sich auf den Schiffen vorzustellen. Handfest ging es um einen südafrikanischen Auftrag zum Bau von Korvetten und U-Booten. Inzwischen ist der Auftrag über vier MEKO-Korvetten und drei U-Boote an die deutsche Industrie gegangen. Solche Aufträge kann aber nur gewinnen, wer Ausbildungshilfe leistet. Die Ausbildungshilfe war ein wesentlicher Teil des >DESEX 2000<. Südafrika sieht sich als demokratischer Staat und führende wirtschaftliche und militärische Macht im südlichen Afrika und in Verantwortung für die Stabilisierung der Region. Das Land beteiligt sich an friedenserhaltenden Missionen und humanitären Einsätzen der UN. Südafrika hat erkannt, daß es als strategisch bedeutsames Land am Seeverbindungsweg zwischen Indischem Ozean und Atlantik seine mehr oder weniger kleine Küstenvorfeldmarine zu einer modernen, hochseefähigen Marine entwickeln muß.

Als Teil der neuen deutsch-südafrikanischen strategischen Partnerschaft hatte der deutsche Schiffsverband herausfordernde Aufgaben zu bewältigen. In den Häfen nutzten führende deutsche Politiker, u. a. der Außenminister und der Bundestagspräsident, das Flaggschiff als Plattform für Gespräche.

Nach dem Auslaufen aus Walfish Bay/Namibia wurde ein südafrikanischer Versorger integriert und ein südafrikanischer Stab auf dem deutschen Flaggschiff eingeschifft. Auf dem Weg nach Durban mußte der Verband südafrikanische U-Boote, Flugzeuge und Schnellboote bei gemeinsamen Übungen abwehren. Die südafrikanischen Offiziere haben schmerzlich erfahren, daß sie seit Außerdienststellung ihrer Fregatten vor 20 Jahren nahezu jegliches *know-how* verloren haben. Besonders dankbar haben sie die partnerschaftliche Geste empfunden, den gemeinsamen Verband durch ihren Stab auf der BRANDENBURG zu führen. Die südafrikanische Marine hat sich sehr viel Stolz bewahrt und mit ihren Schnellbooten, Flugzeugen und einem U-Boot die deutsche Einsatzgruppe vor der eigenen Küste herausgefordert. Der deutsche Verband war gezwungen, sein volles Potential zu entfalten, so daß auch die eigene Einsatzausbildung nicht zu kurz kam. In einem abschließenden Übungsschießen wurden 20 deutsche und acht südafrikanische Flugkörper eingesetzt. Das Schießgebiet, das bis dahin nur von der südafrikanischen Luftwaffe genutzt wurde, hat sich bewährt und hervorragende Übungsmöglichkeiten geboten.

Bei rechtem Licht besehen, ist aber für Einsätze dieser Art ein einheitlicher Ansatz, ein Konzept erforderlich, das den Erfordernissen von Politik, Wirtschaft und Marine gerecht wird, das auf jeden Fall aber sicherstellt, daß die Marine in ihrem ehrlichen Bemühen, Ausbildungsunterstützung zu leisten, nicht überfordert wird.

### Unterstützung der deutschen Wirtschaft

Vom 24. Juli bis 5. Dezember 1997 hat ein Schiffsverband aus zwei Fregatten und zwei Versorgern Häfen in Israel, Ägypten, Jordanien, Indien, Malaysia, China, Korea, Japan und auf den Philippinen angelaufen (>DESEX 1997<). Neben Übungen mit vielen Marinen und interner Verbandsausbildung bildete die Industrieunterstützung in den

Häfen einen Schwerpunkt dieser Reise. Der erste Besuch eines deutschen Marineverbandes in China nach dem Zweiten Weltkrieg war die dritte Facette und gleichzeitiger Höhepunkt der sicherheitspolitischen Beziehungen im Jahr 1997. Vorausgegangen waren ein Historikertreffen und General-/Admiralstabsgespräche. Ein Empfang an Bord der deutschen Schiffe in Tokio anläßlich des *Tages der Deutschen Einheit* fand mit mehr als 1.000 Gästen starke Resonanz.

16 deutsche Firmen hatten sich für die Ostasienreise der Deutschen Marine zur *German Naval Industry Group* zusammengeschlossen, um in enger Zusammenarbeit mit der Deutschen Marine in den Gastländern Hochtechnologie im Kriegsschiffbau darzustellen. Alle Industrieveranstaltungen wurden von den beteiligten Firmen als Erfolg bewertet.

Wenn der Erhalt der Kernfähigkeiten der deutschen Rüstungsindustrie gemäß Regierungserklärungen den vitalen nationalen Interessen entspricht, muss auch der Export maritimer Technologie an verbündete und befreundete Marinen gestützt werden. Die deutsche maritime Industrie kann von nationalen Aufträgen nicht leben. Unterstützungsleistungen der Deutschen Marine müssen aber folgerichtig konzeptionell verankert und durch zusätzliche Mittel abgesichert werden.

Die dargestellten Einsätze für Partnerschaft und Kooperation haben die Aufmerksamkeit der Medien und des Bundesrechnungshofes auf sich gezogen und lassen leider eine große Anzahl weiterer Vorhaben wie beispielsweise die in der Ostsee in den Hintergrund treten.

Der politische Prozess der Annäherung mit unseren östlichen Nachbarn, insbesondere in der Ostsee, wird mit flexiblen und maßgeschneiderten Einsätzen von Seestreitkräften unterstützt.

Teilnahme an der Kieler Woche, Patenschaften zwischen Schiffs- und Bootsverbänden, *Partnership-for-Peace* Übungen in See, Minenabwehrübungen mit der Beseitigung von Altlasten der Weltkriege und die Unterstützung der drei baltischen Staaten im Aufbau einer Marine stehen ebenso wie ähnliche Einsätze im Mittelmeer und Schwarzen Meer für das neue Aufgabenspektrum der Deutschen Flotte im Rahmen von Partnerschaft und Kooperation.

### Konfliktverhütung und Krisenbewältigung

Kennzeichnend für einen erweiterten Sicherheitsbegriff ist, daß die Landesverteidigung im Bündnis in der Priorität hinter die Aufgabenanteile Friedenssicherung und Friedensschaffung getreten ist. Risiken für die westliche Wertegemeinschaft erwachsen unter anderem aus aufbrechenden Nationalitätenkonflikten, regionalen Ungleichgewichten im Wohlstand, aus der Verteilung von Ressourcen und aus religiös begründetem Fundamentalismus und Extremismus. Wir werden heute bedroht durch Weiterverbreitung von Massenvernichtungswaffen, weltweit organisierte Kriminalität, Piraterie, Drogenhandel und Terrorismus.

Das Weißbuch der Bundesregierung zur Verteidigungspolitik stellte bereits im Jahre 1994 fest: *„Grundsätzlich sind alle Einheiten der Marine zur Krisenreaktion fähig."* Mit dieser erstmaligen formalen Feststellung der Bundesregierung über eine spezielle Einsatzform von Seestreitkräften war für die Einheiten der Flotte auch zum damaligen

Zeitpunkt nichts spektakulär Neues gesagt, vielmehr wurde formal festgehalten, was sich seit dem Jahr 1990 bereits schrittweise entwickelt hatte. Dabei war zu diesem Zeitpunkt aufgrund der damaligen verfassungspolitischen Entscheidungslage eine unmittelbare Einbindung unserer Einheiten in die internationalen Kriseneinsätze noch nicht möglich, so daß sich der Einsatz im weitesten Sinne auf unterstützende Funktionen für andere NATO-Nationen in internationalen Kriseneinsätzen zu beschränken hatte. Gleichwohl war dies für den Gesamterfolg des Krisenmanagements nicht weniger bedeutungsvoll und enthielt für unsere Einheiten alle Facetten eines *Einsatzes*, wobei das Räumen der scharfen Seeminen im Persischen Golf nach dem Ende des Golfkrieges unter Beteiligung des Minenabwehrverbandes Südflanke sicherlich ein besonders eindringliches Beispiel von Krisenreaktionseinsätzen unter „echten Einsatzbedingungen" darstellt.

Bedingt durch die vielen internationalen Krisen als Ausdrucksform vielschichtiger Auseinandersetzungen einer multipolaren Welt nach Auflösung und Ende des Kalten Krieges sind seither die Begriffe *Krisenmanagement*, *Krisenreaktionsfähigkeit* und *Kriseneinsatz* zum festen Inventar und zur Normalität des Ausbildungs- und Einsatzspektrums der Flotte geworden. Mit den Einsätzen im Golf, in Somalia und in der Adria wird nicht nur ein großes Spektrum möglicher Krisenreaktionseinsätze vom humanitären Hilfseinsatz bis zum Einsatz zur Wiederherstellung des Friedens abgedeckt, sondern auch ein Einsatzzeitraum, der die Einheiten der Flotte bis an die Grenze ihrer Leistungsfähigkeit belastet hat.

Am Beispiel des Somalia-Einsatzes sollen im Folgenden allgemeine Schlußfolgerungen für Kriseneinsätze gezogen werden.

### Somalia 1994

Nachdem die USA und Italien angekündigt hatten, sich bis Ende März 1994 wegen zunehmender Verschlechterung der Lage und damit Undurchführbarkeit des humanitären Einsatzkonzeptes aus Somalia zurückzuziehen, war es erforderlich, auch den Einsatz des deutschen Kontingentes zu beenden und die Truppe mit Material nach Deutschland zurück zu transportieren. Der als TASK Group 501.02 am 24. Januar 1994 zusammengestellte Marineverband bestand aus den Fregatten KÖLN (Flaggschiff) und KARLSRUHE, dem Versorger NIENBURG und dem Tanker SPESSART. Die Fregatten brachten mit ihrer hohen Geschwindigkeit, den Bordhubschraubern, weitreichenden Fernmeldemitteln, moderner Sanitätsausrüstung und einer begrenzten zusätzlichen Unterbringungsmöglichkeit Führungsfähigkeit und Einsatzflexibilität ein, während auf NIENBURG durch Einbau von 200 zusätzlichen Kojen vor allem Unterbringungskapazität geschaffen wurde und der Tanker SPESSART für die notwendige Autarkie sorgte.

Die Ausrüstung und Vorbereitung des Verbandes wurde in nur sechs Arbeitstagen bewältigt.

Alle Einheiten trafen zeitgerecht im Seegebiet ein und operierten insgesamt sieben Wochen weitgehend autark im Indischen Ozean.

Der Kern des Auftrages – 1.492 Soldaten des Heeres in sechs Transportumläufen zu transportieren – wurde zeitgerecht und sicher erfüllt. Insbesondere die Sicherheitslage bei der Einschiffung in Mogadischu stellte dabei ein kritisches Moment dar.

Landseitig wurde die Einschiffung durch „Container-Mauern" und Transportpanzer gegen Heckenschützen gesichert. Die in voller Gefechtsbereitschaft einlaufenden Fregatten konnten durch bessere Beobachtungsmöglichkeiten von See, abschreckende Wirkung der 20-mm-Bordkanonen und Maschinengewehre gegen überraschende Angriffe der örtlichen Bürgerkriegsparteien zusätzlichen Schutz gewähren. Nachdem die Sicherheitslage im Hafengebiet Mogadischu die Einschiffung an der Pier nicht mehr ratsam erscheinen ließ, wurde das letzte Heereskontingent in einem umlaufenden Einsatz der vier Bordhubschrauber in kürzester Zeit evakuiert. Der Kriseneinsatz Somalia, der aus Sicht der UN erfolglos abgebrochen werden mußte, aber für Deutschland glücklich mit einer erfolgreichen Evakuierung der beteiligten Soldaten endete, läßt allgemeine Schlußfolgerungen für Kriseneinsätze zu. Kriseneinsätze werden sich – insbesondere wegen der größeren Flexibilität maritimer Reaktionsmöglichkeiten – häufig auf Seestreitkräfte abstützen müssen. Es ist ebenfalls abzuleiten, daß Seestreitkräfte alleine nur in den seltensten Fällen über alle erforderlichen Fähigkeiten der Krisenbewältigung verfügen. Krisenreaktionseinsätze werden daher immer auch teilstreitkraftübergreifende (*joint*) Einsätze sein. Ganz allgemein: wer Krisenoperationen in eigener, nationaler Verantwortung durchführen will, benötigt strategische Fähigkeiten, wie satellitengestützte weltweite Aufklärung, satellitengestützte Führungs- und Fernmeldemittel, see- und luftgestützte Transportkapazitäten über große Entfernungen, trägergestützte Seeluftstreitkräfte, schwimmende Einsatzunterstützung großer Verbände, Führungsschiffe für teilstreitkraftübergreifende und verbundene Operationen und die Fähigkeit zur Durchführung von amphibischen Operationen. Diese Fähigkeiten sind heute nur im Besitz der amerikanischen Streitkräfte. Aus dieser Sicht kann der Kriseneinsatz deutscher Seestreitkräfte nur eingebunden oder angelehnt an internationale Organisationen (*combined*) erfolgen. Machen wir uns nichts vor: Das deutsche Somalia-Kontingent hat Glück gehabt. Kriseneinsätze werden immer, das sagt ja schon der Name, auf dem schmalen Grat zwischen Frieden – den es zu erhalten gilt – und dem drohenden Ausbruch eines militärischen Konfliktes durchgeführt. Streitkräfte, die im Rahmen des Krisenmanagements dorthin entsandt sind, haben keinen Kampfauftrag, sondern ein friedenserhaltendes Mandat, und deshalb werden solche Operationen unter sehr direkter politischer Kontrolle geführt. Die erhoffte politische Wirkung soll im Idealfall allein durch die militärische Präsenz erzielt werden. Dadurch wird das Recht – und die Pflicht – zur Selbstverteidigung keinesfalls eingeschränkt. Im Gegenteil, die Streitkräfte müssen sich eines überraschenden Angriffs jederzeit erfolgreich erwehren können. Diese Situation macht jede Krisenoperation für den militärischen Führer extrem belastend. Die Erfahrungen zeigen aber auch, daß das breite neue Aufgabenspektrum der Deutschen Flotte eine ebenso umfangreiche Einsatzausbildung erfordert.

## Einsatzausbildung

1997, 1999 und 2001 nahm eine integrierte deutsche Einsatzgruppe aus Zerstörern/ Fregatten, Versorgern, U-Booten und auf Puerto Rico stationierten Marinejagdbombern und Seefernaufklärern vor der amerikanischen Ostküste und in der Karibik an *joint-Übungen* der US-Navy teil.

Die Deutsche Flotte verband diese Übungen mit einem sehr anspruchsvollen nationalen und deutsch-amerikanischen Flugkörper- und Torpedoschießen vor Puerto Rico, weil amerikanische Einrichtungen und Zieldarstellungen um ein Vielfaches kostengünstiger als europäische Schießgebiete sind und realitätsnahe Szenarien erlauben.

In den für die Ausbildung der US-Navy erforderlichen Übungen und Vorbereitungen für Krisenoperationen von der Karibik bis nach Norfolk wird sowohl Nah- und Fernsicherung der Flugzeugträger und Landungseinheiten wie auch der Übergang an Land geübt.

Die von der Übungsleitung eingespielten Krisen umfassen alle nur denkbaren Szenarien und müssen einschließlich des Zusammenspiels mit anderen nationalen und internationalen Organisationen gemeistert werden. Das sogenannte >JOINT TACTICAL FLEET EXERCISE< absolvieren amerikanische Trägerkampfgruppen und Amphibische Gruppen gemeinsam, bevor sie in der Operation >ENDURING FREEDOM< eingesetzt werden. Im Frühjahr 2001 waren die ENTERPRISE und THEODORE ROOSEVELT-Battle-Group Übungspartner der deutschen Einsatzgruppe. Wir waren bisher in vielen Rollen mit Einzelkomponenten wie auch als Gesamtgruppe in diese Übungen integriert und konnten dabei insbesondere unsere Stärken und Erfahrungen im Küstenvorfeld wie im freien Seeraum einbringen. Die integrierte deutsche Einsatzgruppe wird als gleichberechtigter Partner in die Planungen einbezogen und kann so Anschluß in der Technologie und Taktik behalten. Man überläßt den Deutschen auch Kommandofunktionen, so daß unentbehrliche Erfahrungen für teilstreitkraftgemeinsame und multinationale Einsätze gesammelt werden können.

## Schlußbetrachtungen

Die Beispiele aus dem neuen Aufgabenspektrum vielfältiger möglicher Krisenoperationen und der vorbereitenden Einsatzausbildung wie auch Aufgaben im Rahmen der Partnerschaft und Kooperation verdeutlichen zukünftige Erfordernisse.

Die zukünftigen Erfordernisse für die Deutsche Flotte im neuen Aufgabenspektrum sind:

1. Neuorientierung der Einsatz- und Individualausbildung.
2. Verbesserung der Führungsfähigkeit, Nachrichtengewinnung und Aufklärung (das heißt, Ausbau der satellitengestützten Führunginformationssysteme, Datenübertragung und Vernetzung, aber auch Neubeschaffung von Seefernaufklärern).
3. Aufbau eines militärischen Seetransportes (das heißt, Bau von sogenannten Einsatztruppenunterstützungsschiffen, um im Rahmen der verstärkt streitkräftegemeinsamen Ausrichtung die Mobilität der Einsatztruppen der Bundeswehr zu gewährleisten).
4. Verbesserung bzw. Aufbau einer Unterstützung der Operationsführung an Land und Waffenwirkung von See an Land (das heißt, die Fähigkeiten der Einsatzgruppen im unmittelbaren Küstenbereich mit Korvetten zu verbessern und die Beschaffung von Flugkörpern, die auch die Befähigung zur Landzielbekämpfung einschließen).

5. Verbessern der Überlebensfähigkeit (das heißt, die Verbandsflugabwehr mit Zulauf der Fregatten der Klasse 124 sicherstellen und Aufwuchsfähigkeiten zur erweiterten Luftverteidigung mit neuen Fregatten zu erhalten).
6. Herstellen der Unterstützung und Durchhaltefähigkeit (das heißt, Beschaffung von vier Einsatzgruppenversorgern mit Marine-Einsatz-Rettungszentrum).

Dem Kabinettsbeschluss vom 14. Juni 2000 folgend, müssen deutsche Streitkräfte qualitativ und quantitativ dem politischen Gestaltungsanspruch und dem Gewicht Deutschlands in der NATO und in der Europäischen Union sowie in den regionalen und überregionalen Organisationen entsprechen.

Dazu leistet die Marine ihren Beitrag, indem sie für den jeweiligen Auftrag und die aktuelle Lage maßgeschneiderte maritime Verbände bereitstellt. Die militärische Wirkung durch militärische Fähigkeiten der See- und Seeluftstreitkräfte der Flotte ist die Grundlage für militärpolitische Glaubwürdigkeit. Der Vortrag sollte das mit Beispielen verdeutlichen. In aller Deutlichkeit muß aber gesagt werden, daß die Flotte mit ihren Einsätzen die Schmerzgrenze erreicht hat. Die angespannte finanzielle Situation verlangt die Priorisierung der Mittel und Aufträge, die derzeit nicht die gleichzeitige Erneuerung der Flotte und den laufenden Betrieb erlauben. Die laufende KANNIBALISIERUNG findet dann ein Ende, wenn das Skelett abgenagt ist.

Es bleiben zum Abschluß des *3. Forums Wilhelmshaven zur Marine- und Schiffahrtsgeschichte* für zukünftige Auslandseinsätze deutscher Kriegsschiffe im Frieden eine Reihe von Fragen offen. Der *Unabhängige Informations- und Hintergrunddienst IAP* stellt fest, daß nach dem 11. September 2001 eine Neuorientierung im Bereich der äußeren Sicherheit überfällig ist. Dabei geht es nicht nur darum, die bisher geforderten Aufgaben und Fähigkeiten der Bundeswehr durch ein Zusatzpaket „Kampf gegen den Terrorismus" zu ergänzen. Es geht vielmehr darum, das Spektrum möglicher Bedrohungen im Sinne glaubwürdiger Sicherheitsvorsorge nun wirklich und ernsthaft zum Maßstab der Sicherheits- und Verteidigungspolitik sowie vor allem deren Finanzierung zu machen.

# Autorenverzeichnis

*Stephan Apel*, Dr. med., Flottenarzt, trat 1976 in die Bundeswehr ein und studierte als Sanitätsoffizieranwärter von 1976 bis 1981 an der Westfälischen Friedrich-Wilhelm-Universität in Münster. 1982 legte er sein drittes Staatsexamen ab und wurde approbiert. Nach verschiedenen Bord- und Landverwendungen wurde er im Oktober 2000 Kommandeur des Marinesanitätsabschnitts Ost.

*Birgit Aschmann*, Dr. phil., Wissenschaftliche Assistententin an der Christian-Albrecht-Universität zu Kiel, studierte Medizin, Geschichte, Deutsch und Spanisch in Kiel und promovierte am Lehrstuhl von Michael Salewski 1998 mit einer Arbeit zu den Beziehungen zwischen der Bundesrepublik Deutschland und Spanien von 1945 bis 1963. Seit 1998 ist sie Assistentin am Lehrstuhl Salewski und arbeitet an ihrer Habilitation zum Thema: „Ehre der Nation".

Veröffentlichungen: „Treue Freunde ..."? Westdeutschland und Spanien 1945-1963 (= Historische Mitteilungen, Beiheft 34), Stuttgart 1999. – Das Bild „des Anderen": politische Wahrnehmung im 19. und 20. Jahrhundert (= Historische Mitteilungen, Beiheft 40), Stuttgart 2000 (als Herausgeberin). – 1789 und 1989. Die Französische und die deutsche Revolution, in: Jörg Hillmann und Eckardt Opitz (Hgg.): 1789-1989. 200 Jahre Revolutionen in Europa. Ein Beispiel für die historisch-politische Bildung in den Streitkräften (= Kleine Schriftenreihe zur Militär- und Marinegeschichte, Bd. 5), Bochum 2003, S. 17-41.

*Cord Eberspächer*, Dr. phil., studierte Geschichte, Sinologie und Politikwissenschaften in Oldenburg, Hamburg, Leiden und Peking. Er promovierte am Lehrstuhl von Prof. Saul über „Die deutsche Yangtse-Patrouille. Ein Beispiel deutscher Kanonenbootpolitik in Ostasien". E. ist bei der Oldenburgischen Landschaft beschäftigt.

Forschungsschwerpunkte: Film und Geschichte, Deutsche Politik in Übersee im 19. und 20. Jahrhundert, Oldenburgische Kulturgeschichte.

*Jörg Hillmann*, Dr. phil., Fregattenkapitän, trat 1982 in die Marine ein und studierte nach mehreren Land- und Bordverwendungen von 1992-1995 Geschichte und Sozialwissenschaften an der Universität der Bundeswehr Hamburg. Dort wurde er 1998 mit einer Arbeit zur Rechts- und Landesgeschichte in der Frühen Neuzeit promoviert. Von 1998-2001 war H. Lehrer für Militärgeschichte an der Marineschule Mürwik und ist seit Oktober 2001 erneut in Hamburg, um an seinem Habilitationsprojekt zu arbeiten.

Veröffentlichungen zur norddeutschen Landesgeschichte und zur Militärgeschichte.

*Friedrich Jacobi*, Kapitän zur See a.D., trat 1959 in die Marine ein. Er durchlief verschiedene Führungsverwendungen in der Minensuchflottille sowie in internationalen und nationalen militärischen Stäben, u. a. war er Commander Standing Naval Forces Channel, Direktor Minenkriegführung im Stab des Oberbefehlshabers Atlantik in Norfolk, Virginia, und führte zeitweilig den Minenabwehrverband „Südflanke" im Golfkrieg. Nach einer Verwendung als Kommandeur der Marineunteroffizierschule in

Plön wurde J. Marineattaché in Washington, bevor er 1999 pensioniert wurde. Seitdem ist J. Schiffsführer und Ausbilder bei der Hanseatischen Yachtschule in Glücksburg und Berater der Werft Abeking & Rasmussen.

*Hartmut Nöldeke*, Dr. med., Flottenarzt a.D., Crew X/43, arbeitete nach dem Studium in Straßburg, Würzburg und Hamburg. Als Sanitätsoffizier diente er 25 Jahre in der Bundesmarine, zuletzt als Kommandoarzt des Marineunterstützungskommandos in Wilhelmshaven. Seit seiner Pensionierung im Jahr 1986 widmet sich N. Teilgebieten der maritimen Medizingeschichte. N. ist Mitglied des Vorstandes der DGSM e.V.

*Jörg Owen*, Kapitän zur See, trat 1967 in die Bundesmarine ein und durchlief verschiedene Land- und Bordverwendungen in der Schnellboot- und der Zerstörerflottille. Nach der Admiralstabsausbildung an der Führungsakademie der Bundeswehr wurde er wissenschaftlicher Mitarbeiter am Institut für Friedensforschung und Sicherheitspolitik an der Universität Hamburg. Nach seiner Kommandantenzeit auf Zerstörer LÜTJENS wurde er Chef des Stabes in der Standing Naval Force Atlantic, anschließend Kommandeur des 1. Zerstörergeschwaders. Nach weiteren Führungsverwendungen wurde O. 2002 Kommandeur der Marineoperationsschule in Bremerhaven.

*Wolfgang Petter*, Dr. phil., Wissenschaftlicher Oberrat, studierte Deutsch und Geschichte in Marburg und Freiburg i. Br. und promovierte 1975 bei Andreas Hillgruber (Köln) mit einer Arbeit zur „überseeischen Stützpunktpolitik der preußisch-deutschen Kriegsmarine 1859-1883". Seit 1970 ist P. Historiker am Militärgeschichtlichen Forschungsamt. Zusammen mit Gerhard Papke hat er die Projektleitung und Gesamtredaktion des Handbuches zur deutschen Militärgeschichte 1648-1939 innegehabt, welches in sechs Bänden zwischen 1979 und 1981 erschienen ist. Seit 1999 ist P. Projektleiter und Hauptbearbeiter des Militärgeschichtlichen Handbuches Brandenburg/Berlin.

Forschungsgebiet: Deutsche Militärgeschichte 1648-1945. Veröffentlichungen u.a. zur Marinegeschichte: Programmierter Untergang. Die Fehlrüstung der deutschen Flotte von 1848, in: Michael Salewski (Hg.): Die Deutschen und die Revolution, Göttingen 1985, S. 228-255. – Die Dardanellen in der deutschen Weltkriegsstrategie, in: Canakkale Savaslari = Die Kämpfe um Gallipoli, hrsg. von der Türkischen Historischen Gesellschaft, Ankara 1993, S. 125-136. – Der Kampf um die deutschen Kolonien, in: Der Erste Weltkrieg. Wirkung, Wahrnehmung, Analyse, herausgegeben im Auftrag des Militärgeschichtlichen Forschungsamtes von Wolfgang Michalka, München 1994, S. 392-411.

*Robert Rosentreter*, Dr. phil., Fregattenkapitän a.D. (NVA/Volksmarine), studierte Journalistik in Leipzig und schloß 1954 als Diplomjournalist ab. R. trat 1955 zunächst in die Volkspolizei-See ein und qualifizierte sich anschließend an der Offizierschule der Seestreitkräfte in Stralsund und der Militärakademie „Friedrich Engels", Sektion Seestreitkräfte, Dresden. 1983 promovierte R. an der Universität Rostock, Sektion Geschichte. Er verfaßte zahlreiche Beiträge für die Presse, für diverse Periodika, den Rundfunk und das Fernsehen und veröffentlichte Bücher zu allgemein maritimen, marinegeschichtlichen und militärpolitischen Themen. Seine Dienstzeit in der

NVA/Volksmarine endete am 2. Oktober 1990. Bis 1995 war er Pressesprecher beim FC Hansa Rostock.

*Hans-Joachim Rutz*, Fregattenkapitän, trat 1969 in die Marine ein und durchlief bis 1982 verschiedene Verwendungen in der U-Boot-Flottille, zuletzt als Kommandant des Unterseebootes „U9". Neben Landverwendungen und zwei weiteren Kommandantenverwendungen über den Zerstörer HAMBURG und die Fregatte KÖLN war er u. a. Chef des Stabes des NATO-Einsatzverbandes im Mittelmeer und wurde 2001 Kommandeur des Troßgeschwaders der Deutschen Marine.

*Ingo Sommer*, Privatdozent Dr. phil., studierte Architektur und Stadtbau u.a. an der Technischen Universität Berlin und arbeitete anschließend in Berliner Architekturbüros und Baubehörden bis 1973, bevor er nach Wilhelmshaven als Leiter des Hochbauamtes berufen wurde. 1990 wurde S. zum Dr. phil. promoviert und habilitierte sich 1995 an der Universität Oldenburg im Fachbereich Kommunikation/Ästhetik. Schwerpunkte der Lehre: Deutsche Baugeschichte des 19. und 20. Jahrhunderts. Zahlreiche Publikationen zur Theorie und Geschichte der Architektur.

*Gerhard Wiechmann*, Dr. phil., studierte an der Carl-von-Ossietzky-Universität in Oldenburg und an der Universidad Nacional de Costa Rica UNA in Heredia Geschichte und Politikwissenschaften. Im Jahr 2000 wurde er in Oldenburg mit einer Arbeit zur deutschen Kanonenbootpolitik in Lateinamerika promoviert. W. ist Lehrbeauftragter an der Universität in Oldenburg und Mitarbeiter in dem Projekt: „Oldenburger im Ersten Weltkrieg". Er arbeitet zur Zeit an seiner Habilitation über militärische Operationen in den deutschen Kolonien bis 1914.

Veröffentlichungen: Das Preußenbild in den DDR-Medien. DEFA-Spielfilm „Lützower", in: Bundeszentrale für politische Bildung (Hg.): Der Wandel des Preußenbildes in den DDR-Medien, Bonn 1996, S. 49-70. – Leit- und Feindbilder im Science-fiction-Film. Die DDR-Produktion „Der schweigende Stern", in: Bundeszentrale für politische Bildung (Hg.): Leit- und Feindbilder in DDR-Medien, Bonn 1997, S. 9-27. – Zwischen Karl May und Karl Marx. Der DEFA-Indianerfilm „Tecumseh", in: Bundeszentrale für politische Bildung (Hg.): Jugendbilder in den DDR-Medien, Bonn 1998, S. 45-58. – „Käuzchenkuhle", in: Ingelore König u. a. (Hgg.): Alltagsgeschichten. Arbeiten mit DEFA-Kinderfilmen, München 1998, S. 43-46. – Die preußisch-deutsche Marine in Lateinamerika 1866-1914. Eine Studie deutscher Kanonenbootpolitik, Bremen 2002.

# *Aus dem Verlagsprogramm*

*Jens Graul, Michael Kämpf (Hg.)*
**Dieter Hartwig – Marinegeschichte und Sicherheitspolitik**
Vorträge und Texte aus drei Jahrzehnten. Festschrift zum 60. Geburtstag
*Kleine Schriftenreihe zur Militär- und Marinegeschichte Band 6 (ISSN 1617-3074)*
2003 (1. Aufl.). 386 S., 17 x 24 cm, 1 s/w-Fotogr.
Kartonierte Ausgabe: ISBN 3-89911-009-9, 33,50 Euro (Einführungspreis bis 31.3.2004: 25,50 Euro)
Ausgabe in Bibliotheksleinen: ISBN 3-89911-019-6, 51,50 Euro (Einführungspreis bis 31.3.2004: 33,50 Euro)

Dieter Hartwig vollendet im Jahr 2003 sein 60. Lebensjahr. Dies ist Anlass für die Herausgeber der „Kleinen Schriftenreihe zur Marine- und Militärgeschichte", vor allem aber für den Deutschen Marinebund und die Stiftung Deutsches Marinemuseum, ihn als Person und Marinehistoriker der Nachkriegsgeneration mit einer Zusammenstellung von Texten und Vorträgen zur Marinegeschichte und Sicherheitspolitik aus mehr als 30 Jahren zu würdigen.

*Jörg Hillmann, Eckardt Opitz (Hg.)*
**1789-1989. 200 Jahre Revolutionen in Europa**
Ein Beispiel für die historisch-politische Bildung in den Streitkräften
Mit Beiträgen von Jürgen Angelow, Birgit Aschmann, Torsten Dietrich, Michael Epkenhans, Ernst Willi Hansen, Jörg Hillmann, Nikolaus Katzer, Eckardt Opitz
*Kleine Schriftenreihe zur Militär- und Marinegeschichte Band 5 (ISSN 1617-3074)*
2003 (1. Aufl.). 144 S., 17 x 24 cm
Kartonierte Ausgabe: ISBN 3-89911-003-X, 23,50 Euro (Einführungspreis bis 31.3.2004: 15,25 Euro)
Ausgabe in Bibliotheksleinen: ISBN 3-89911-013-7, 41,50 Euro (Einführungspreis bis 31.3.2004: 33,25 Euro)

Im Mittelpunkt des Bandes stehen – eingebettet in Beiträge zur Französischen und Russischen Revolution – die Ereignisse im Deutschen Bund, im Deutschen Reich, der Bundesrepublik Deutschland und der Deutschen Demokratischen Republik zwischen 1848 und 1989. Sie werden auf der Grundlage des aktuellen Paradigmas der historischen Forschung dargestellt: der Analyse von revolutionären Ereignissen anhand mentalitätsgeschichtlicher, wirtschafts- und sozialgeschichtlicher sowie verwaltungs- und verfassungsgeschichtlicher Fragestellungen.

*Stephan Huck (Hg.)*
**Ringelnatz als Mariner im Krieg 1914-1918**
Mit Beiträgen von Frank Woesthoff, Werner Rahn, Frank Möbus, Friederike Schmidt-Möbus
*Kleine Schriftenreihe zur Militär- und Marinegeschichte Band 4 ( ISSN 1617-3074)*
2003 (1. Aufl.). 128 S., 17 x 24 cm, 21 s/w-Fotogr., 2 Tab.
Kartonierte Ausgabe: ISBN 3-89911-004-8, 9,80 Euro
Ausgabe in Bibliotheksleinen: ISBN 3-89911-014-5, 27,80 Euro

*Joachim Ringelnatz*, der mit bürgerlichem Namen *Hans Bötticher* hieß, ist heute vor allem als Autor von Spaßgedichten und Schöpfer der anarchische Figur des Seemanns Kuttel Daddeldu bekannt. Sein sonstiges künstlerisches Werk aber ist weitgehend in Vergessenheit geraten. Zu diesem zählen auch seine unter dem Titel „Als Mariner im Krieg" veröffentlichten Erinnerungen an die Kriegsjahre 1914-1918. Detailgetreu und realitätsnah schildert Ringelnatz darin sein Kriegserleben und liefert ein ungewöhnlich authentisches Bild der kaiserlichen Marine im Krieg abseits der stolzen Linienschiffe, die der Autor nur aus der Ferne bewundern konnte.

*Kurt Graf von Schweinitz (Hg.)*
**Das Kriegstagebuch eines kaiserlichen Seeoffiziers (1914-1918)**
**Kapitänleutnant Hermann Graf von Schweinitz**
Mit Beiträgen von Dirk Hempel, Guntram Schulze-Wegener, Dirk Sieg
*Kleine Schriftenreihe zur Militär- und Marinegeschichte Band 3 ( ISSN 1617-3074)*
2003. 174 S., 24 x 17 cm
Kartonierte Ausgabe: ISBN 3-89911-001-3, 25,25 Euro (Einführungspreis bis 31.03.2004: 15,25 Euro)
Ausgabe in Bibliotheksleinen: ISBN 3-89911-011-0, 43,25 Euro (Einführungspreis bis 31.03.2004: 33,25 Euro)

Die hier von seinem Sohn *Kurt Graf von Schweinitz (\*1930)* vorgelegte Edition des väterlichen Tagebuches der Kriegsjahre 1914-1918 gibt nicht nur Einblick in die Erfahrungen und das Denken des „Elitekorps" Kaiser Wilhelms II. Durch die Kommentare und Einschätzungen des Herausgebers gewinnt der Leser auch einen Eindruck von sich verändernden Sichtweisen und Beurteilungen der nachfolgenden Generation. So spiegelt sich im kommentierten Zeitzeugenbericht auch die Auseinandersetzung um Geschichte innerhalb zweier Generationen in der ersten Hälfte des 20. Jahrhunderts.

*Thomas Scheerer*
**Die Marineoffiziere der Kaiserlichen Marine**
Sozialisation und Konflikte
*Kleine Schriftenreihe zur Militär- und Marinegeschichte Band 2 ( ISSN 1617-3074)*
2002. 350 S., 24 x 17 cm, 17 graph. Abb., 72 Tab., 15 Reprod. v. Dok.
Kartonierte Ausgabe: ISBN 3-930083-88-4, 33,00 Euro
Ausgabe in Bibliotheksleinen: ISBN 3-930083-98-1, 40,00 Euro

Mit seiner auf der Auswertung umfangreichen statistischen Materials basierenden Studie hat *Thomas Scheerer* nicht nur ein bisher wenig beachtetes Themengebiet der deutschen Sozialgeschichtsschreibung an der Wende vom 19. zum 20. Jahrhundert beleuchtet, sondern auch der sozialwissenschaftlichen Organisationsforschung eine breite Datenbasis zur Verfügung gestellt.

*Jörg Hillmann (Hg.)*
**"Der Fall Weiß"**
Der Weg in das Jahr 1939
Mit Beiträgen von Wilhelm Deist, Rolf-Dieter Müller, Christoph Peleikis, Werner Rahn, Bernd Wegner
Kleine Schriftenreihe zur Militär- und Marinegeschichte Band 1 ( ISSN 1617-3074)
2001. 168 S., 24 x 17 cm
Kartonierte Ausgabe: ISBN 3-930083-65-5, 15,25 Euro
Ausgabe in Bibliotheksleinen: ISBN 3-930083-71-X, 33,25 Euro

Auf drei Ebenen behandelt dieser aus einer Vortragsreihe an der Marineschule Mürwik in Flensburg hervorgegangene Band militärhistorisch relevante Aspekte der dreißiger Jahre des 20. Jahrhunderts: Von der internationalen Ebene ausgehend, wird die nationale Krise betrachtet, bevor sich die weiteren Beiträge der Aufrüstung der Wehrmacht und insbesondere der der Marine widmen.

Ausführliche Informationen zum Verlagsprogramm finden Sie im Internet:
**http://www.winklerverlag.de**